Günter Durner - Werner Gürtler

Sportklettern

Innsbruck und seine Feriendörfer

Sonnenplateau Mieming - Sellraintal - Kühtai

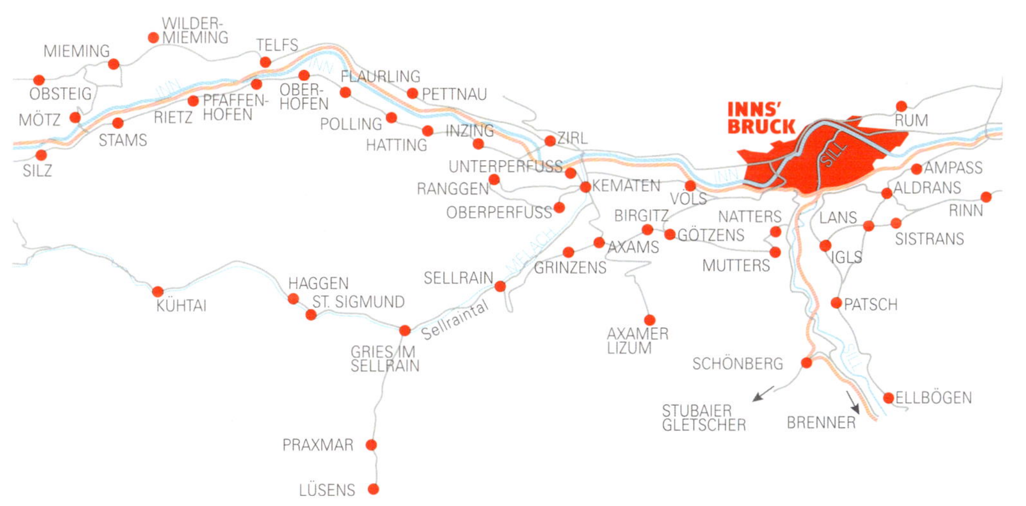

Sportklettern

29 Sportklettergebiete
1170 Einseillängen-Routen
88 Mehrseillängen-Routen

Klettersteige

6 Klettersteige

Eisklettern

11 Eisklettergebiete

Bouldern

2 Bouldergebiete (über 150 Boulder)

7 Kletterhallen
112 Kletter-, Landschafts-, Eisfall-, Wandbilder
46 Übersichts-, Anfahrtskarten- und Skizzen
178 Foto-Topos

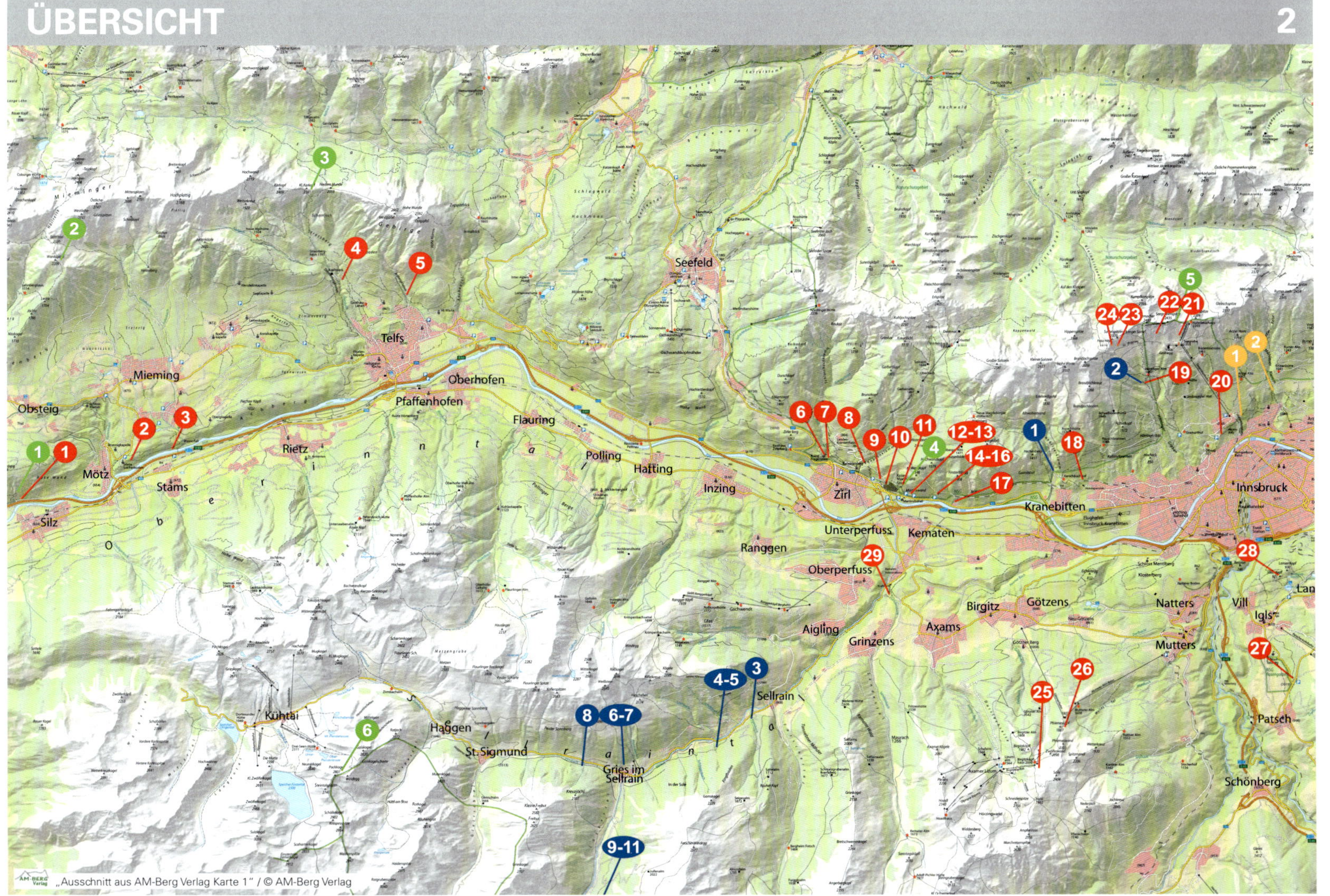

Seefeld
Telfs
Mieming
Oberhofen
Pfaffenhofen
Obsteig
Flauring
Rietz
Mötz
Stams
Polling
Hatting
Inzing
Zirl
Silz
Kranebitten
Innsbruck
Unterperfuss
Kematen
Ranggen
Oberperfuss
Natters
Vill
Götzens
Birgitz
Igls
Axams
Aigling
Grinzens
Mutters
Sellrain
Kühtai
Haggen
St. Sigmund
Gries im Sellrain
Patsch
Schönberg
„Ausschnitt aus AM-Berg Verlag Karte 1" / © AM-Berg Verlag

ÜBERSICHT SPORTKLETTERGEBIETE

Nr.	Gebiet	Zustieg	Routenanzahl (ES)	Routenanzahl (MS)	Verteilung der Schwierigkeiten (Französische Bewertung)	3	4	5	6	7	8	9	Seite
					Schwierigkeitsgrad	3	4	5	6	7	8	9	
1	Silz	10 Min.	10 (ES)	- (MS)	Anzahl der Routen	-	1	3	6	-	-	-	8
2	Locherboden	15 Min.	33 (ES)	- (MS)	Anzahl der Routen	2	4	12	14	-	1	-	10
3	Stams	10 Min.	12 (ES)	- (MS)	Anzahl der Routen	-	2	7	2	1	-	-	18
4	Hex	10-30 Min.	56 (ES)	- (MS)	Anzahl der Routen	-	-	5	18	24	2	-	20
5	Arzbergklamm	10-20 Min.	80 (ES)	2 (MS)	Anzahl der Routen	2	13	19	23	15	1	-	28
6	Fragenstein	20 Min.	11 (ES)	- (MS)	Anzahl der Routen	-	-	6	3	2	-	-	42
7	Schlossbachklamm	5-10 Min.	17 (ES)	- (MS)	Anzahl der Routen	-	-	-	13	2	-	-	44
8	Ehnbachklamm	10-30 Min.	126 (ES)	10 (MS)	Anzahl der Routen	-	3	29	79	18	-	-	46
9	Brunntalweg	10-25 Min.	29 (ES)	2 (MS)	Anzahl der Routen	-	2	8	14	2	-	-	68
10	Mull	15 Min.	23 (ES)	- (MS)	Anzahl der Routen	-	-	2	14	5	2	-	72
11	Grottenwegwand, Kaiser-Max-Grotte	30 Min.	33 (ES)	- (MS)	Anzahl der Routen	-	-	3	13	3	11	-	78
12	Dschungelbuch	5-15 Min.	177 (ES)	6 (MS)	Anzahl der Routen	-	-	14	58	77	25	-	82
13	Martinswand	20-30 Min.	- (ES)	46 (MS)	Anzahl der Routen	-	3	6	18	17	1	-	96
14	ÖAV-Klettergarten	10 Min.	54 (ES)	6 (MS)	Anzahl der Routen	5	10	13	27	1	-	-	114
15	Alpinmagazin	20 Min.	21 (ES)	- (MS)	Anzahl der Routen	-	-	1	14	6	-	-	118
16	Galerie	30 Min.	57 (ES)	- (MS)	Anzahl der Routen	-	1	3	30	19	3	-	122
17	Supermarkt	15 Min.	29 (ES)	- (MS)	Anzahl der Routen	-	-	5	14	9	1	-	126
18	Kranebitten	20 Min.	23 (ES)	- (MS)	Anzahl der Routen	-	-	5	13	5	-	-	132
19	Höttinger Graben	60 Min.	43 (ES)	- (MS)	Anzahl der Routen	-	-	1	11	20	4	-	134
20	Höttinger Steinbruch	2 Min.	53 (ES)	- (MS)	Anzahl der Routen	-	-	11	31	10	-	-	138
21	Kletterarena Seegrube	20 Min.	41 (ES)	8 (MS)	Anzahl der Routen	-	2	8	22	9	-	-	142
22	Sonnen-, Zwischendeck	45-60 Min.	40 (ES)	- (MS)	Anzahl der Routen	-	-	3	21	12	-	-	148
23	Blechhüttenwand	45 Min.	9 (ES)	2 (MS)	Anzahl der Routen	-	-	0	6	4	-	-	156
24	Westliche Sattelspitze	60 Min.	- (ES)	5 (MS)	Anzahl der Routen	-	-	0	2	2	1	-	158
25	Axamer Lizum, Birgitzköpfl	10 Min.	32 (ES)	- (MS)	Anzahl der Routen	5	6	7	11	-	-	-	162
26	Mutterer Alm, Innsbrucker Wohnzimmer	45 Min.	24 (ES)	- (MS)	Anzahl der Routen	-	4	7	10	3	-	-	170
27	Igls, Goldbichl	1 Min.	13 (ES)	- (MS)	Anzahl der Routen	7	2	3	1	-	-	-	174
28	Lanser See, Viller Kopf	10 Min.	27 (ES)	1 (MS)	Anzahl der Routen	-	-	10	17	1	-	-	178
29	Spucher	20 Min.	24 (ES)	- (MS)	Anzahl der Routen	-	-	6	11	3	-	-	180

„Climbers' City, wo die Vielfalt des Klettersports zu Hause ist."

Rund um Innsbruck gibt es sowohl zahlreiche alte, traditionsreiche als auch neue, moderne Klettergärten und Klettersteige. In kaum einer anderen Region finden sich derart vielfältige Möglichkeiten zum Klettern in allen Spielarten und Schwierigkeitsgraden. Neben den talnahen Gebieten gibt es sensationelle alpine Klettermöglichkeiten hoch über Innsbruck. Die Palette der Mehrseillängen-Routen ist ebenfalls schier unerschöpflich. In der Martinswand, der Ehnbachklamm oder hoch über Innsbruck an der westlichen Sattelspitze gibt es jede Menge Mehrseillängen-Routen. Besonders beliebt sind die plaisirmäßig abgesicherten Routen am Vorbau der Martinswand. In Stams, beim Locherboden oder in Telfs gibt es Klettergärten, die aufgrund der perfekten Absicherung und ihrer schönen Lage besonders für Familien geeignet sind. Das Klettern in Innsbruck und seinen Feriendörfern ist besonders abwechslungsreich, da sich die Gesteinsarten in den verschiedenen Gebieten deutlich voneinander unterscheiden. Geklettert wird meistens an Felsen, die aus Kalk bestehen, aber es gibt auch Touren an Brekzie- und Schieferfelsen sowie Urgestein (Gneis).

Und wer mal keine Lust auf reines Klettern hat, der macht einfach einen der vielen, abwechslungsreichen Klettersteige, wie den legendären Innsbrucker Klettersteig, der traumhafte Panoramablicke und Gipfelerlebnisse bietet. Eine besondere klettertechnische Herausforderung ist der extrem schwierige Kaiser-Max-Klettersteig, der durch die Martinswand führt.

Und damit es in der kalten Jahreszeit nicht langweilig wird, haben wir in diesem Kletterführer auch noch die Eiskletterrouten im Kühtai und Sellraintal hineingepackt. Im Winter sowie bei ungünstigen Wetterbedingungen bieten die künstlichen Kletteranlagen der Region ein witterungsunabhängiges und lohnenswertes Ziel. Die Informationen zu den Kletterhallen stehen ebenfalls im diesem Buch.

Wir haben versucht in diesem Kletterführer möglichst alle Klettergärten, die für einen Besuch lohnenswert sind, zu erfassen. Unser Ziel war dabei, die Klettergärten und deren Kletterpotenzial möglichst übersichtlich darzustellen. Nach bestem Wissen und Gewissen haben wir die Gebietsinformationen mithilfe von zahlreichen Erschließern und Erstbegehern gesammelt. Alle Gebiete sind mit Routenauflistung, Routenstatistik, Gebietsbeschreibung, Symbolleiste, Foto-Topo, Anfahrtsskizze und Gebietsfotos beschrieben. Diese Informationen geben einen guten Überblick was in den jeweiligen Klettergebieten zu erwarten ist. Bei den Topos haben wir ausschließlich auf Foto-Topos gesetzt, da man anhand von Fotos die Struktur und Beschaffenheit der Felsen besser erkennen kann als auf handgezeichneten klassischen Topos. Allerdings ist das Einzeichnen der Routen in ein Foto-Topo schwierig, wenn Bewuchs die Wand verdeckt. Dennoch bietet in Summe ein Foto-Topo mehr Information.

SICHERHEITSHINWEIS und HAFTUNGSAUSSCHLUSS
Klettern in all seinen Spielarten ist ein potenziell gefährlicher Sport, der Aus- und Weiterbildung sowie äußerste Sorgfalt der Ausübung erfordert. Wir appellieren an die Eigenverantwortung der Klettersportler. Jeder Kletterer ist selbst dafür verantwortlich wo er einsteigt und wie er eine Route begeht sowie für die Einschätzung der persönlichen Leistungsfähigkeit und die Erfahrung im Umgang mit alpinen Gefahren. Die Autoren übernehmen keinerlei Haftung für Unfälle oder andere Schwierigkeiten bei der Ausübung der klettersportlichen Tätigkeit und weisen ausdrücklich darauf hin, dass die Beschreibungen, Tracks, Skizzen und Fotos auch fehlerhaft sein können. Es wird darauf hingewiesen, forstliche Sperrgebiete und Privatgrundstücke zu respektieren und im Übrigen die Verhaltensempfehlungen für den Naturpark Karwendel zu befolgen.

Günter Durner & Werner Gürtler

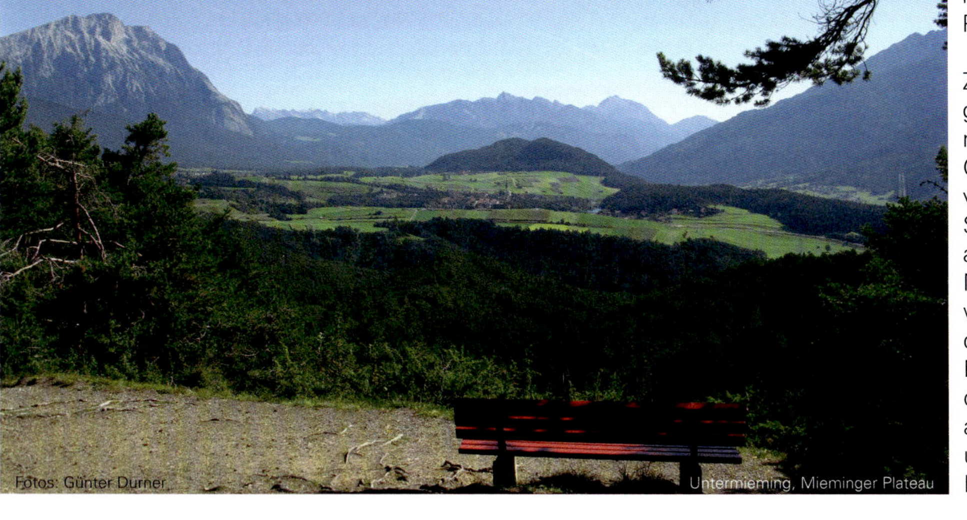
Hohe Munde, Mieminger Plateau

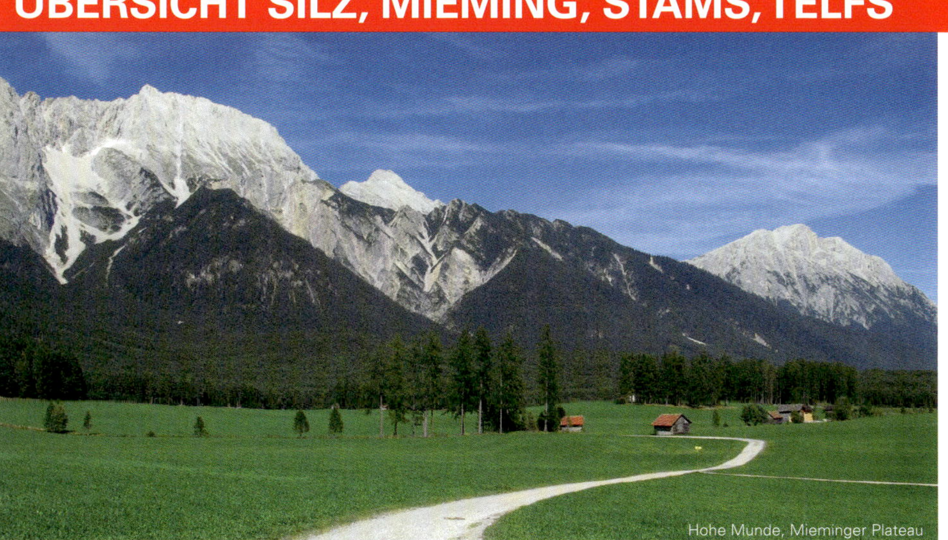
Fotos: Günter Durner

Untermieming, Mieminger Plateau

SONNENPLATEAU MIEMING UND TELFS

Nur etwa 4o Kilometer westlich der Tiroler Landeshauptstadt Innsbruck gelegen, erstreckt sich das Mieminger Plateau, das von einer herrlichen Bergkulisse eingerahmt ist. Über die Autobahn A12 kann die Ferienregion mit den malerischen Ortschaften Obsteig, Mieming und Wildermieming schnell und einfach erreicht werden.
Das vielfältige und kontrastreiche Gebiet hat ein besonderes Mikroklima, das mit mehr als 2.000 Sonnenstunden im Jahr begeistert. Nicht umsonst wird die Region auch Sonnenplateau Mieming genannt.

Bereits Mitte März kündigt sich auf dem Mieminger Plateau der Frühling an, der dann zum längsten Sommer Tirols wird. Im Oktober beginnen sich die wunderschönen Lärchenwälder in leuchtendes Gelb und kräftiges Orange zu verfärben. Der „Goldene Herbst“ auf dem Sonnenplateau zwischen Barwies und dem Holzleitensattel ist ein „Naturschauspiel“, das seinesgleichen sucht. Passend dazu ist der atemberaubende Panoramablick nach Süden zu den mächtigen Kühtaier Bergen.

Zwischen dem Mieminger Sonnenplateau und dem Ort Telfs gibt es zahlreiche Klettergärten und Klettersteige. Telfs ist nicht nur die drittgrößte Gemeinde Tirols sondern auch ein Ort in dem Geschichte, Tradition und Moderne miteinander verschmelzen. Neben gemütlichen Cafés und vielfältigen Shoppingmöglichkeiten in mehr als 150 Geschäften, gibt es auch ein Boulder & Kletterzentrum. In Zusammenarbeit von Marktgemeinde, Land, Tourismusverband und Alpenverein wurde im Juli 2016 ein großes Boulder & Kletterzentrum, das den Namen „Bergstation“ trägt, realisiert. Das moderne Kletterzentrum mit rund 1300 m² Kletterwänden wird von der Alpenverein Sektion Hohe Munde betrieben und soll vor allem ein Angebot für Kletterbegeisterte zwischen Innsbruck und Imst sein. Der Schwerpunkt im Kletterzentrum liegt im Bereich des Boulderns.

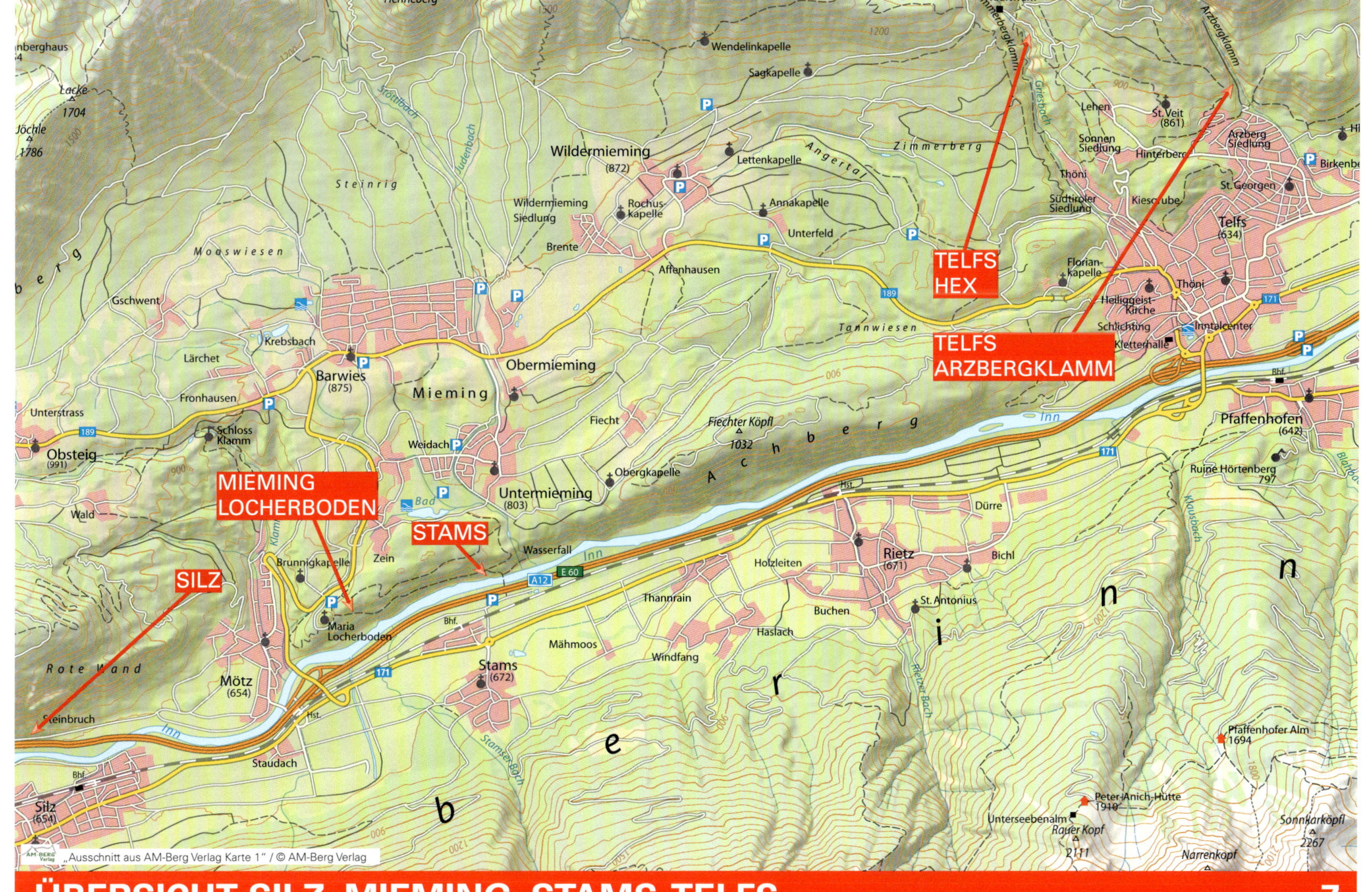

ÜBERSICHT SILZ, MIEMING, STAMS, TELFS

SILZ (680 m)

P 32 T 645470 5237290
32 T 645462 5237330

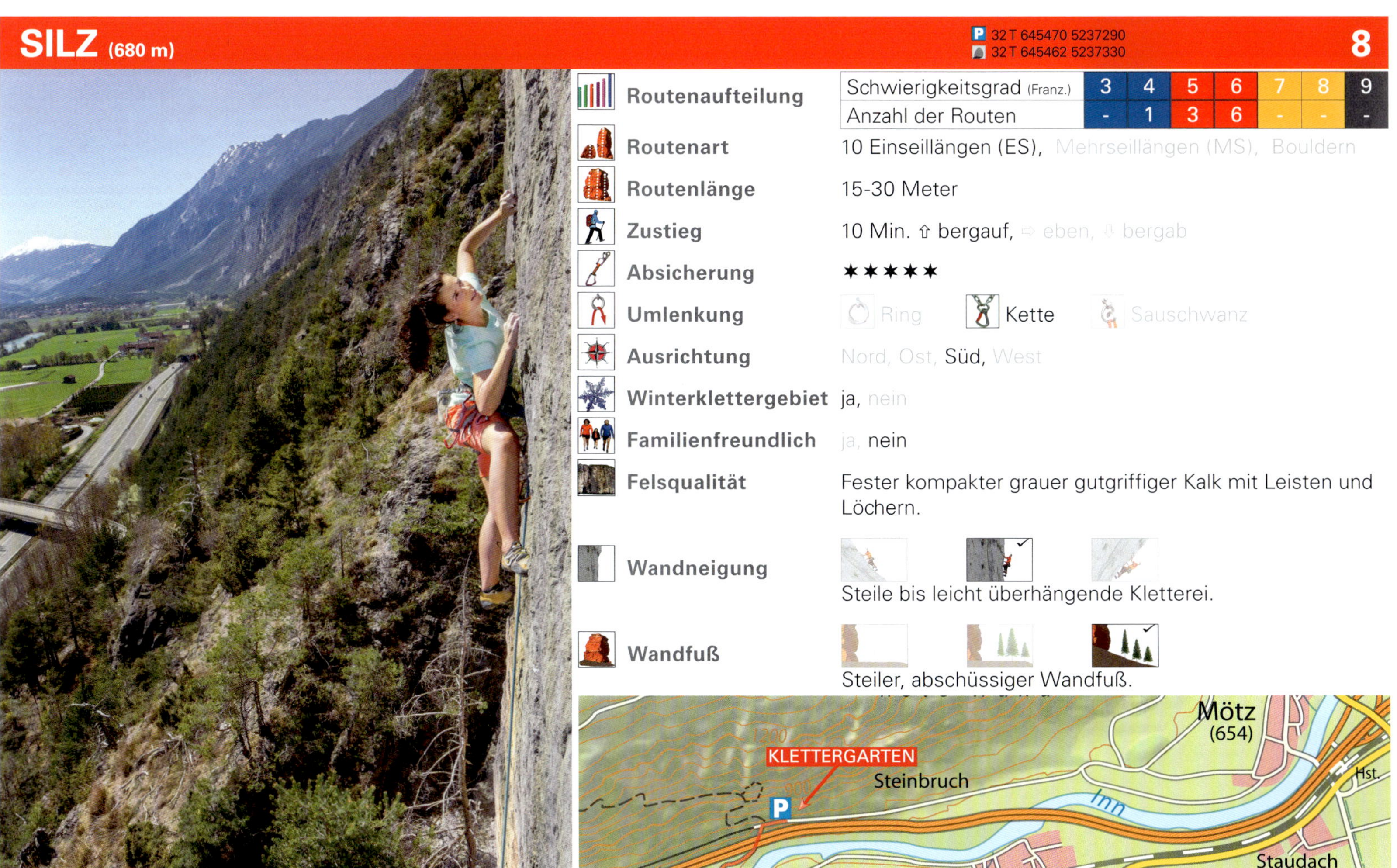

Routenaufteilung

Schwierigkeitsgrad (Franz.)	3	4	5	6	7	8	9
Anzahl der Routen	-	1	3	6	-	-	-

Routenart 10 Einseillängen (ES), Mehrseillängen (MS), Bouldern

Routenlänge 15-30 Meter

Zustieg 10 Min. ⇧ bergauf, ⇨ eben, ⇩ bergab

Absicherung ★★★★★

Umlenkung Ring Kette Sauschwanz

Ausrichtung Nord, Ost, Süd, West

Winterklettergebiet ja, nein

Familienfreundlich ja, nein

Felsqualität Fester kompakter grauer gutgriffiger Kalk mit Leisten und Löchern.

Wandneigung Steile bis leicht überhängende Kletterei.

Wandfuß Steiler, abschüssiger Wandfuß.

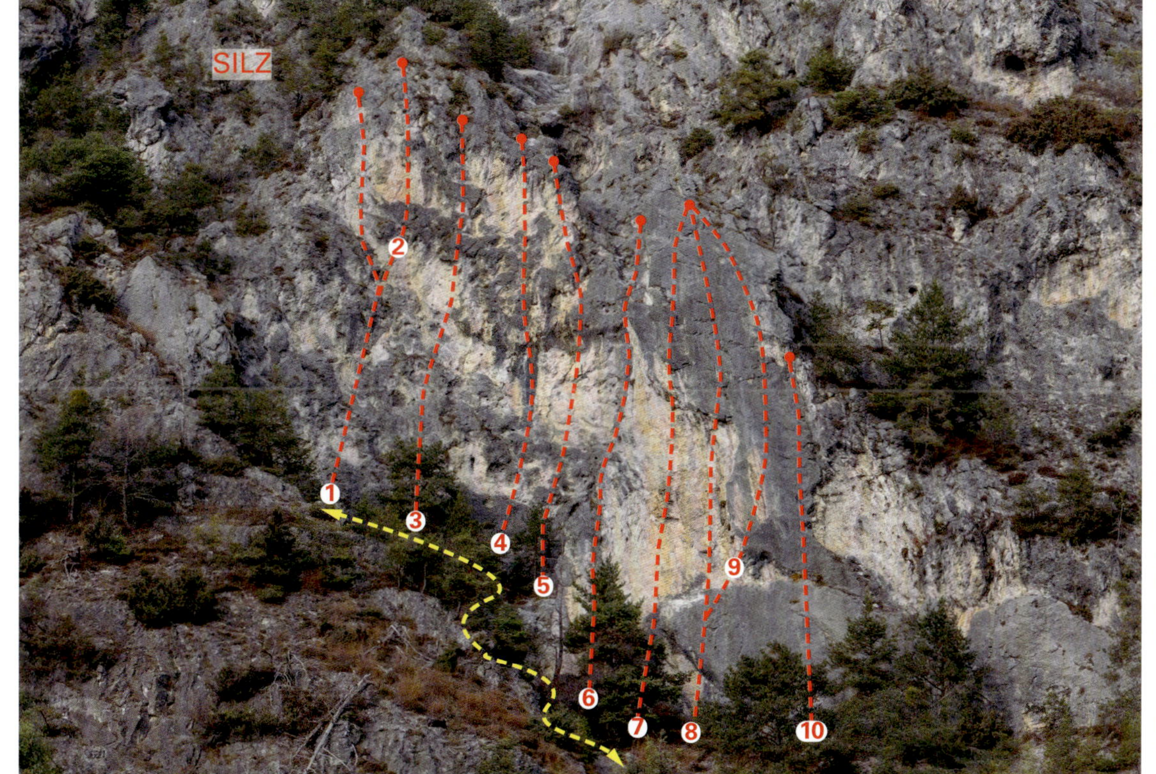

BESCHREIBUNG

Kleiner, sonniger Klettergarten über dem Inn. An der südseitig ausgerichteten Felswand am Fuße des 1497 Meter hohen Grünbergs kann fast das ganze Jahr hindurch geklettert werden. Die Routen im unteren und mittleren Schwierigkeitsbereich sind sehr gut abgesichert.

ZUFAHRT/ZUGANG

Navi: 6424 Silz, Locherbodenweg. Von der Inntalautobahn A12 Kufstein-Landeck bei der Ausfahrt Mötz abfahren. Dann auf der B 171 nach Silz in das Zentrum fahren. Bei der Kirche rechts in die Widumgasse abbiegen. Nach der Bahnunterführung geradeaus weiter auf der Simmeringstraße über den Inn. Dann bei der Lagerhalle (Sträucherverkauf) rechts in den Locherbodenweg abbiegen und in Richtung Steinbruch Walser fahren. Nach der Autobahnbrücke gibt es Parkmöglichkeiten. Zu Fuß auf Steigspuren steil den Hang zum bereits sichtbaren Klettergarten aufsteigen (ca. 10 Minuten).

ERSCHLIESSER

M. Burtscher

SILZ

Nr.	Route	Erschließer	Grad	Länge
1	Gogele	M. Burtscher	5c	25 m
2	Rekord 625	M. Burtscher	5c	25 m
3	H2O	M. Burtscher	6b	25 m
4	Zuz	M. Burtscher	5b	15 m
5	Oletschka	M. Burtscher	6a+	15 m
6	A Dream	M. Burtscher	4c	25 m
7	Lancelot	M. Burtscher	6c+	30 m
8	Lisi	Hj. Randl	6c	30 m
9	The Tower	M. Burtscher	6c+	30 m
10	Knife	M. Burtscher	6a+	20 m

MIEMING LOCHERBODEN (791m)

P 32 T 648422 5238584
32 T 648660 5238520

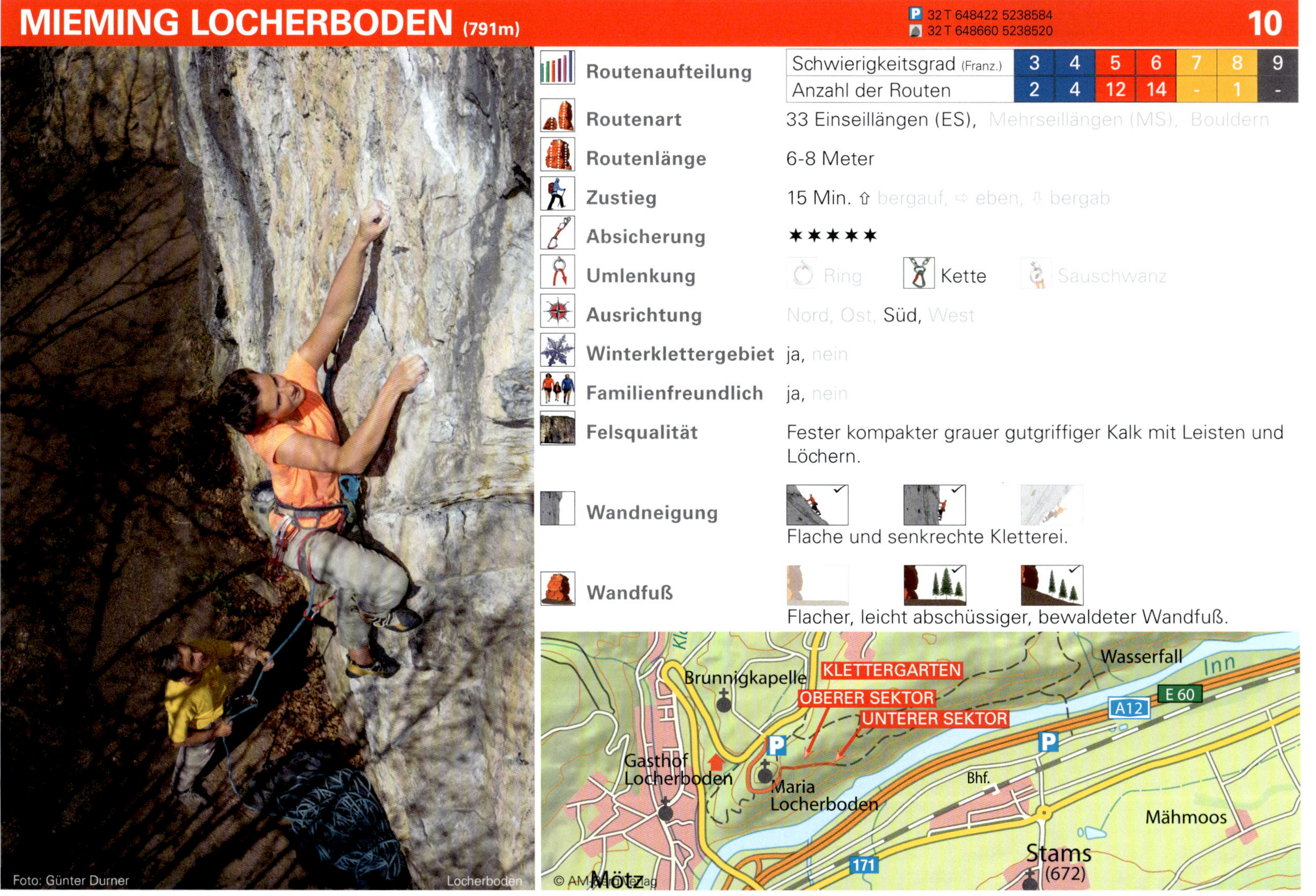

Routenaufteilung							
Schwierigkeitsgrad (Franz.)	3	4	5	6	7	8	9
Anzahl der Routen	2	4	12	14	-	1	-

Routenart 33 Einseillängen (ES), Mehrseillängen (MS), Bouldern

Routenlänge 6-8 Meter

Zustieg 15 Min. ⇧ bergauf, ⇨ eben, ⇩ bergab

Absicherung ★★★★★

Umlenkung Ring, Kette, Sauschwanz

Ausrichtung Nord, Ost, Süd, West

Winterklettergebiet ja, nein

Familienfreundlich ja, nein

Felsqualität Fester kompakter grauer gutgriffiger Kalk mit Leisten und Löchern.

Wandneigung Flache und senkrechte Kletterei.

Wandfuß Flacher, leicht abschüssiger, bewaldeter Wandfuß.

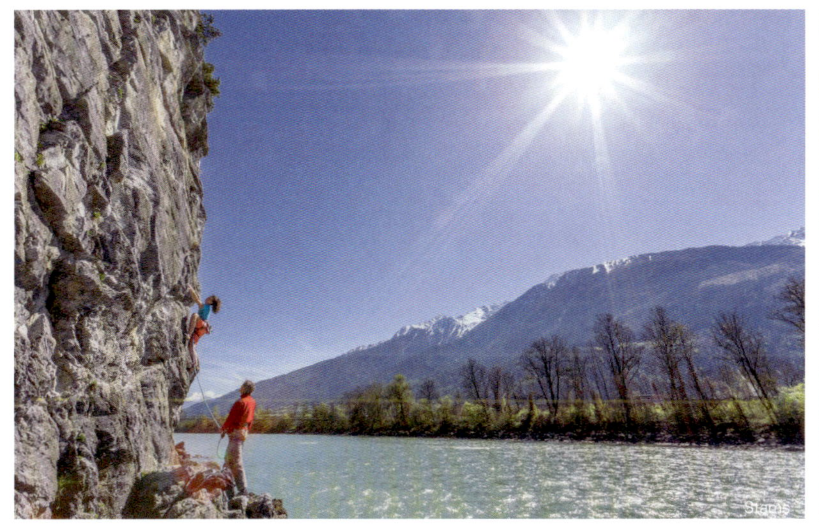
Stams

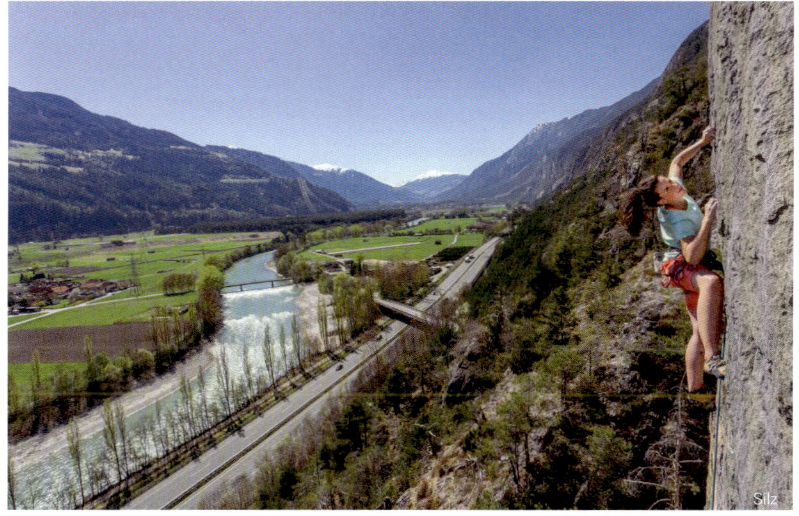
Silz

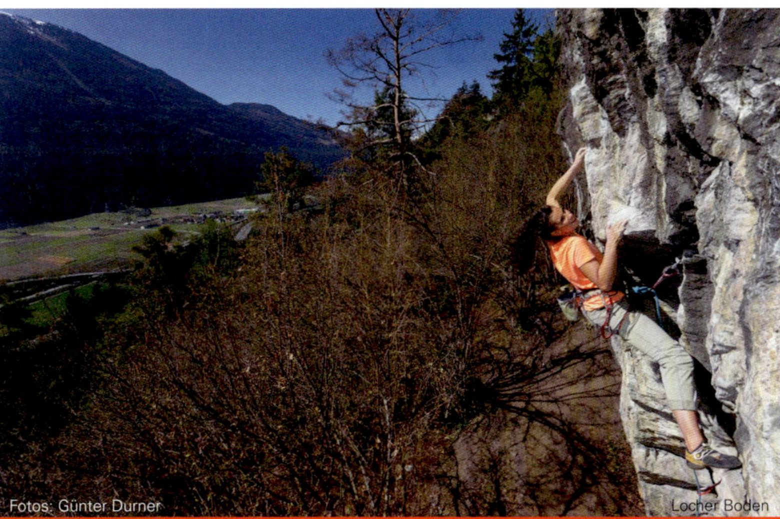
Fotos: Günter Durner

Locher Boden

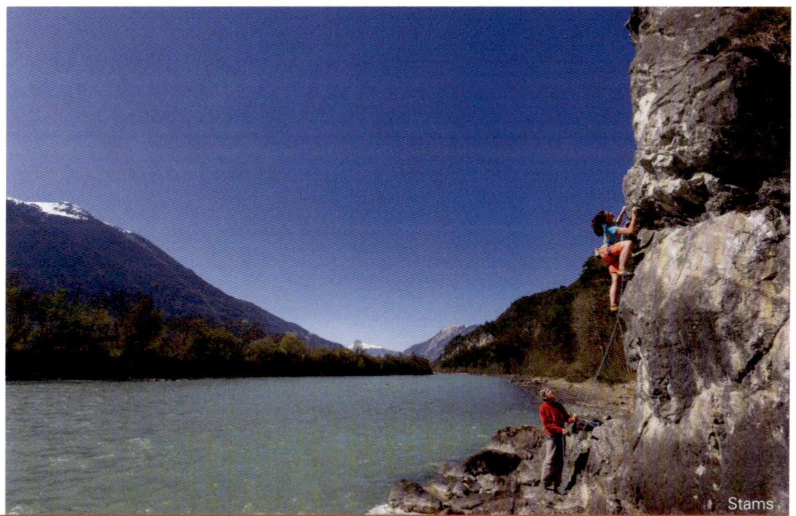
Stams

MIEMING LOCHERBODEN

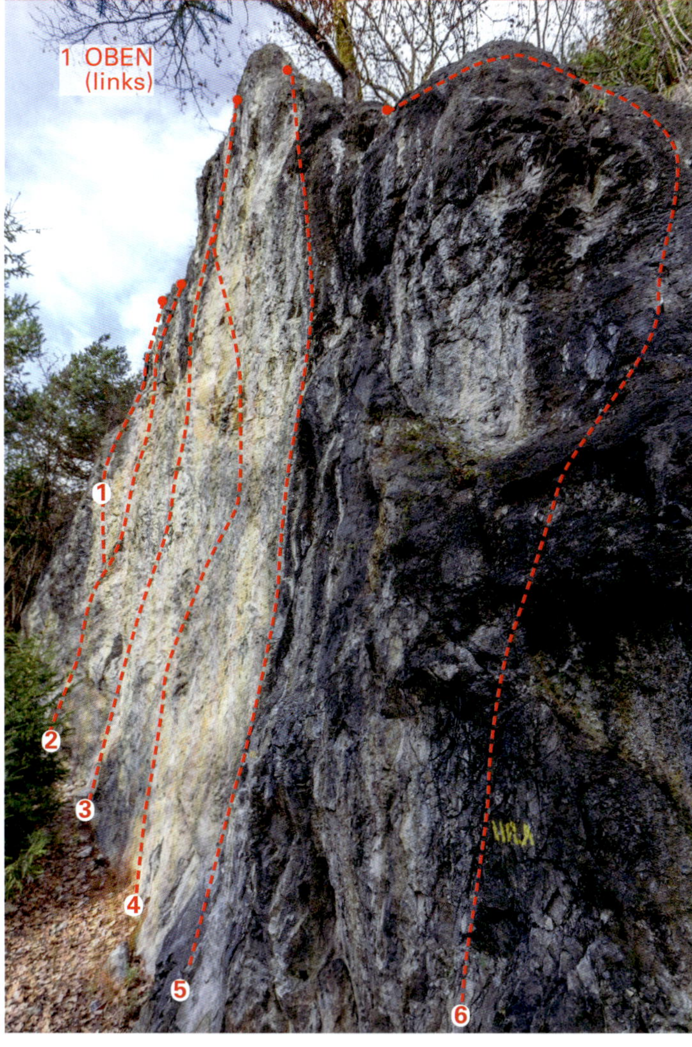

BESCHREIBUNG

Kleiner sehr schön gelegener Klettergarten mit zwei Sektoren in der Nähe der Wallfahrtskirche Maria Locherboden. An den südseitig ausgerichteten Felsen, die sich nur etwa 130 Höhenmeter über dem Inntal befinden, kann fast das ganze Jahr hindurch geklettert werden. Die Touren im unteren Schwierigkeitsbereich sind mit sehr kurzen Hakenabständen abgesichert und für Anfänger und Kinder geeignet.

ZUFAHRT/ZUGANG

Navi: 6414 Mötz, Locherboden. Von der Inntalautobahn A12 Kufstein-Landeck bei der Ausfahrt Mötz abfahren. Dann auf der Mötzer Landstraße in Richtung Mieming fahren. Nach der Kehre und dem Tiroler Wirtshaus am Locherboden befindet sich ein großer Parkplatz rechts der Landstraße. Hier parken. Zu Fuß auf der steilen Asphaltstraße hinauf zur Wallfahrtskirche Maria Locherboden gehen. Am Ende der Straße beginnt ein Wanderweg, der zur Stamser Hängebrücke führt. Diesem Weg etwa 100 m leicht bergab folgen dann nach links zum oberen Sektor hinaufgehen. Zum unteren Sektor den Wanderweg noch etwa 150 m weiter bergab gehen, dann links zu den sichtbaren Felsen hinaufgehen (ca. 15 Minuten).

ERSCHLIESSER

Bergrettung Mieming

1 OBEN (links)

1 -...6a ...... 15 m
2 -...6b ...... 15 m
3 -...6b ...... 15 m
4 -...6a+ .... 15 m
5 Kedge Up ....6a ...... 12 m
6 Hola ....3a ...... 10 m

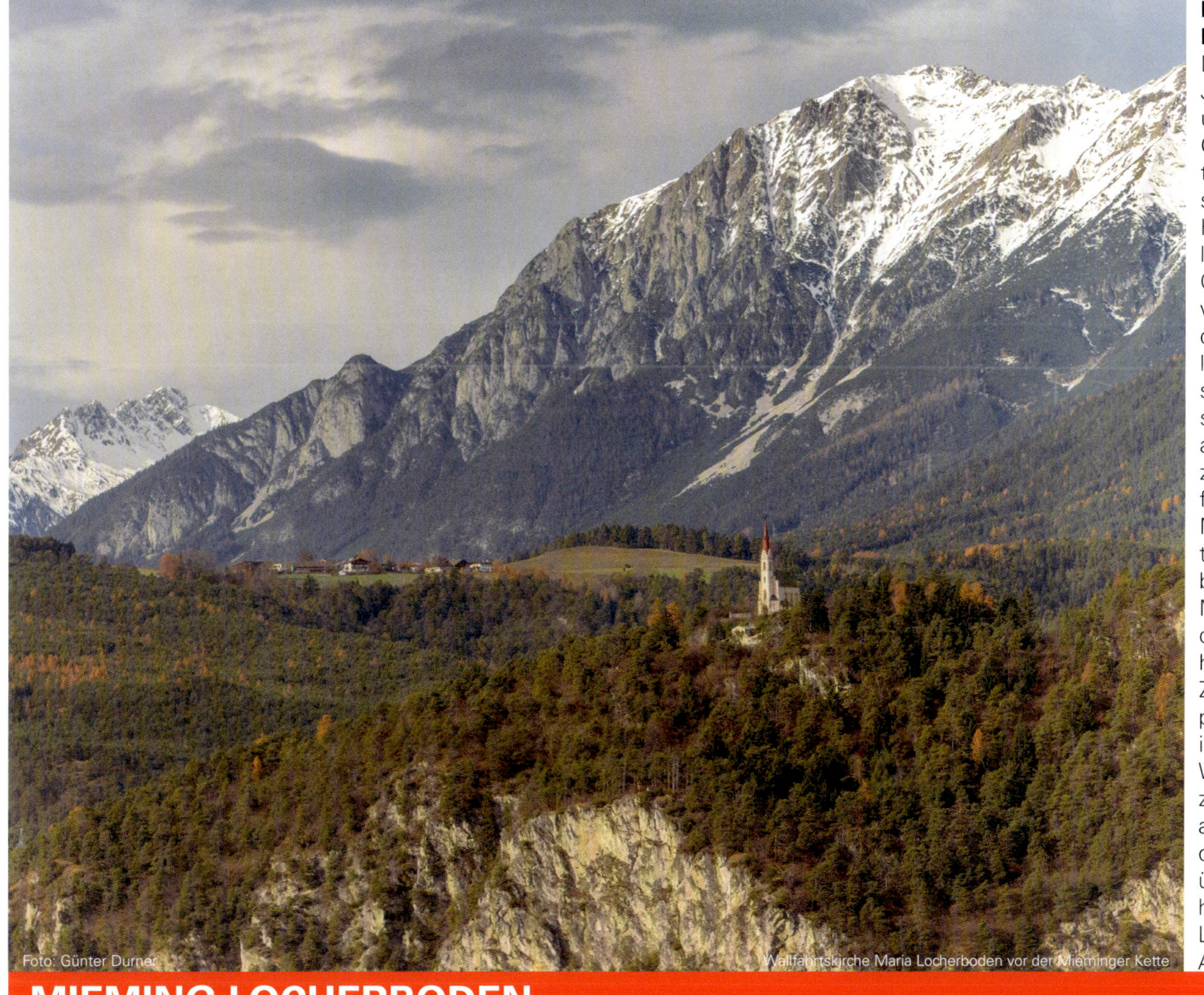

Foto: Günter Durner

Wallfahrtskirche Maria Locherboden vor der Mieminger Kette

DIE GESCHICHTE DER WALLFAHRTSKIRCHE

Der Legende nach wurde im Jahre 1740 bei einem Bergbauunglück ein Bergknappe beim Graben eines Stollens verschüttet. Ein gewaltiger Felsblock senkte sich und versperrte dem Knappen den Weg aus dem Stollen. In seiner Not betete er zur Gottesmutter Maria. Er gelobte, wenn sie seine Gebete erhört, dass er zu ihren Ehren am Stolleneingang ein Marienbild aufstellen werde. Das als Dank für seine wundersame Rettung angebrachte Marienbild wurde zu einer Pilgerstätte. Als Wallfahrtsort von Bedeutung gelangte Maria Locherboden 1871. Die todkranke Maria Kalb aus Rum bei Innsbruck betete vor dem Marienbild und wurde auf wundersame Weise geheilt. Daraufhin wurde für die zunehmende Zahl der Pilger eine Gnadenkapelle beim Stolleneingang, dann im Jahr 1901 die neugotische Wallfahrtskirche gebaut. Die einzigartige Lage der Kirche vor der atemberaubenden Bergkulisse, die wunderschönen Ausblicke über das Inntal und die Entstehungsgeschichte machen Maria Locherboden zu einem beliebten Ausflugsziel.

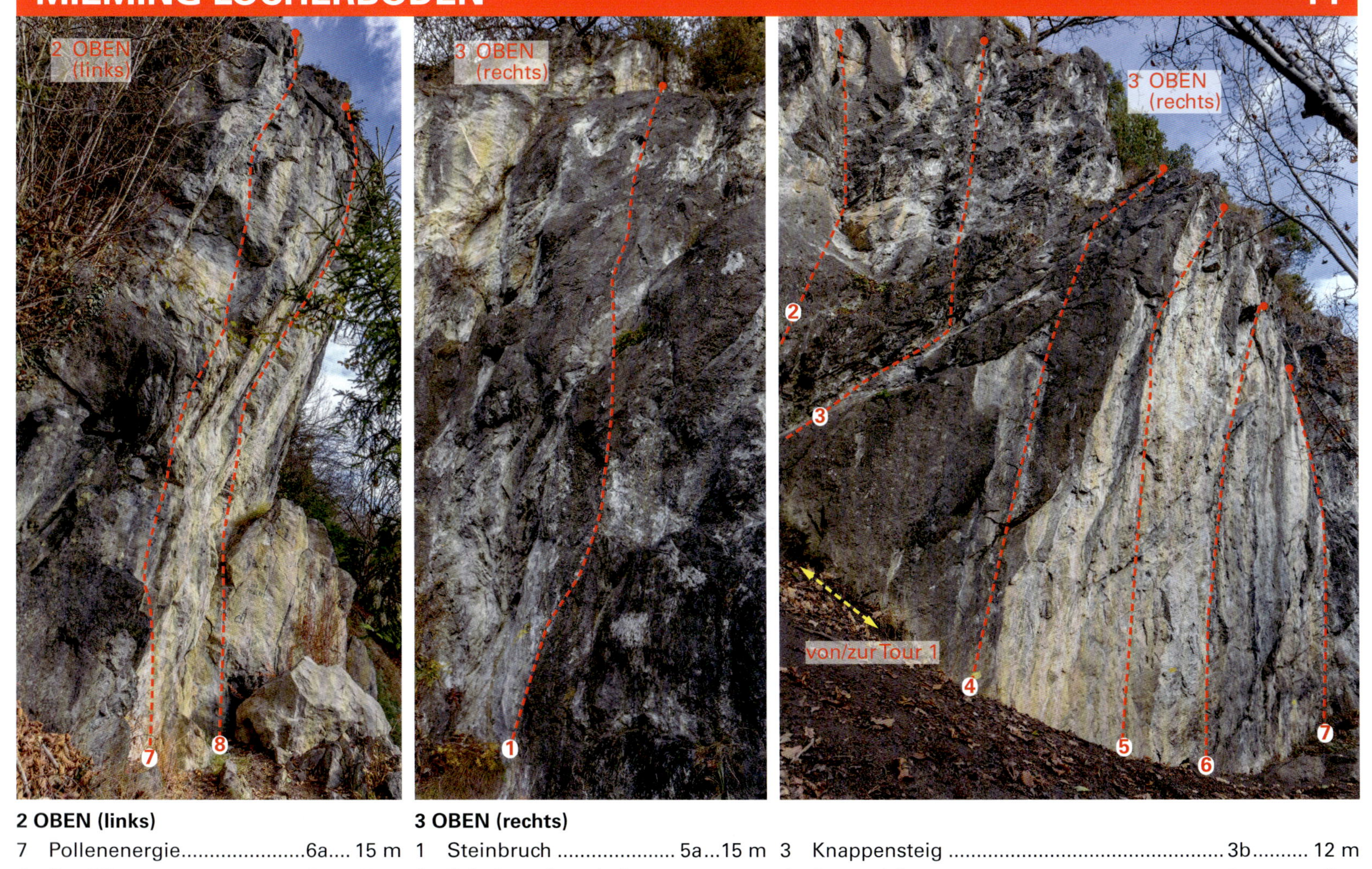

2 OBEN (links)

7 Pollenenergie......................6a.... 15 m

8 Der Pilgerer.........................8a.... 15 m

3 OBEN (rechts)

1 Steinbruch .... 5a...15 m

2 Schafgagelrennbahn..... 5a...15 m

3 Knappensteig .... 3b......... 12 m

4 Brummbär .... 6c .... 8 m

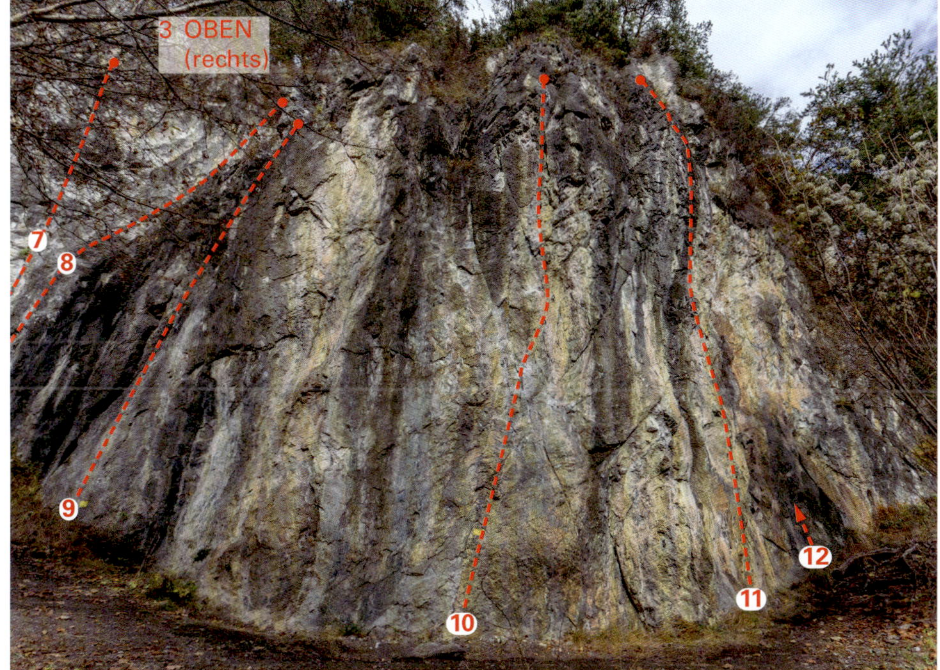

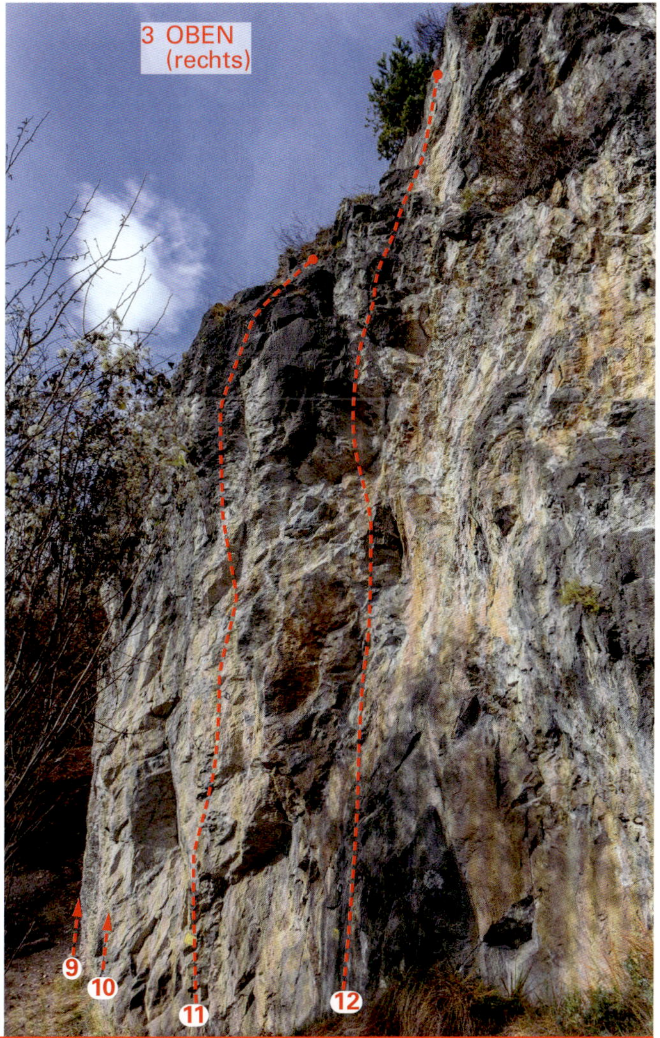

3 OBEN (rechts)

4	Brummbär	6c	8 m
5	Kurz und Knackwurst	7a	7 m
6	Watumba	6c+	8 m
7	Schweinsteigerin	6b	8 m
8	Einsteiger	4b	10 m
9	Korallenweg	6a	6 m
10	Was hookst du?	6a+	6 m
11	Rinks und Lechts	6b	8 m
12	Lands End	5b	14 m

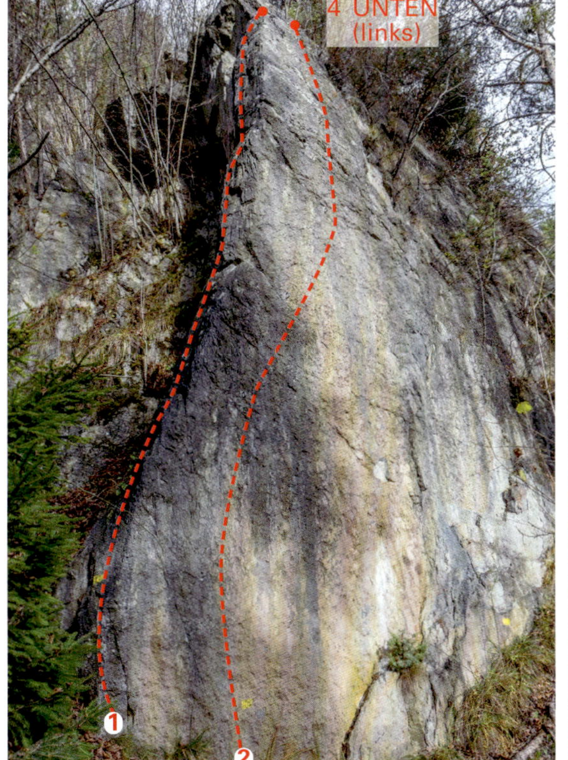

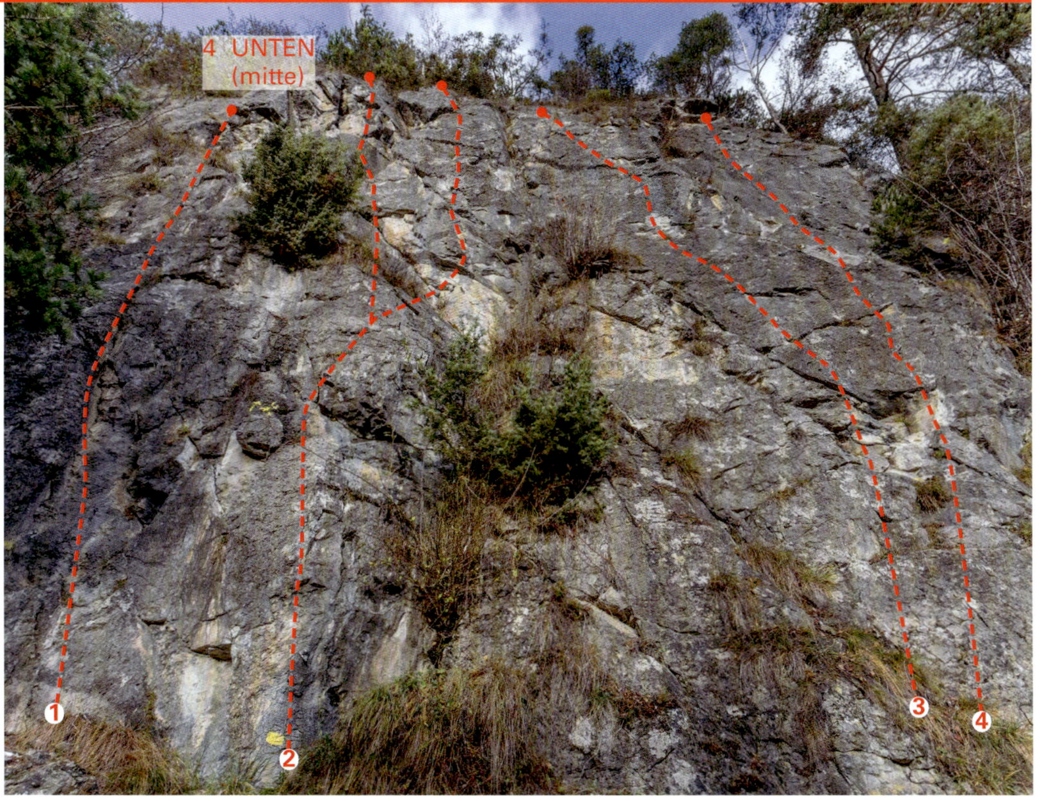

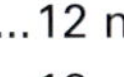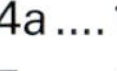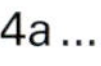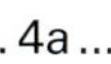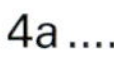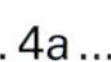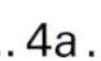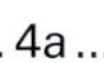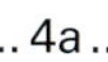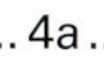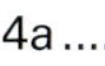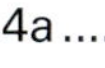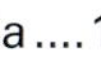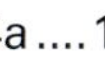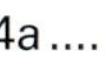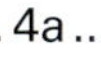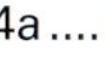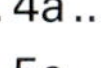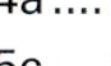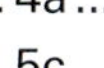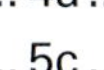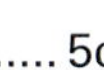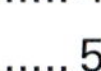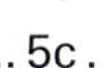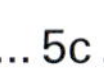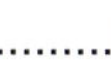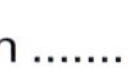

4 UNTEN (links)

1 Wackelzahn .... 4a .... 12 m
2 Schneidezahn .... 5c .... 12 m

4 UNTEN (mitte)

1 Erdbär .... 5a ...... 18 m
2 Erasmus isch super .... 5c ...... 18 m
3 Arzkastenboulevard .... 5b+ .... 18 m
4 Erdprinzessin .... 5a ...... 18 m

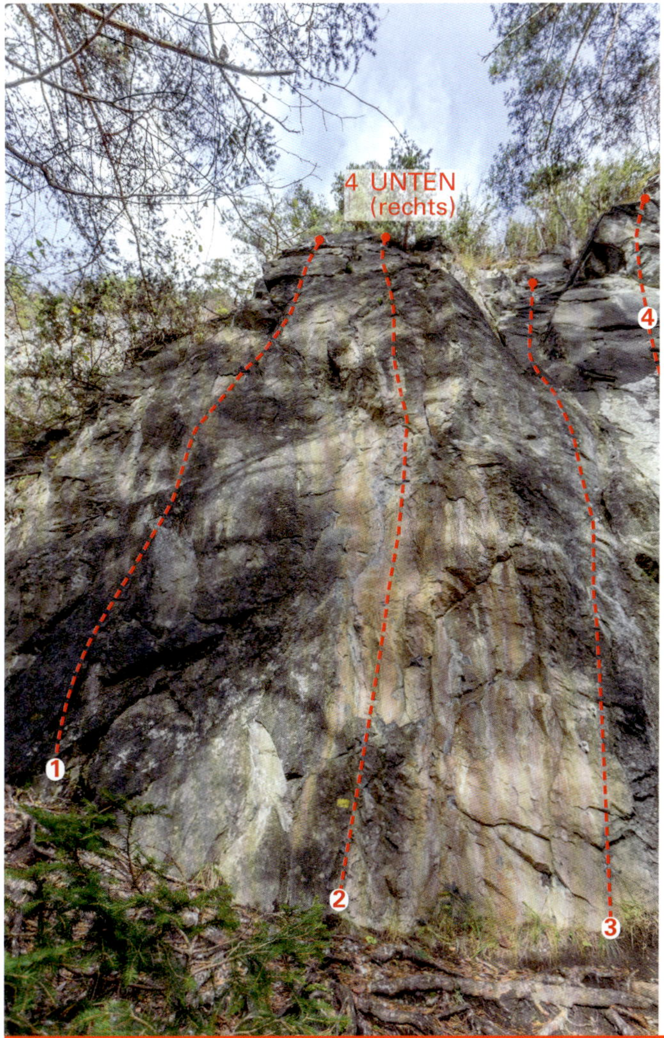

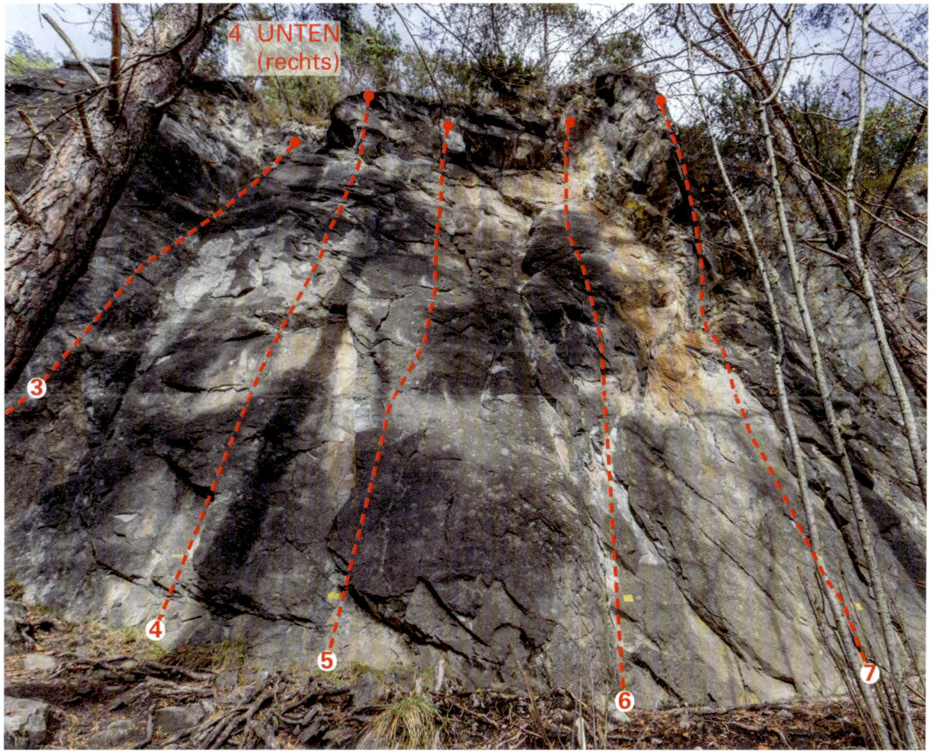

4 UNTEN (rechts)

1	Lochnagar	5c	10 m
2	Kleiner Hobbit	6a	10 m
3	Dirty Harry	4b	10 m
4	Urviecher	5c+	12 m
5	Transitroute	5b	12 m
6	Orange House	5b+	10 m
7	Föhrenweg	4a	12 m

STAMS (642 m)

P 32 T 650128 5238740
32 T 649936 5238855

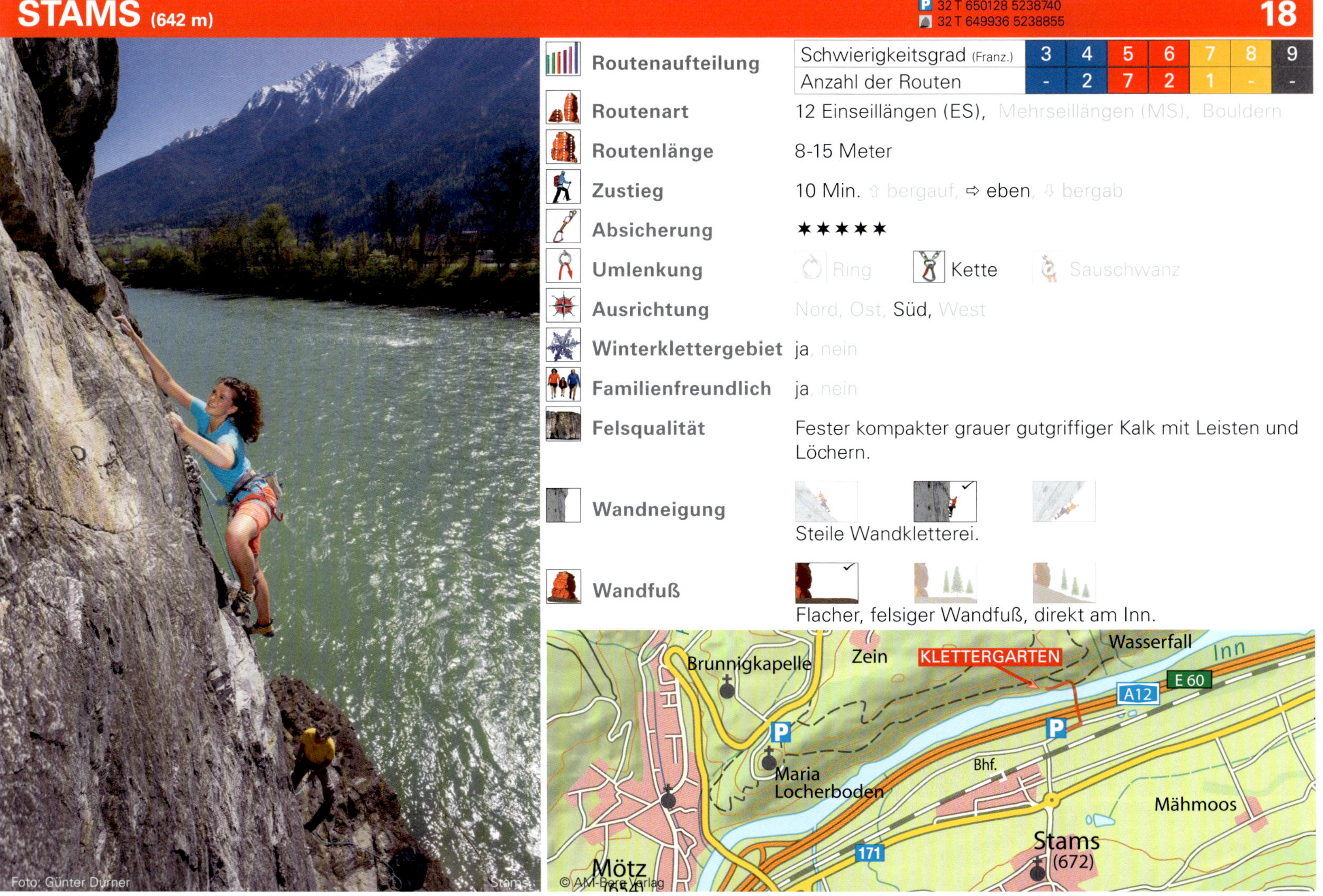

Routenaufteilung								
Schwierigkeitsgrad (Franz.)	3	4	5	6	7	8	9
Anzahl der Routen	-	2	7	2	1	-	-

Routenart 12 Einseillängen (ES), Mehrseillängen (MS), Bouldern

Routenlänge 8-15 Meter

Zustieg 10 Min. ⇧ bergauf, ⇨ eben, ⇩ bergab

Absicherung ★★★★★

Umlenkung Ring, Kette, Sauschwanz

Ausrichtung Nord, Ost, Süd, West

Winterklettergebiet ja, nein

Familienfreundlich ja, nein

Felsqualität Fester kompakter grauer gutgriffiger Kalk mit Leisten und Löchern.

Wandneigung Steile Wandkletterei.

Wandfuß Flacher, felsiger Wandfuß, direkt am Inn.

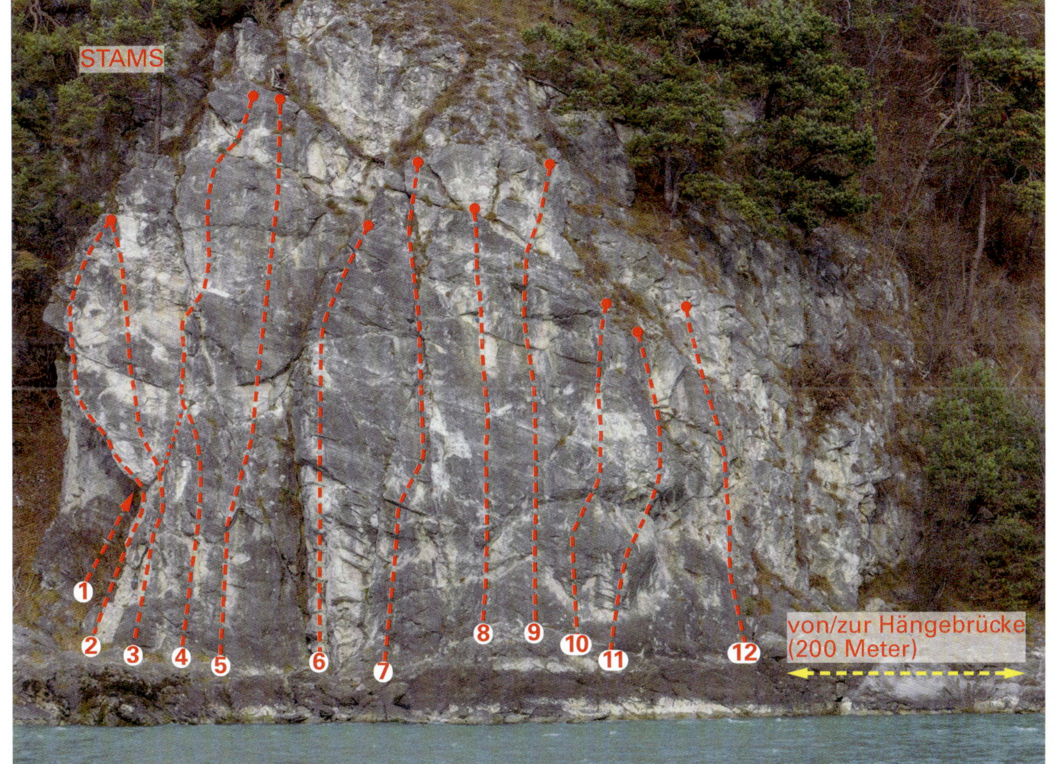

BESCHREIBUNG

Kleiner sehr schön gelegener Klettergarten direkt am Inn. Bei Hochwasser steht der Einstiegsbereich unter Wasser. Vorsicht: Die Felsbrocken am Wandfuß können ziemlich glatt sein. Auf Kinder aufpassen, dass diese nicht ins Wasser fallen und vom Inn mitgerissen werden! An der südseitig ausgerichteten Wand kann fast das ganze Jahr hindurch geklettert werden. Die Touren sind mit sehr kurzen Hakenabständen abgesichert und für Anfänger und Kinder geeignet.

ZUFAHRT/ZUGANG

Navi: 6422 Stams, Weingartnersiedlung 2. Von der Inntalautobahn A12 Kufstein-Landeck bei der Ausfahrt Mötz abfahren. Dann auf der B 171 nach Stams. Am östlichen Ortsende von Stams beim Kreisverkehr die dritte Ausfahrt „Hängebrücke, Gewerbegebiet" nehmen. Gegenüber dem großen Möbelhaus parken. Zu Fuß durch die Autobahnunterführung, dann nach links zur Hängebrücke. Nach der Hängebrücke links (flussaufwärts) am Inn entlang bis zum Klettergarten. Der Klettergarten befindet sich etwa 200 m links von der Hängebrücke (ca. 10 Minuten).

ERSCHLIESSER

B. Mößmer, M. Gabl

STAMS

Nr.	Route	Erschließer	Grad	Länge
1	Ohne Namen	B. Mößmer	7a+	12 m
2	Westkante	B. Mößmer	6c+	12 m
3	Down by the River	B. Mößmer	5c	12 m
4	Wassernixe	B. Mößmer	4c	15 m
5	Roxy	B. Mößmer	5a	15 m
6	Kante	B. Mößmer	6b+	12 m
7	Innweg	B. Mößmer	4b	15 m
8	Sunny Peter	M. Gabl	5c	10 m
9	Wassersymphonie	B. Mößmer	5a+	8 m
10	Acqua	M. Gabl	5b+	8 m
11	Eau	M. Gabl	5b+	8 m
12	Toprope	-	5b+	8 m

TELFS HEX (982 m)

P 32 T 655156 5243476 (Parkplatz Lehen)
32 T 655042 5242959 (Parkplatz Apfertal)
32 T 654985 5243764 (Sektor Pepato)

Foto: Günter Durner — Hex, Antares

Routenaufteilung							
Schwierigkeitsgrad (Franz.)	3	4	5	6	7	8	9
Anzahl der Routen	-	-	5	18	24	2	-

Routenart 56 Einseillängen (ES), Mehrseillängen (MS), Bouldern

Routenlänge 4-25 Meter

Zustieg 10-30 Min. ⇧ bergauf, ⇨ eben, ⇩ bergab

Absicherung ★★★★★

Umlenkung Ring Kette Sauschwanz

Ausrichtung Nord, Ost, Süd, West

Winterklettergebiet ja, nein

Familienfreundlich ja, nein

Felsqualität Fester kompakter grauer gutgriffiger Kalk mit Leisten und Löchern.

Wandneigung Steile bis stark überhängende Kletterei.

Wandfuß Steile, abschüssige Waldhänge.

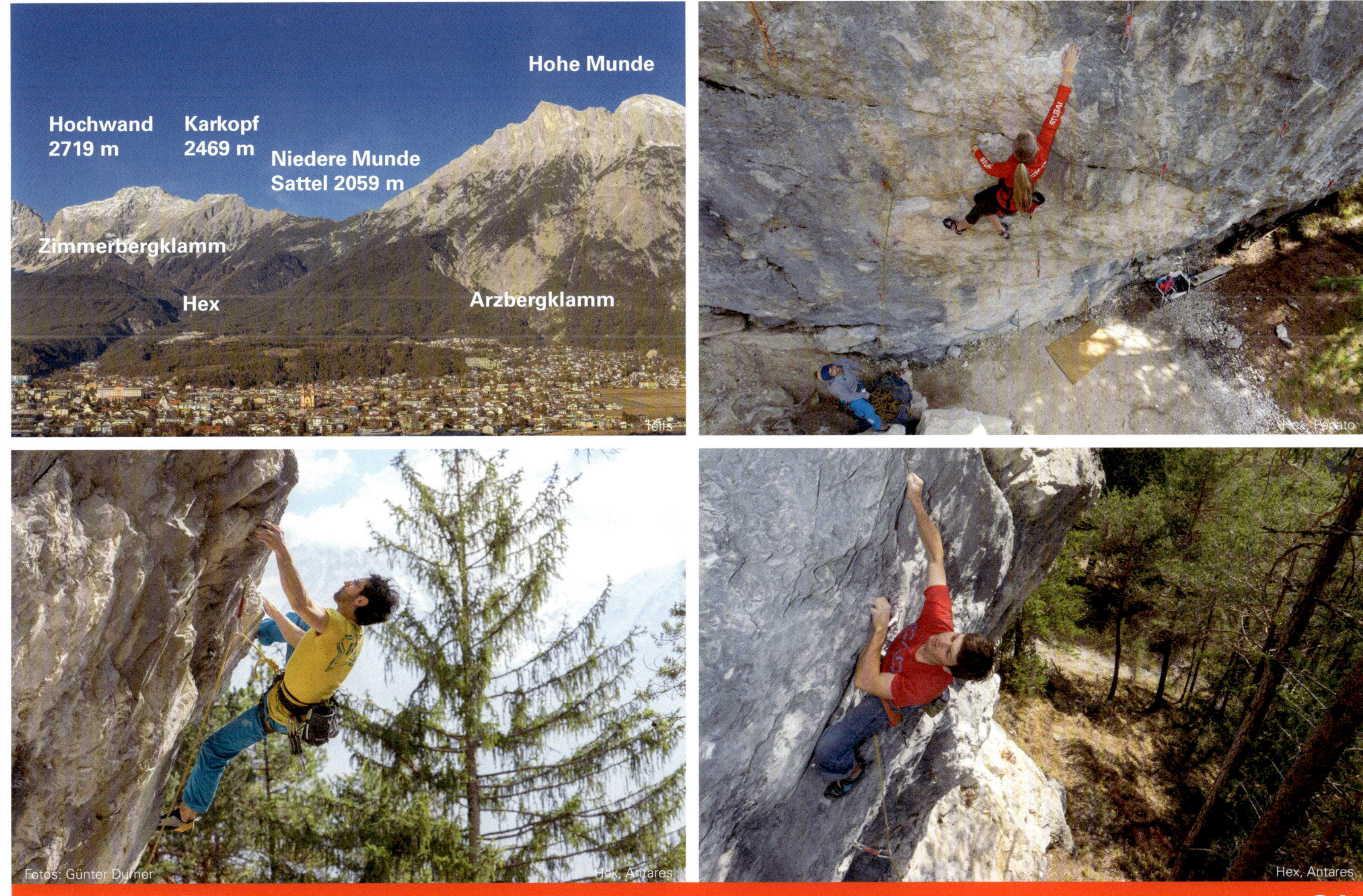
Hohe Munde
Hochwand
2719 m
Karkopf
2469 m
Niedere Munde
Sattel 2059 m
Zimmerbergklamm
Hex
Arzbergklamm
Telfs
Hex, Pepato
Fotos: Günter Durner
Hex, Antares
Hex, Antares

TELFS HEX

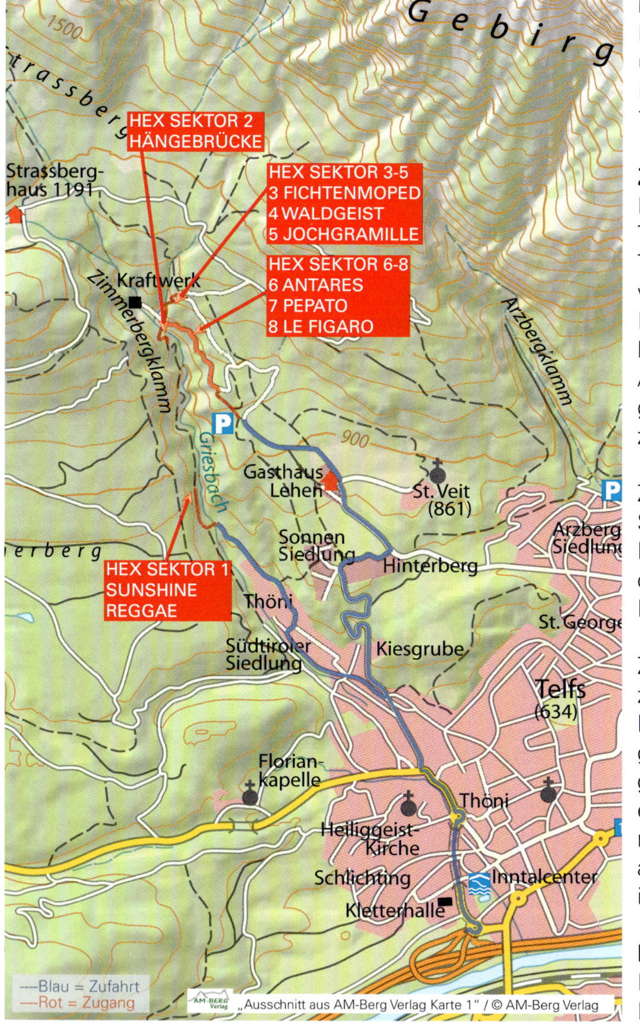

BESCHREIBUNG

Das Klettergebiet Telfs Hex besteht aus 8 Sektoren, die größtenteils von Bernhard Hangl und Arthur Wutscher eingerichtet wurden. An den überwiegend südseitig ausgerichteten Felsen kann fast das ganze Jahr hindurch geklettert werden. Die Sektoren 8 Le Figaro, 7 Pepato und 6 Antares bieten überhängende Touren an kompaktem Kalk.

ZUFAHRT/ZUGANG

Navi: 6410 Telfs, Lehenstr. 3. Von der Inntalautobahn A12 Kufstein-Landeck bei der Ausfahrt Telfs West abfahren. Beim Kreisverkehr in Richtung Mieming (B 189) fahren. Durch den Tunnel bis zum nächsten Kreisverkehr, dort in die Niedere Munde Straße abbiegen und weiter bis zum Abzweig (rechts) Sonnensiedlung. An der Schottergrube vorbei und durch Kehren hinauf bis zur nächsten Abzweigung, hier rechts bis zur Hinterbergstraße. Diese nach links zum Gasthaus Lehen folgen. Rechts am Gasthof vorbei bis zum Ende der Asphaltstraße. Auf der Schotterstraße 300 m weiter in Richtung Strassberg. Bei einem Wasserwerk kann geparkt werden. Es ist möglich auf der Schotterstraße noch weiter bis zum Sektor 7 Pepato zu fahren und dort zu parken. Die Straße ist aber eng und es gibt nur zwei Parkplätze.

Zum Sektor 1 Sunshine Reggae fährt man von der Niedere Munde Straße zur Südtiroler Siedlung Richtung Thöni Aluwelten. Auf der Apfertalstraße durch das Werksgelände bis zum Ende der Straße beim E-Werk. Dort über die Brücke und dem Klammsteig talaufwärts ca. 250 m folgen. Der Sektor 1 Sunshine Reggae befindet sich ca. 50 m links oberhalb des Klammsteigs.

Zum Sektor 2-8 geht man vom Wasserwerk, das etwas oberhalb des Gasthaus Lehen liegt, zu Fuß auf dem Wanderweg hinauf zur Forststraße, die zum E-Werk führt. Die Sektoren 8 Le Figaro, 7 Pepato und 6 Antares befinden sich oberhalb der Forststraße. Den Sektor 5 Jochgramille erreicht man wenn man weiter auf der Forststraße bis zum Abzweig Hängebrücke geht. Hier rechts über den Klammsteig Richtung Strassberg bis zur Strassbergstraße. Dann einem Steig bergab zum Felsen folgen. Zum Sektor 4 Waldgeist und 3 Fichtenmoped geht man vom Wandfuß der Jochgramille zuerst waagrecht nach links, dann über den Bach leicht ansteigend hinauf. Zum Sektor 2 Hängebrücke geht man über die Hängebrücke, danach links in das Bachbett absteigen.

ERSCHLIESSER

B. Hangl, A. Wutscher, B. Trauner, R. Monz, D. Horvath, B. Scharmer, Ch. Ruech, R. Estmeister

1 SUNSHINE REGGAE

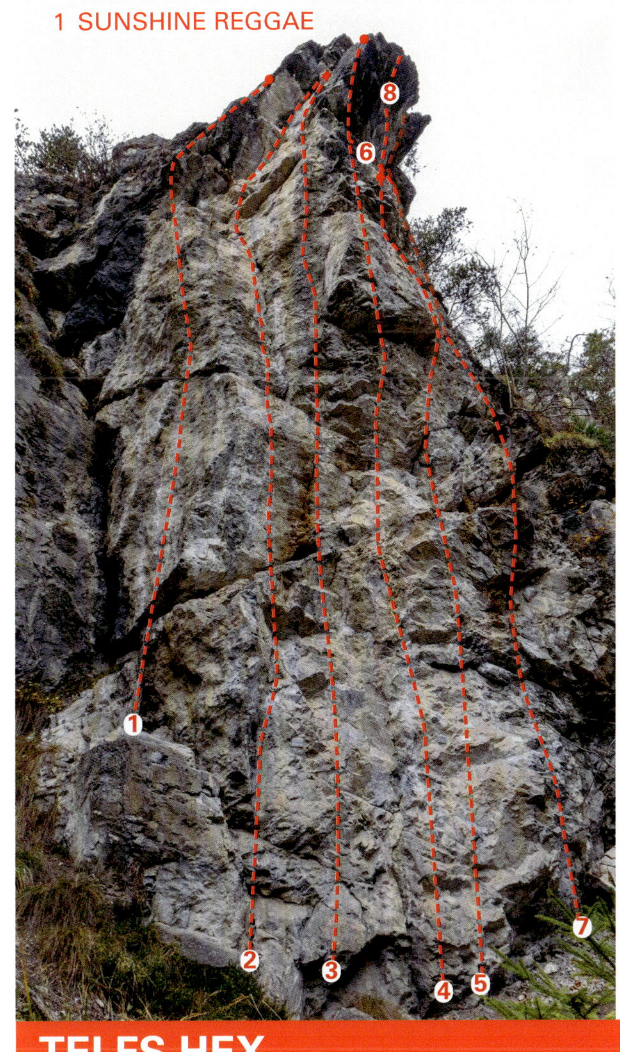

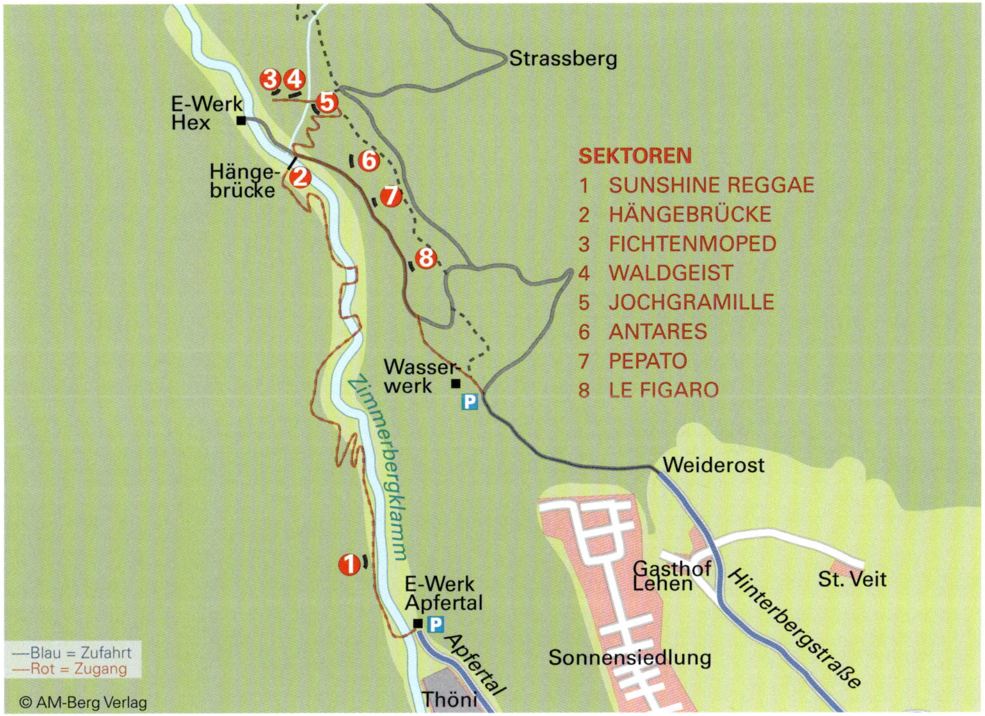

Strassberg
E-Werk Hex
Hänge-brücke
Wasser-werk
Zimmerbergklamm
Weiderost
Gasthof Lehen
St. Veit
Hinterbergstraße
E-Werk Apfertal
Apfertal
Sonnensiedlung
Thöni
—Blau = Zufahrt
—Rot = Zugang

SEKTOREN

1 SUNSHINE REGGAE
2 HÄNGEBRÜCKE
3 FICHTENMOPED
4 WALDGEIST
5 JOCHGRAMILLE
6 ANTARES
7 PEPATO
8 LE FIGARO

1 SUNSHINE REGGAE

	Route	Erstbegeher	Grad	Länge
1	SLO	B. Hangl	6b+	25 m
2	Griass Gott	B. Hangl	6a+	20 m
3	Pour Isolde	B. Scharmer	7a	20 m
4	Sunshine Reggae	B. Hangl	7a+	20 m
5	Der Weg zur Sonne	B. Scharmer, B. Trauner	7a+	25 m
6	Super Reggae	B. Hangl	7a+	20 m
7	Alpinistenaufstieg	B. Hangl	6a+	20 m
8	Römisches Recht	B. Scharmer	7b+/7c	20 m

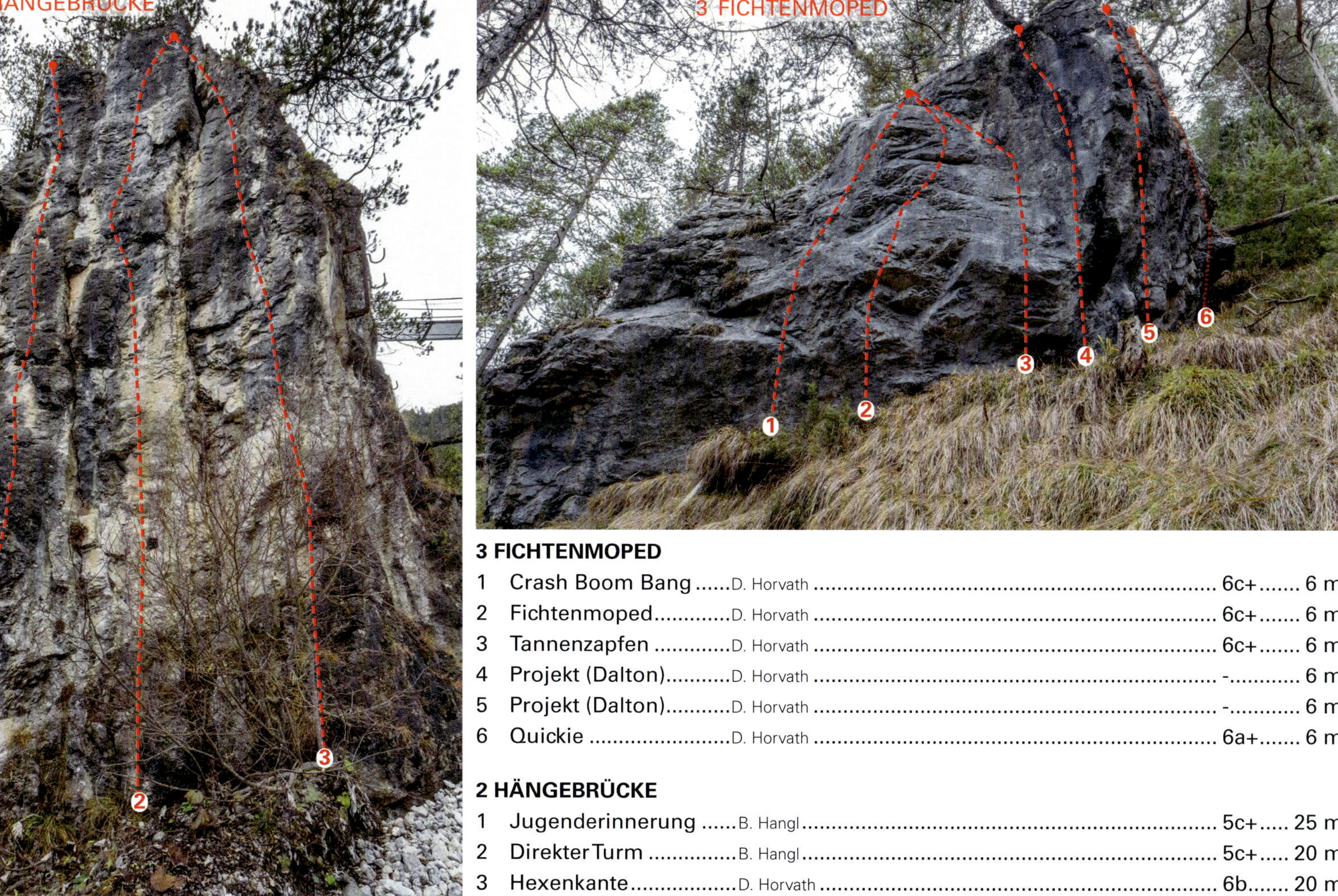

3 FICHTENMOPED

1 Crash Boom Bang ......D. Horvath .... 6c+....... 6 m
2 Fichtenmoped............D. Horvath .... 6c+....... 6 m
3 Tannenzapfen ....D. Horvath .... 6c+....... 6 m
4 Projekt (Dalton)..........D. Horvath .... -............ 6 m
5 Projekt (Dalton)..........D. Horvath .... -............ 6 m
6 Quickie ....D. Horvath .... 6a+....... 6 m

2 HÄNGEBRÜCKE

1 Jugenderinnerung ......B. Hangl .... 5c+..... 25 m
2 Direkter Turm ....B. Hangl .... 5c+..... 20 m
3 Hexenkante.................D. Horvath .... 6b....... 20 m

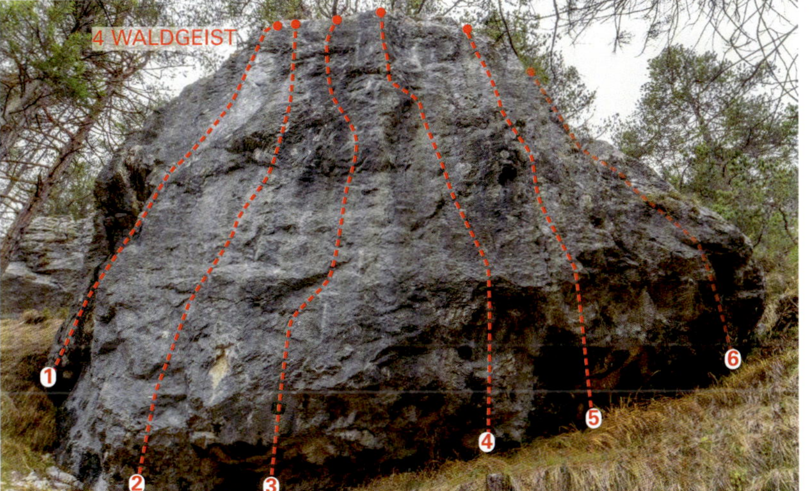

4 WALDGEIST

1	Waldgeist	D. Horvath	6b+	20 m
2	Hero of the Day	B. Trauner	7b	20 m
3	Wachablöse	B. Hangl	7b+	20 m
4	Shaman	D. Horvath	7a	10 m
5	Quälgeist	D. Horvath	7a	10 m
6	Peace Maker	D. Horvath	5a	10 m

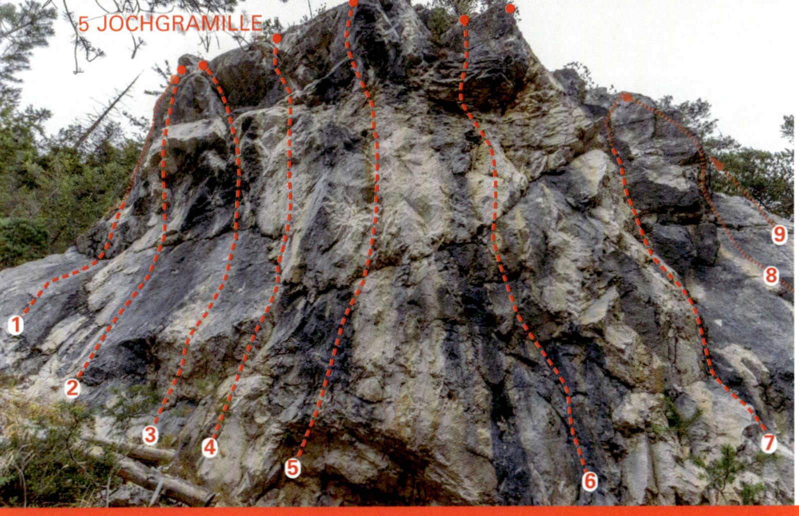

5 JOCHGRAMILLE

1	Stein der Weisen	D. Horvath	7a	8 m
2	Enzian	A. Wutscher	7c	8 m
3	Jochgramille	B. Hangl	7a	10 m
4	Benny Bunny	B. Hangl	7a	10 m
5	Projekt	B. Hangl, D. Horvath	-	10 m
6	Projekt	B. Hangl	-	10 m
7	-	-	-	10 m
8	Pink Panther	D. Horvath	6b	15 m
9	Flower Power	D. Horvath	5a+	15 m

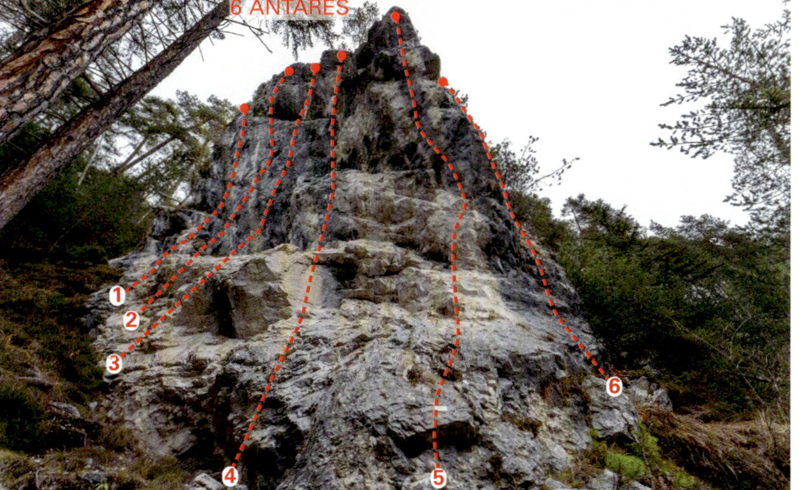

6 ANTARES

Nr.	Route	Erstbegeher	Grad	Länge
1	Gsellenstückl	B. Hangl	7a	10 m
2	Antares	B. Hangl	7a	12 m
3	Flowers und Tree	D. Horvath	6b+	12 m
4	Maturareise	B. Hangl, A. Wutscher	6c+	12 m
5	Fragile	B. Hangl	6b+	12 m
6	Maserati Biturbo	B. Hangl	6a	10 m

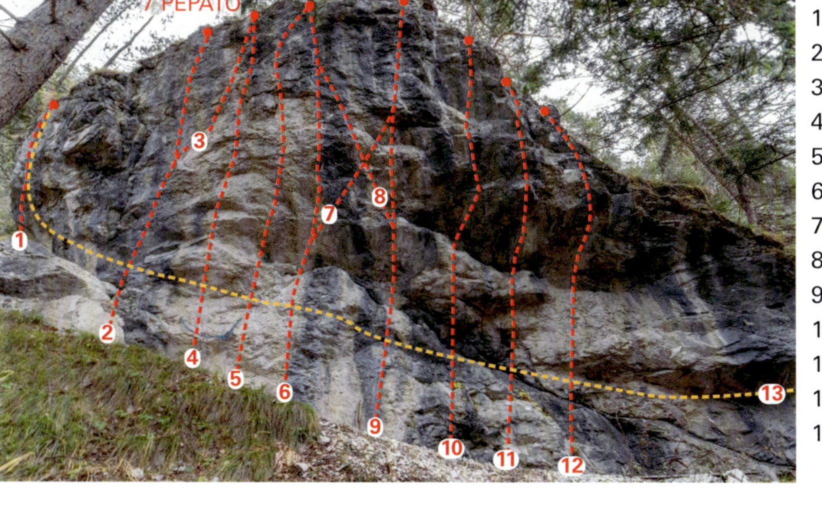

7 PEPATO

Nr.	Route	Erstbegeher	Grad	Länge
1	Linksausleger	B. Hangl	6b+	4 m
2	Looser	D. Horvath	7a	8 m
3	Rampenweg	B. Hangl	6b	10 m
4	Projekt	D. Horvath	-	12 m
5	Metallica	R. Monz, B. Trauner	8a+	12 m
6	Pepato	B. Hangl	8a	12 m
7	Pepato Frust	B. Hangl	7b+	12 m
8	Lust am Pepato	D. Horvath	7c+	12 m
9	Lust am Frust	B. Hangl, A. Wutscher	7b+	10 m
10	Ziag oda Fliag	B. Hangl, A. Wutscher	7b	10 m
11	Ikarus	A. Wutscher	7a+	8 m
12	Bolero	A. Wutscher	7c	8 m
13	Electra Traverse (von rechts nach links)	A. Wutscher	FB 7c+	20 m

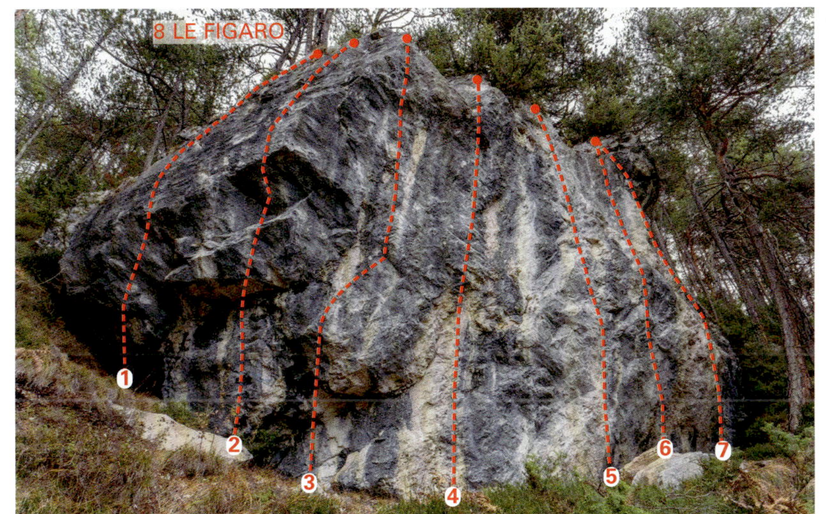

8 LE FIGARO

	Route	Erstbegeher	Grad	Länge
1	Le Figaro	B. Hangl	7b+	8 m
2	Blinde Hummel	Ch. Ruech	7c+	12 m
3	Olte Hauswurscht	B. Hangl	8a+	12 m
4	One Touch	H. Randl	7b	12 m
5	Kurze VII	B. Hangl	6c	12 m
6	Flashback	D. Horvath	6c+	10 m
7	T2	B. Hangl	6a	10 m

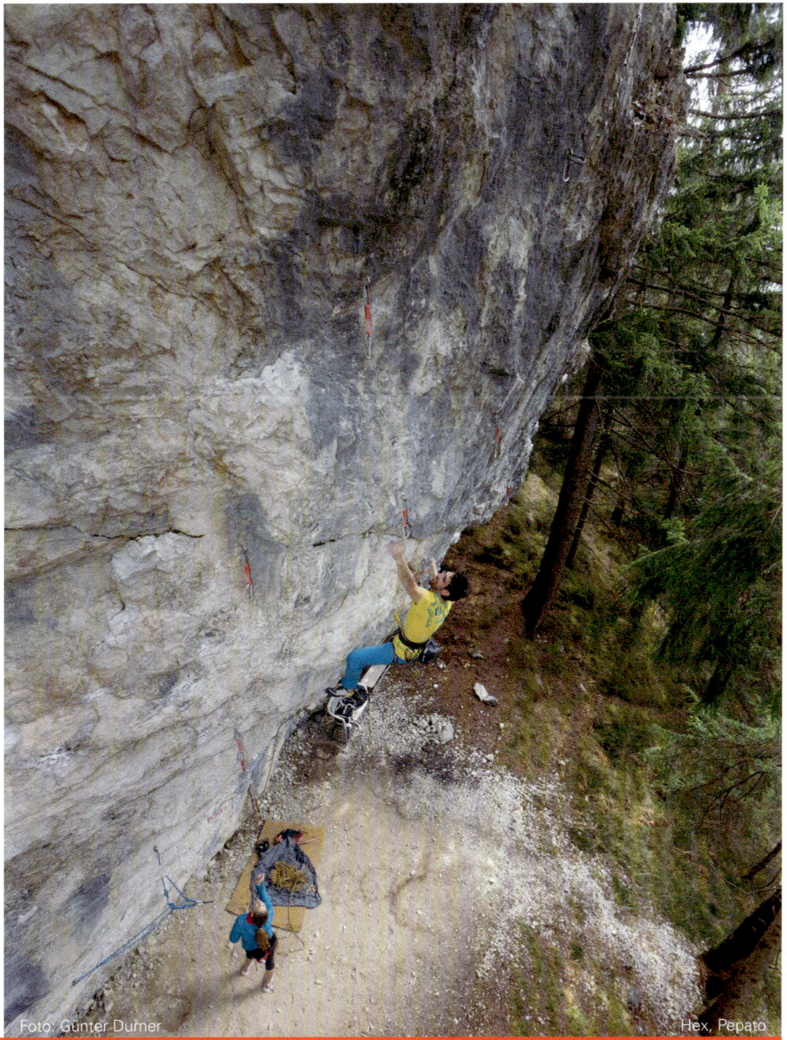

Foto: Günter Durner

Hex, Pepato

TELFS ARZBERGKLAMM (860 m)

P 32 T 656918 5243167 (Parkplatz Dammstraße)
32 T 656812 5243457

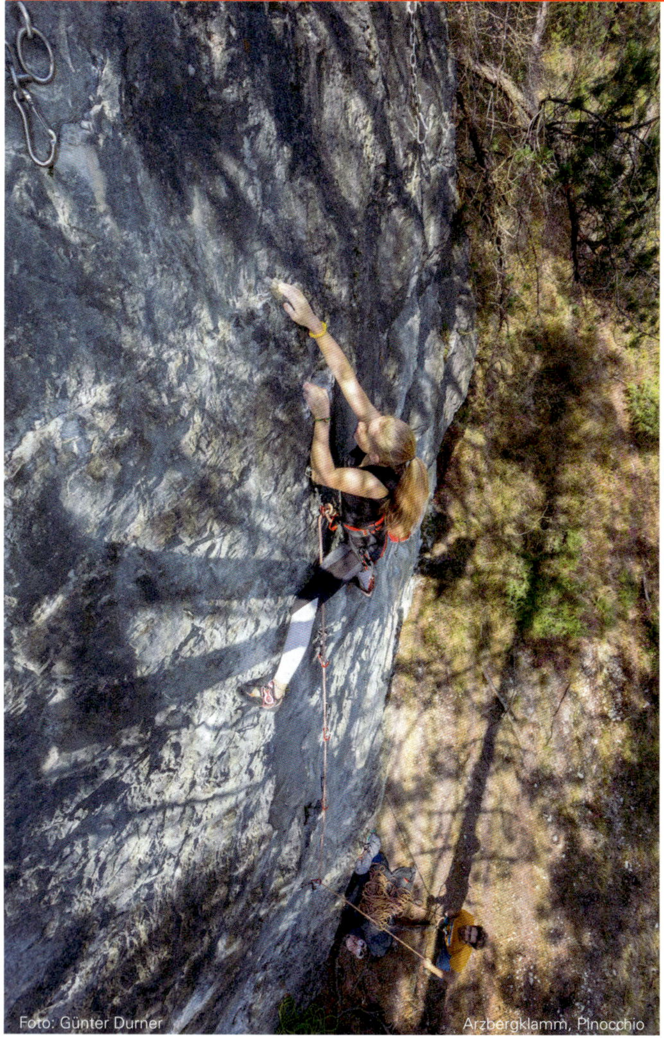

Foto: Günter Durner

Arzbergklamm, Pinocchio

Routenaufteilung								
Schwierigkeitsgrad (Franz.)	3	4	5	6	7	8	9
Anzahl der Routen	2	13	19	23	15	1	-

Routenart 80 Einseillängen (ES), 2 Mehrseillängen (MS), Bouldern

Routenlänge 8-28 Meter

Zustieg 10-20 Min. ⇧ bergauf, ⇨ eben, ⇩ bergab

Absicherung ★★★★★

Umlenkung Ring, Kette, Sauschwanz

Ausrichtung Nord, Ost, Süd, West

Winterklettergebiet ja, nein

Familienfreundlich ja, nein

Felsqualität Meist fester, kompakter, plattiger, grauer Kalk mit Leisten und Löchern.

Wandneigung Flache bis leicht überhängende Kletterei.

Wandfuß Eben am Bach (kindertauglich), sonst steil.

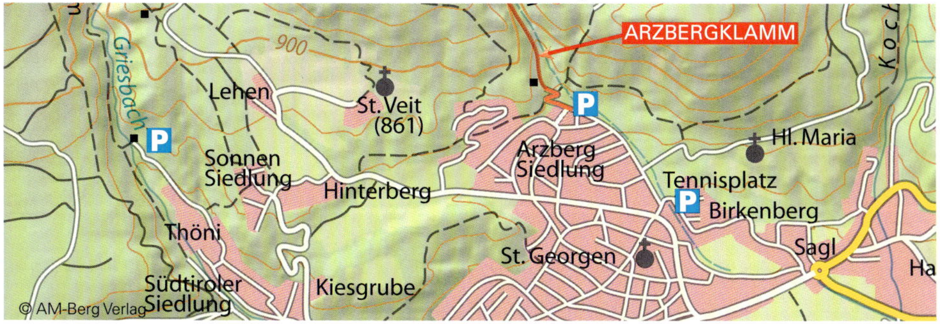

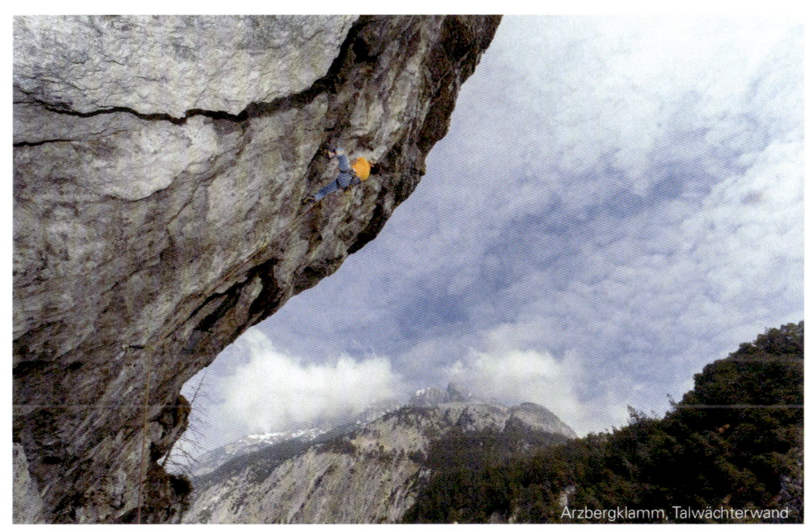
Arzbergklamm, Talwächterwand

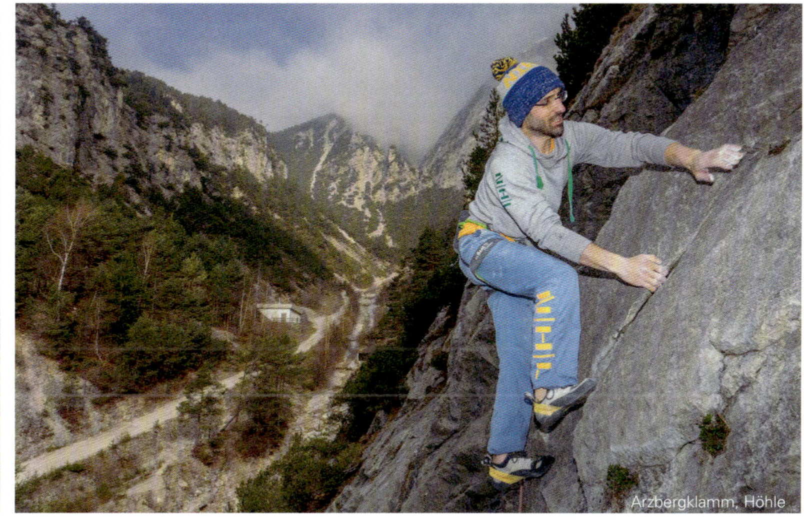
Arzbergklamm, Höhle

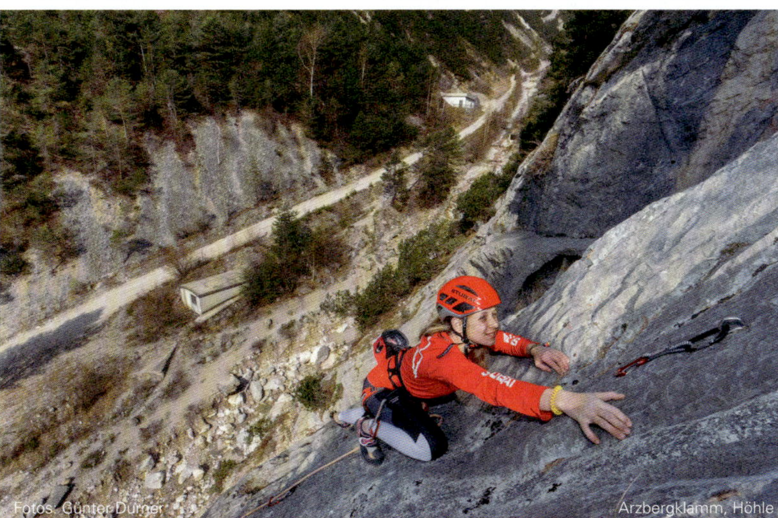
Fotos: Günter Durner

Arzbergklamm, Höhle

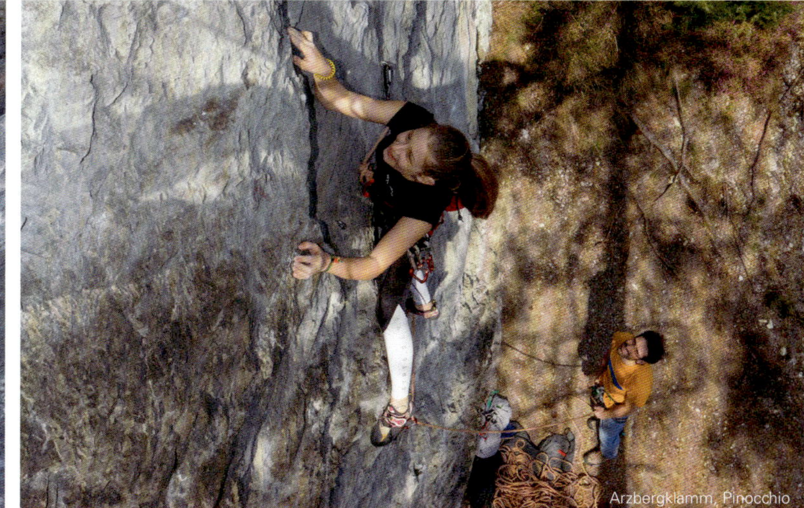
Arzbergklamm, Pinocchio

TELFS ARZBERGKLAMM

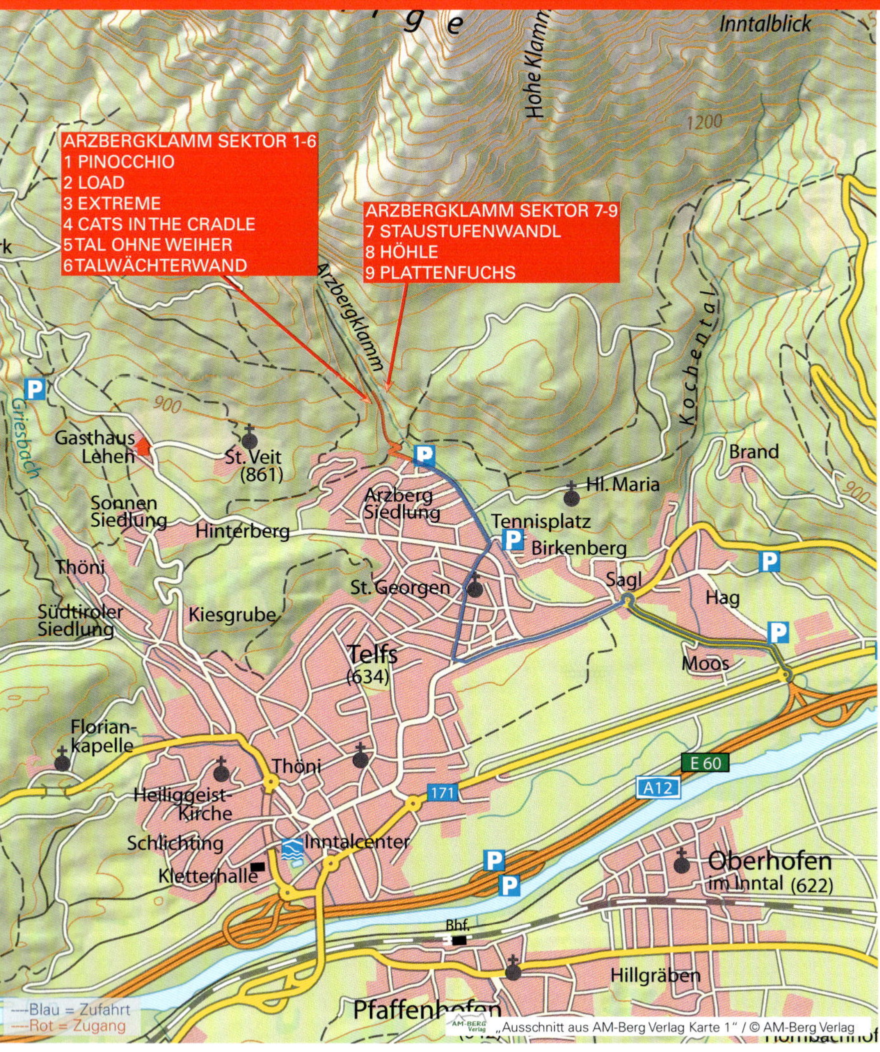

BESCHREIBUNG

Das Klettergebiet Arzbergklamm besteht aus 9 Sektoren. In den Sektoren 7 Staustufenwandl, 8 Höhle und 9 Plattenfuchs gibt es zahlreiche sehr gut abgesicherte Kletterrouten an festem, grauen Plattenkalk. Die Einstiege befinden sich im Bachbett, das aber meistens ausgetrocknet ist. Bei viel Wasser ist es schwierig an die Routen zu kommen. Diese Sektoren wurden hauptsächlich von Bernhard Hangl eingerichtet und später vom Telfer OeAV saniert und sind sehr gut für Kinder und Anfänger geeignet. Die Sektoren 1 Pinocchio, 2 Load und 3 Extreme bieten steile, teils überhängende Kletterrouten und wurden von Bernd Trauner, Robert Monz und Hansjörg Randl eingerichtet. Die mächtige Talwächterwand wurde von Bernhard Hangl, Robert Monz, Florian Hafele und Stefan Becker erschlossen. Leider ist der Fels dort nicht immer fest. Grundsätzlich wird empfohlen in der Arzbergklamm mit Helm zu klettern. An den überwiegend west- und ostseitig ausgerichteten Felsen kann fast das ganze Jahr hindurch geklettert werden. Im Winter bekommt die Arzbergklamm aber nur für kurze Zeit Sonne ab.

ZUFAHRT/ZUGANG

Navi: 6410 Telfs, Dammstraße. Von der Inntalautobahn A12 Kufstein-Landeck bei der Ausfahrt Telfs Ost abfahren. Beim ersten Kreisverkehr in Richtung Mösern, Seefeld fahren. Beim zweiten Kreisverkehr (M-Preis, Ortsteil Sagl) in die Saglstraße abbiegen und der Straße 800 m in westlicher Richtung bis zum Puelacherweg folgen. Hier rechts, dann nochmals rechts in die Birkenbergstraße in Richtung Tennisplätze, an der Auferstehungskirche vorbei, bis zur Dammstraße. Am Ende der Dammstraße bei den letzten Häusern parken.

Zu Fuß auf der Straße bergauf in die Arzbergklamm gehen. Der erste Sektor befindet sich gleich nach dem Wasserwerk, die anderen Sektoren weiter oben in der Arzbergklamm (ca. 10-20 Minuten).

ERSCHLIESSER

B. Hangl, Telfer OeAV, B. Trauner, R. Monz und Hj. Randl, F. Hafele, S. Becker

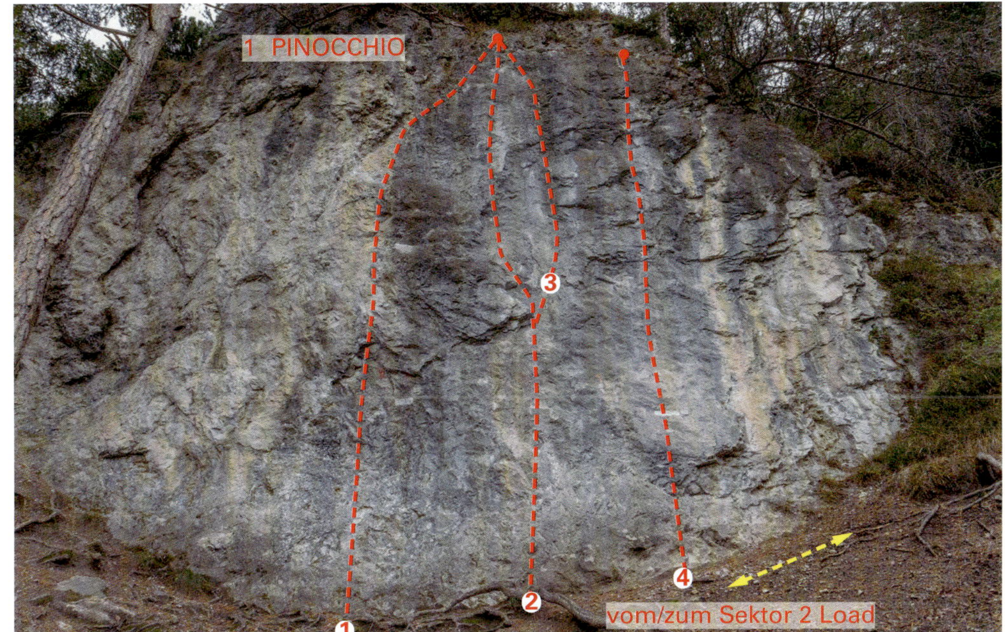

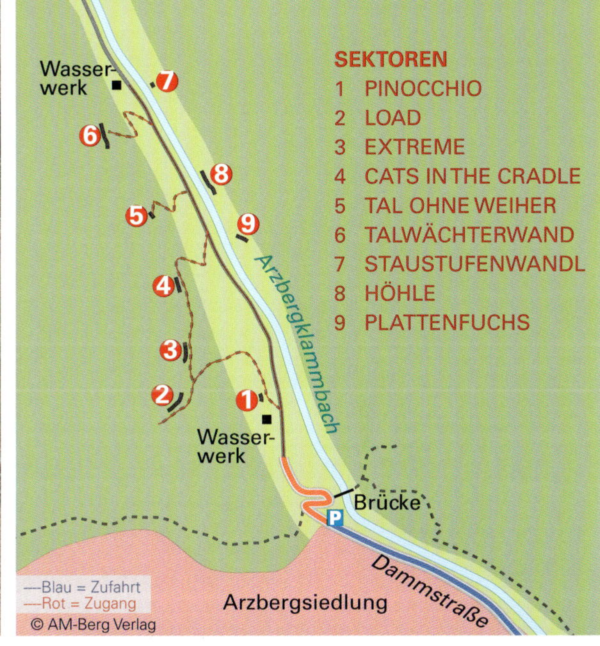

1 PINOCCHIO

1	Riss	6a	8 m
2	Variante	6b	8 m
3	Fingerschmerz	6b	8 m
4	Pinocchio	6b	8 m

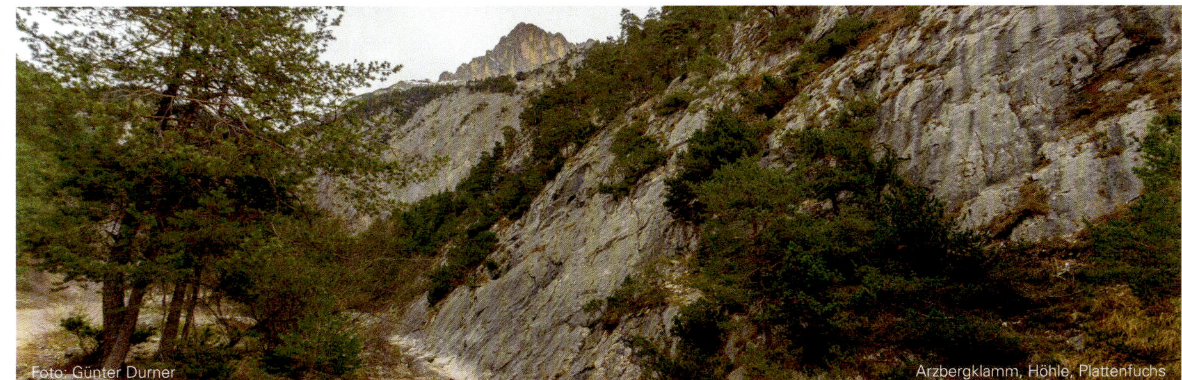
Foto: Günter Durner

Arzbergklamm, Höhle, Plattenfuchs

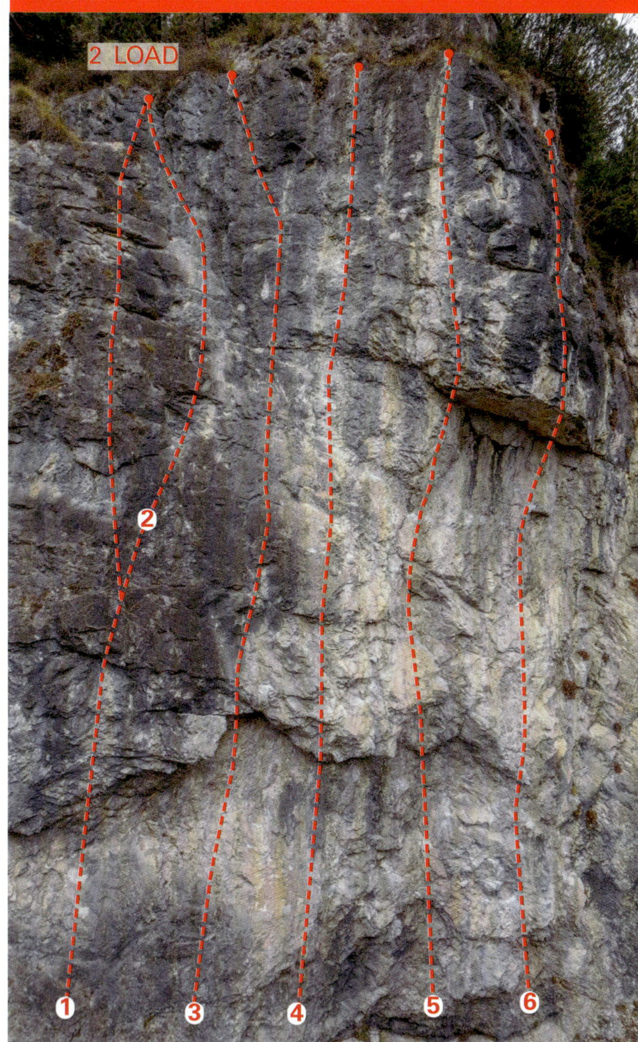

2 LOAD

1 King Nothing .... 5b ..... 15 m
2 Lo schiaffo .... 6b ..... 15 m
3 Load .... 6c+ ... 15 m
4 Wasting my hate .... 5b ..... 15 m
5 Life is live .... 6c ..... 15 m
6 Das Dach ist flach .... 7a ..... 15 m

3 EXTREME

1 N2 .... 7a ..... 12 m
2 Pornograffitti .... 6b ..... 12 m
3 Riss .... 6a ..... 12 m
4 Azorenhoch .... 7a+ ... 15 m
5 Es war' ne geile Zeit ...... 7a+ ... 15 m
6 1-2-3 .... 7a ..... 15 m
7 Rissdach .... 6b ..... 10 m

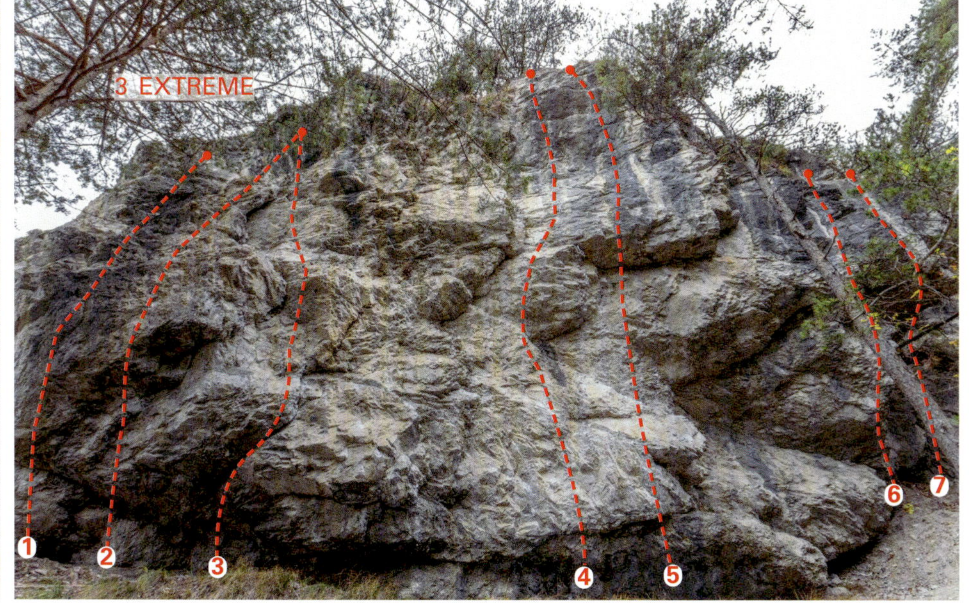

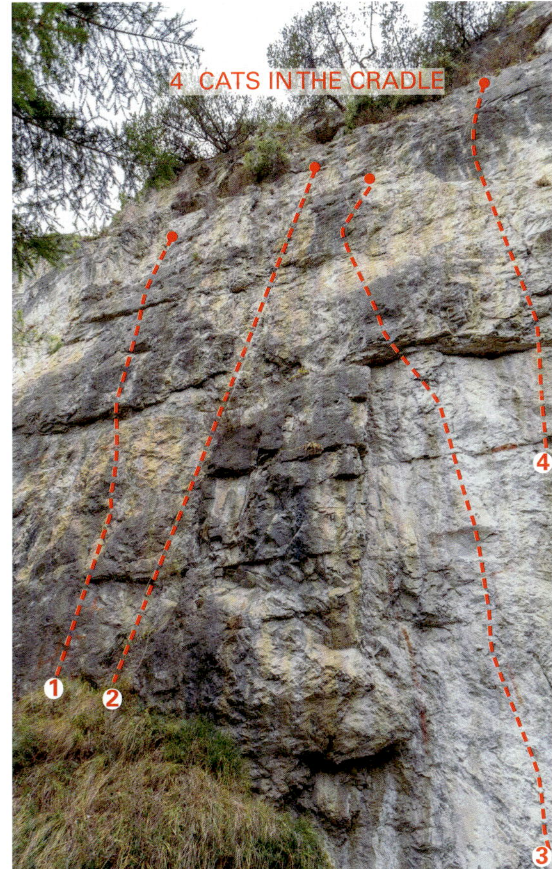

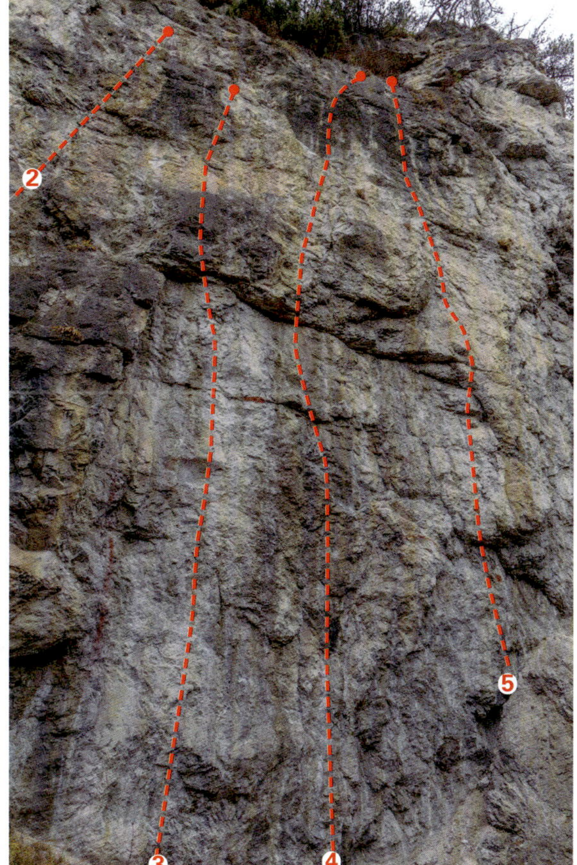

4 CATS IN THE CRADLE

1 Projekt .... -.........20 m
2 Projekt .... -.........20 m
3 One... 6b......20 m
4 Skydiver.................................... 6c......20 m
5 Cats in the cradle .... 6c+....20 m

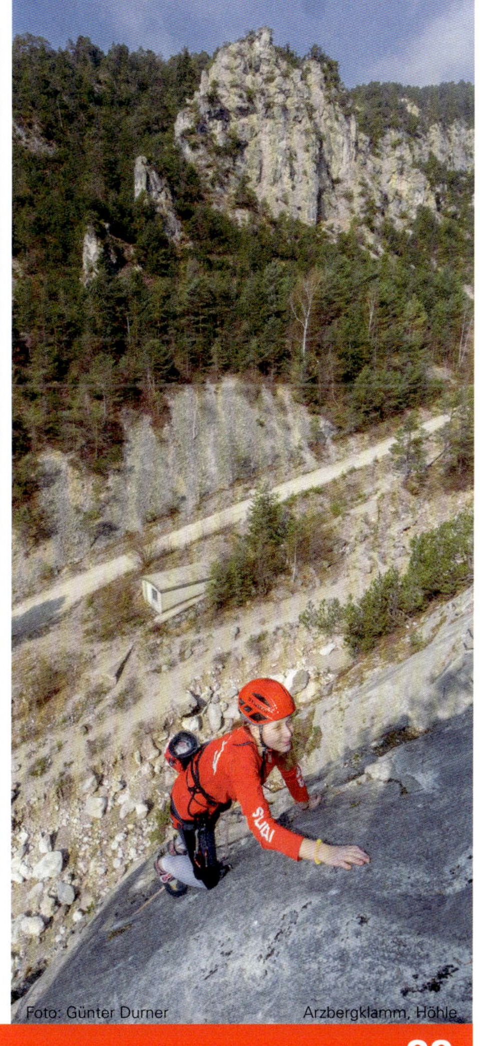

Foto: Günter Durner

Arzbergklamm, Höhle

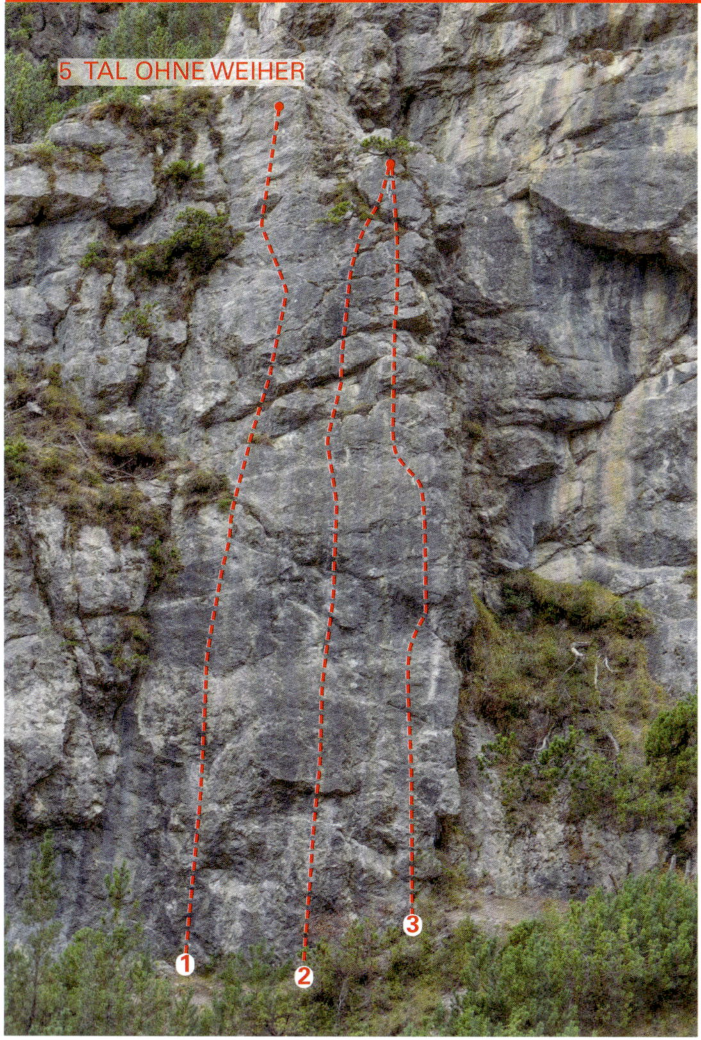

5 TAL OHNE WEIHER

1 2 3

5 TAL OHNE WEIHER

1	Mundn Schafer	6b+	20 m
2	Bohrstaub im Nacken	6b	20 m
3	Tal ohne Weiher	6b+	20 m

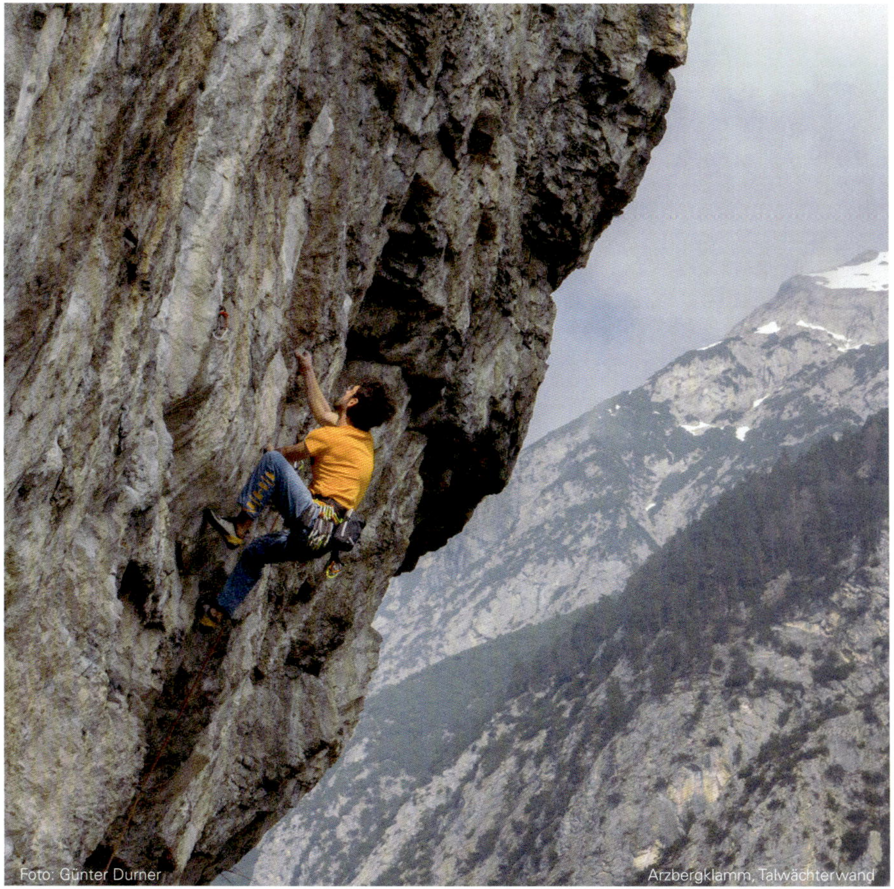

Foto: Günter Durner

Arzbergklamm, Talwächterwand

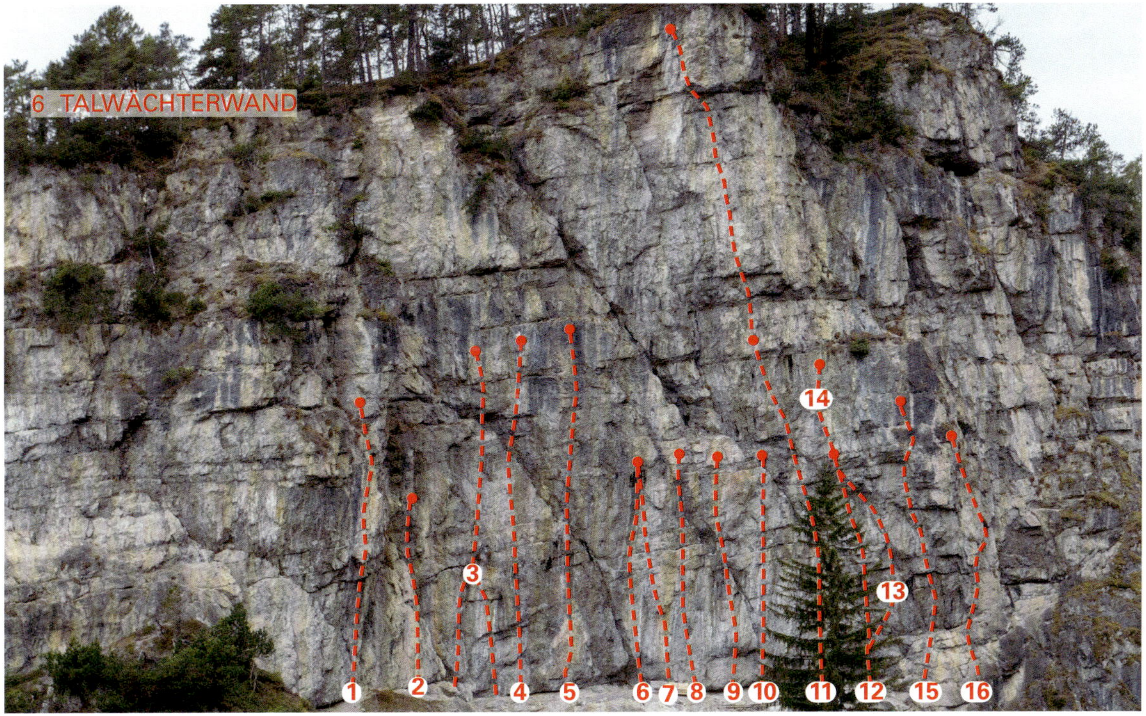

6 TALWÄCHTERWAND

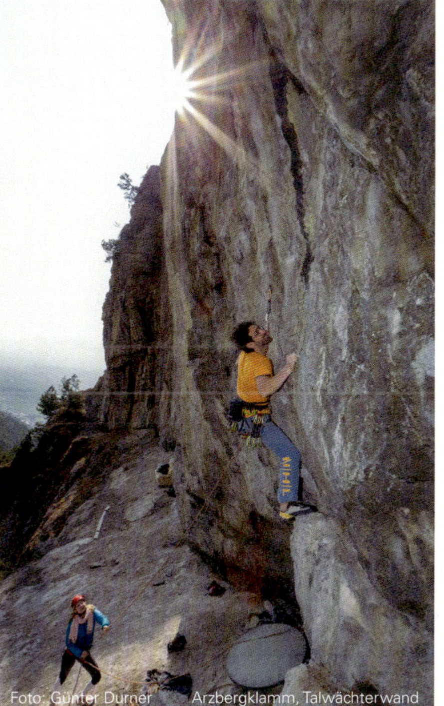

Foto: Günter Durner Arzbergklamm, Talwächterwand

6 TALWÄCHTERWAND

Nr.	Route	Erschließer	Grad	Länge
1	Projekt	B. Hangl	-	20 m
2	Schachpartie	B. Hangl	6b	20 m
3	In Memo Praxi	B. Hangl	7b	25 m
4	Police Academy	B. Hangl	7b	28 m
5	Chip Tuning	B. Hangl	7b	28 m
6	Tempolimit	R. Monz (1. RP A. Eiter)	8a+	25 m
7	Schneller als die Polizei erlaubt	M. Robert	7c+	25 m
8	Voltcraft	B. Hangl	7c	20 m
9	Laninger Bluat	R. Monz	7a	20 m
10	Dahoam sterbm d Leit	B. Hangl	8a	20 m
11	Schwerkraftgenerator (2 SL)	B. Hangl	7a+, 7c	50 m
12	Damisch Dynamisch	B. Hangl	7a+	20 m
13	Staubiger Bruder	B. Hangl	6b+	20 m
14	Verstecktes Luder	B. Hangl	7b	28 m
15	Schweizer Dach	B. Hangl	7b+	25 m
16	Godzilla	B. Hangl	7c	20 m

Foto: Günter Durner

Arzbergklamm, Talwächterwand

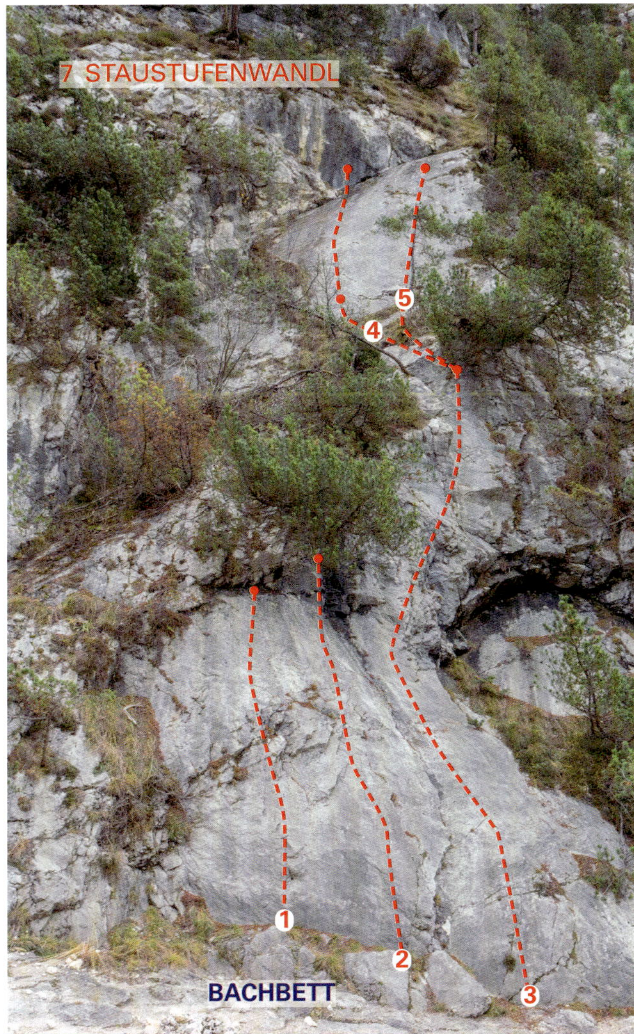

7 STAUSTUFENWANDL

1 Mouse Club .... 4a ...... 8 m
2 Strolchi .... 4a ...... 8 m
3 Ace of Hearts .... 5c .... 13 m
4 Raindrops....................... 5c+ .... 8 m

8 HÖHLE (links)

1 Perlpilz............................ 5a .... 13 m
2 Knollenblätterpilz .... 3 .... 11 m
3 Platte links...................... 5a ...... 9 m
4 Platte mitte...................... 5a ...... 9 m
5 Platte rechts .... 5a ...... 6 m

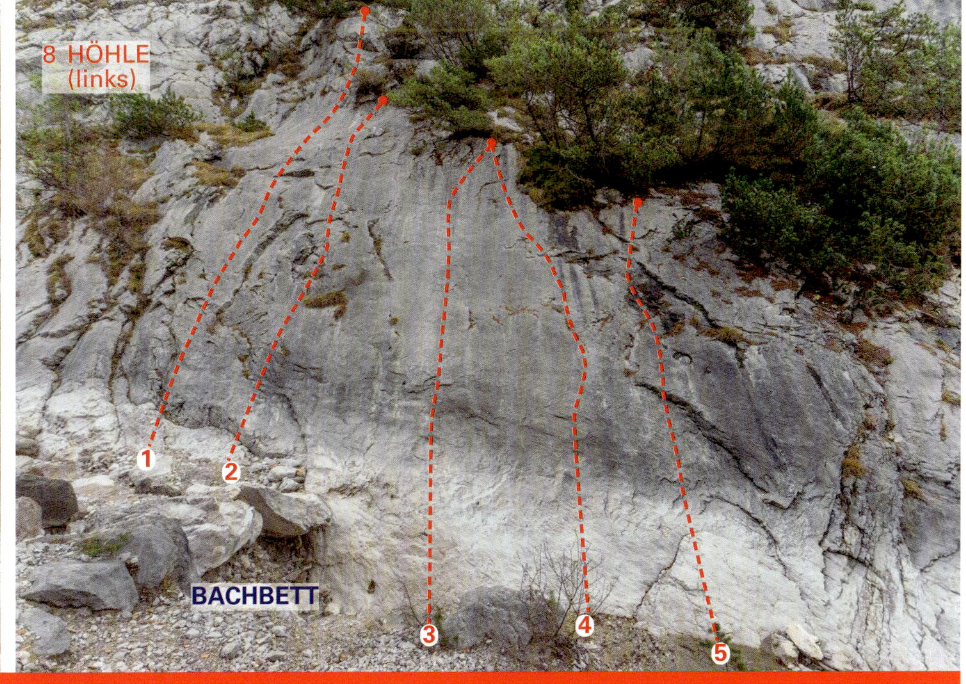

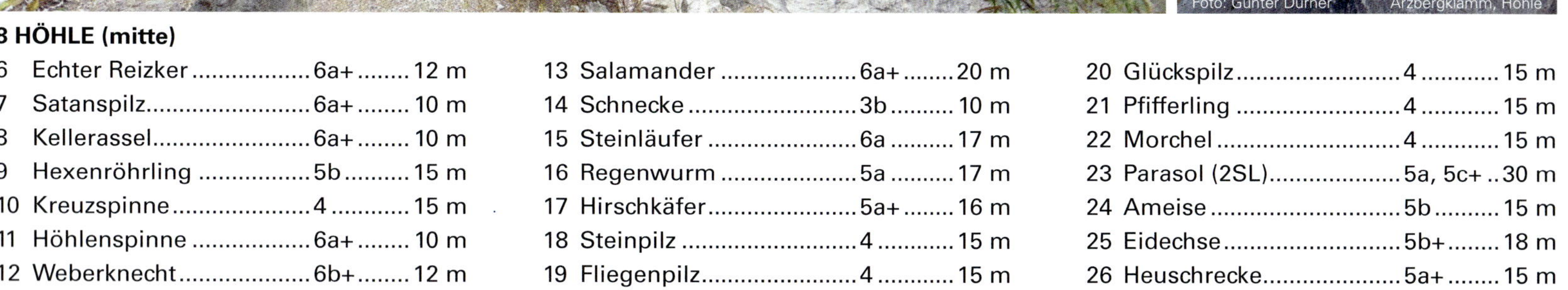

Foto: Günter Durner

Arzbergklamm, Höhle

8 HÖHLE (mitte)

6 Echter Reizker .... 6a+ .... 12 m
7 Satanspilz .... 6a+ .... 10 m
8 Kellerassel .... 6a+ .... 10 m
9 Hexenröhrling .... 5b .... 15 m
10 Kreuzspinne .... 4 .... 15 m
11 Höhlenspinne .... 6a+ .... 10 m
12 Weberknecht .... 6b+ .... 12 m
13 Salamander .... 6a+ .... 20 m
14 Schnecke .... 3b .... 10 m
15 Steinläufer .... 6a .... 17 m
16 Regenwurm .... 5a .... 17 m
17 Hirschkäfer .... 5a+ .... 16 m
18 Steinpilz .... 4 .... 15 m
19 Fliegenpilz .... 4 .... 15 m
20 Glückspilz .... 4 .... 15 m
21 Pfifferling .... 4 .... 15 m
22 Morchel .... 4 .... 15 m
23 Parasol (2SL) .... 5a, 5c+ .. 30 m
24 Ameise .... 5b .... 15 m
25 Eidechse .... 5b+ .... 18 m
26 Heuschrecke .... 5a+ .... 15 m

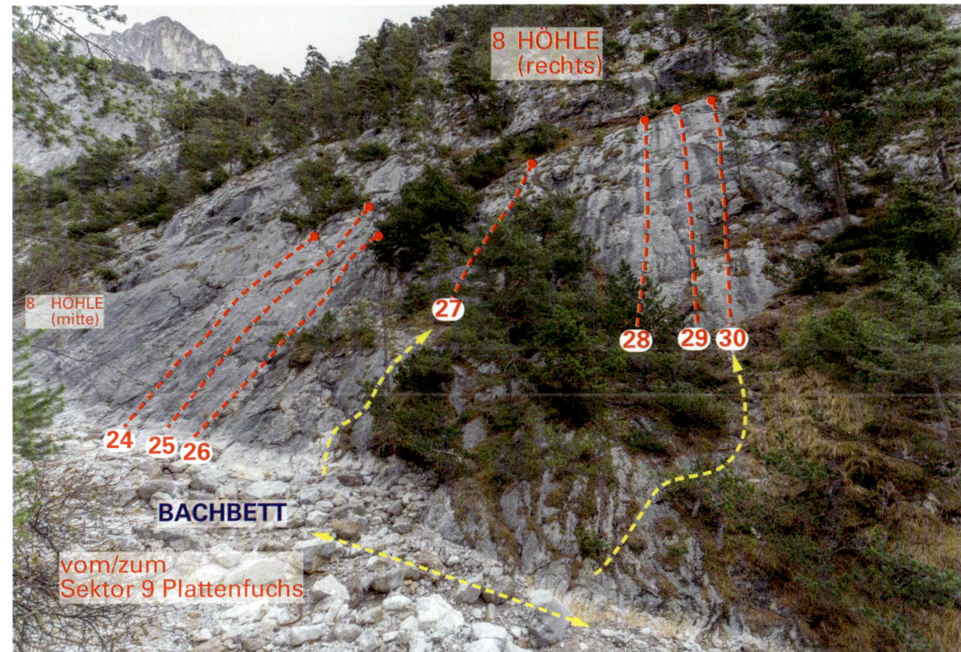

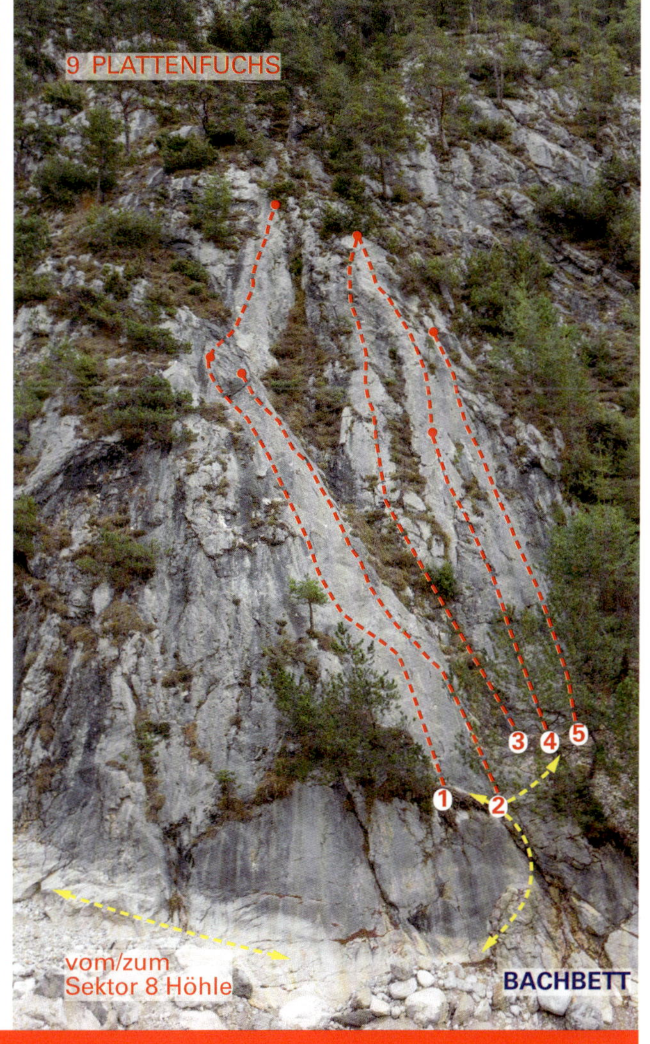

8 HÖHLE (rechts)

27	-	5b+	12 m
28	-	5a	18 m
29	-	5a	18 m
30	-	5a	18 m

9 PLATTENFUCHS

1	X Wing	4a	17 m
2	Plattenfuchs	4a	15 m
3	Tango links	4a	12 m
4	Tango rechts	4c	20 m
5	Crazy King	4b	15 m

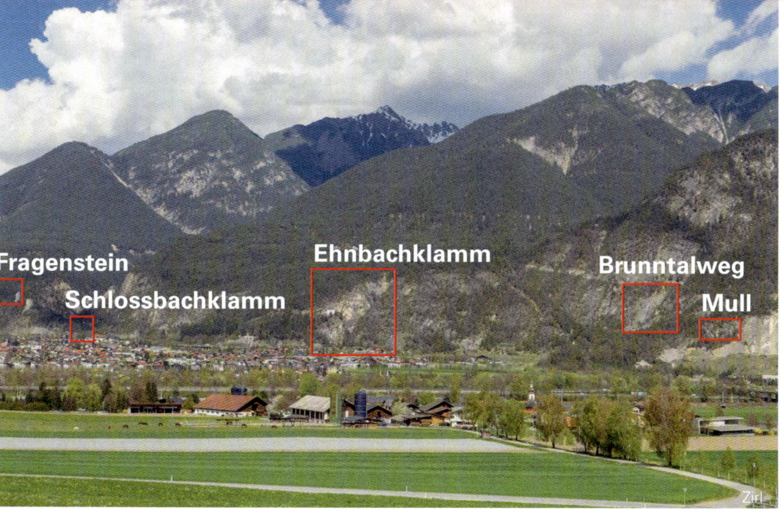

Zirl

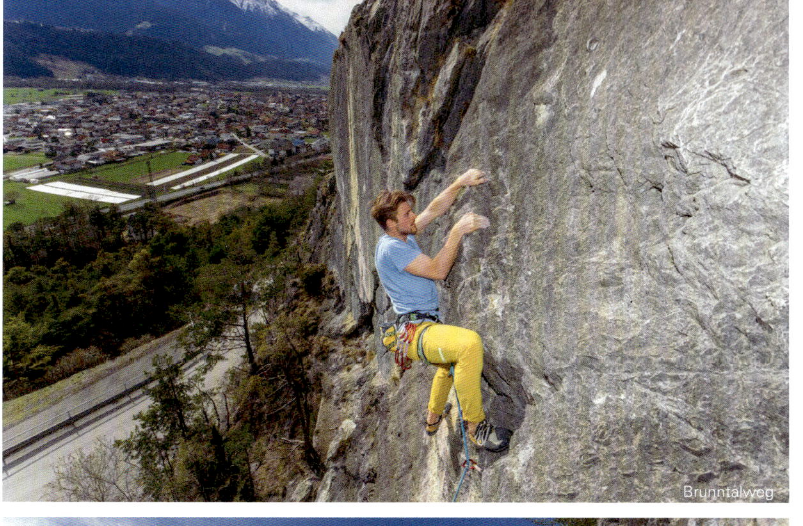

Brunntalweg

Fotos: Günter Durner

Mull

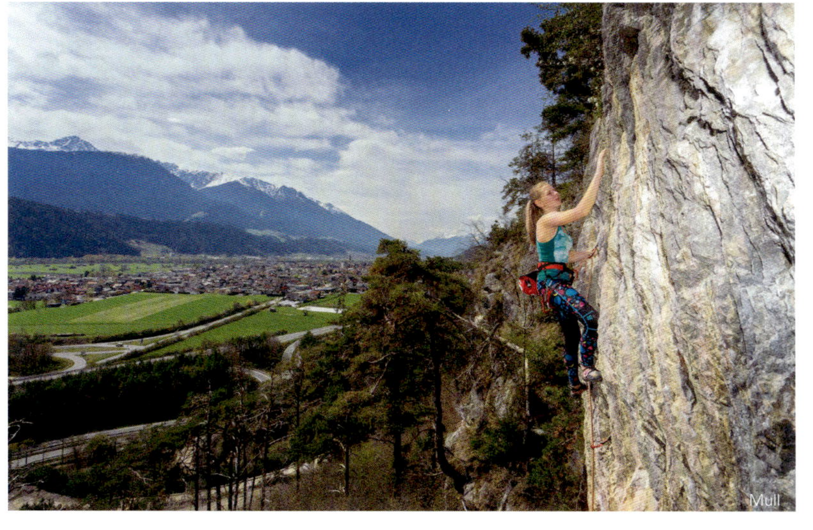

Mull

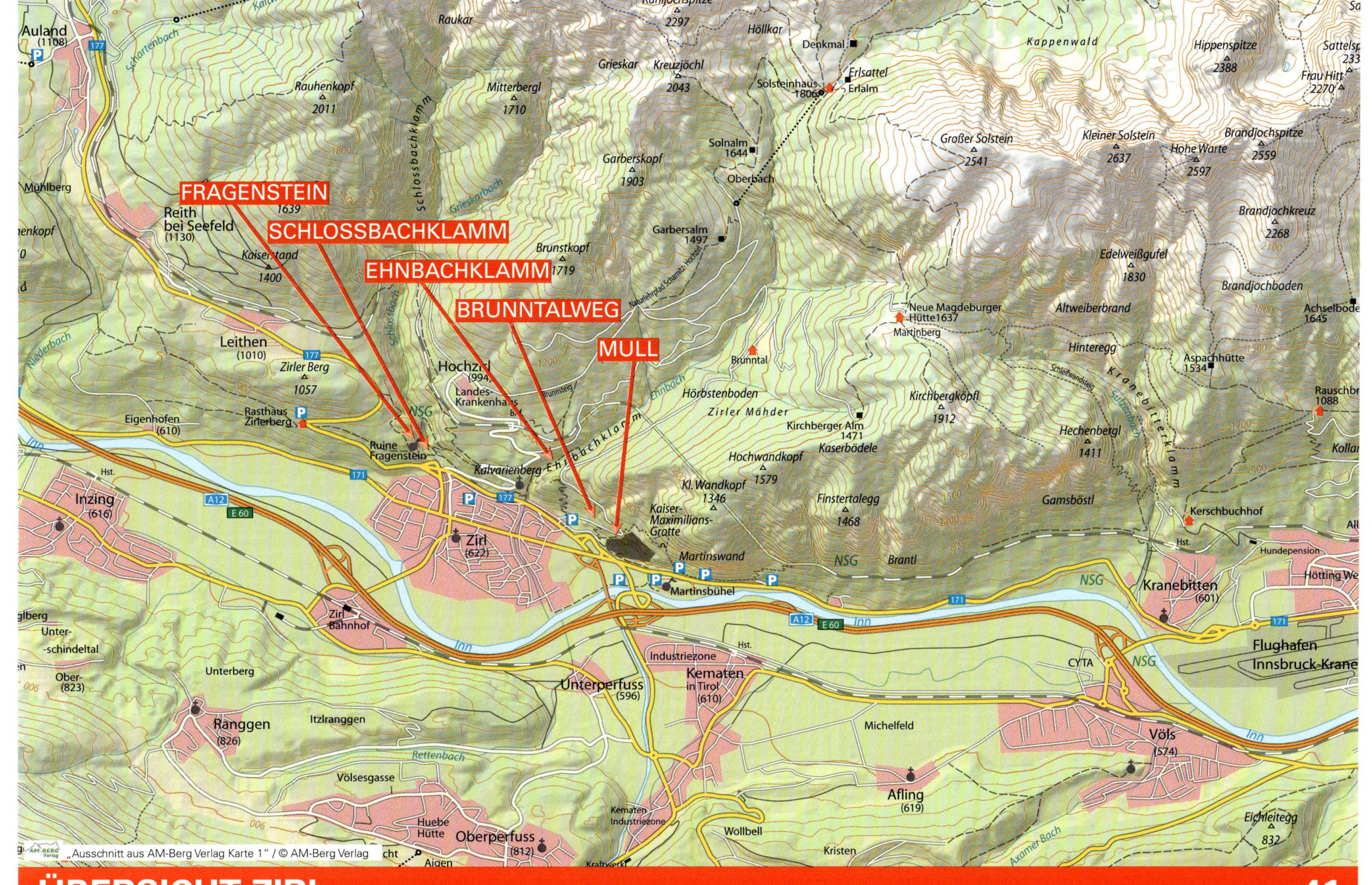

ÜBERSICHT ZIRL

FRAGENSTEIN (720 m)

P 32 T 669748 5238289 (Kalvarienbergstraße P9)
32 T 669207 5238605

Foto: Günter Durner

Fragenstein

Routenaufteilung							
Schwierigkeitsgrad (Franz.)	3	4	5	6	7	8	9
Anzahl der Routen	-	-	6	3	2	-	-

Routenart 11 Einseillängen (ES), Mehrseillängen (MS), Bouldern

Routenlänge 7 - 12 Meter

Zustieg 20 Min. ⇧ bergauf, ⇨ eben, ⇩ bergab

Absicherung ★★★★★

Umlenkung Ring, Kette, Sauschwanz

Ausrichtung Nord, Ost, Süd, West

Winterklettergebiet ja, nein

Familienfreundlich ja, nein

Felsqualität Fester kompakter grauer gutgriffiger Kalk mit Leisten und Löchern.

Wandneigung Steile bis leicht überhängende Kletterei.

Wandfuß Flacher Wandfuß, direkt neben dem Weg.

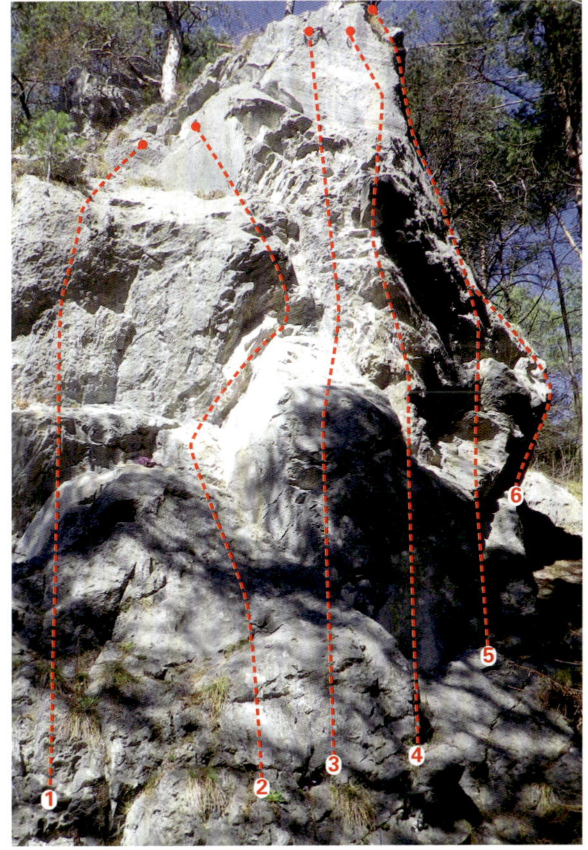

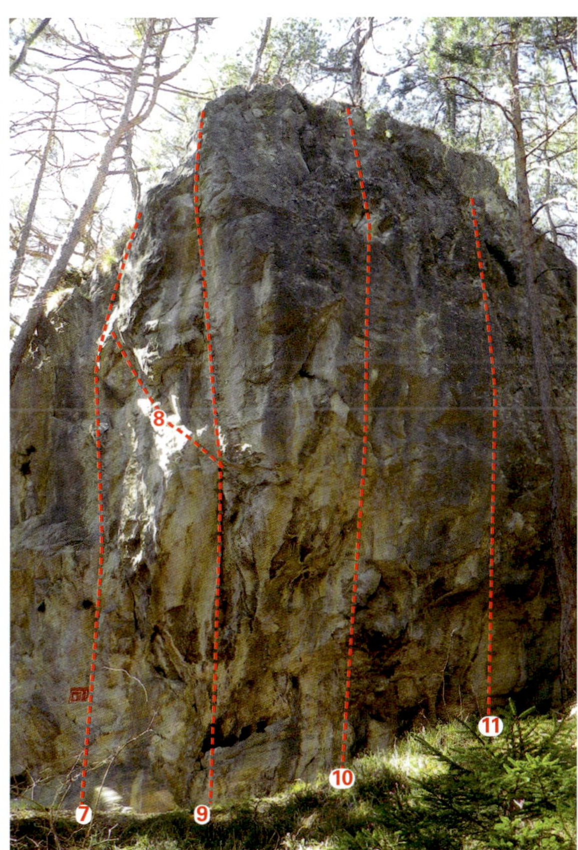

BESCHREIBUNG

Kleiner schön gelegener Klettergarten hinter der Ruine Fragenstein. Die südostseitig ausgerichtete Wand liegt im Wald und bietet hauptsächlich leichtere Touren.

ZUFAHRT/ZUGANG

Navi: 6170 Zirl, Bühelstraße 31. Von der Inntalautobahn A12 Kufstein-Landeck bei der Ausfahrt Zirl West abfahren. Ausfahrt Hochzirl, dann links durch die Unterführung und gleich rechts über die Brücke zur Bühelstraße. Hier links parken. Zwischen zwei Häusern durch zur Unterführung und weiter zur Ruine Fragenstein.

Hierher auch vom Parkplatz (P9). Navi: 6170 Zirl, Kalvarienbergstraße 31.
Von hier durch die Fußgängerunterführung der Zirlerbergstraße zur Hochzirlstraße. Diese überqueren und dem ansteigenden Weg folgen. Beim Abzweig zur Holzbrücke links über die Holzbrücke dem Wanderweg bis zur Ruine Fragenstein folgen. Die Felswand befindet sich nach dem oberen Turm der Ruine Fragenstein.

ERSCHLIESSER

M. Mang, R. Thaler, und andere

FRAGENSTEIN

Nr.	Route	Erschließer	Grad	Länge
1	S´Arschl	-	5b	12 m
2	Die	-	5b	12 m
3	Die Lange	-	5c	12 m
4	Die mit den Schuppen	-	5b	12 m
5	Die Schöne	-	5c	12 m
6	Einstiegsüberhang	-	5c	10 m
7	Nummer 1	M- Mang	6a+	7 m
8	-	-	6c	7 m
9	Plastic age	-	7a	7 m
10	Heute ich morgen Du	R. Thaler	7a	7 m
11	Bamhackl	Woisettschläger	6a	7 m

SCHLOSSBACHKLAMM (677 m)

P 32 T 669748 5238289 (Kalvarienbergstraße P9)
32 T 669499 5238494

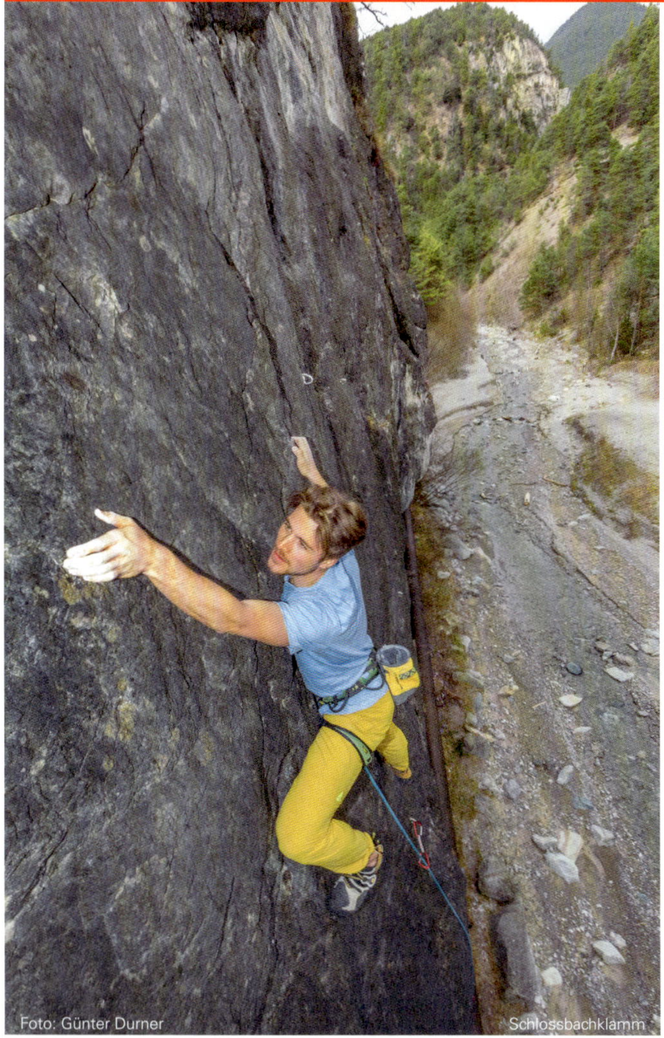

Foto: Günter Durner
Schlossbachklamm

Routenaufteilung	Schwierigkeitsgrad (Franz.)	3	4	5	6	7	8	9
	Anzahl der Routen	-	-	-	13	2	-	-

Routenart 17 Einseillängen (ES), Mehrseillängen (MS), Bouldern

Routenlänge 18 - 20 Meter

Zustieg 5-10 Min. ⇧ bergauf, ⇨ eben, ⇩ bergab

Absicherung ★★★★★

Umlenkung Ring, Kette, Sauschwanz

Ausrichtung Nord, Ost, Süd, West

Winterklettergebiet ja, nein

Familienfreundlich ja, nein

Felsqualität Fester kompakter grauer gutgriffiger Kalk mit Leisten und Löchern.

Wandneigung Steile Wandkletterei.

Wandfuß Flacher Wandfuß am Bachbett.

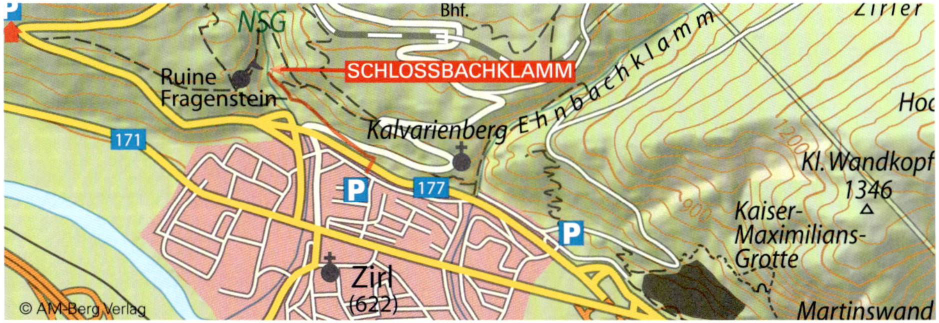

Bhf.
NSG
Zirler
SCHLOSSBACHKLAMM
Ruine Fragenstein
Ehnbachklamm
Hoc
171
Kalvarienberg
Kl. Wandkopf 1346
177
Kaiser-Maximilians-Grotte
Zirl (622)
Martinswand

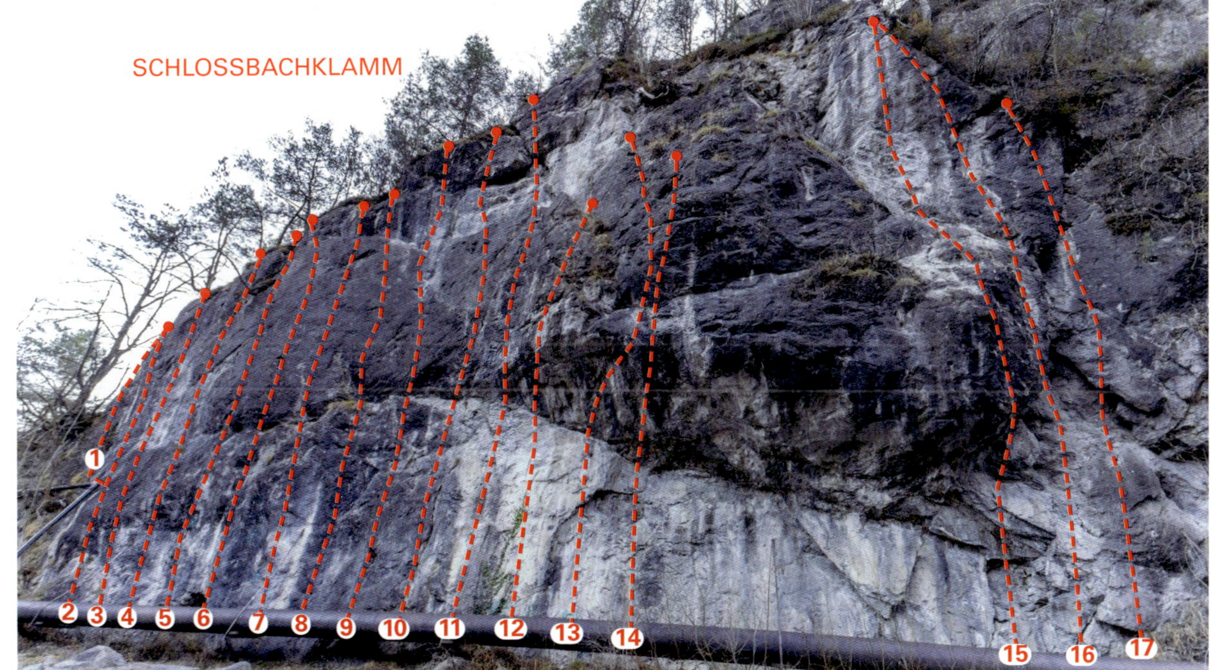

BESCHREIBUNG

Kleiner sehr schön gelegener Klettergarten direkt beim Schlossbach am Beginn der Schlossbachklamm. Die nordostseitig ausgerichtete Wand bietet sich für heiße Sommertage an. Die Touren sind großteils sehr gut abgesichert. Kinderparadies.

ZUFAHRT/ZUGANG

Navi: 6170 Zirl, Bühelstraße 31. Von der Inntalautobahn A12 Kufstein-Landeck bei der Ausfahrt Zirl West abfahren. Ausfahrt Hochzirl, dann links durch die Unterführung und gleich rechts über die Brücke zur Bühelstraße. Hier links parken. Zwischen zwei Häusern durch zur Unterführung, weiter zur Holzbrücke.
Hierher auch vom Parkplatz (P9).
Navi: 6170 Zirl, Kalvarienbergstraße 31. Von hier durch die Fußgängerunterführung der Zirlerbergstraße zur Hochzirlstraße. Diese überqueren und dem ansteigenden Weg folgen. Beim Abzweig zur Holzbrücke geradeaus an einem Wasserschloss vorbei, dann links zum Bachbett absteigen. Die Felswand befindet sich direkt am Schlossbach.

ERSCHLIESSER

M. Mang, B. Purner

SCHLOSSBACHKLAMM

Nr.	Route	Grad	Länge
1	-	6b	20 m
2	-	7a+	20 m
3	-	6a+	20 m
4	One of the few	6b	20 m
5	-	6b	20 m
6	Nicht ganz fair, aber fein	6a+	20 m
7	-	6b+	20 m
8	-	6b+	20 m
9	The Final	6b	20 m
10	-	6b	20 m
11	-	6a+	20 m
12	-	-	18 m
13	-	-	20 m
14	-	-	20 m
15	-	7b+	20 m
16	-	7a	20 m
17	-	6a	20 m

EHNBACHKLAMM (750 m - 850)

P 32 T 670473 5238020 (Parkplatz Rot Kreuz Station)
32 T 670294 5238279 (Zeckenwandl)
32 T 670880 5238717 (Buchenwandl)

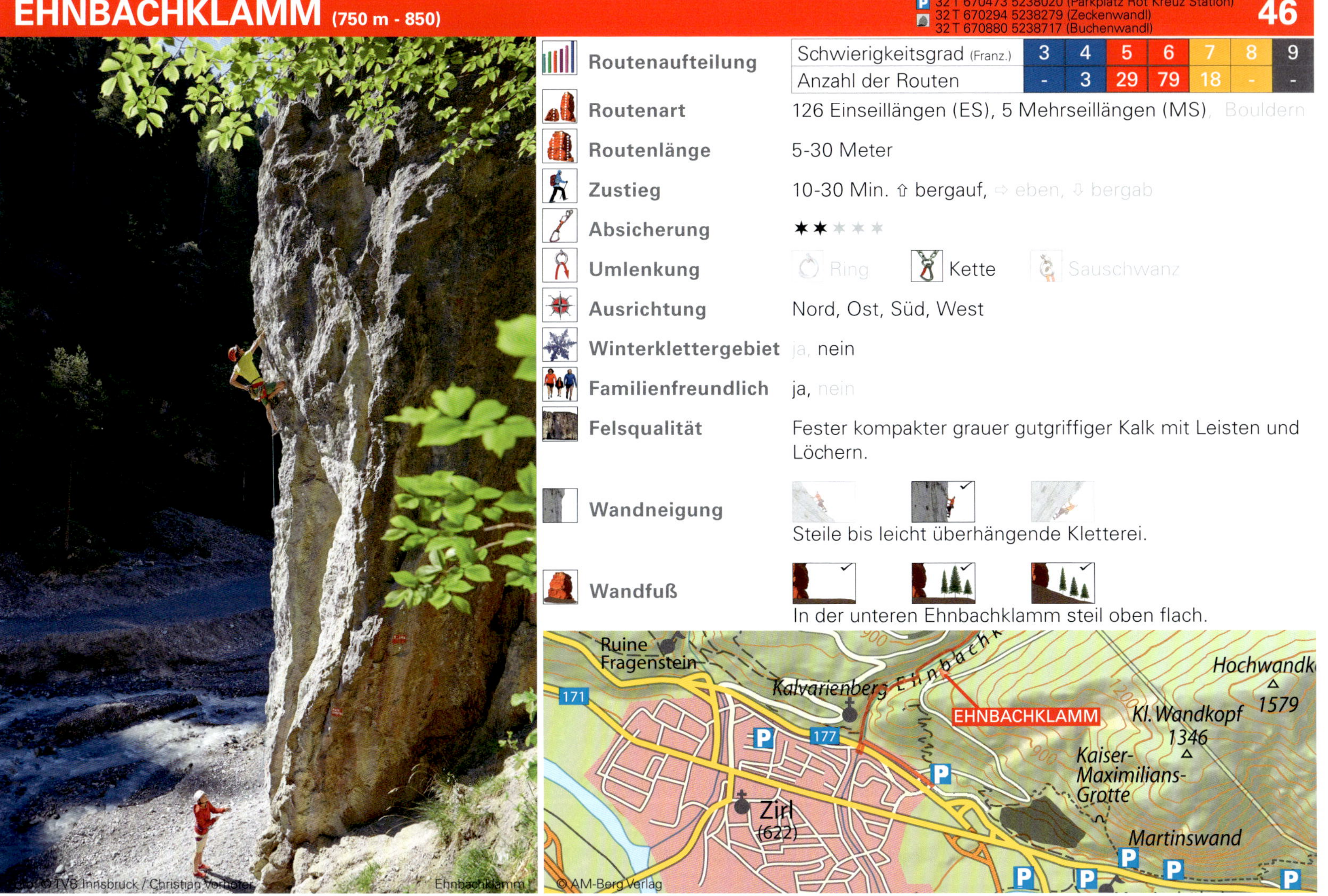

Routenaufteilung

Schwierigkeitsgrad (Franz.)	3	4	5	6	7	8	9
Anzahl der Routen	-	3	29	79	18	-	-

Routenart 126 Einseillängen (ES), 5 Mehrseillängen (MS), Bouldern

Routenlänge 5-30 Meter

Zustieg 10-30 Min. ⇧ bergauf, ⇨ eben, ⇩ bergab

Absicherung ★★★★★

Umlenkung Ring Kette Sauschwanz

Ausrichtung Nord, Ost, Süd, West

Winterklettergebiet ja, nein

Familienfreundlich ja, nein

Felsqualität Fester kompakter grauer gutgriffiger Kalk mit Leisten und Löchern.

Wandneigung Steile bis leicht überhängende Kletterei.

Wandfuß In der unteren Ehnbachklamm steil oben flach.

SEKTOREN

UNTERE EHNBACHKLAMM
1 JUNGMANNSCHAFTSWAND
2 BACHGARTL
3 ZECKENWANDL
4 SCHWARZE RIEPE
5 PLAN B WALL
6 ALTHERREN GARTL

OBERE EHNBACHKLAMM
7 ÄUßERE PLATTEN
8 GOTENTURM
9 BUCHENWANDL
10 LOCHKOFEL
11 ALPENKOFEL
12 ZULLER

BESCHREIBUNG

Das Klettergebiet Ehnbachklamm besteht aus verschiedenen Sektoren unterschiedlichster Schwierigkeitsgrade und Felsstrukturen und gliedert sich in die untere und obere Ehnbachklamm auf. Man klettert durchwegs an festem Kalk mit Leisten und Löchern, wobei die Routen in der unteren Ehnbachklamm klettertechnisch sehr anspruchsvoll sind. Zudem ist der Wandfuß meist ziemlich eng und steil. Das Zeckenwandl, die Schwarze Riepe und die Jungmannschaftswand sind die größten Felsen im Bereich der unteren Ehnbachklamm. Die Jungmannschaftswand bietet zahlreiche lohnende Mehrseillängen-Touren. Die obere Ehnbachklamm ist sehr gut für Familien geeignet, da es dort viele leichte und gut abgesicherte Routen gibt. Die Felsen ragen links und rechts aus dem flachen, mit feinem Schotter bedecktem Bachbett des Ehnbachs heraus und sind daher besonders auch für Kinder geeignet. An den nach allen Himmelsrichtungen ausgerichteten Felsen kann fast das ganze Jahr hindurch geklettert werden. Im Winter bekommt die Ehnbachklamm aber nur für kurze Zeit Sonne ab.

ZUFAHRT/ZUGANG

Navi: 6170 Zirl, Geistbühelweg. Von der Inntalautobahn A12 Kufstein-Landeck bei der Ausfahrt Zirl Ost abfahren. Auf der Bundesstraße B 177 Richtung Seefeld fahren. Auf Höhe der Rot Kreuz Station rechts abbiegen und auf dem Parkplatz (P6) beim Roten Kreuz parken. Zu Fuß auf dem Geistbühelweg in westlicher Richtung bis zur Unterführung der Bundesstraße gehen. Hier links dann über die Ehnbachbrücke. Danach dem Weg in die Ehnbachklamm folgen. Die ersten Sektoren erreicht man nach ca. 10 Minuten, die Sektoren in der oberen Ehnbachklamm in etwa 30 Minuten. Falls die Ehnbachklamm gesperrt ist, kann die Obere Ehnbachklamm über den Wanderweg „Jausenstation Brunntal-Zirler Mähder" oder über die Forststraße Brunntalweg in etwa 30 Minuten erreicht werden.
Dazu vom Geistbühelweg nach rechts in den Brunntalweg abbiegen und nach 100 m links auf den Wanderweg abbiegen bzw. auf dem Brunntalweg bis zur Wegekreuzung „Jausenstation Brunntal" gehen. Hier links dem Forstweg, der zum Ehnbach hinunterführt folgen.

ERSCHLIESSER

M. Mang, R. Thaler, M. Zach, R. Renzler, R. Scherer, S. Morettini, und andere

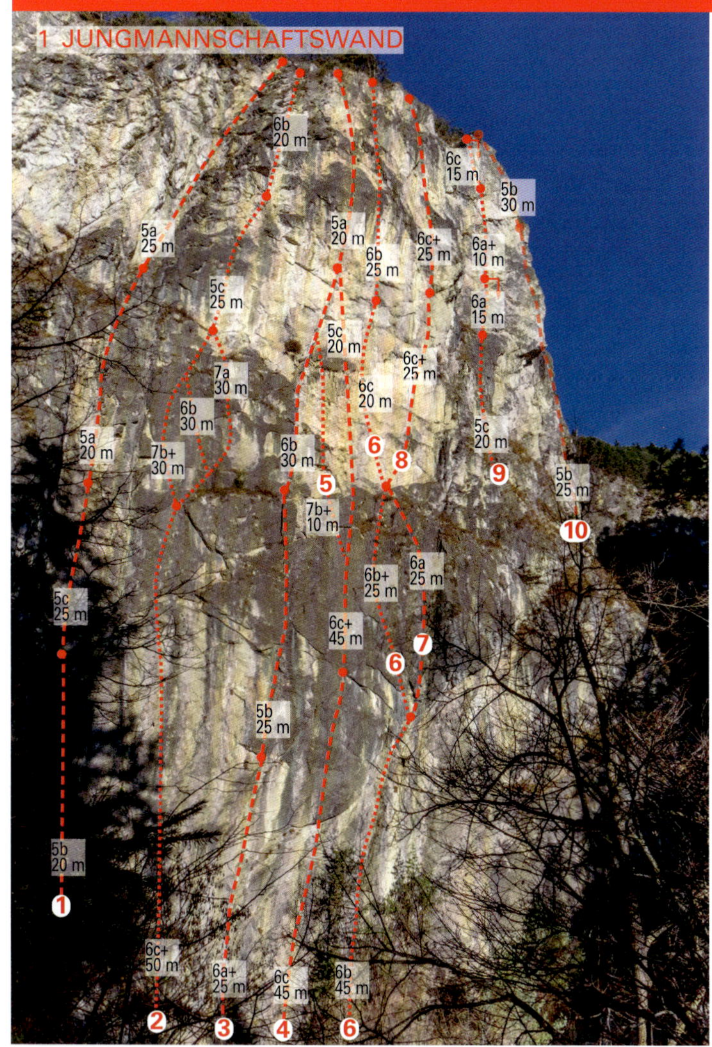

1 JIMMY'S KANAL 5c

Sehr gut abgesicherte Tour, die von R. Scherer und G. Anker saniert wurde. Leider ist die Tour durch die zahlreichen Begehungen schon etwas abgegriffen.

Länge .... 4 SL, 120 m (20 m, 25 m, 20 m, 25 m)
Schwierigkeit 5c (5b, 5c, 5a, 5a)
Erschließer .... W. Klier, C. Klier, 1981

2 STAIRWAY TO HEAVEN .... 6c+

Schöne, anspruchsvolle Tour. In der zweiten Seillänge gibt es drei unterschiedliche Varianten.

Länge .... 4 SL, 125 m (50 m, 30 m, 25 m, 20 m)
Schwierigkeit .... 6c+ (6c+, 6b, 5c, 6b) (2. SL Links 7b+, Mitte 6b, Rechts 7a)
Erschließer .... R. Scherer, K. Gogl, 1992

3 JUNGMANNSCHAFTSRISS 6b

Der Klassiker an der Jungmannschaftswand bietet Riss- und Wandkletterei, ist aber aufgrund der vielen Wiederholungen etwas abgegriffen. Die Tour ist sehr gut abgesichert.

Länge .... 4 SL, 100 m (25 m, 25 m, 30 m, 20 m)
Schwierigkeit .... 6b (6a+, 5b, 6b, 5a)
Erschließer .... W. Spitzenstätter, H. Aufischer, 1959

4 MISTER PRESIDENT .... 6c+

Schöne, luftige Genusskletterei.

Länge .... 3 SL, 120 m (45 m, 45 m, 20 m)
Schwierigkeit .... 6c+ (6c, 6c+, 5c)
Erschließer .... R. Scherer, R. Renzler, 1992

5 STUDIUMSVERZÖGERUNGSBESTÄTIGUNG .... 7b+

Die Verbindungsvariante von Mister President zum Jungmannschaftsriss. Kurze aber aber knackige Variante.

Länge .... 10 Meter
Schwierigkeit .... 7b+
Erschließer .... M. Burtscher, L. Steinhauser

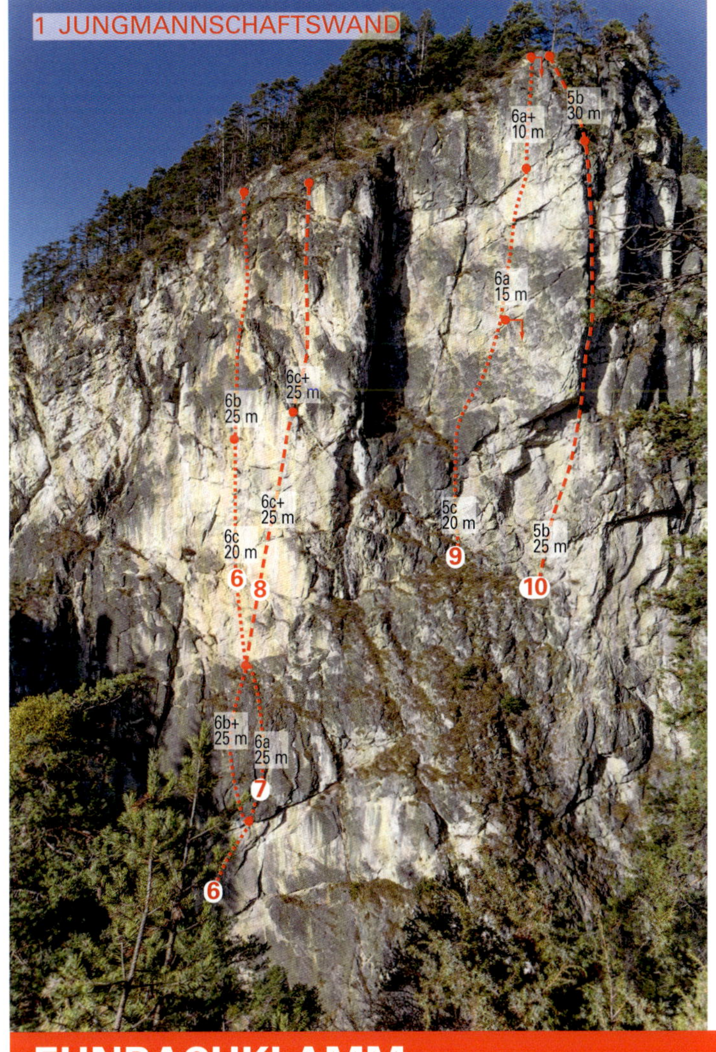

6 CHEFOUVREUR 6c

Geniale steile Wandkletterei.

Länge .... 4 SL, 115 m (45 m, 25 m, 20 m, 25 m)
Schwierigkeit .... 6c (6b, 6b+, 6c, 6b)
Erschließer .... R. Scherer, R. Renzler, 1992

7 OLIVIA CRACK 6a

Variante zu Chefouvreur, die nur mit Keilen (kleine Stopper, Cams) abzusichern ist.

Länge .... 1 SL, 25 m
Schwierigkeit 6a
Erschließer .... S. Morettini, K. Schneeberger, 2015

8 DER ALTE UND DER JUNGE PATER .... 6c+

Sehr schöne Ausstiegsvariante von Chefouvreur, genussvolle, ausgesetzte Tour.

Länge .... 4 SL, 120 m (45 m, 25 m, 25 m, 25 m)
Schwierigkeit .... 6c+ (6b, 6c, 6c+, 6c+)
Erschließer .... R. Scherer, R. Renzler, 1992

9 DER HENKER UND DER PATER 6c

Leider etwas brüchige Route.

Länge .... 4 SL, 60 m (20 m, 15 m, 10 m, 15 m)
Schwierigkeit .... 6c (5c, 6a, 6a+, 6c)
Erschließer .... keine Angabe

10 OBERHAUSER 5b

Die Tour befindet sich direkt über dem Ehnbachklammsteig. Bitte unbedingt Steinschlag vermeiden.

Länge .... 2 SL, 60 m (25 m, 30 m)
Schwierigkeit 5b (5b, 5b)
Erschließer .... Kranebitter, Staudinger, Gabl

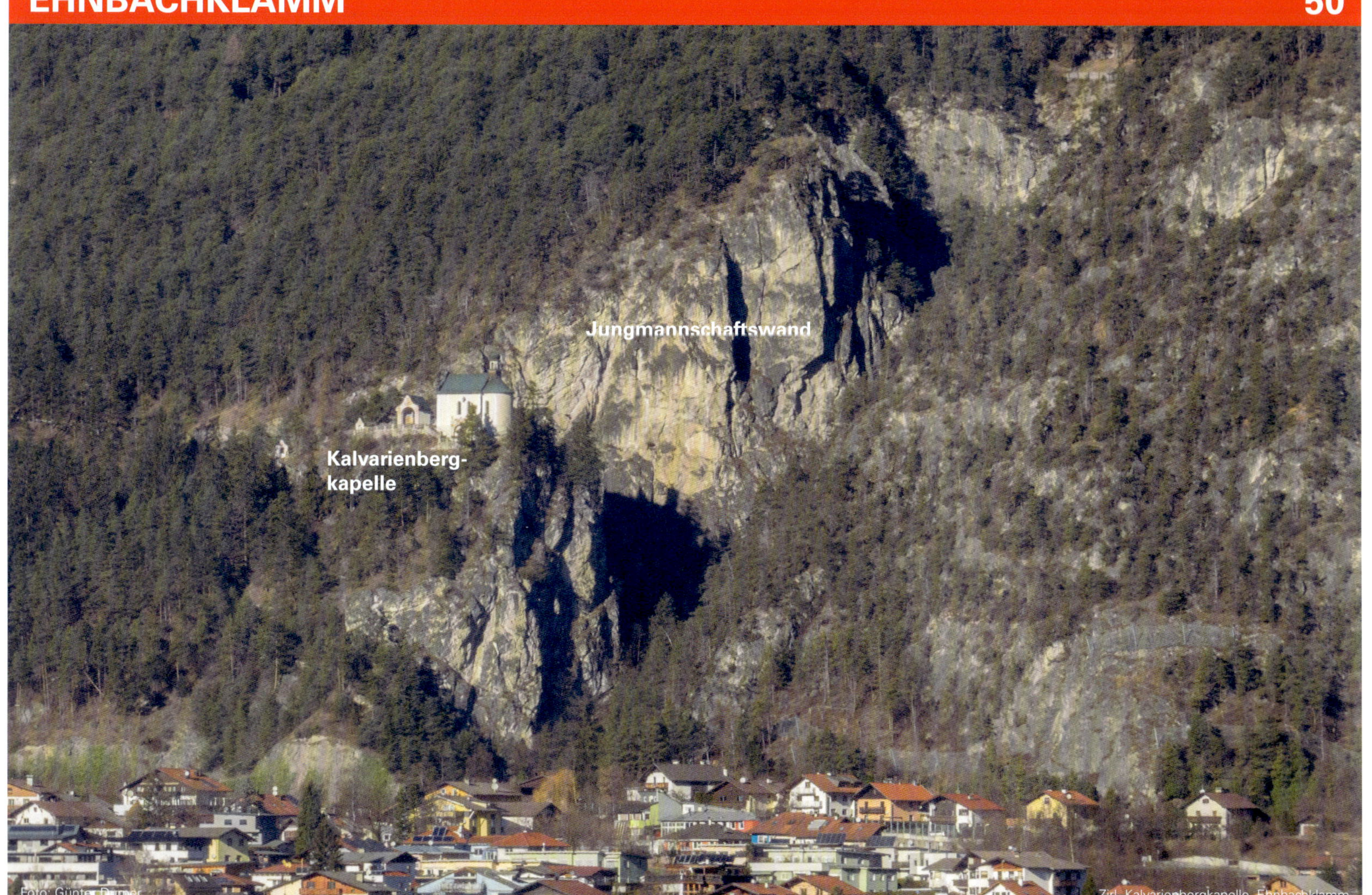

Foto: Günter Durner

Zirl, Kalvarienbergkapelle, Ehnbachklamm

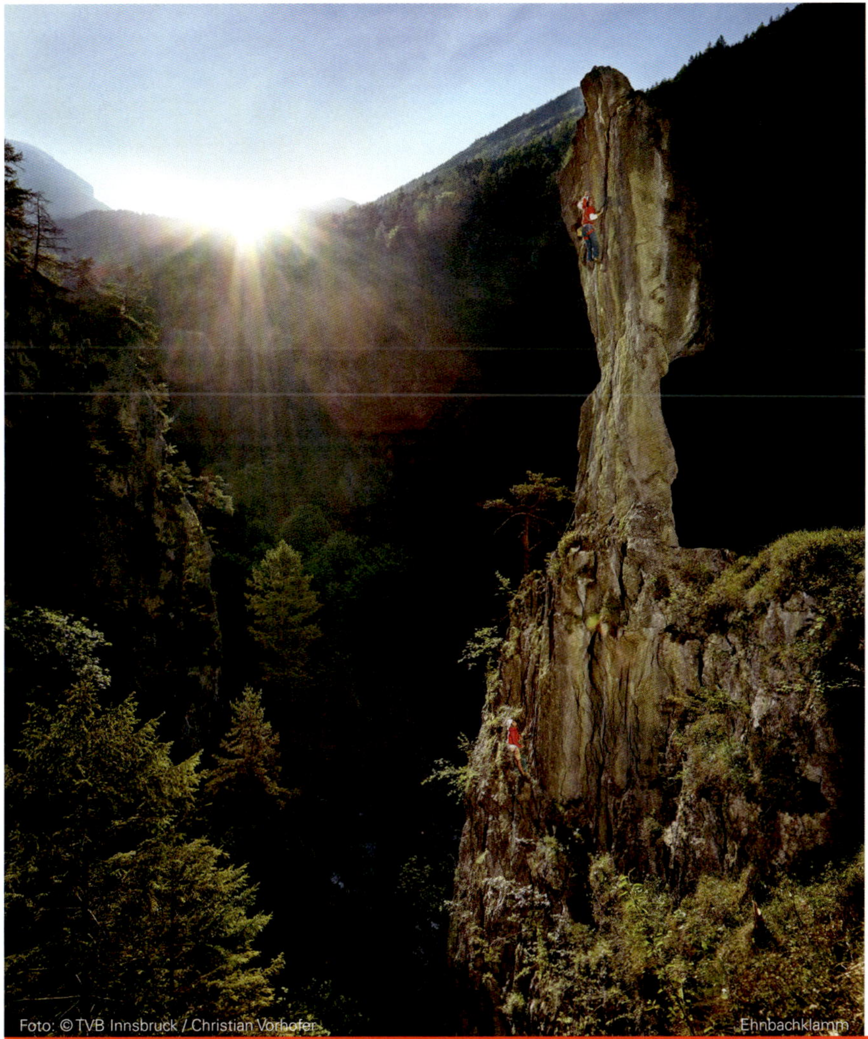

Foto: © TVB Innsbruck / Christian Vorhofer

Ehnbachklamm

2 BACHGARTL

Etwas versteckt am Klammeingang unterhalb des Wegs findet sich diese kompakte Wand mit sehr interessanten Routen. Der Fels ist ausgewaschen und kompakt.

ZUSTIEG

20 Meter nach dem Abzweig zur Kapelle über ein Stahlseil absteigen.

ERSCHLIESSER

M. Mang, D. Peis, L. Sigl, R. Thaler

1	Beat the meat	L. Sigl	6c+	10 m
2	Introduction to Distruction	D. Peis	7c	10 m
3	Gustl Gedenkweg	M. Mang	7c+	10 m
4	Hilti	-	7a+/b	10 m
5	Hot Rats	M. Mang	7b+	10 m
6	Damenschuh	M. Mang	6c+	10 m

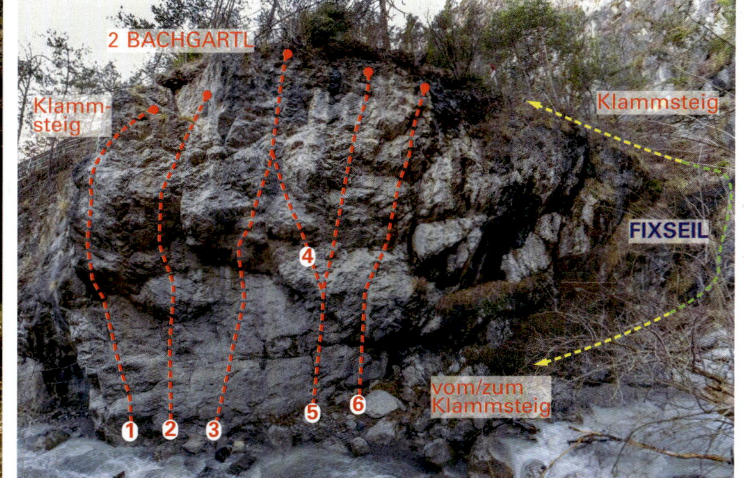

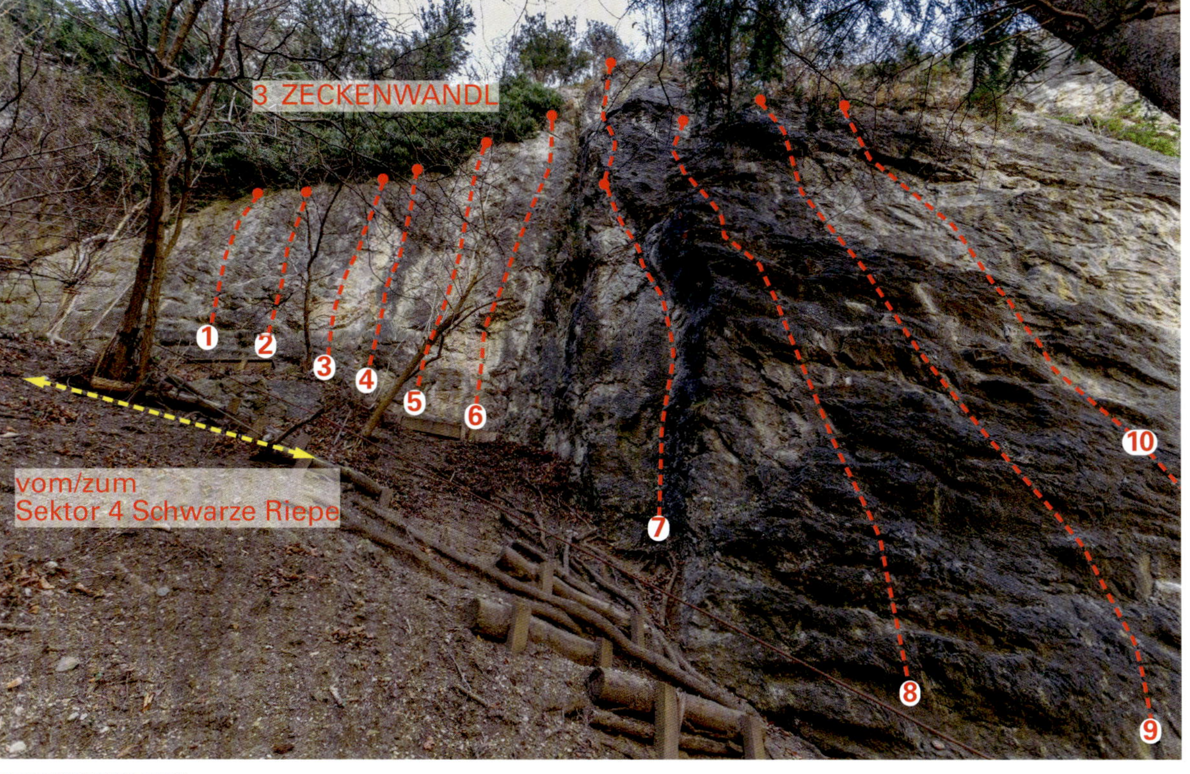

BESCHREIBUNG

Das nordwestseitig ausgerichtete Zeckenwandl wurde 1996 von Reinhard Scherer eingerichtet. Die Wand zieht sich entlang eines steilen Grabens, der vom Ehnbach in östlicher Richtung hinaufführt. Aufgrund der Lage bekommt die Wand nur für kurze Zeit Sonne ab. An heißen Sommertagen kann hier im Schatten geklettert werden.

ZUSTIEG

Direkt unterhalb der Jungmannschaftswand den Ehnbach überqueren. Die untersten Routen befinden sich neben dem Ehnbach. Zu den oberen Routen den steilen Steig an der Wand entlang nach oben gehen. Zustiegszeit vom Parkplatz 15-20 Minuten.

ERSCHLIESSER

R. Scherer

3 ZECKENWANDL

Nr.	Route	Erschließer	Grad	Länge
1	Bimbo	R. Scherer	5a	8 m
2	Lo Scolario	R. Scherer	5c	8 m
3	Die hängenden Gärten	R. Scherer	5c	8 m
4	Via Edera	R. Scherer	6b	8 m
5	Pavoni	R. Scherer	6a	10 m
6	Spit way	R. Scherer	6b	12 m
7	Alpenliebe (2 SL)	R. Scherer	4b, 4b	16 m
8	Die schwarze Hand	R. Scherer	5c	15 m
9	Bad time	R. Scherer	6a+	17 m
10	Via Karin	R. Scherer	6a+	22 m

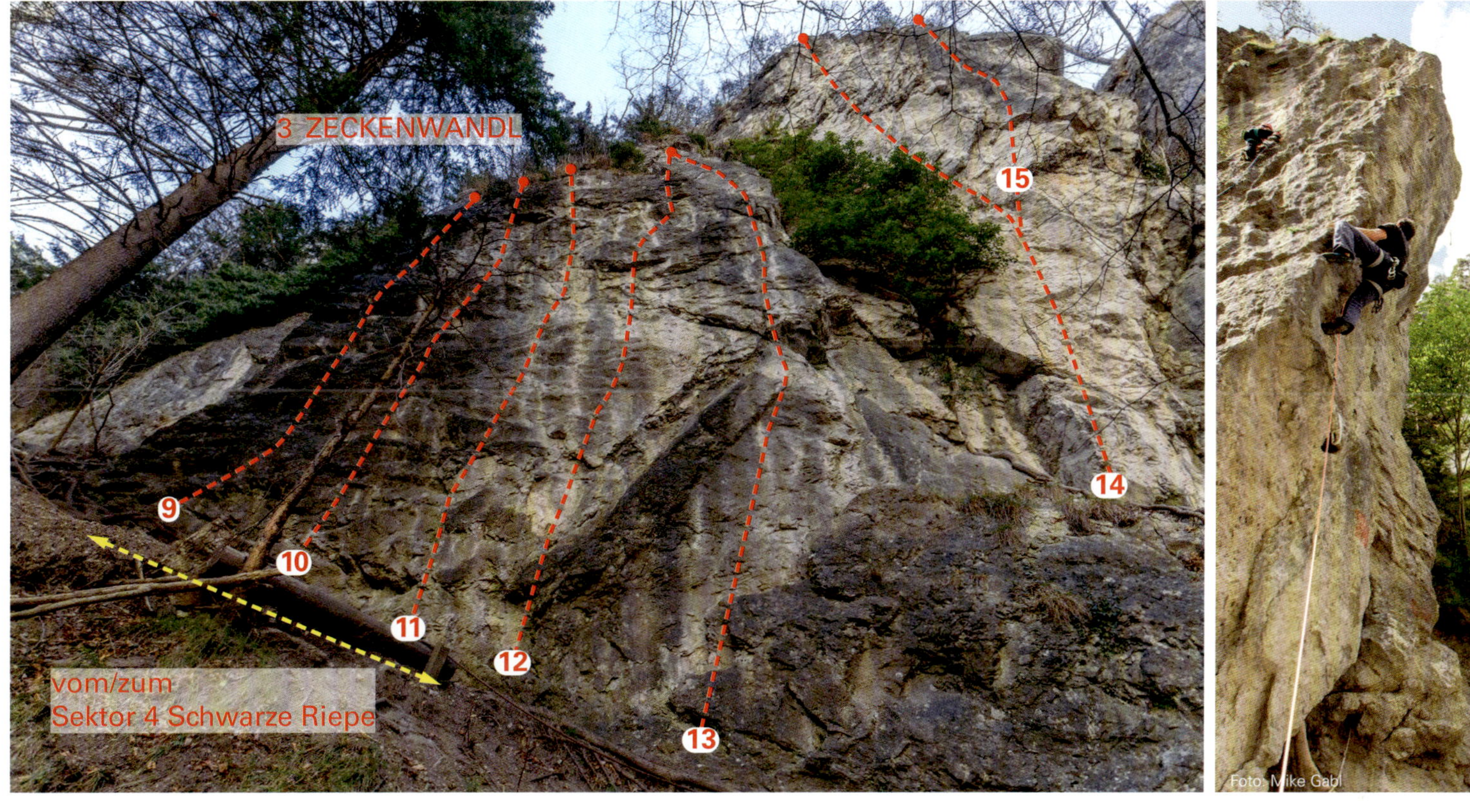

3 ZECKENWANDL

9 Bad time .... R. Scherer ....6a+ ... 17 m
10 Via Karin .... R. Scherer ....6a+ ... 22 m
11 Neue Heimat .... R. Scherer ....6a+ ... 22 m
12 Claw Finger .... R. Scherer ....6c+.... 25 m
13 Contessa .... R. Scherer ....6b+ ... 25 m
14 Dog fight .... R. Scherer ....6c...... 25 m
15 Teufelstanz .... R. Scherer ....7c...... 25 m

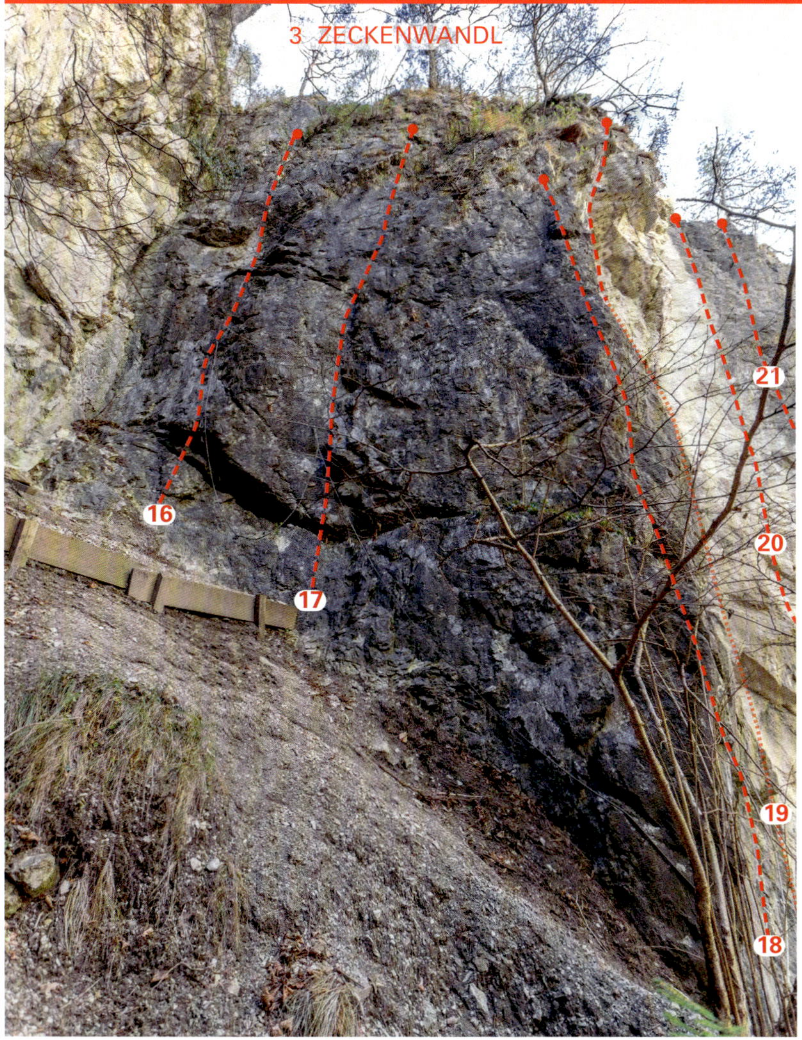

3 ZECKENWANDL

16 17 18 19 20 21

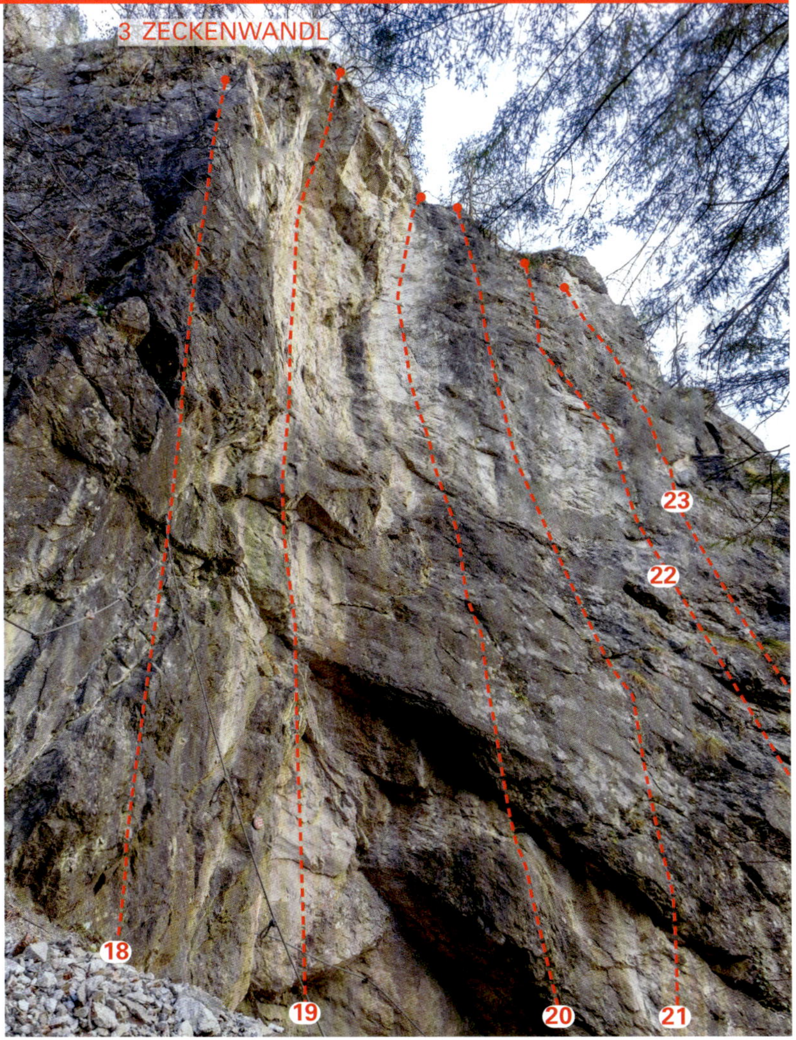

3 ZECKENWANDL

18 19 20 21 22 23

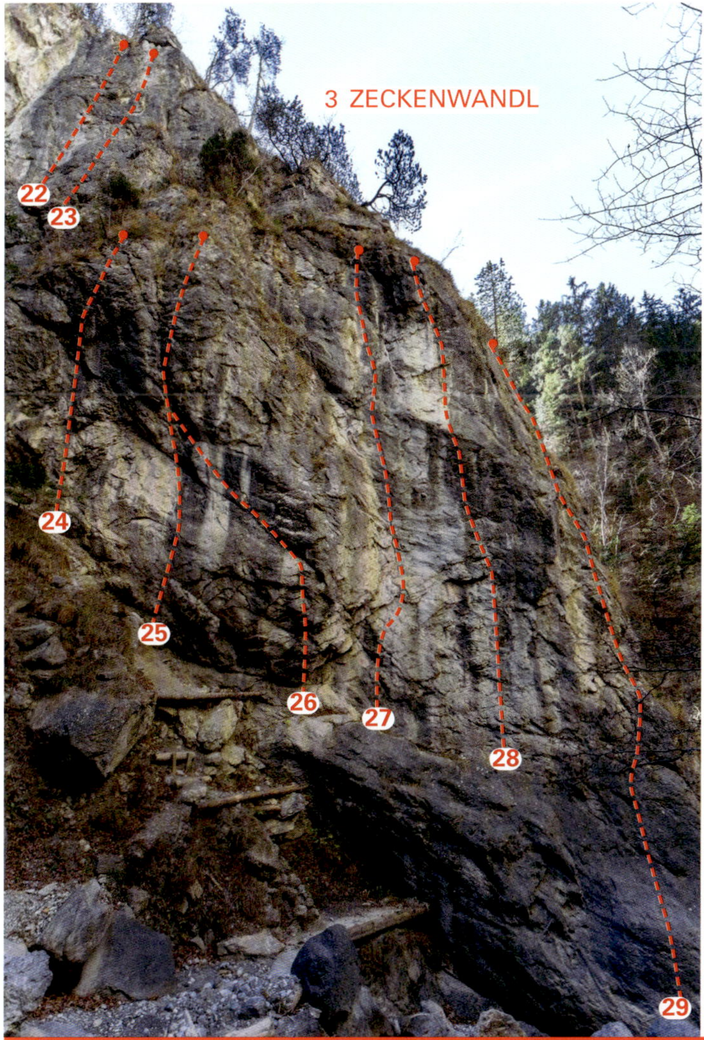

3 ZECKENWANDL

Nr.	Route	Erstbegeher	Grad	Länge
16	Stille Wasser	R. Scherer	6b	16 m
17	Der Peterspfenning	R. Scherer	6a	16 m
18	Lo Spigolo	R. Scherer	6b	16 m
19	The Fiedler on the Roof	R. Scherer	6a+	23 m
20	Grand Illusion	R. Scherer	6c	23 m
21	Sautanz	R. Scherer	6c	20 m
22	The Psycho-Block	R. Scherer	6b	23 m
23	Die Fliegenprüfung	R. Scherer	6a	23 m
24	The new Power Generation	R. Scherer	7a	15 m
25	Der Dodlbonus	R. Scherer	7a	15 m
26	Quer daher	R. Scherer	7b+	15 m
27	Der neue Besen	R. Scherer	5c	18 m
28	Guilti-Miss Hilti	R. Scherer	6b+	18 m
29	Bruch Polka	R. Scherer	5c	18 m

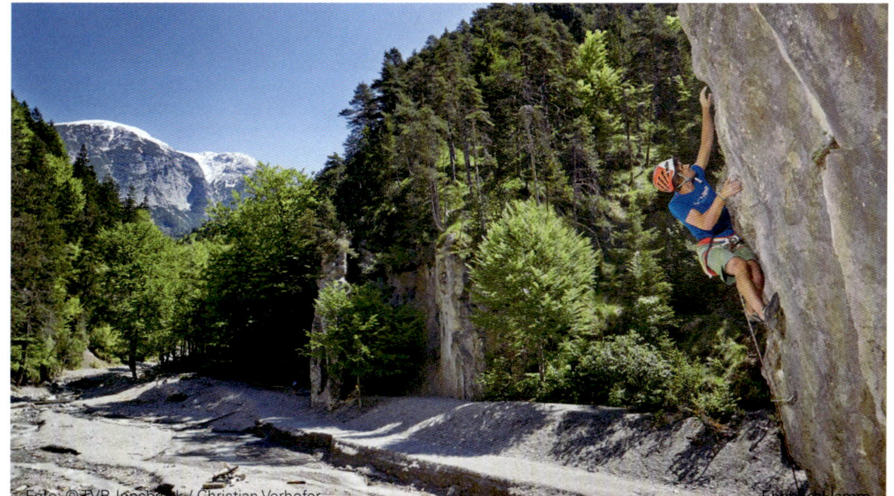
Foto: © TVB Innsbruck / Christian Vorhofer
Ehnbachklamm

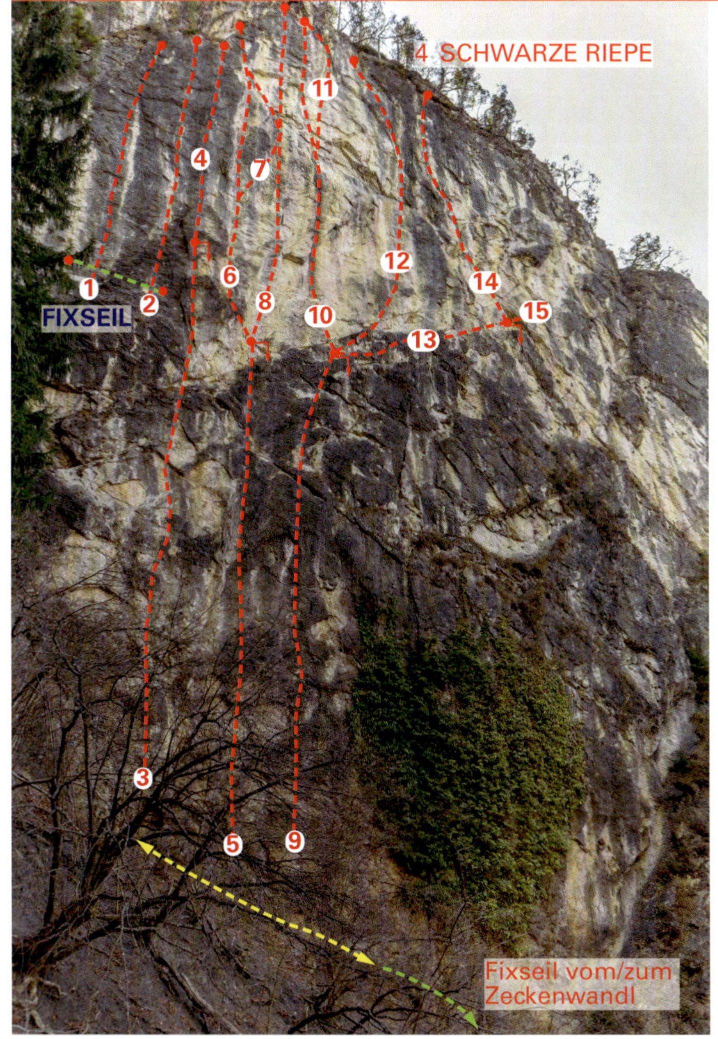

BESCHREIBUNG

Die fast 100 Meter hohe Wand oberhalb des Zeckenwandls bietet abwechslungsreiche und interessante Routen.

ZUSTIEG

Direkt unterhalb der Jungmannschaftswand den Ehnbach überqueren. Den Steig entlang des Zeckenwandls bis zum Ende nach oben gehen. Von hier führt ein Steig über steiles, abschüssiges Tonschiefergelände zur Schwarzen Riepe. Zustiegszeit vom Parkplatz 20-30 Minuten.

ERSCHLIESSER

S. Morettini, R. Monz, Fahmi

4 SCHWARZE RIEPE

Nr.	Route	Erschließer	Grad	Länge
1	Projekt	-	-	- m
2	Projekt	-	-	- m
3	Carry On	-	6c	28 m
4	Skyrock	-	7b	24 m
5	Gschwantner (1. SL)	R. Monz, Fahmi	6a+	25 m
6	Gschwantner (2. SL)	R. Monz, Fahmi	6c+	25 m
7	Variante	R. Monz, Fahmi	6b	28 m
8	Baby Mantra	S. Morettini	6b+	30 m
9	Black Pony	S. Morettini	6c	25 m
10	White Pony	S. Morettini	7a	30 m
11	White Pony Variante	S. Morettini	6c+	30 m
12	Rainy Summer	S. Morettini	7a+	30 m
13	Hampi Rampi	S. Morettini	5c	15 m
14	Stupfi Strobel & Rotkapschien	S. Morettini	6b	15 m
15	Projekt	-	-	- m

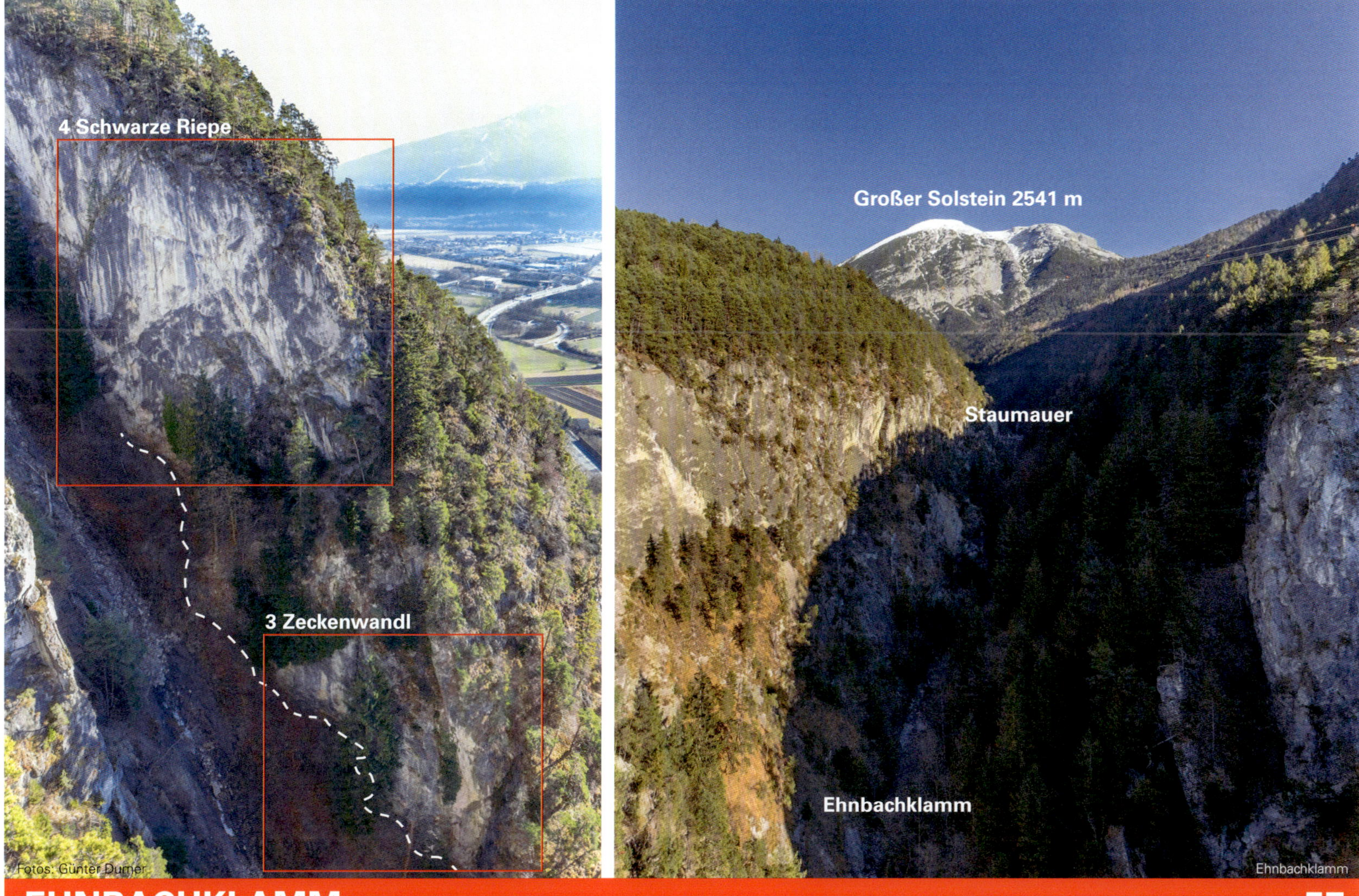

Ehnbachklamm

EHNBACHKLAMM

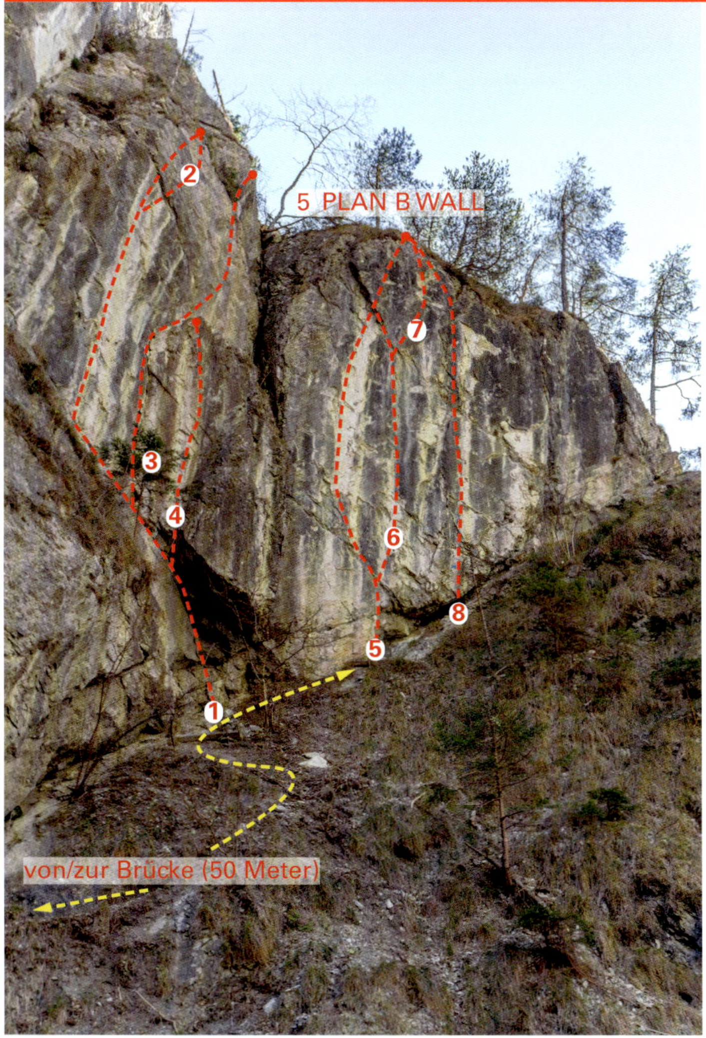

BESCHREIBUNG

Die kleine und schattig gelegene Wand liegt direkt am Ehnbachklammsteig. Die Wand bietet zwar wenige und kurze dafür aber anspruchsvolle Routen.

ZUSTIEG

Kurz nach der Jungmannschaftswand und dem Zeckenwandl kommt auf dem Ehnbachklammsteig eine Brücke. Nach der Brücke rechts 30 m den Hang hinauf zum Wandfuß. Zustiegszeit vom Parkplatz 15-20 Minuten.

ERSCHLIESSER

M. Stangl, J. Hüllsieck

5 PLAN B WALL

Nr.	Route	Erschließer	Grad	Länge
1	To scared to hook	M. Stangl	6c+	15 m
2	8a Platte (Projekt)	-	-	5 m
3	Achtung Stein	J. Hüllsieck	6a	15 m
4	Yellow Fingers	J. Hüllsieck	6c	6 m
5	Number One	J. Hüllsieck	7b+	12 m
6	Dornröschen (Projekt)	-	-	12 m
7	Dornröschen direkt (Projekt)	-	-	5 m
8	Trad	J. Hüllsieck	7a	12 m

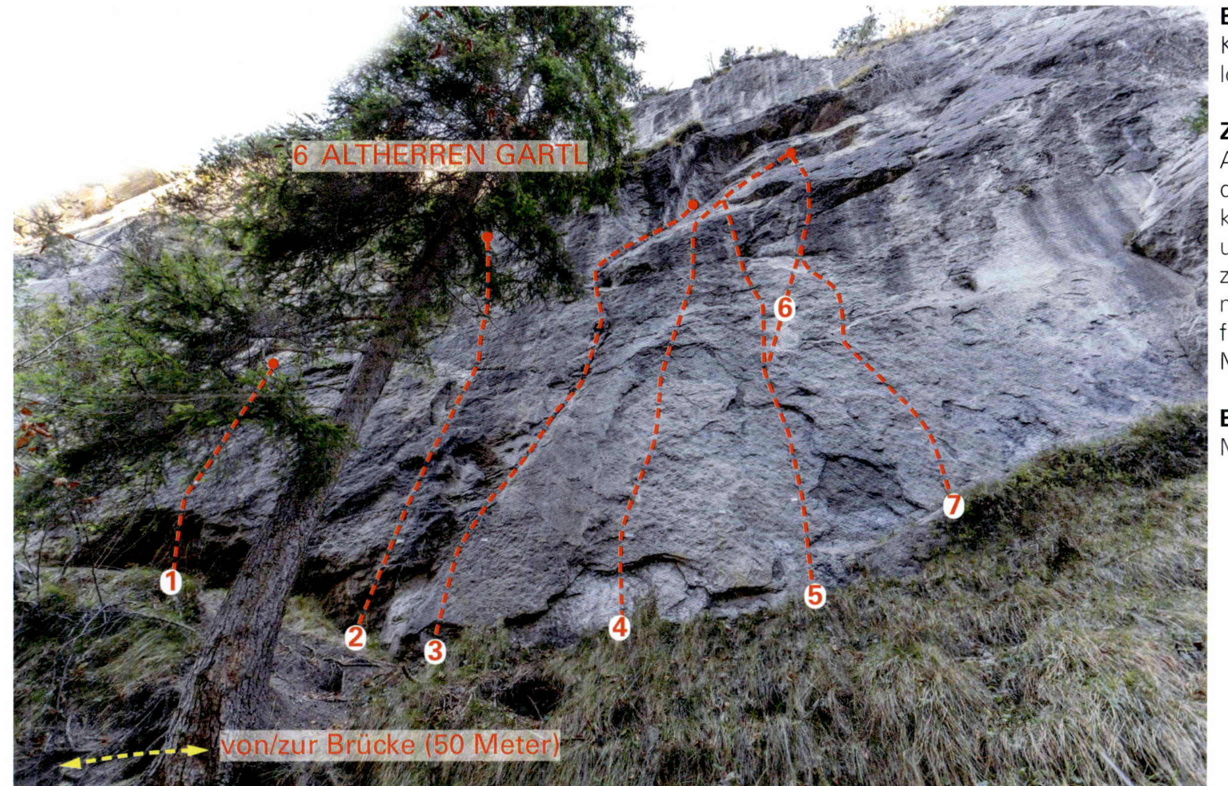

BESCHREIBUNG

Kleine kompakte Wand mit einigen lohnenden Routen.

ZUSTIEG

Auf dem Ehnbachklammsteig durch die Klamm. Nach der zweiten Brücke kommen Eisentreppen. Über diese und dem anschließenden Flachstück zu einer weiteren Brücke. Etwa 50 m nach der Brücke gleich links zum Wandfuß. Zustiegszeit vom Parkplatz 20-30 Minuten.

ERSCHLIESSER

M. Zach, B. Gollner

6 ALTHERREN GARTL

1 Easy or not easy .... M. Zach .... 6a+ ..... 8 m
2 Via Johanna .... B. Gollner .... 5c .... 10 m
3 Kaiserriss .... B. Gollner .... 6a+ .... 10 m
4 Superdirekte .... M. Zach .... 7a ...... 12 m
5 Hüftarthrose .... B. Gollner .... 6c+ .... 12 m
6 Happy Six .... M. Zach .... 6c+ .... 12 m
7 Happy Rock .... M. Zach .... 7a+ ... 12 m

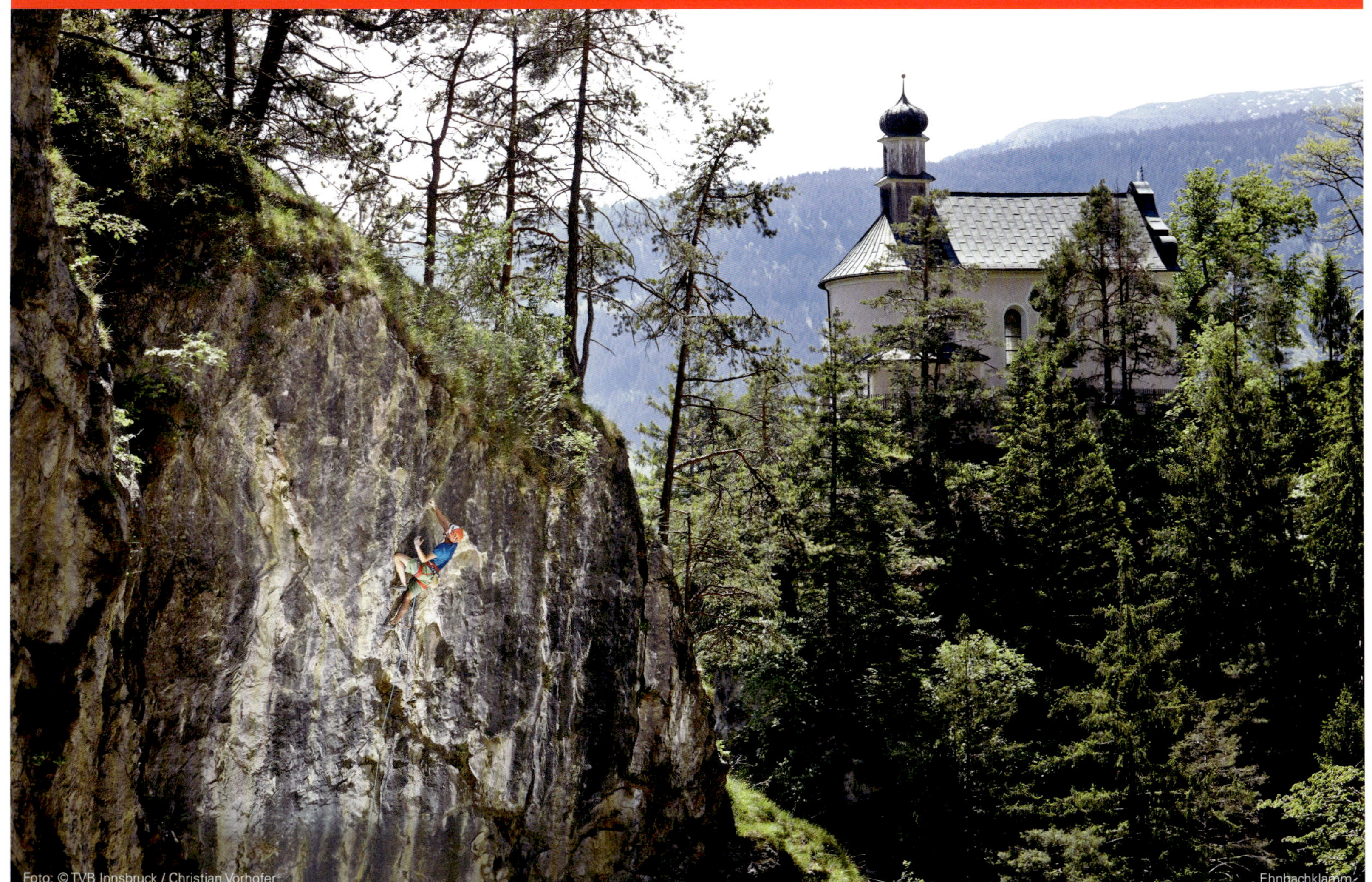

Foto: © TVB Innsbruck / Christian Vorhofer

Ehnbachklamm

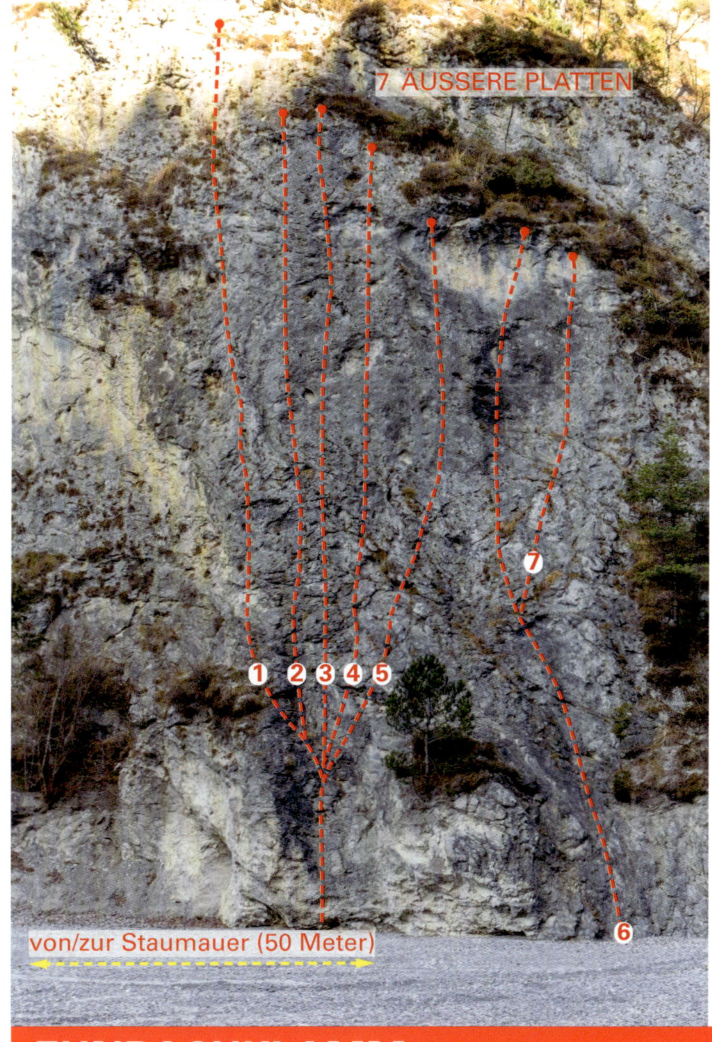

OBERE EHNBACHKLAMM

An den verschiedenen Sektoren der oberen Ehnbachklamm gibt es eine große Auswahl an Routen in den unteren Schwierigkeitsgraden. Der von mächtigen Buchen eingerahmte Klammboden ist nicht nur ein kleines Paradies für Kletterer sondern auch für Familien mit Kindern, die im weitläufigen Bachbett spielen und grillen können. Die Kletterrouten sind perfekt abgesichert und auch sehr gut für Kinder und Anfänger geeignet.

ZUSTIEG

Vom Parkplatz bei der Rot Kreuz Station (P6) zu Fuß auf dem Geistbühelweg in westlicher Richtung bis zur Unterführung der Bundesstraße gehen. Hier links, dann über die Ehnbachbrücke. Danach dem Weg durch die Ehnbachklamm bis zur Staumauer folgen (ca. 30 Minuten). Nach der Staumauer in das Bachbett absteigen. Die Felsen befinden sich links und rechts des Bachbetts. Falls die Ehnbachklamm gesperrt ist, kann die Obere Ehnbachklamm über den Wanderweg „Jausenstation Brunntal-Zirler Mähder" oder über die Forststraße Brunntalweg in etwa 30 Minuten erreicht werden. Dazu vom Geistbühelweg nach rechts in den Brunntalweg abbiegen und nach 100 m links auf den Wanderweg abbiegen bzw. auf dem Brunntalweg bis zur Wegekreuzung „Jausenstation Brunntal" gehen. Hier links dem Forstweg, der zum Ehnbach hinunterführt, folgen.

ERSCHLIESSER

Verschiedene

7 ÄUSSERE PLATTEN

1	Bon sortie	-	5c	25 m
2	Bon position	-	5c	25 m
3	Captain Köck	-	5b	25 m
4	0-815	-	5b	20 m
5	Vincent	-	5b	20 m
6	Lo spazzolino	-	5c+	20 m
7	Casalinga	-	5b	20 m

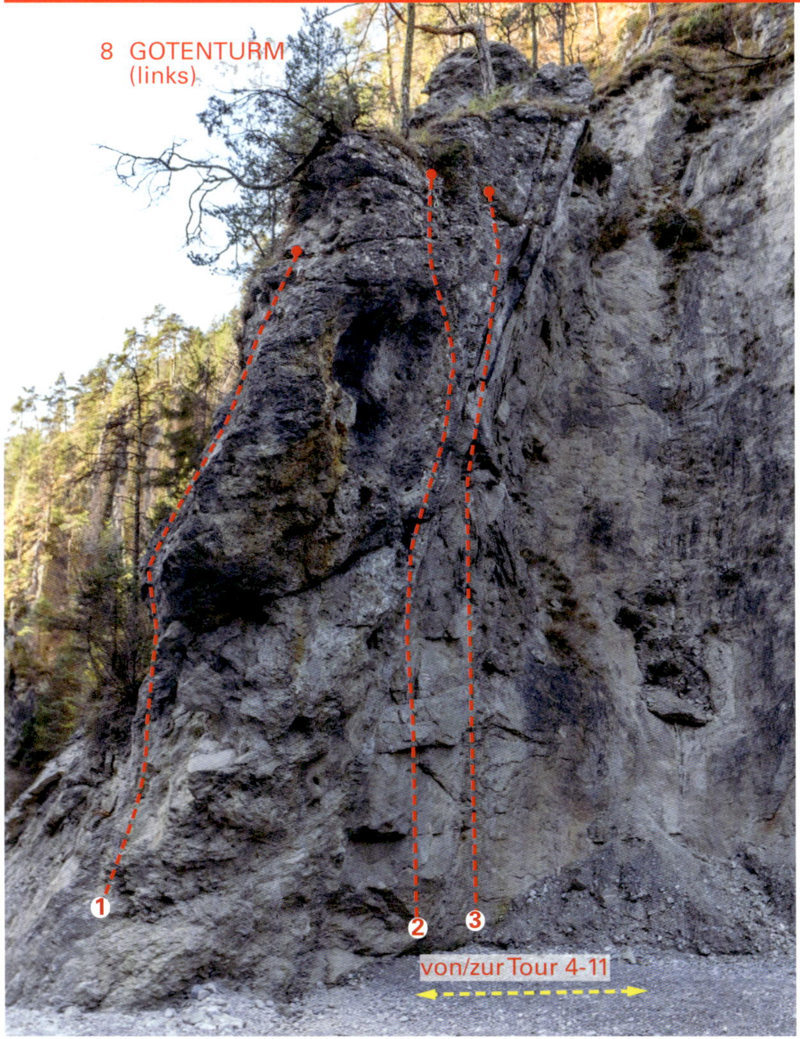

8 GOTENTURM
(links)
1
2
3
von/zur Tour 4-11

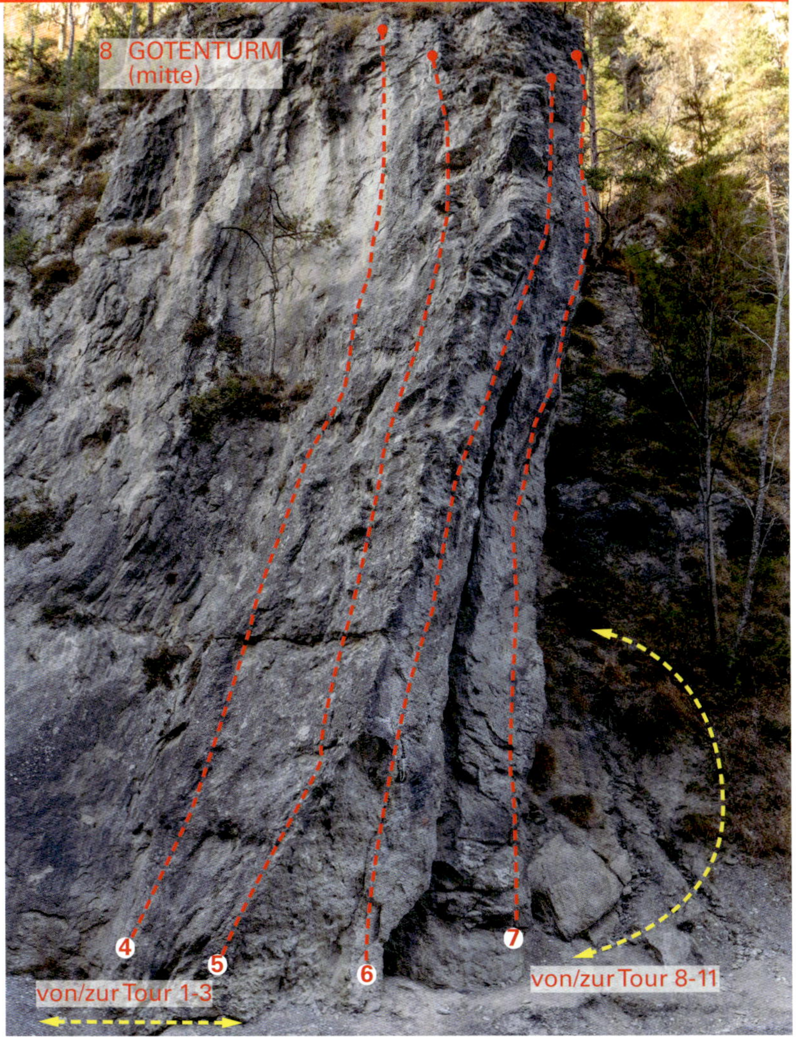

8 GOTENTURM
(mitte)
4
5
6
7
von/zur Tour 1-3
von/zur Tour 8-11

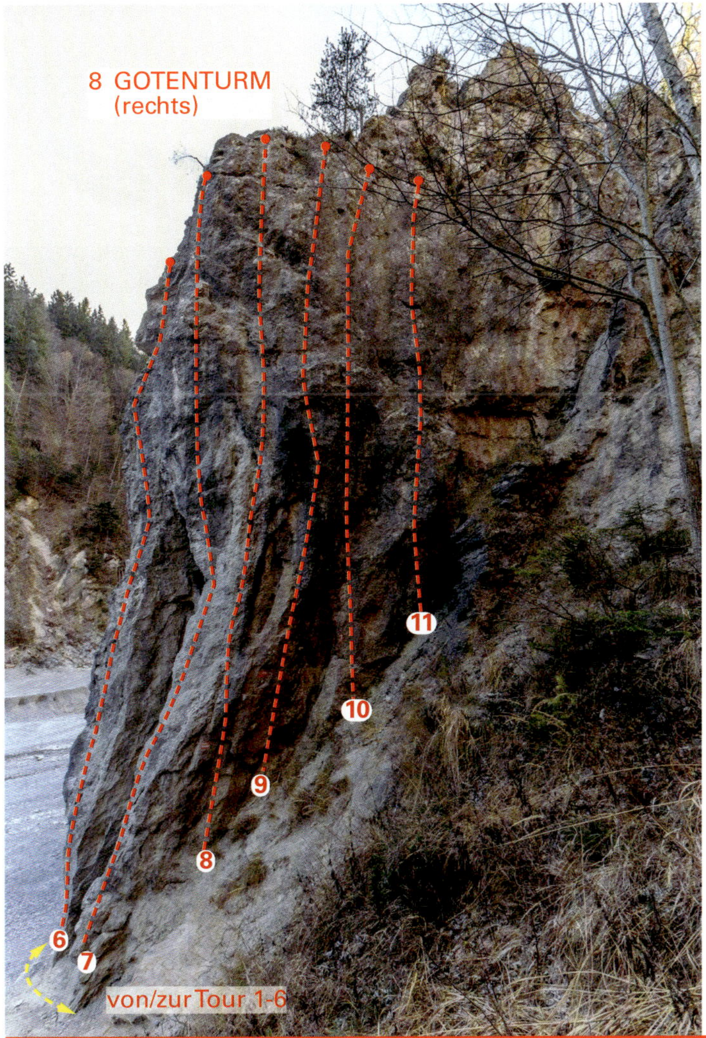

8 GOTENTURM
(rechts)

von/zur Tour 1-6

8 GOTENTURM

Nr.	Route		Grad	Länge
1	Free Soldier	-	6b	15 m
2	Buffalo Soldier / links	-	6a+	15 m
3	Buffalo Soldier / rechts	-	6b	15 m
4	Heigedaxn	-	6a+	30 m
5	Linker Ausstieg	-	6a	30 m
6	Max	-	6b+	30 m
7	Moritz	-	6c+	30 m
8	Parashooting	-	6a+	30 m
9	Viva	-	6b	27 m
10	Pluto	-	6b+	27 m
11	Problem Shooting	-	6c	27 m

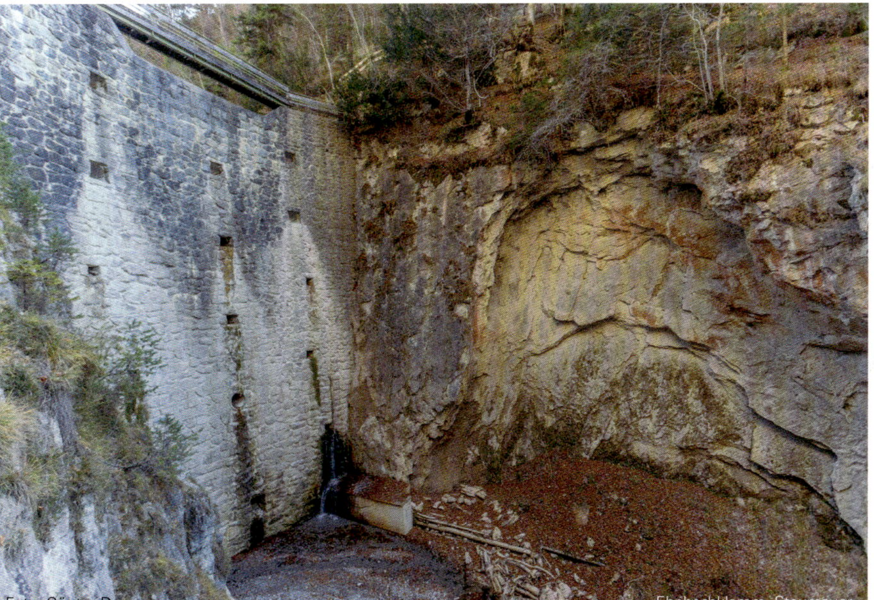

Foto: Günter Durner

Ehnbachklamm, Staumauer

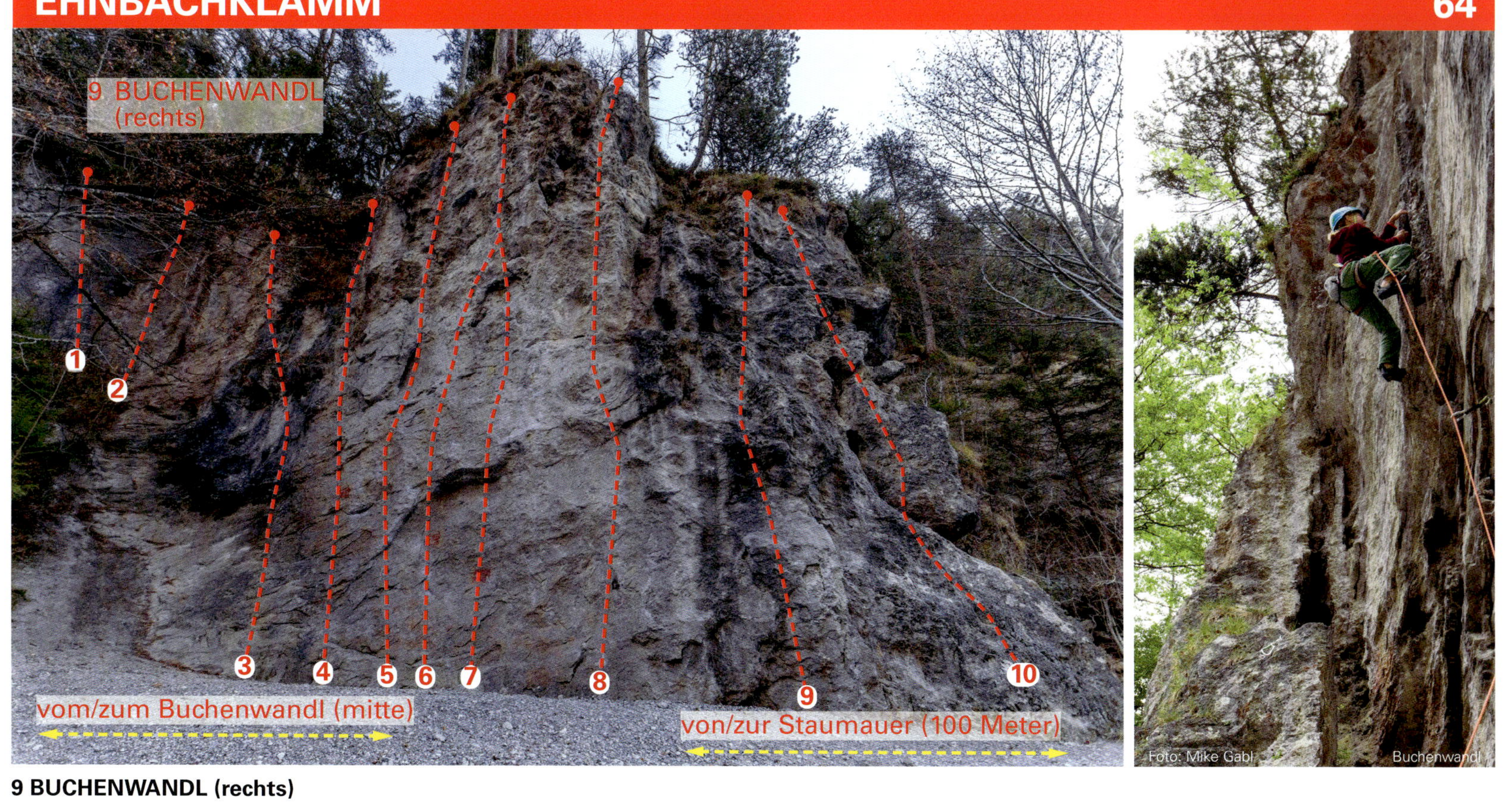

9 BUCHENWANDL (rechts)

Nr.	Route		Grad	Länge
1	Brutus	-	6a+	12 m
2	Ü 30	-	5c+	12 m
3	Pilatus Porter	-	5a	12 m
4	Bussa Nova	-	5b	15 m
5	No Time for Girls	-	5a	12 m
6	King Aser	-	6a	16 m
7	Faulpelz	-	6c	15 m
8	Flush Back	-	6b+	15 m
9	S´Kantele	-	4c	8 m
10	Stöpsltour	-	4b	8 m

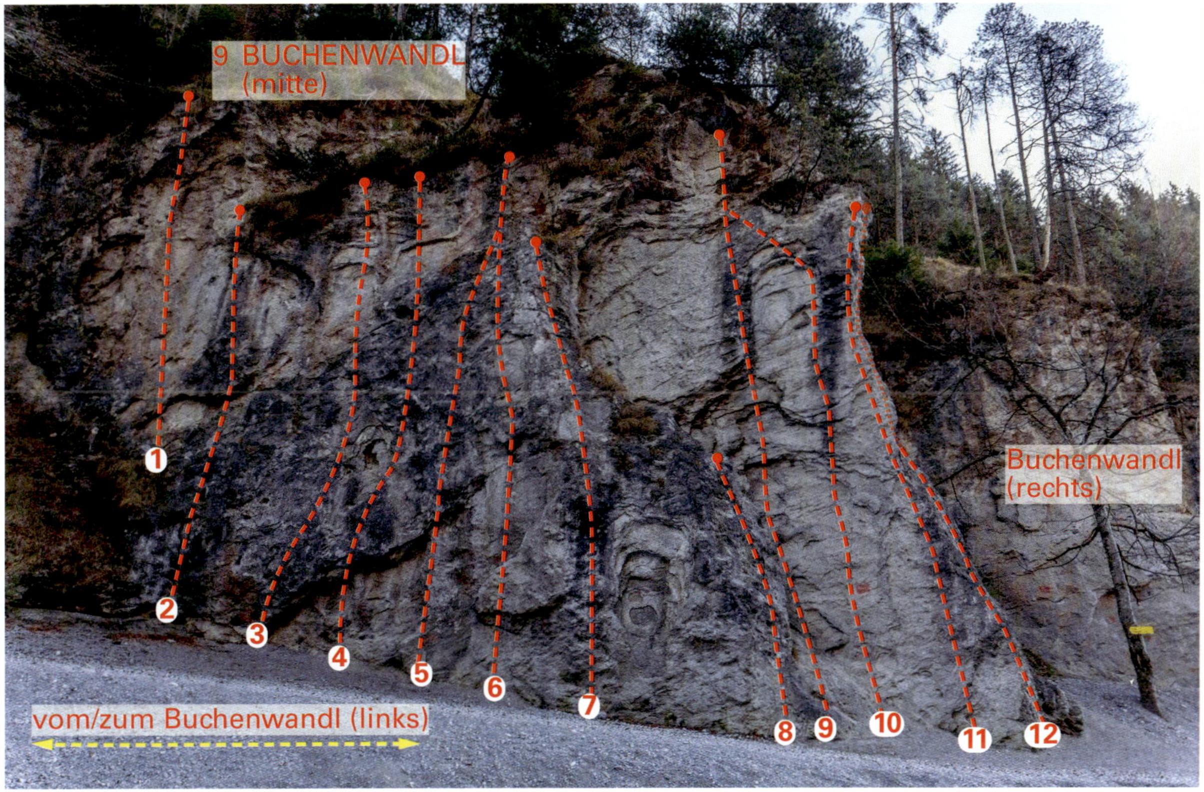

9 BUCHENWANDL (mitte)

Buchenwandl (rechts)

vom/zum Buchenwandl (links)

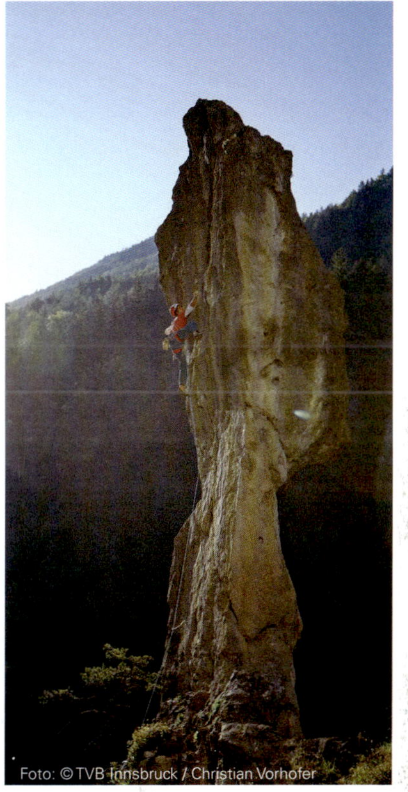

Foto: © TVB Innsbruck / Christian Vorhofer

9 BUCHENWANDL (mitte)

Nr.	Route		Grad	Länge
1	S'Dachl	-	6a	13 m
2	Die hohle Nuss	-	5b	15 m
3	Trauer Power	-	5c	15 m
4	Nikotin	-	5c	15 m
5	Easy come, easy go	-	5c	15 m
6	Self made	-	5c	15 m
7	S'Marterle	-	5c+	15 m
8	Mini-Josef	-	3a	5 m
9	Josef	-	6b	15 m
10	Sylvia	-	6c	15 m
11	Living Daylight	-	6a	15 m
12	Tremolo	-	5b	15 m

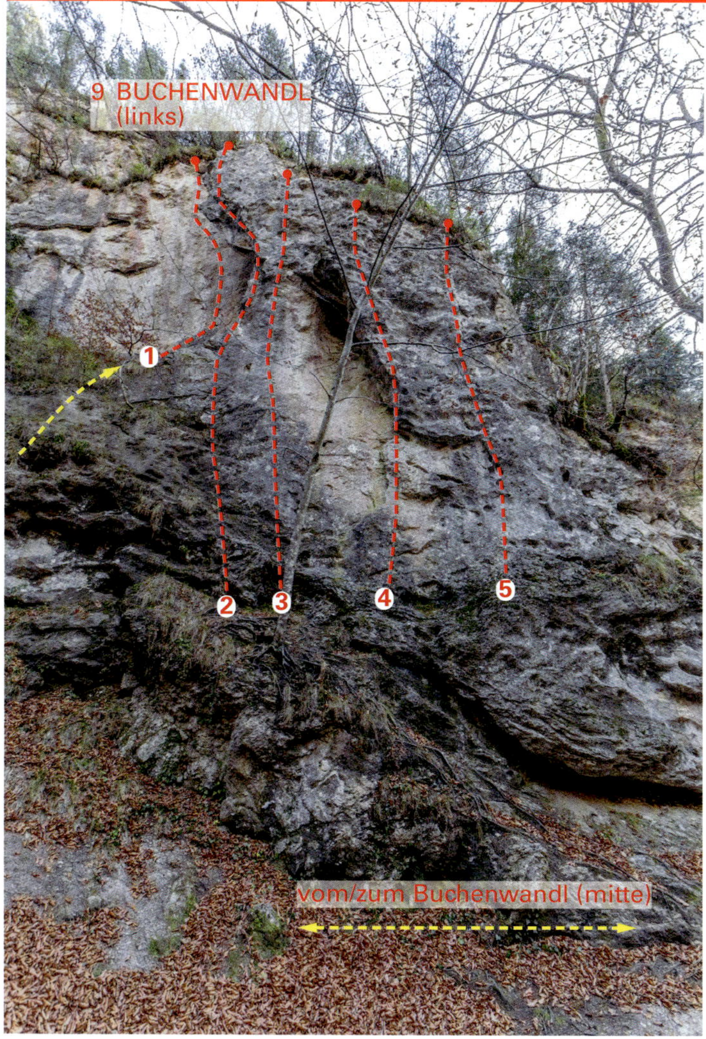

9 BUCHENWANDL
(links)
1
2
3
4
5
vom/zum Buchenwandl (mitte)

9 BUCHENWANDL (links)

1	No Woman no cry .....-	6c	16 m
2	Living on the Edge ....-	6c+	16 m
3	Tie Break ....-	6a	18 m
4	C54 ....-	5c+	18 m
5	Ganz Rechts ....-	5b	18 m

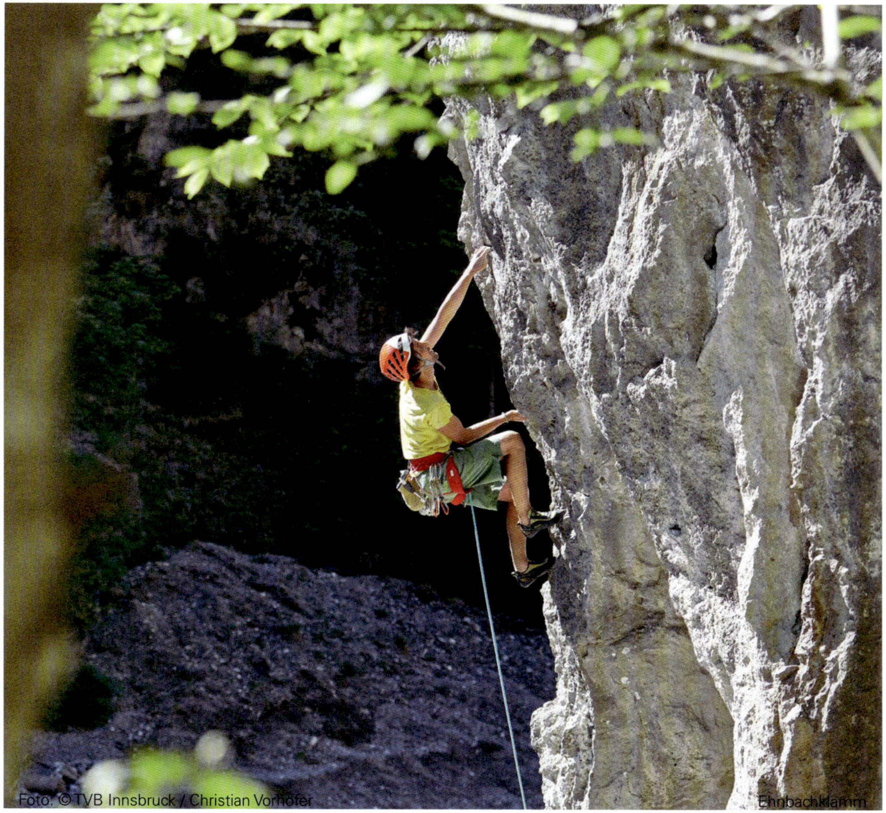

Foto: © TVB Innsbruck / Christian Vorhofer

Ehnbachklamm

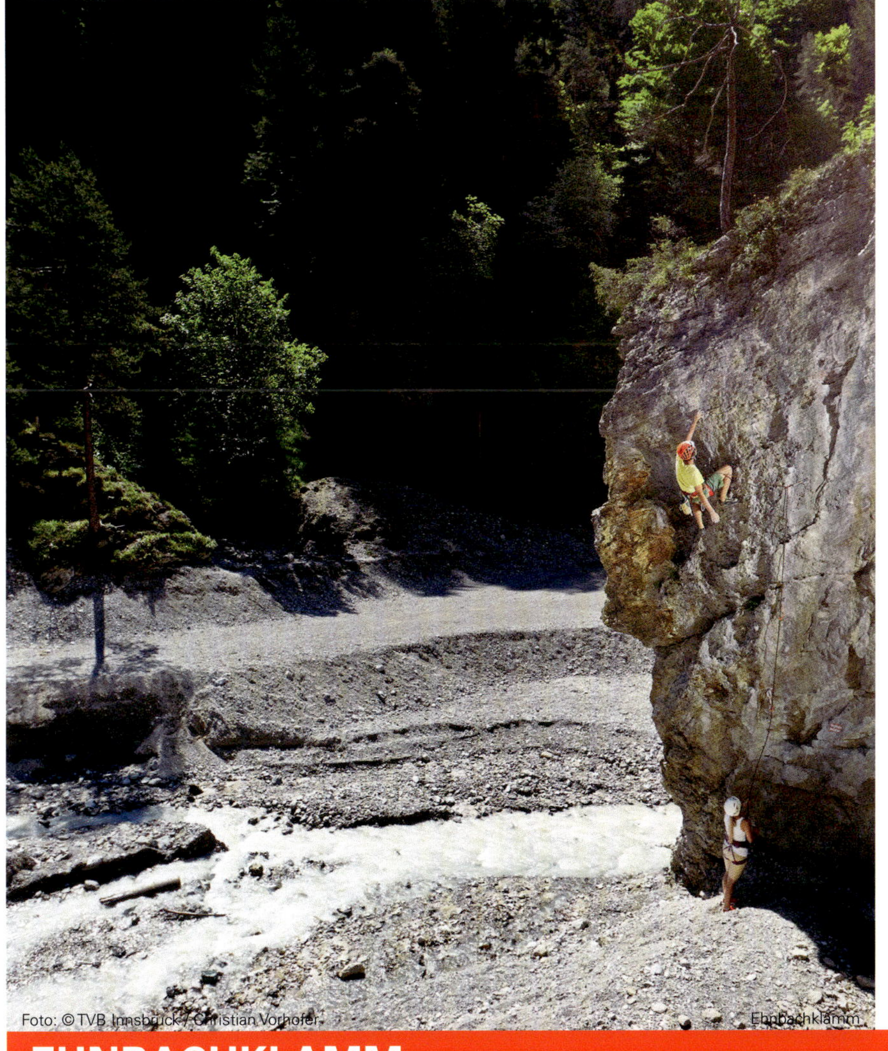
Foto: © TVB Innsbruck / Christian Vorhofer

Ehnbachklamm

SEKTOREN OHNE TOPO

Es gibt in der oberen Ehnbachklamm noch drei weitere kleinere Sektoren.

10 LOCHKOFEL

Oberhalb des Zuller befindet sich der Lochkofel.

1	-	Woisettschläger	6a	15 m
2	-	Woisettschläger	6a+	15 m
3	-	R. Thaler	6c+	15 m

11 ALPENKOFEL

Gegenüber dem Buchenwandl befindet sich der Alpenkofel, der im oberen Wandbereich ein großes längliches Loch hat.

1	Mamas und Papas (3 SL)	R. Thaler	6a, 6a+, 5c	45 m
2	Bob Marley	R. Thaler	6c	15 m
3	Footlose	R. Thaler	7a	15 m

12 ZULLER

Gegenüber dem Buchenwandl, etwa 70 Höhenmeter über dem Klammboden, befindet sich der markante Turm Zuller. Die Touren befinden sich rund um den Turm.

1	Westkante	B. Scharmer	5c	15 m
2	Funky beat (West)	R. Thaler	6c+	15 m
3	Aquilong (Süd)	Woisettschläger	6a	10 m
4	Ostkante	B. Scharmer	6a	10 m
5	Dark side of the moon	M. Mang	6a	10 m
6	Walk of life (Nord)	R. Thaler	7b+	10 m

Beim Zustieg zum Zuller findet sich eine Tour, welche direkt zur Ostkante leitet.

7	-	-	6b	25 m

BRUNNTALWEG (715 m)

P 32 T 670473 5238020 (Parkplatz Rot Kreuz Station)
32 T 671350 5237513 (Parkplatz P4 Schotterwerk)
32 T 670915 5237995 (Brundtalwand)

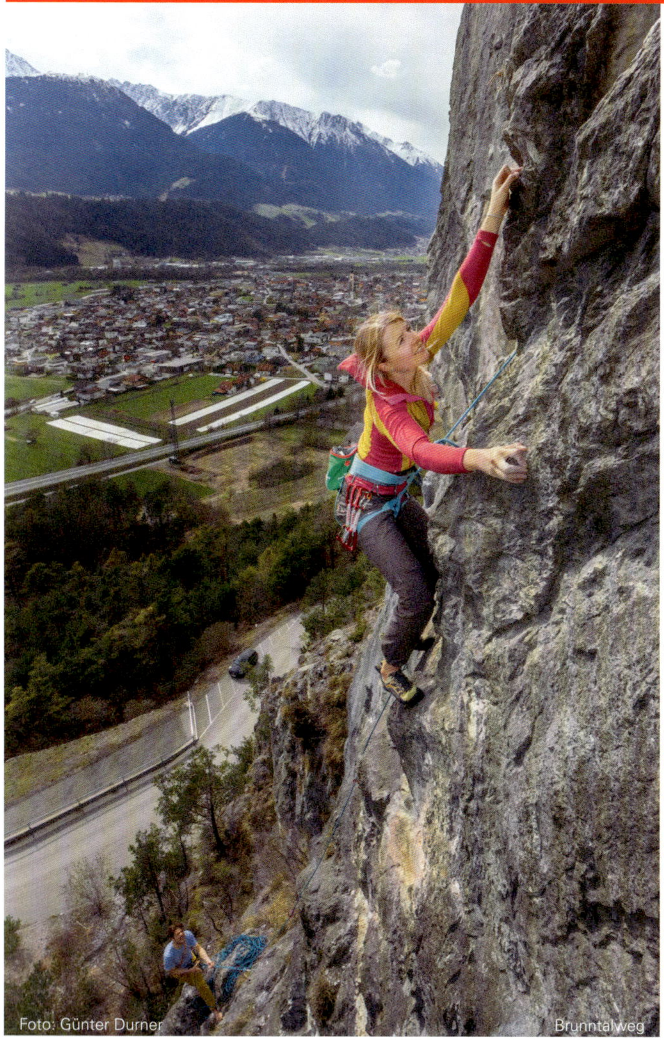

Foto: Günter Durner

Brunntalweg

Routenaufteilung

Schwierigkeitsgrad (Franz.)	3	4	5	6	7	8	9
Anzahl der Routen	-	2	8	14	2	-	-

Routenart 29 Einseillängen (ES), 2 Mehrseillängen (MS), Bouldern

Routenlänge 10-25 Meter

Zustieg 10-25 Min. ⇧ bergauf, ⇨ eben, ⇩ bergab

Absicherung ★★★★★

Umlenkung Ring Kette Sauschwanz

Ausrichtung Nord, Ost, Süd, West

Winterklettergebiet ja, nein

Familienfreundlich ja, nein

Felsqualität Fester kompakter grauer gutgriffiger Kalk mit Leisten und Löchern.

Wandneigung Flache bis steile Wandkletterei.

Wandfuß Enger Wandfuß in einer steilen Schotterrinne.

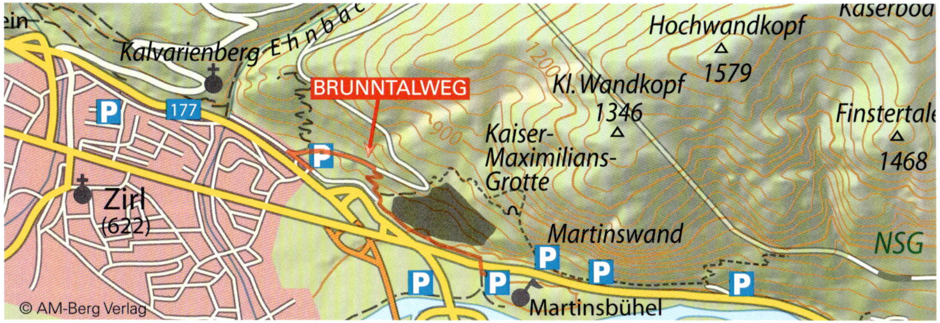

© AM-Berg Verlag

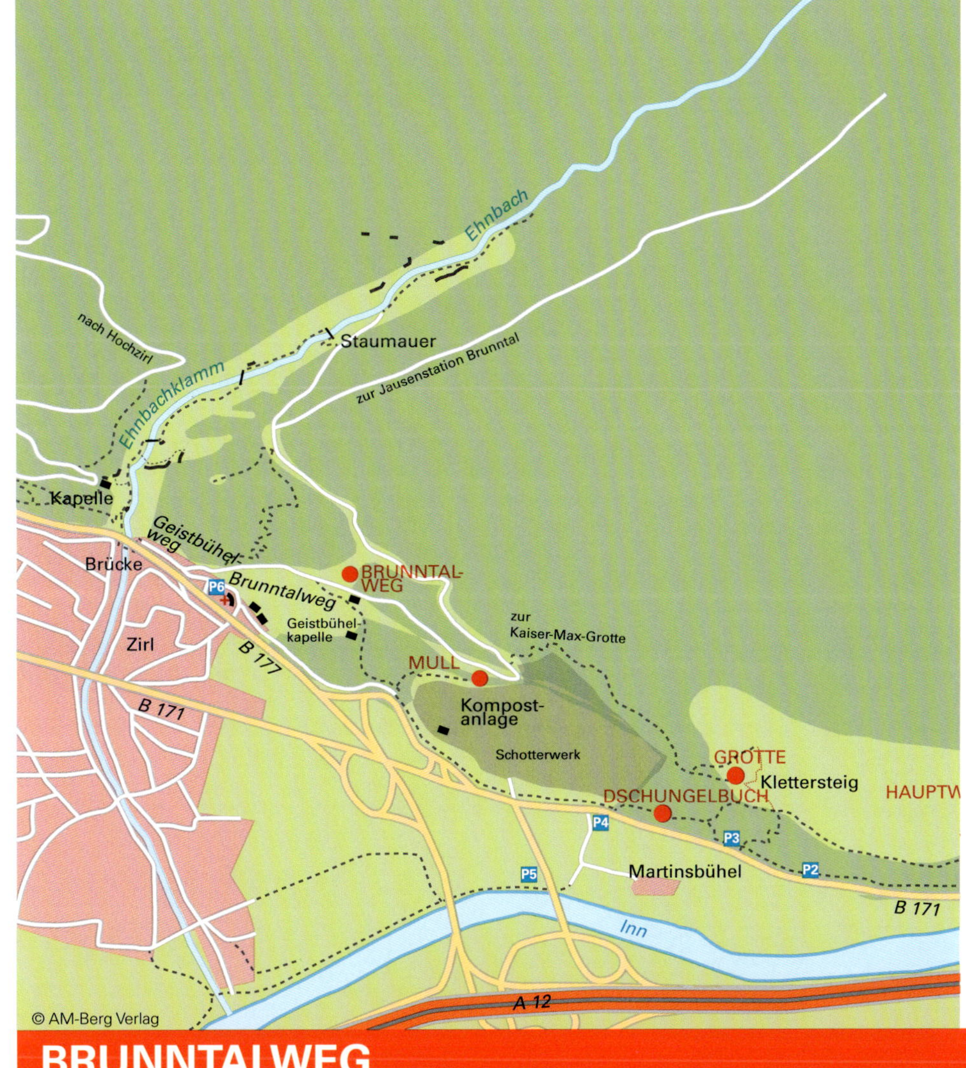

BESCHREIBUNG

Die Brunntalwegwand ist eine südostseitig ausgerichtete Felswand mit einigen schönen Einseillängen- und Mehrseillängen-Touren. Die Wand verläuft entlang einer Rinne, die sich von der unteren zur oberen Brunntalstraße hinaufzieht. Den oberen Wandbereich kann man über ein Fixseil erreichen. Der graue Kalkfels ist fest und plattig. Steile bis senkrechte Platten- und Wandklettereien.

ZUFAHRT/ZUGANG

Navi: 6170 Zirl, Geistbühelweg. Von der Inntalautobahn A12 Kufstein-Landeck bei der Ausfahrt Zirl Ost abfahren. Auf der Bundesstraße B 177 Richtung Seefeld fahren. Auf Höhe der Rot Kreuz Station rechts abbiegen und auf dem Parkplatz (P6) beim Roten Kreuz parken. Vom Geistbühelweg nach rechts in den Brunntalweg abbiegen und diesem ca. 500 m bis zu einem Gebäude auf der rechten Straßenseite folgen. Auf Höhe des Gebäudes nach links zum Wandfuß. Zu den oberen Routen gelangt man durch die steile, schottrige Rinne (vom Parkplatz ca. 10-15 Minuten).

Oder von Zirl auf der Bundesstraße B 171 in Richtung Innsbruck fahren.
Navi: 6170 Zirl, Martinsbühel 5. Bei der Kreuzung „Innsbruck/Kematen" beim Plattner-Schotterwerk auf dem Parkplatz (P4) oder am Parkplatz beim Inn (P5) parken. Von den Parkplätzen aus zum Schotterwerk, dann an der Straße entlang in westlicher Richtung (Zirl) gehen. Direkt links neben dem Schotterwerk (Kompostieranlage) zweigt ein Steig nach rechts zur Geistbühelkapelle, Maximiliansgrotte ab. Diesem Steig bis zum Brunntalweg folgen. Auf dem Brunntalweg ca. 100 Meter nach links Richtung Zirl gehen, bis rechts die Brunntalweg zu sehen ist (25 Minuten).

ERSCHLIESSER

Verschiedene

BRUNNTALWEG

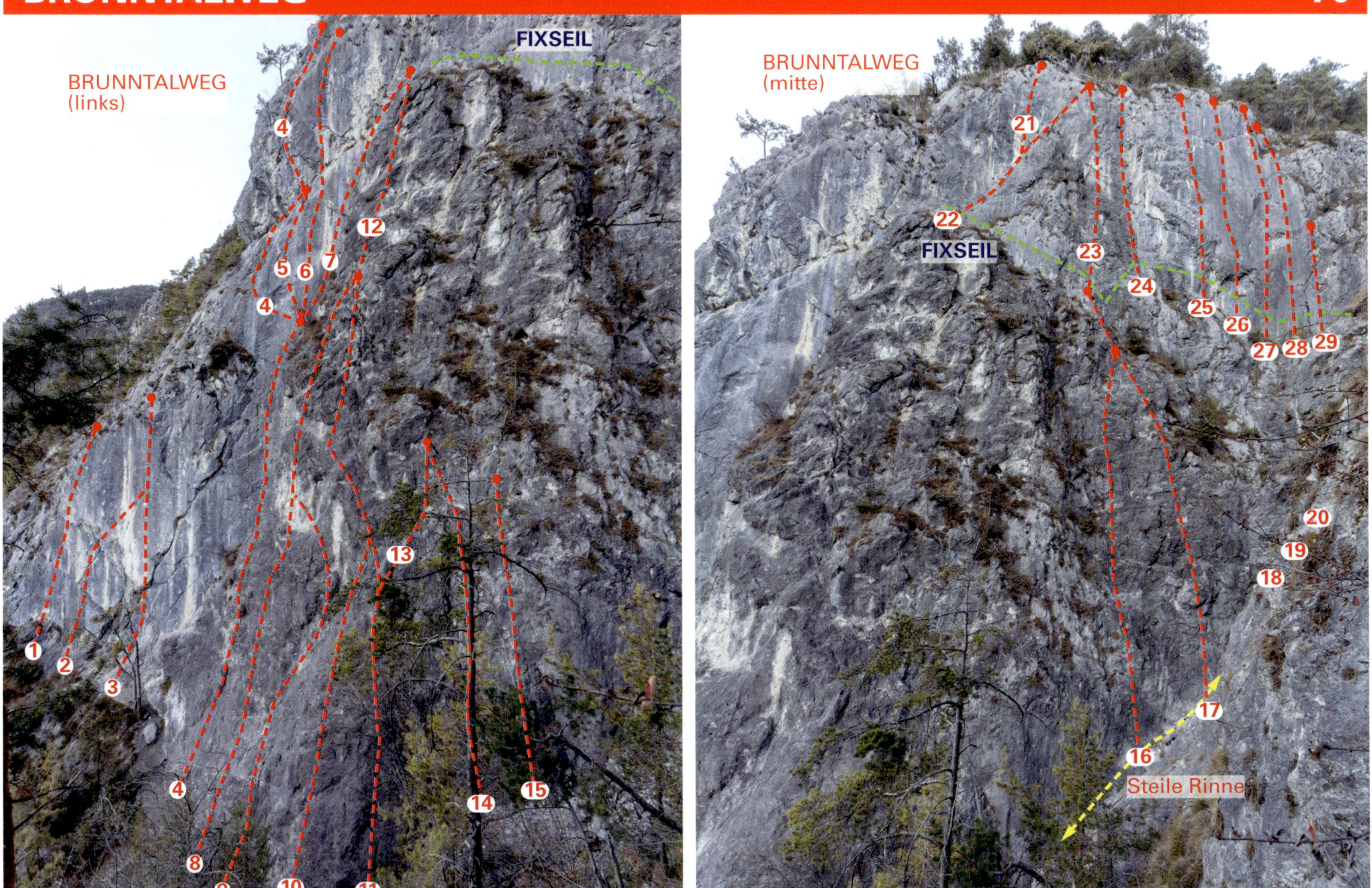
BRUNNTALWEG
(links)
FIXSEIL
1
2
3
4
4
4
5
6
7
8
9
10
11
12
13
14
15
BRUNNTALWEG
(mitte)
FIXSEIL
16
17
Steile Rinne
18
19
20
21
22
23
24
25
26
27
28
29

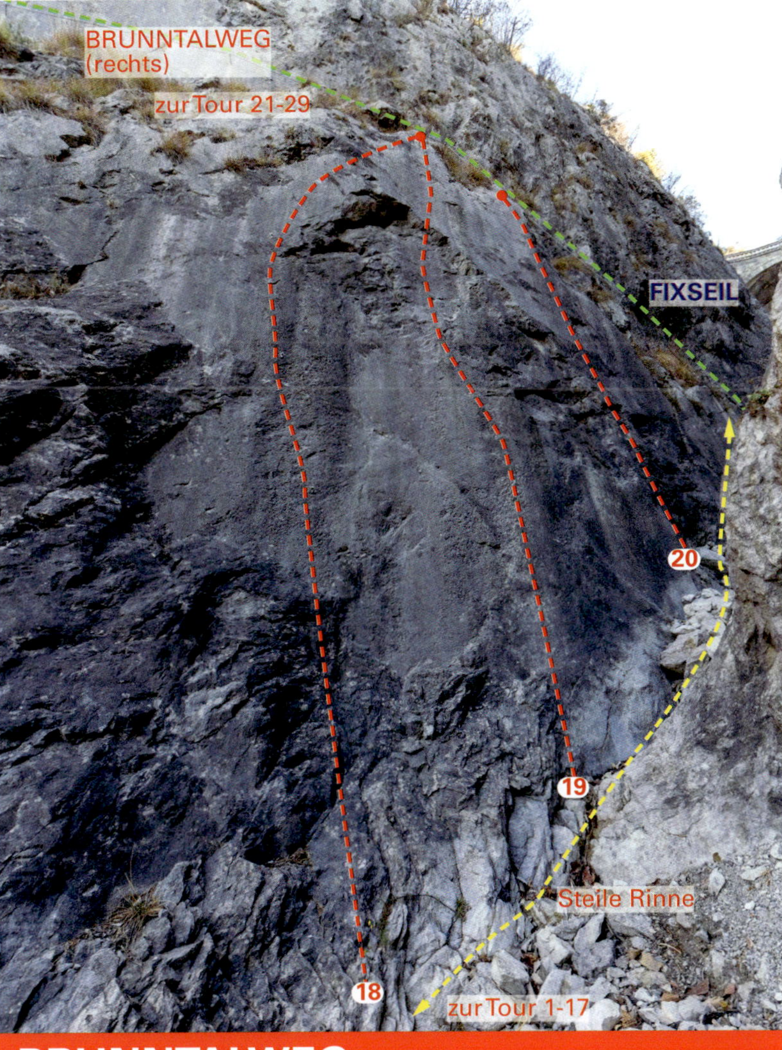

BRUNNTALWEG

Nr.	Route	Erstbegeher	Grad	Länge
1	Projekt		-	10 m
2	Projekt		-	12 m
3	Capoeira		7a	12 m
4	Orangen und Zitronen (3 SL)	Leitner, Luzian	5c, 6a, 7a	53 m
5	Orangen und Zitronen (Variante)	Leitner, Luzian	6c+	10 m
6	-		-	20 m
7	-		4c	15 m
8	(Petzl Longlifehaken)		6a+	30 m
9	-	-	6a	30 m
10	-		5b+	30 m
11	Ganz liab (1. SL)	Leitner, Lessiak	5b	30 m
12	Ganz liab (2. SL)	Leitner, Lessiak	5c	15 m
13	-		5a	20 m
14	Cafe Anni		5a	18 m
15	-		6b	15 m
16	-		4c	20 m
17	-		5b	20 m
18	-		6b	15 m
19	-		6b	10 m
20	-		6b	10 m
21	Ganz liab (3. SL)	Leitner, Lessiak	6a	20 m
22	-		6a+	20 m
23	-		5c	20 m
24	-		6a	20 m
25	-		6a+	20 m
26	-		6b+	20 m
27	-		7b	20 m
28	-		6b+	20 m
29	-		6a	15 m

MULL (667 m)

P 32 T 671350 5237513 (Parkplatz P4 Schotterwerk)
32 T 671044 5237819 (Mull)

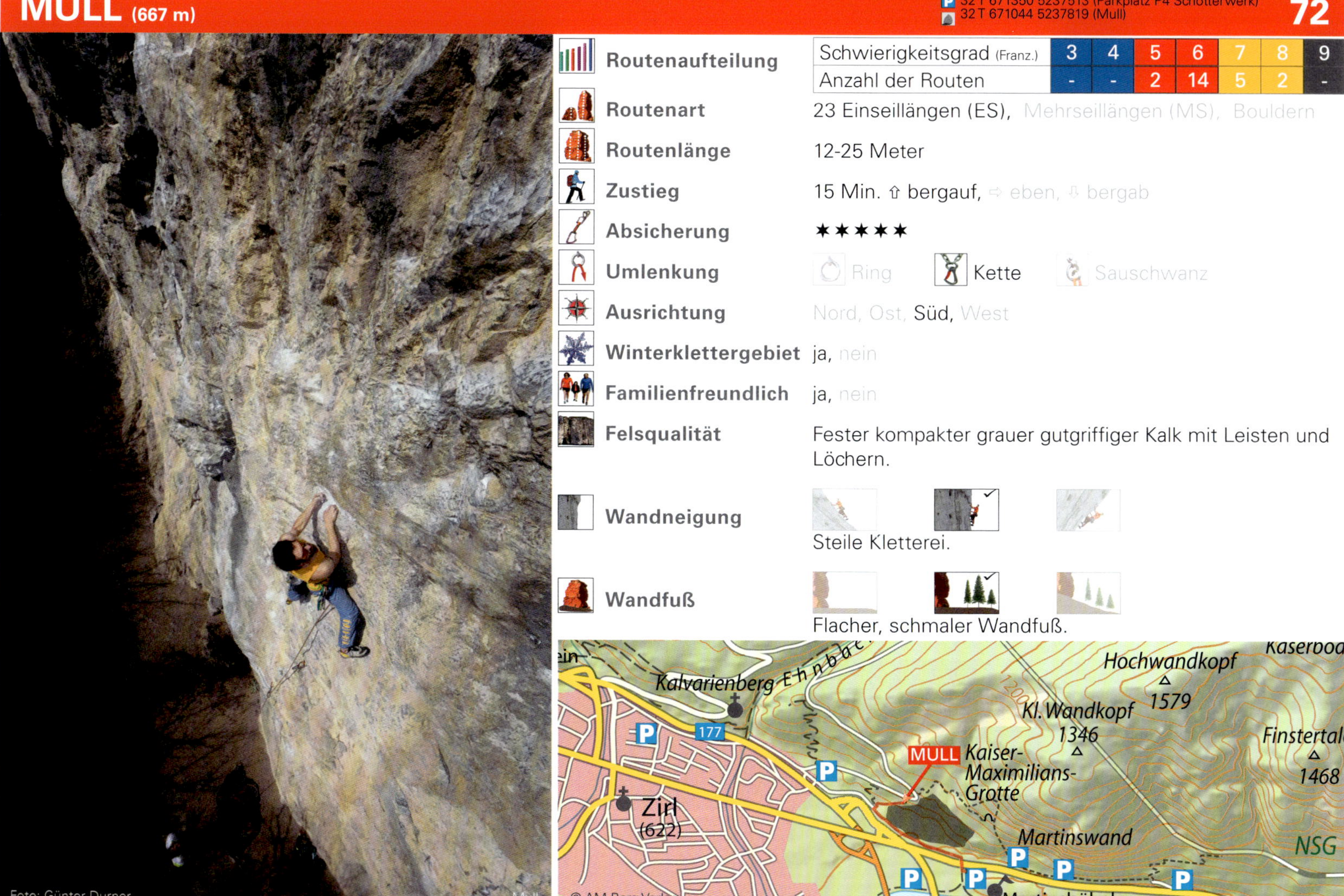

Routenaufteilung

Schwierigkeitsgrad (Franz.)	3	4	5	6	7	8	9
Anzahl der Routen	-	-	2	14	5	2	-

Routenart 23 Einseillängen (ES), Mehrseillängen (MS), Bouldern

Routenlänge 12-25 Meter

Zustieg 15 Min. ⇧ bergauf, ⇨ eben, ⇩ bergab

Absicherung ★★★★★

Umlenkung Ring, Kette, Sauschwanz

Ausrichtung Nord, Ost, Süd, West

Winterklettergebiet ja, nein

Familienfreundlich ja, nein

Felsqualität Fester kompakter grauer gutgriffiger Kalk mit Leisten und Löchern.

Wandneigung Steile Kletterei.

Wandfuß Flacher, schmaler Wandfuß.

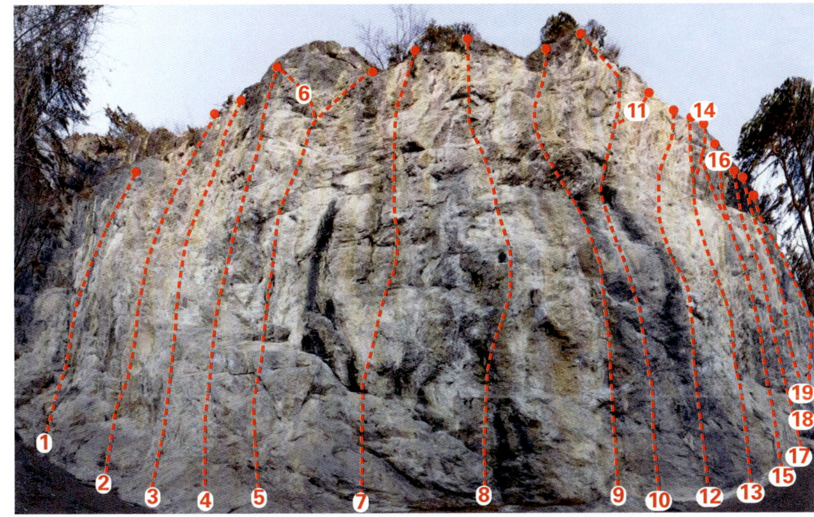

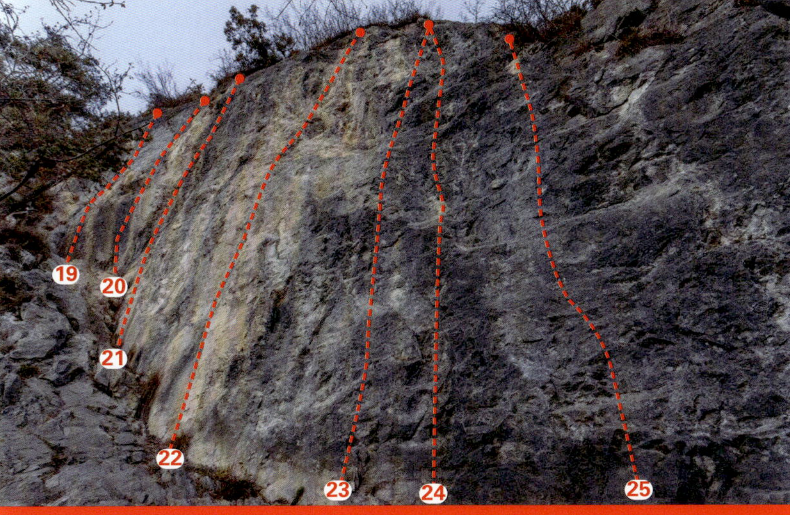

MULL

Nr.	Route	Erstbegeher	Grad	Länge
1	Links außen	M. Mang	6b+	12 m
2	Klein, aber oho	-	6c	18 m
3	Jaymz	M. Mang	7a+	18 m
4	Red Bolt	B. Scharmer	7c+	18 m
5	Le jeu de paume	M. Mang	7c	18 m
6	Variante	-	7c+	20 m
7	Heaven‘s Highway	M. Mayr	8b	20 m
8	Save the Last Hold	M. Haid	8a+/8b	20 m
9	Aka Matti Success	R. Scherer	7b+/7c	20 m
10	Road to Hell	M. Mang	7a+	20 m
11	-	A. Würtele	7b	20 m
12	Il Matrimonio	M. Mang	6c+	18 m
13	Wieselburger	M. Mang	6c+	15 m
14	Verbindung	M. Mang	6c+	15 m
15	Yellow Submarine	M. Mang	6c+	15 m
16	Traumtänzer	M. Mang	6b	15 m
17	Rechts außen	M. Mang	6c	15 m
18	Pausenfüller	Ragg	6a+	12 m
19	Frank Zappa	Ragg	6a+	10 m
20	Rudi Rüssel	A. Würtele	6b	8 m
21	Dornröschen	M. Mang	6a+	10 m
22	Just 4 you	A. Leichtfried	6b	10 m
23	La Strega	A. Würtele	5c	12 m
24	Die Schottermafia	A. Würtele	5c	12 m
25	La Bella	-	6a+	15 m

BESCHREIBUNG Die Wand befindet sich oberhalb der Kompostieranlage.

ZUGANG Direkt links neben der Kompostieranlage zweigt ein Steig zur Geistbühelkapelle ab. Bei der Bank rechtshaltend dem Pfad folgen.

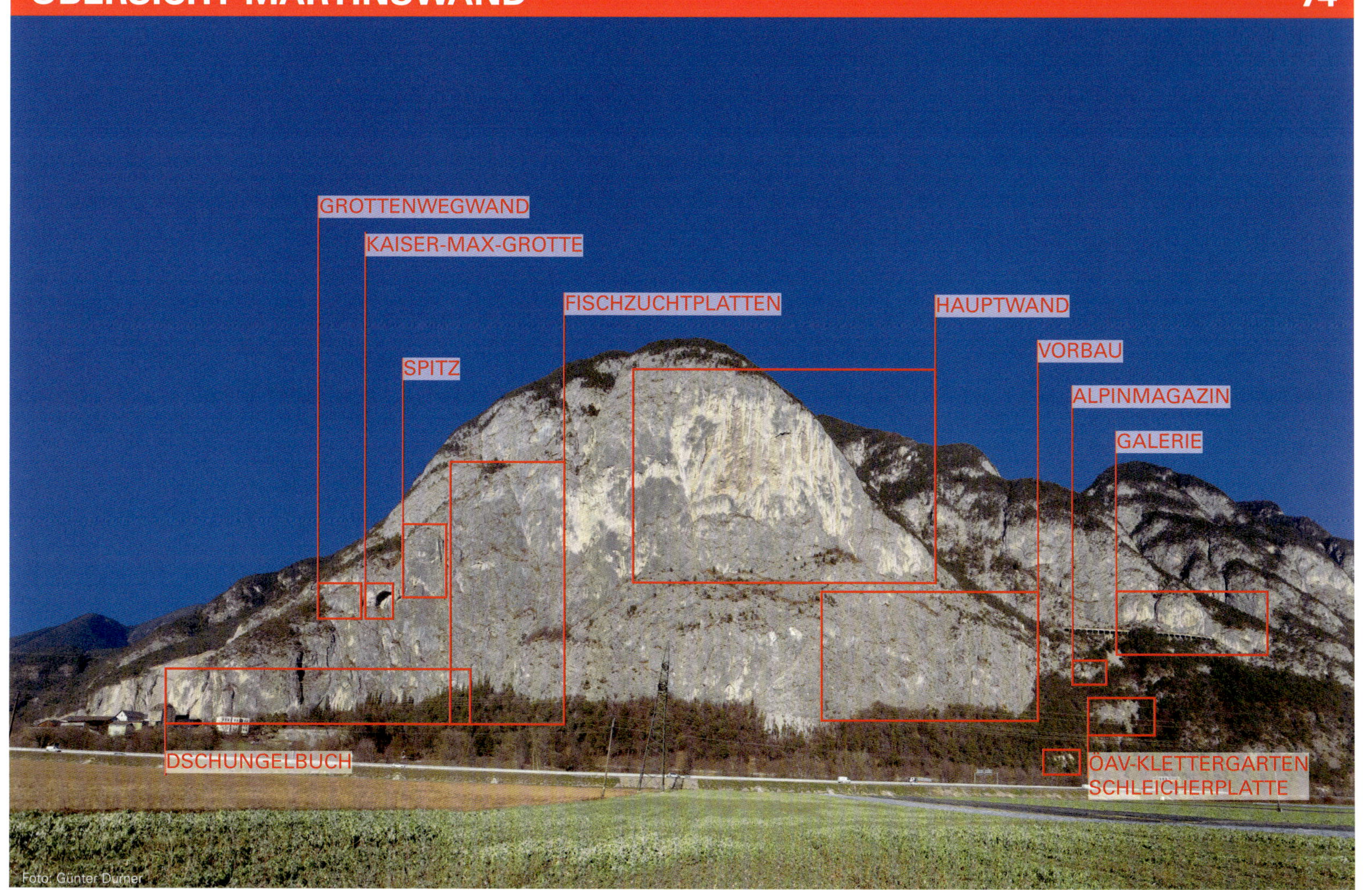

Foto: Günter Durner

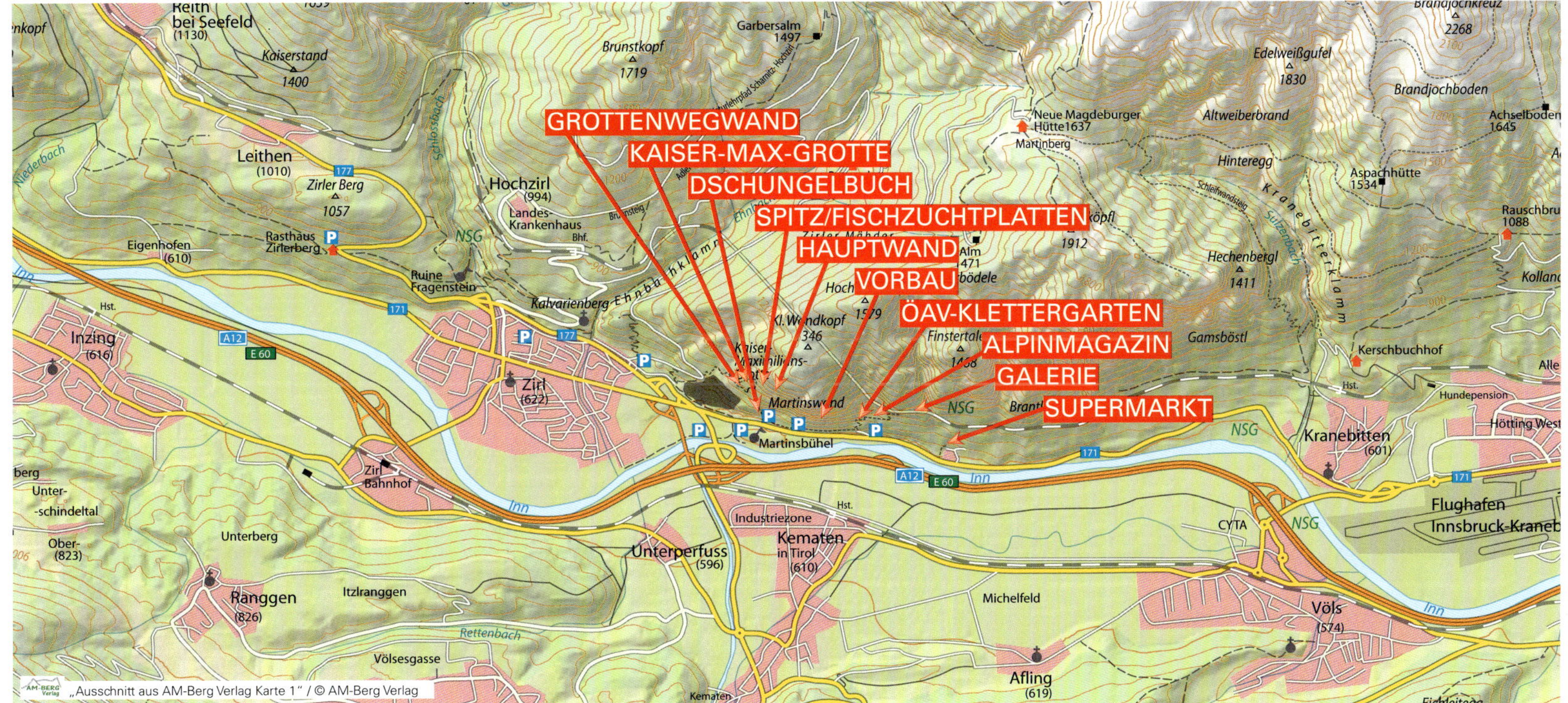

KLETTERGÄRTEN

- GROTTENWEGWAND
- KAISER-MAX-GROTTE
- DSCHUNGELBUCH
  - *OBERER STOCK*
  - *HAUPTTEIL*
  - *THEATER IM TURM*
  - *PLATTENSCHLEICHER*
  - *WUNDERBARE WELT*
  - *BOGEN 13*
- ÖAV-KLETTERGARTEN
- SCHLEICHERPLATTE
- ALPINMAGAZIN
- GALERIE
- SUPERMARKT

MEHRSEILLÄNGEN-ROUTEN

- SPITZ
- FISCHZUCHTPLATTEN
- HAUPTWAND
- VORBAU

ÜBERSICHT MARTINSWAND

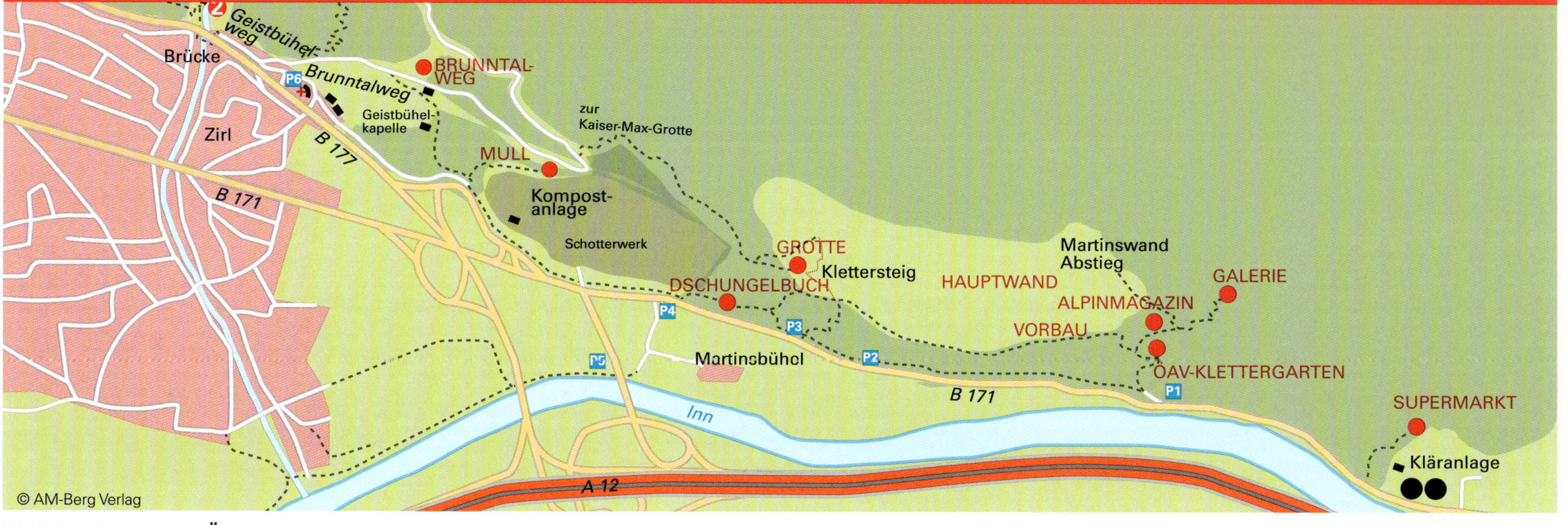

ZUGANG/PARKPLÄTZE

Alle Klettergärten und Wandbereiche sind von den insgesamt sechs Parkplätzen (P1 bis P6) einfach und schnell zu erreichen. Bei dem östlichsten Parkplatz (P1) besteht die Besonderheit, dass dieser nur aus Richtung Innsbruck angefahren werden darf. Wenn man von Zirl vom Parkplatz (P4) zum Parkplatz (P1) fahren möchte, dann muß man auf der B 171 ca. 1,3 Kilometer in Richtung Innsbruck bis zur Kläranlage fahren und dort wenden. Zu allen Klettergärten und Wandbereichen sind Wege angelegt, die auch ausgeschildert sind. Der Alpenverein Innsbruck hat zusammen mit dem Tourismusverband einen Verbindungsweg zwischen dem Parkplatz (P3) Martinswand-Routen und dem Parkplatz (P1) ÖAV-Klettergarten errichtet. Damit können vom (P3) der ÖAV-Klettergarten und die Vorbau-Routen erreicht werden. Zudem muss man beim Abstieg von den Martinswand-Routen nicht mehr auf der Bundesstraße um sein Leben bangen, sondern gelangt direkt auf dem Waldweg zurück zum Ausgangspunkt. Um die Vegetation nicht unnötig zu belasten, bitten wir keine Wege „abzukürzen". Aufgrund des großen Einzugsgebietes oberhalb der Klettergärten darf das Steinschlagrisiko besonders bei starkem Wind nicht unterschätzt werden.

PARKPLATZ 1 (P1) ÖAV-Klettergarten, Vorbau-Routen, Alpinmagazin, Galerie
PARKPLATZ 2 (P2) Martinswand-Routen, Kaiser-Max-Klettersteig
PARKPLATZ 3 (P3) Dschungelbuch (Sektoren Wunderbare Welt, Bogen 13), Martinswand-Routen, Kaiser-Max-Klettersteig
PARKPLATZ 4 (P4) Dschungelbuch (Sektoren Hauptwand bis Wunderbare Welt), Spitz-Routen, Martinswand-Routen, Kaiser-Max-Klettersteig
PARKPLATZ 5 (P5) Wenn andere Parkplätze voll sind
PARKPLATZ 6 (P6) Ehnbachklamm, Brunntalweg, Grotte

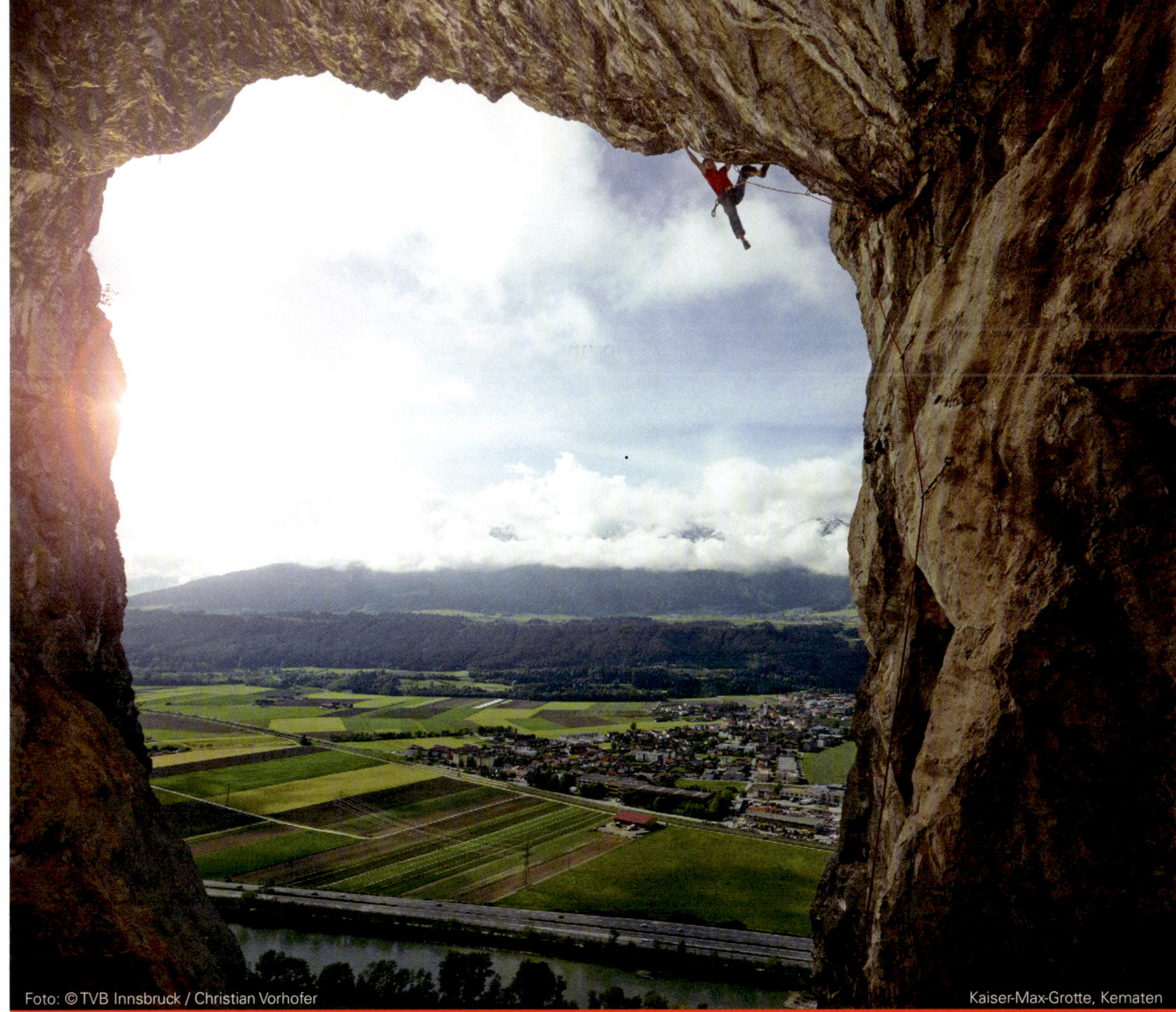

Foto: ©TVB Innsbruck / Christian Vorhofer

Kaiser-Max-Grotte, Kematen

KAISER-MAX-GROTTE

Die Kaiser-Max-Grotte ist nicht nur ein Platz von dem man einen herrlichen Ausblick über das Inntal bis zu den Sellrainer Bergen und zu den Stubaier Alpen hat, sondern auch ein geschichtlich bedeutender und sagenumwobener Ort. Der heute noch in Tirol sehr populäre Kaiser Maximilian soll sich der Legende nach 1484 bei der Gamsjagd in der Martinswand verstiegen haben. Der leidenschaftliche Gamsjäger suchte Zuflucht in einer Grotte bis ihn ein Bauernjunge nach drei Tagen und zwei Nächten aus seiner kläglichen Lage befreien konnte. Nachdem Kaiser Maximilian von dem Bauernjungen sicher ins Tal gebracht wurde, verschwand dieser spurlos. Es dauerte nicht lange bis man davon sprach, dass Kaiser Maximilian von einem Engel gerettet wurde. Daraufhin ließ Kaiser Maximilian als Dank für seine Rettung am Felsvorsprung der Grotte ein Kreuz errichten. Seitdem ist die Höhle in der Martinswand als Kaiser-Max-Grotte bekannt. Der Legende nach soll Kaiser Maximilian in seiner furchtsamen Lage um Hilfe *„Wenns denn nur kematen"* gefleht haben, was angeblich der Grund dafür ist, dass der kleine Ort unterhalb der Martinswand mit Kematen benannt ist. Auch heute noch wird diese Sage gerne erzählt.

GROTTENWEGWAND/DSCHUNGELBUCH (765 m, 610 m)

P 32 T 671350 5237513 (Parkplatz P4)
32 T 671652 5237598 (Kaiser-Max-Grotte)
32 T 671367 5237552 (Dschungelbuch)

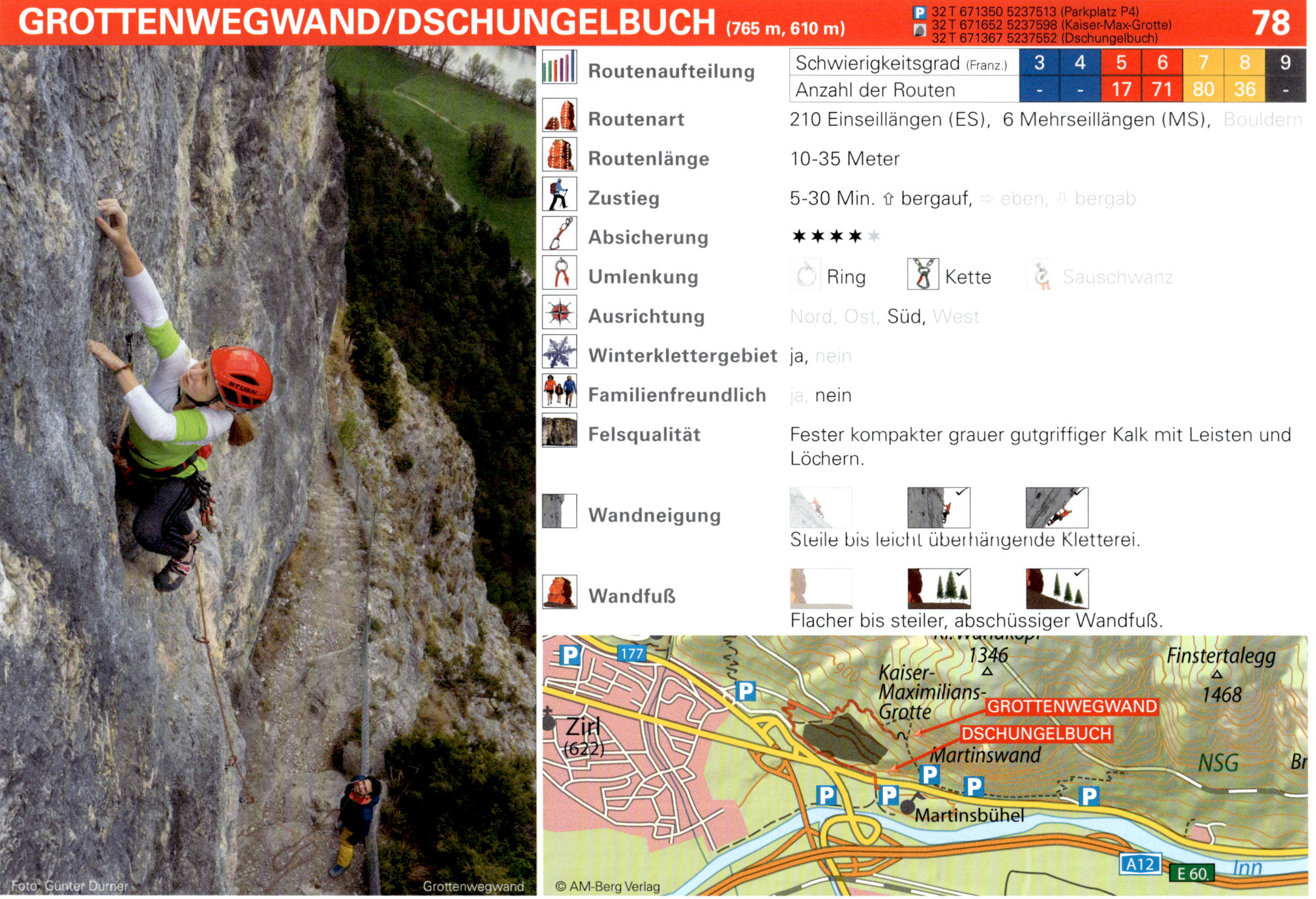

Routenaufteilung

Schwierigkeitsgrad (Franz.)	3	4	5	6	7	8	9
Anzahl der Routen	-	-	17	71	80	36	-

Routenart 210 Einseillängen (ES), 6 Mehrseillängen (MS), Bouldern

Routenlänge 10-35 Meter

Zustieg 5-30 Min. ⇧ bergauf, ⇨ eben, ⇩ bergab

Absicherung ★★★★★

Umlenkung Ring, Kette, Sauschwanz

Ausrichtung Nord, Ost, Süd, West

Winterklettergebiet ja, nein

Familienfreundlich ja, nein

Felsqualität Fester kompakter grauer gutgriffiger Kalk mit Leisten und Löchern.

Wandneigung Steile bis leicht überhängende Kletterei.

Wandfuß Flacher bis steiler, abschüssiger Wandfuß.

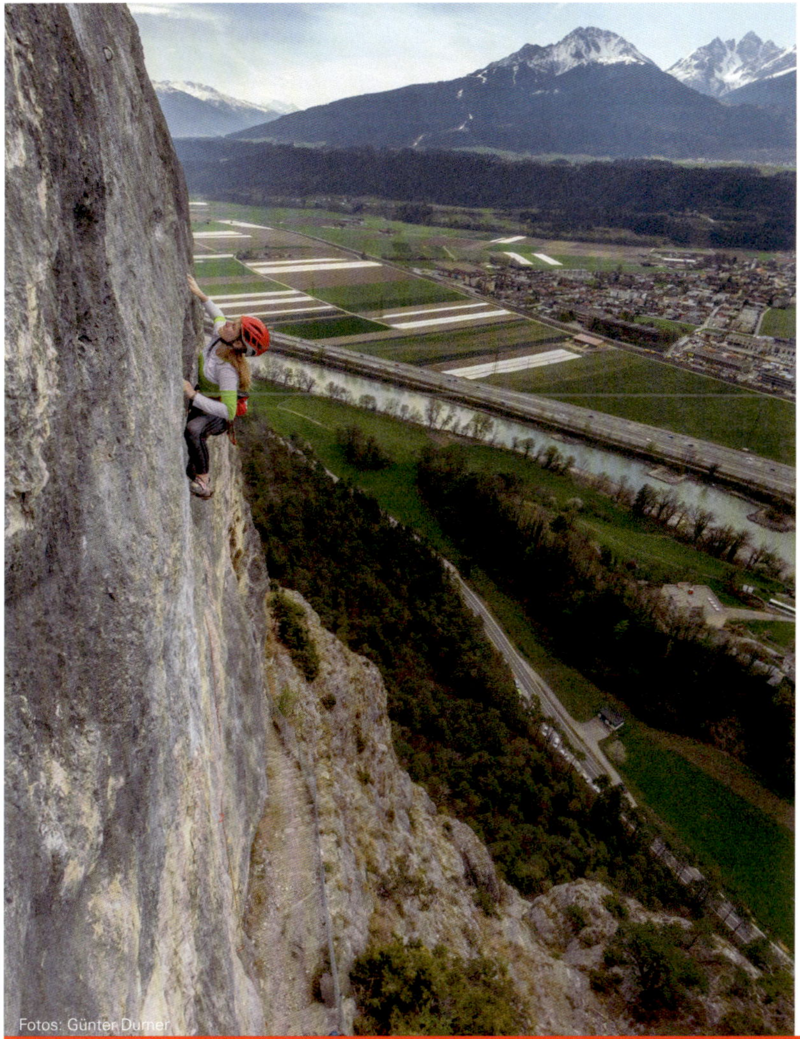

Fotos: Günter Durner

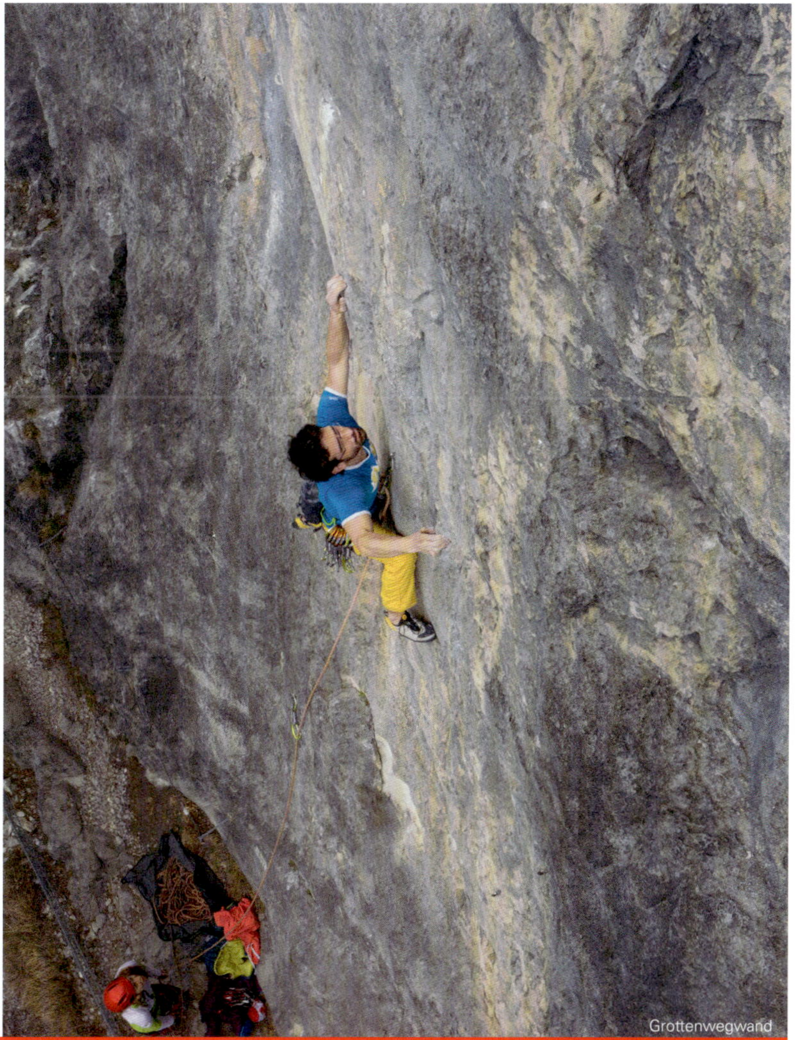

Grottenwegwand

GROTTENWEGWAND

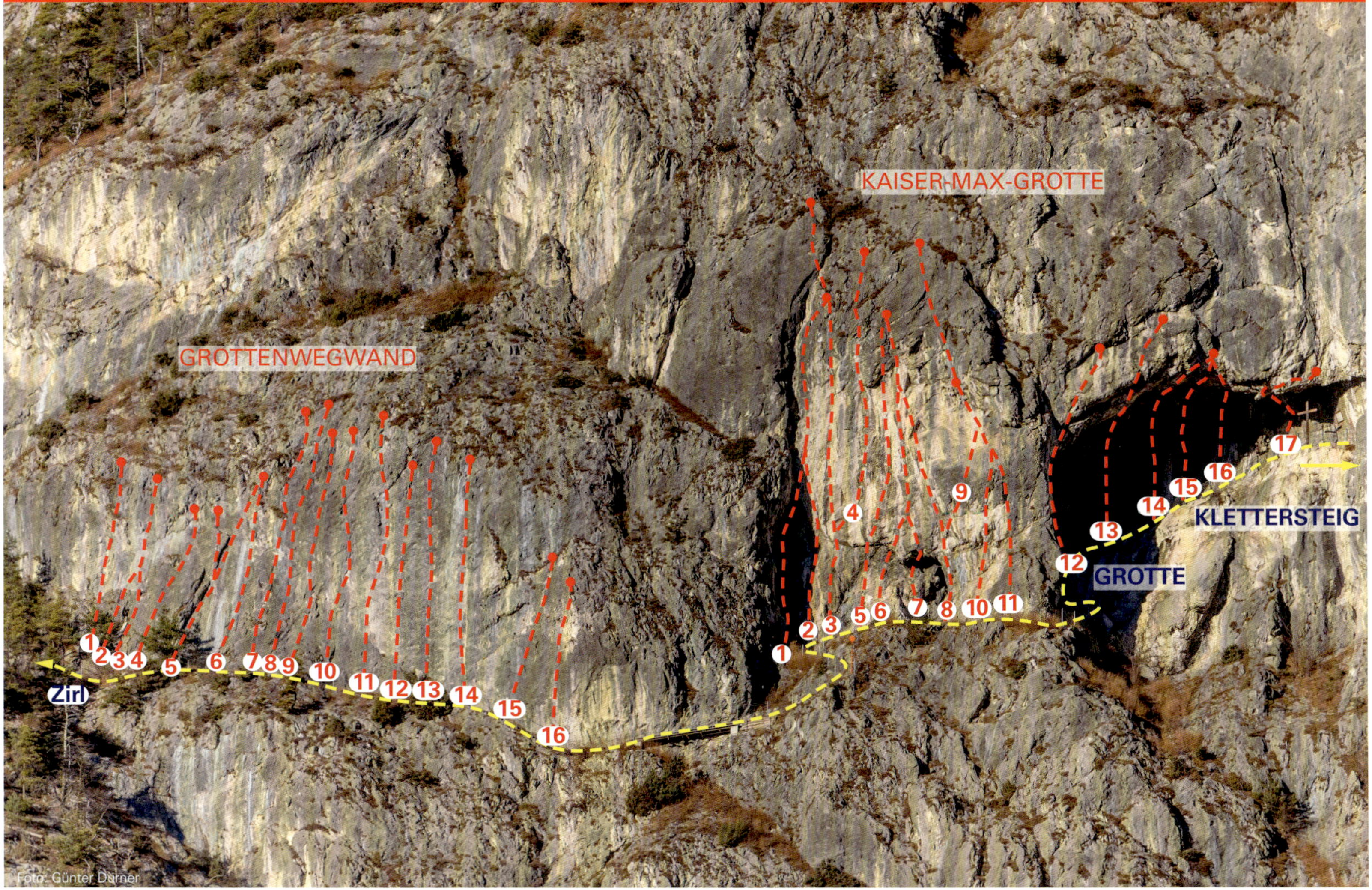

KAISER-MAX-GROTTE

GROTTENWEGWAND

GROTTE

KLETTERSTEIG

Zirl

Foto: Günter Durner

GROTTENWEGWAND

Nr.	Route	Erstbegeher	Grad	Länge
1	Prinzessin	-	6a	20 m
2	Der kleine Prinz direkt	-	6a	18 m
3	Der kleine Prinz	M. Leitner	6a	18 m
4	Segemo	S. Lessiak, M. Leitner	5a	15 m
5	-	-	5c	17 m
6	Ballerina	M. Leitner	6a+	20 m
7	Krebsrot	I. Knapp	6b	22 m
8	Giuditta	M. Leitner	6a	22 m
9	Herkules	M. Leitner	6a	20 m
10	D-Moll	-	6c	22 m
11	D-Dur	M. Leitner	6a+	22 m
12	Top flight	B. Prommer, W. Sommer	6c+	20 m
13	Endre aus Sopron	M. Leitner	6b	20 m
14	Gritlis Bauchtanz	M. Leitner	6c+	22 m
15	Elegant	M. Leitner, S. Lessiak	5c	18 m
16	Smily	-	6a	18 m

KAISER-MAX-GROTTE

Nr.	Route	Erstbegeher	Grad	Länge
1	Art pariétal	C. Winkelmair	7b+	32 m
2	Naturalismus	C. Winkelmair	8b	25 m
3	Roccoco	C. Waldhart	8a	25 m
4	Renaissance	C. Winkelmair	7c+	28 m
5	Ba-Rock	C. Winkelmair	8b/8b+	28 m
6	Klassik	C. Winkelmair	8a+	28 m
7	Projekt	-	-	- m
8	Go-Thick	C. Winkelmair	8b+	28 m
9	Go-Tic	C. Winkelmair	8a+	22 m
10	Romantic	C. Winkelmair	8a/8a+	22 m
11	Sturm und Drang	C. Winkelmair	7b+	35 m
12	Lustgrotte	F. Klingler	8b+/8c	30 m
13	Projekt	J. Verhoeven	-	- m
14	Der Teufel schläft nie	D. Lama	8c	20 m
15	Satansbraten	D. Lama	8b+	18 m
16	Projekt	J. Verhoeven	-	- m
17	Der Teufel trägt Prada	-	8b	15 m

GROTTENWEGWAND UND KAISER-MAX-GROTTE

An der Wand neben der Kaiser-Max-Grotte befindet sich ein sehr schöner südseitig ausgerichteter Klettergarten mit vielen, lohnenden Routen im mittleren Schwierigkeitsbereich. Die Routen bei der Kaiser-Max-Grotte liegen ausschließlich in den obersten Schwierigkeitsgraden. Die Kaiser-Max-Grotte mitten in der Martinswand ist über einen gut gesicherten Weg einfach zu erreichen. Der Wandbereich besteht aus hervorragendem, kompaktem Fels, die Routen sind sehr gut abgesichert.

ZUFAHRT/ZUGANG

Navi: 6170 Zirl, Martinsbühel 5. Von der Inntalautobahn A12 Kufstein-Landeck bei der Ausfahrt Zirl Ost abfahren. Auf der Bundesstraße B 171 Richtung Innsbruck fahren. Bei der Kreuzung „Innsbruck/Kematen" beim Plattner-Schotterwerk auf dem Parkplatz (P4) parken. Entweder über den Kaiser-Max-Klettersteig oder über den Fußweg zur Kaiser-Max-Grotte zusteigen. Um zu Fuß zur Kaiser-Max-Grotte zu gelangen zunächst vom Parkplatz an der Straße entlang in westlicher Richtung (Zirl) gehen. Direkt links neben dem Schotterwerk (Kompostieranlage) zweigt ein beschilderter Steig nach rechts zur Kaiser-Max-Grotte ab. Diesen Steig bis zur Kaiser-Max-Grotte folgen (ca. 45 Minuten). Oder vom Parkplatz zum Einstieg des Kaiser-Max-Klettersteigs und über diesen bis zu den Einstiegen (ca. 30 Minuten).

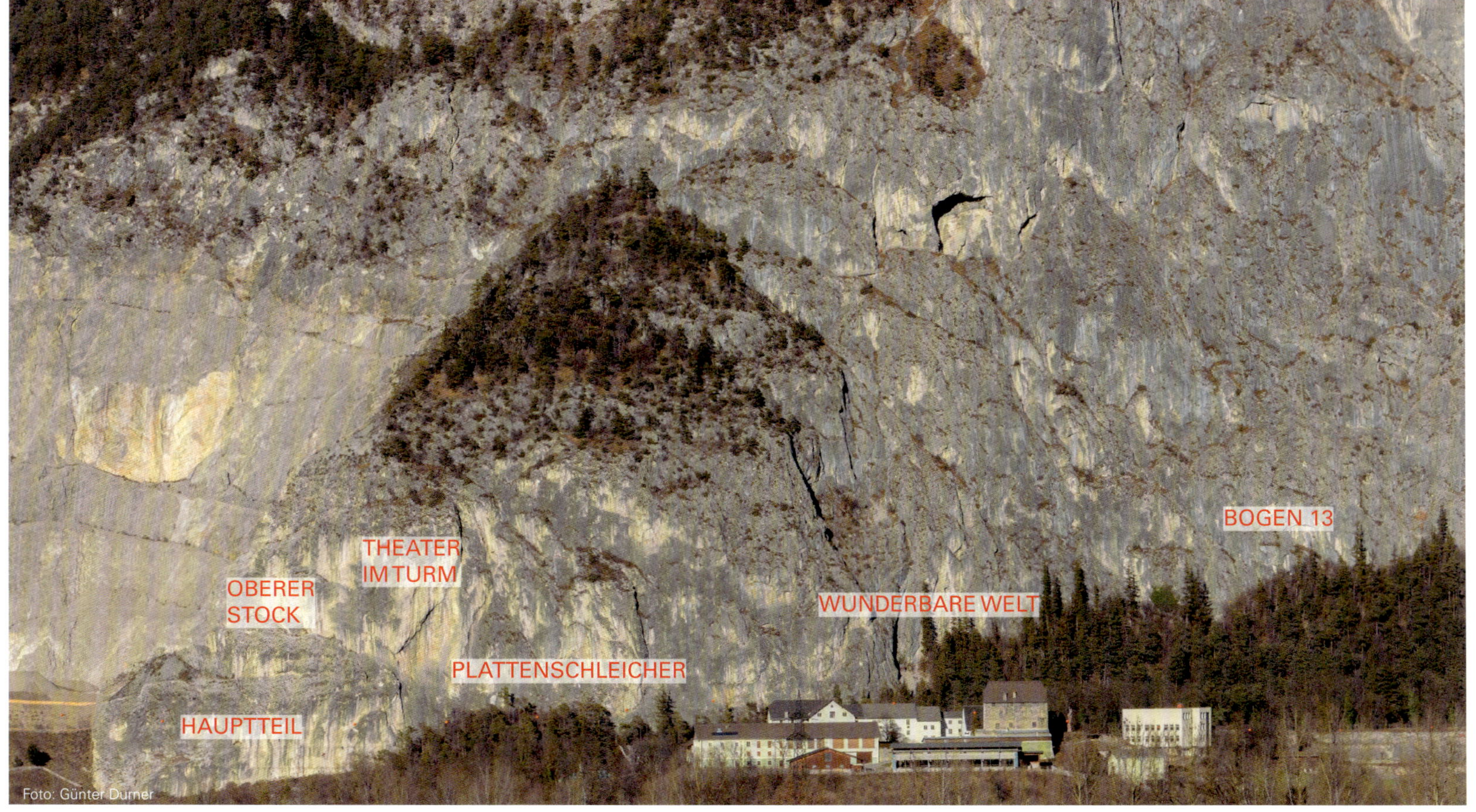

Foto: Günter Durner

ZUFAHRT/ZUGANG

Navi: 6170 Zirl, Martinsbühel 5. Von der Inntalautobahn A12 Kufstein-Landeck bei der Ausfahrt Zirl Ost abfahren. Auf der Bundesstraße B 171 Richtung Innsbruck fahren. Bei der Kreuzung „Innsbruck/Kematen" beim Plattner-Schotterwerk auf dem Parkplatz (P4) parken. Direkt gegenüber dem Parkplatz beginnt ein Steig, der am Wandfuß entlang führt. Zum Oberen Stock gelangt man über ein Fixseil (Klettersteig). Vom Parkplatz zu den Einstiegen je nach Sektor (ca. 2-15 Minuten).

Foto: Günter Durner

DSCHUNGELBUCH

Als die ersten Sportkletterrouten an der Martinswand im Dschungelbuch eingerichtet wurden, war der Wandbereich größtenteils von Efeu bedeckt und der Wandfuß mit dichtem Laubwald zugewachsen. Die Szenerie erinnerte die Erschließer an das „Dschungelbuch" des britischen Autors Rudyard Kipling, in dem das Findelkind Mogli bei Tieren im indischen Dschungel aufwächst. Von diesem Ambiente ist heutzutage in dem ältesten und traditionsreichsten Klettergarten Tirols kaum noch etwas vorhanden. Hier wurde von Reinhhold Scherer mit seiner Route „Dschungelfieber" 8c+ Sportklettergeschichte geschrieben. Die Schwierigkeitsangaben in diesem Kletterführer folgen den althergebrachten Angaben. Man muss aber wissen, dass heutzutage fast alle Routen um bis zu zwei Grade härter zu berwerten sind als angegeben. Eine systematische Neubewertung durch die Gemeinschaft der Kletterer wäre längst überfällig. Bis dato bleiben somit als Markenzeichen des Dschungelbuchs oftmals sehr weite Hakenabstände und offenkundige Minderbewertungen.

OBERER STOCK

Die Touren können über ein Fixseil erreicht werden. Die Felsqualität ist erstklassig.

HAUPTTEIL

Bei den Routen im überhängenden Hauptteil handelt es sich durchwegs um technisch äußerst anspruchsvolle Wandklettereien an teilweise winzig kleinen Leisten. Wer eine gehörige Portion Fingerkraft und eine exzellente Fußtechnik besitzt und in den oberen Schwierigkeitsgraden unterwegs ist, wird hier genug Herausforderungen finden.

THEATER IM TURM

Im überhängenden Sektor Theater im Turm finden sich zahlreiche athletische und kraftraubende Routen.

PLATTENSCHLEICHER

In diesem Sektor finden sich überwiegend sehr anspruchsvolle Plattenklettereien im 6. und 7. Franzosengrad, die vor allem eine gute Fußtechnik fordern.

WUNDERBARE WELT

In dem Sektor Wunderbare Welt gibt es zahlreiche Routen, die durch leicht geneigte Platten bis überhängende Wandbereiche verlaufen. Sehr große Auswahl an anspruchsvollen und lohnenden Wandklettereien.

BOGEN 13

Dieser Sektor fällt durch das markante bogenförmige Dach auf. Der äußerst rechte Sektor des Dschungelbuchs bietet steile, überhängende Routen durch das Dach und daneben schöne Wandklettereien.

OBERER STOCK

Nr.	Route	Erstbegeher	Grad	Länge
1	Die Damen	-	6c+	18 m
2	Projekt	-	-	18 m
3	Rosendorn	R. Scherer	7c+	18 m
4	Projekt	-	-	18 m
5	Galerie der Irrtümer	R. Scherer, M. Eberl	7b+	18 m
6	Gentil Peto	R. Scherer	7b	20 m
7	Gentil Sesso (2 SL)	R. Scherer	7b, 6c+	40 m
8	Moonlight Climb	R. Scherer	8a+	25 m
9	Prozessionstiroler	-	7a+	20 m

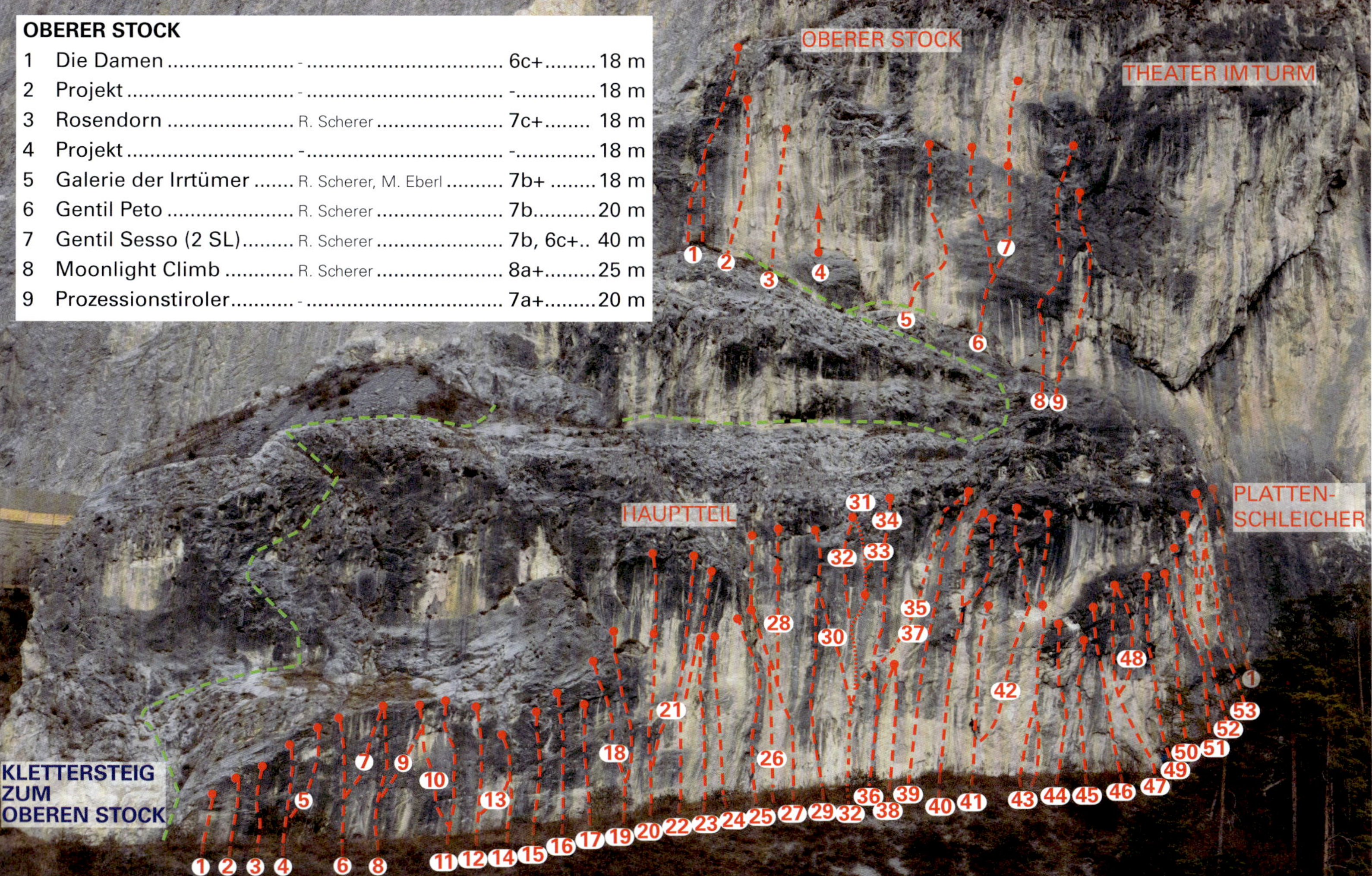

HAUPTTEIL

Nr.	Route	Erstbegeher	Grad	Länge
1	Dschungelboys	M. Rutter	8a	12 m
2	Projekt	-	-	12 m
3	Little Wing	M. Schwaiger	8c	12 m
4	Berg Heil	H. Rieser	8b+	12 m
5	Das 3. Auge	M. Haid	8b+	12 m
6	Freiflug	P. Gschwendtner	7c+	12 m
7	Hyperfreiflug	S. Bichlbauer	8a+	12 m
8	Projekt (Stierring)	-	-	12 m
9	Projekt (Champs Elysees)	-	-	12 m
10	Nick Knatterton	R. Schiestl	8a+	14 m
11	Peter Pan	R. Schiestl	8a	14 m
12	Non c'e male		8a	14 m
13	Ka	M. Kirchmair	8b	14 m
14	Supergoof	R. Schiestl	8a+	14 m
15	Mister Romanistik	R. Scherer	7c+	14 m
16	It's easy	R. Scherer	7a+	15 m
17	Miss Easy	R. Scherer	7c	15 m
18	Tilga Tolga	R. Scherer	7b	18 m
19	Kotitscha	R. Scherer	7a	18 m
20	Mister Inzing	R. Scherer	7a+	25 m
21	Homo Habilis	C. Prager	7b+	25 m
22	Balu	M. Zach	8a+	18 m
23	Superflip	R. Schiestl	7c+	18 m
24	Stay Hungry	H. Rieser	8b+	18 m
25	Agip	S. Kiechl	7c+	20 m
26	Checkpoint Charly	S. Kiechl	8a+	22 m
27	Energiekrise	H. Zak	7a	22 m
28	Swing Time	H. Zak	7c+	22 m
29	Dschungelfieber	R. Scherer	8c/8c+	23 m
30	Sugarbaby	M. Eberl	7c+	23 m
31	Baghira	H. Zak	7a	23 m
32	Venushügel	I. Knapp	7b	23 m
33	Samström	S. Bichlbauer	7b+	23 m
34	Louis Ausstieg	R. Scherer	7b	23 m
35	Lukullus	I. Knapp	6b+	20 m
36	King Louis	H. Zak	7b	23 m
37	No Sports	Erlacher	7b+	18 m
38	Sky Diver	H. Zak	7b+	18 m
39	Keine Ahnung	R. Scherer	7b	22 m
40	Tod und Mode	R. Scherer	7b	22 m
41	Hektisch am Ecktisch	S. Bichlbauer	7b+	25 m
42	Sex Pickl	R. Schiestl	6c	25 m
43	Schweizermacher	R. Scherer	7c+	25 m
44	Pompidou	S. Kiechl	7b+	20 m
45	Mogli	M. Zach	7b	18 m
46	Fingertango	M. Eberl	7c+	18 m
47	Paradies der Tiere	S. Bichlbauer	7c	18 m
48	Kleopatra	I. Knapp	7b+	18 m
49	Il Gecco	H. Randl	7b	18 m
50	Jack Daniel's	H. Randl	6c+	18 m
51	Azusis	-	5c	15 m
52	Einstürzende Neubauten (Ausstieg rechts 6a)		6b+	28 m
53	Caterpillar	-	6a	25 m

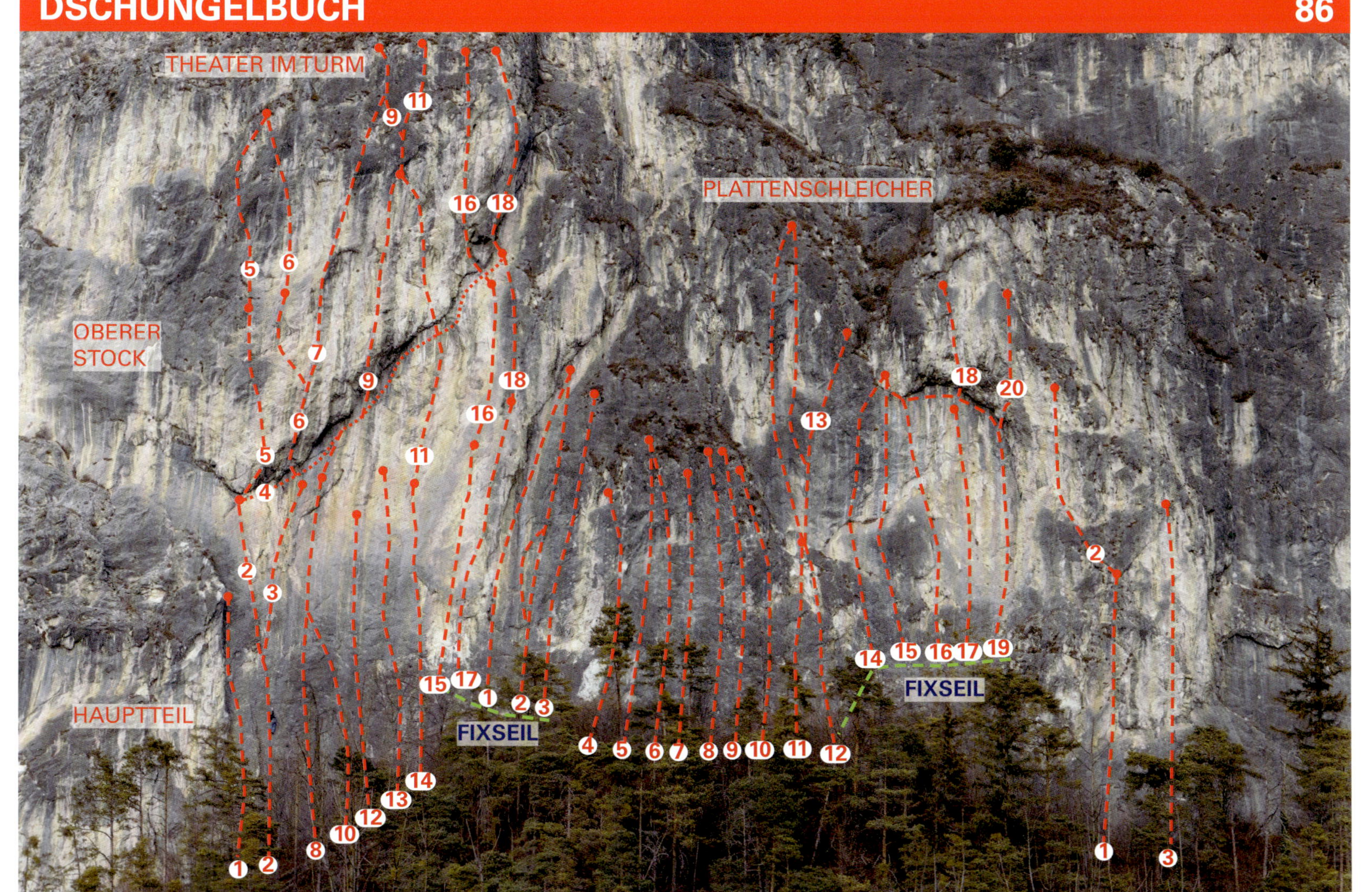
THEATER IM TURM
PLATTENSCHLEICHER
OBERER STOCK
HAUPTTEIL
FIXSEIL
FIXSEIL

THEATER IM TURM + PLATTENSCHLEICHER LINKS

Nr.	Route		Erstbegeher	Grad	Länge
1	Sass Fiducia		-	5a	25 m
2	Tik Tak		J. Prokes	6a	28 m
3	Zum Edelweiß		R. Scherer	5c	22 m
4	Falkenriss		H. Leis, H. Zak	5c	30 m
5	Das letzte Edelweiß	(2 SL)	R. Scherer	7a, 6a	45 m
6	Der goldene Bohrpreis	(2 SL)	R. Scherer	7b, 7a	45 m
7	Level 45		R. Scherer	7c	45 m
8	Schiefe Welt		J. Prokes	6b+	20 m
9	Theater im Turm	(2 SL)	R. Scherer, M. Eberl	7b, 7c	50 m
10	Mondo Verticale		S. Bichlbauer	6c	20 m
11	Ethik und Kosmetik	(2 SL)	R. Scherer	7c+, 7c	45 m
12	Krieg der Knöpfe		R. Schiestl	6b	20 m
13	Bolzenspringer		S. Bichlbauer	6c+	20 m
14	Herzflimmern		R. Schiestl	6c	20 m
15	Haifisch		P. Gschwendtner	7a	20 m
16	Friendly Fire	(2 SL)	R. Scherer	6a+, 7c	50 m
17	Defin		-	7a+	20 m
18	Der grüne Manta	(2 SL)	R. Scherer	6a+, 7c+	55 m

PLATTENSCHLEICHER MITTE

Nr.	Route	Erstbegeher	Grad	Länge
1	Vorsicht Steinschlag	B. Eichhorn	6b	20 m
2	Rentnerweg	H. Zak	6b	25 m
3	Desmodronica	-	7c	25 m
4	Der B.M. und die S.M.	-	6c+	22 m
5	Dont'Think Cry it Out	-	6b	22 m
6	Fezzi On Sight	Fessler, B. Purner	6b+	22 m
7	Das Letzte	I. Knapp	6a+	22 m
8	Dr. Sommer	-	6a+	20m
9	Lovermat	Egger	5c	20 m
10	Selmas double Twenty	-	6b	27 m
11	Die Muba Girls	R. Scherer	6c+	32 m
12	Gib Gummi Baby	I. Knapp	6c	32 m
13	Pippi Langstrumpf	R. Scherer	6c+	22 m
14	Schweinsteufele	H. Randl	6c+	22 m
15	Rolling Stone	R. Scherer	7a+	22 m
16	Via Errata	-	7a+	20 m
17	Randl	-	6b	18 m
18	Heraklit	R. Scherer	7b	25 m
19	Der Dschungelbogen	R. Scherer	5c	25 m
20	Sesso e Sassi	R. Scherer	7a	25 m

Nr.	Route	Erstbegeher	Grad	Länge
1	K.K. Nostalgie	-	6a	18 m
2	Monzimuck	-	7a+	20 m
3	Streuselkuchen	-	6b	25 m

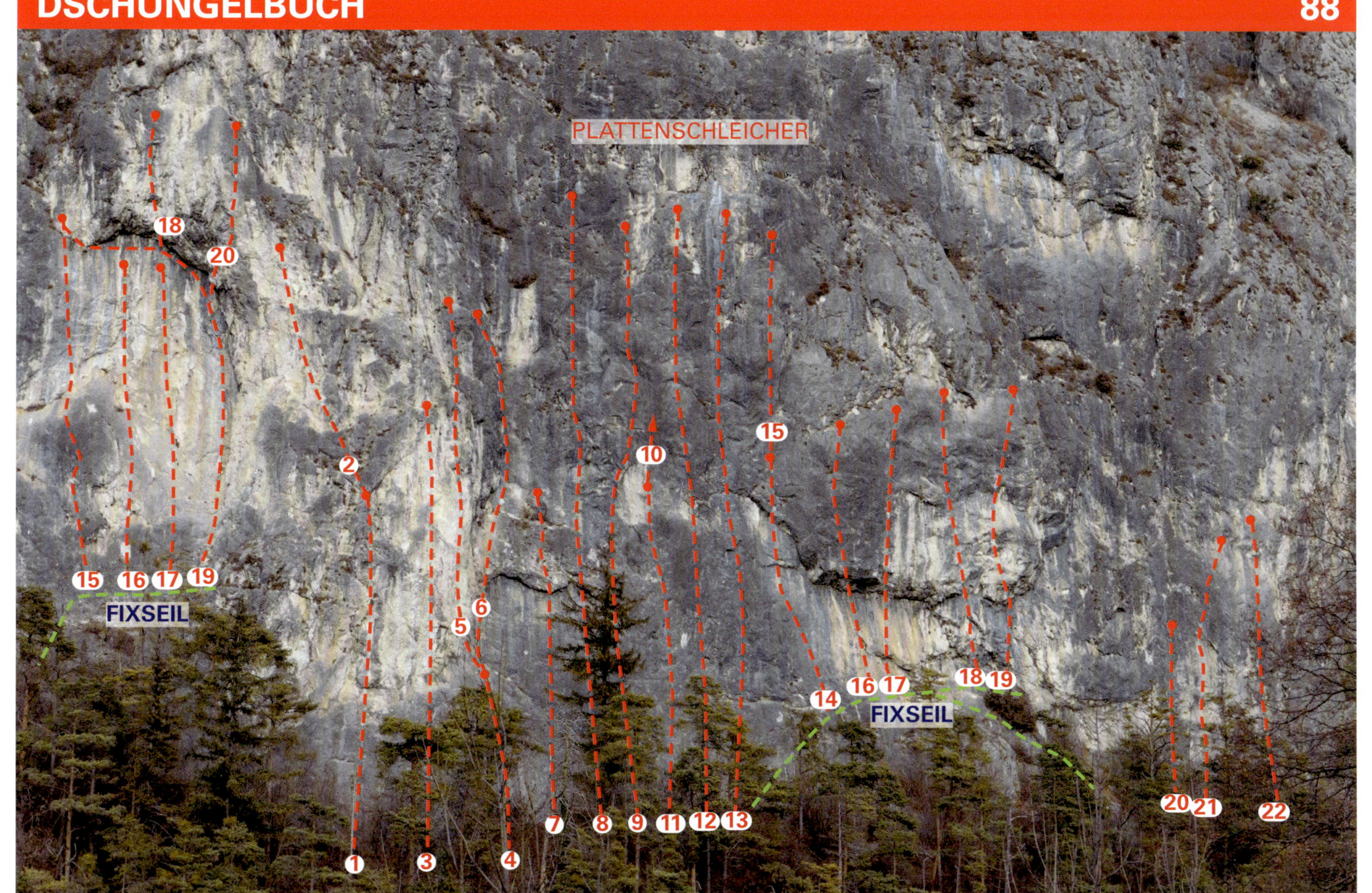
PLATTENSCHLEICHER
FIXSEIL
FIXSEIL
18
20
15
16
17
19
2
5
6
10
15
14
16
17
18
19
1
3
4
7
8
9
11
12
13
20
21
22

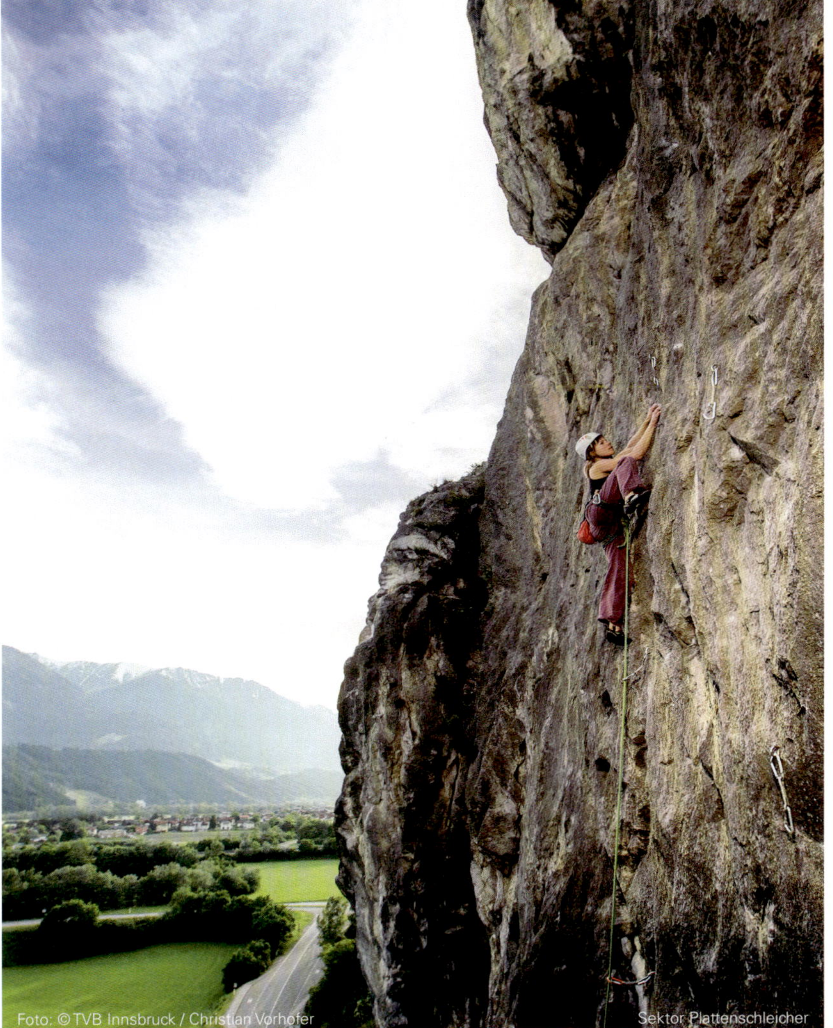

PLATTENSCHLEICHER (rechts)

Nr.	Route	Erstbegeher	Grad	Länge
1	K.K. Nostalgie	-	6a	18 m
2	Monzimuck	-	7a+	20 m
3	Streuselkuchen	-	6b	25 m
4	-	-	3	10 m
5	El Pilastro	R. Scherer	6c	35 m
6	Tante Greti	S. Morettini	6a+	35 m
7	Soccinella	S. Morettini	5c	22 m
8	Gagas Halbzeit	K. Schoißwohl	6c+	35 m
9	Gänseblümchen	K. Schoißwohl	6c+	35 m
10	Superziege (Projekt)	-	-	35 m
11	Ziege	M. Gründinger	6a+	25 m
12	Nackte Tiroler	R. Scherer	6c+	35 m
13	Die Gams	G. Kluckner	7a+	38 m
14	Nur der Gipfel zählt	R. Renzler, H. Eisendle	6b	20 m
15	Zum Gipfel	G. Kluckner	6c	32 m
16	Das Schorschdachl	B. Prommer	7c+	20 m
17	Das Baby und der Bankomat	R. Scherer	7c	20 m
18	Schwarze Panik in Johannesburg	-	7b	20 m
19	Der Bauch des Architekten	R. Scherer	8a	20 m
20	Lambada	H. Randl	6c+	15 m
21	Dirty Dancing	H. Randl	7c	20 m
22	El Agujero	W. Meindl	7a	40 m

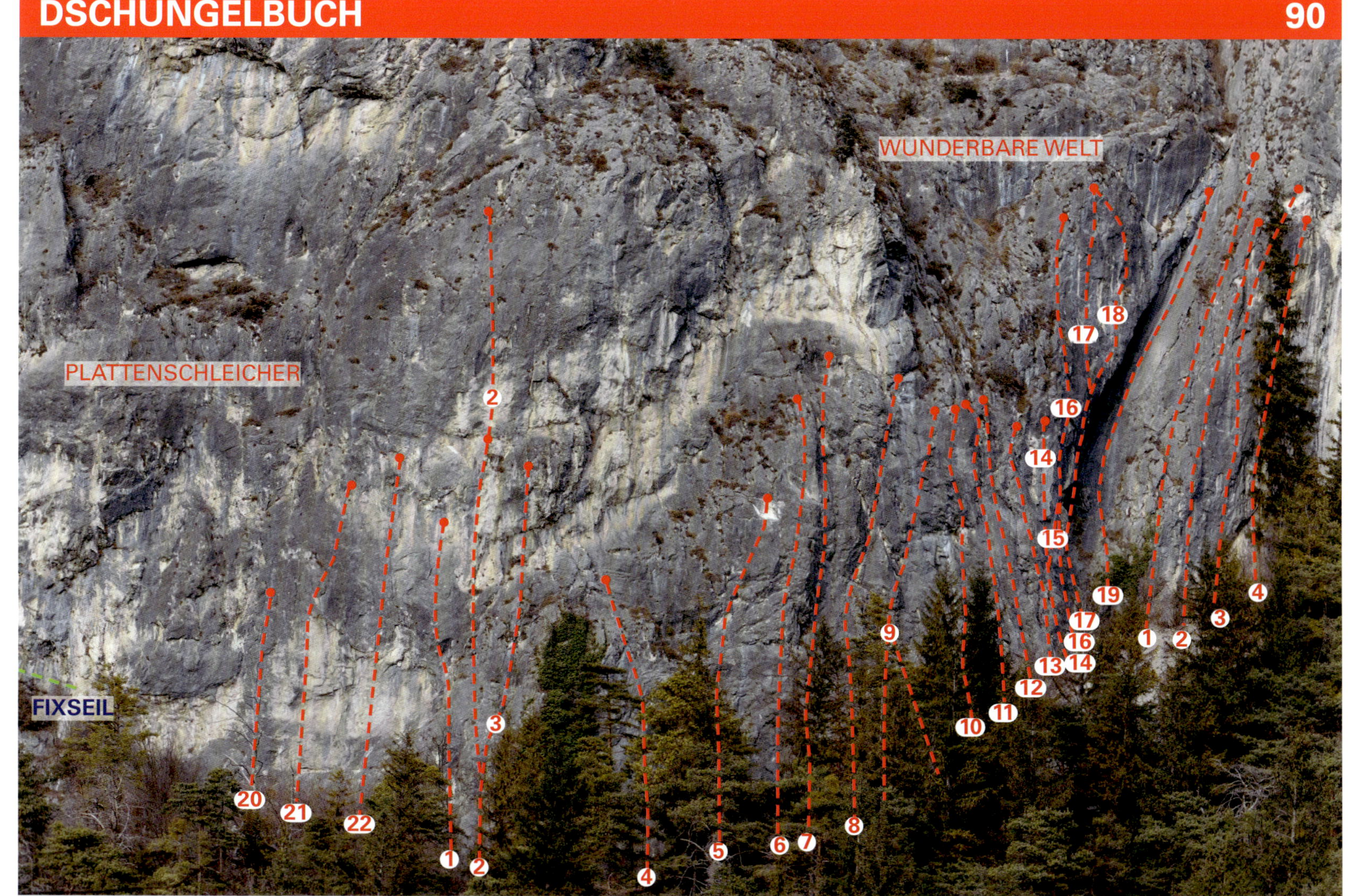
WUNDERBARE WELT
PLATTENSCHLEICHER
FIXSEIL

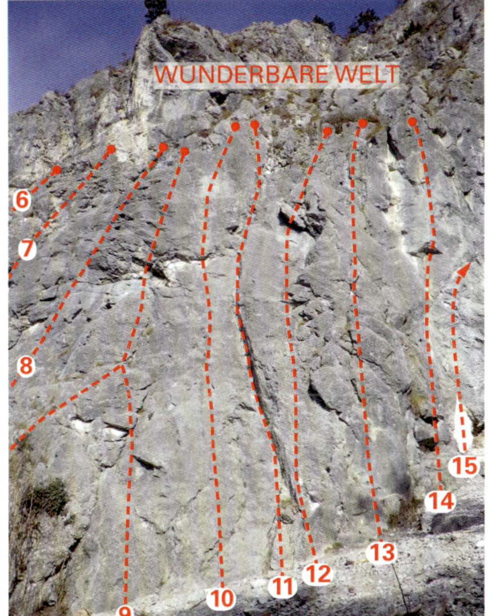

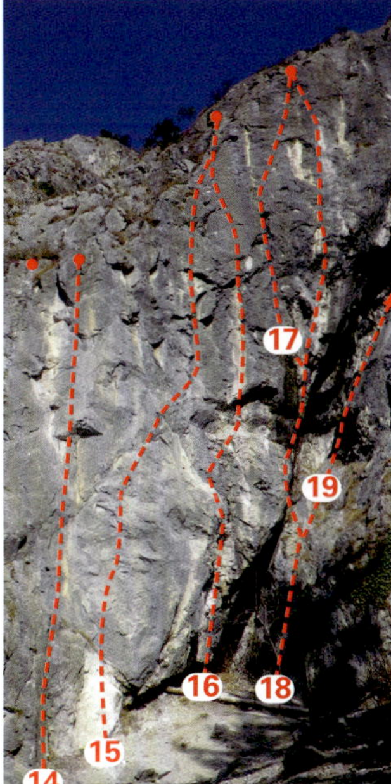

PLATTENSCHLEICHER

20	Lambada	H. Randl	6c+	15 m
21	Dirty Dancing	H. Randl	7c	20 m
22	El Agujero	W. Meindl	7a	40 m

WUNDERBARE WELT

1	Samba	H. Randl	7a	22 m
2	Die Schöne und das Biest (2 SL)	R. Ralser, W. Meindl	6b, 6c+	40 m
3	Mundl Haas	W. Meindl	7a	18 m
4	Jackpot	R. Ralser, W. Meindl	7a	20 m
5	Krampusrute	-	5c	20 m
6	Gedankenspiel	W. Gebert	5b+	35 m
7	Abendspaziergang	W. Gebert	5a	35 m
8	Woasinet	W. Gebert	5a	30 m
9	Weingeist	W. Gebert	6a	25 m
10	Chat Noir	R. Scherer	6a+	22 m
11	-	-	5b+	20 m
12	Wiana Art	R. Scherer	5a	20 m
13	Schwimmbadkletterer	R. Scherer	5a	20 m
14	Umfrage	M. Mang	6b+	18 m
15	Der keusche Josefaus dem Zillertal	R. Scherer	7a	20 m
16	Tafelspitz	-	8a	20 m
17	Hundertwasser	R. Scherer	7b+	22 m
18	Tantalos	R. Scherer	8a+	22 m
19	Rumpelheinzchen	R. Scherer	6b+	20 m

1	Bloody Gerry	-	6c+	20 m
2	Wunderbare Welt der Schwerkraft	S. Bichlbauer, S. Kiechl	7a	20 m
3	Die Null im Kondom (Mothers´s Finest)	R. Scherer	7a	20 m
4	Viva die Fichte	R. Scherer	7a	20 m

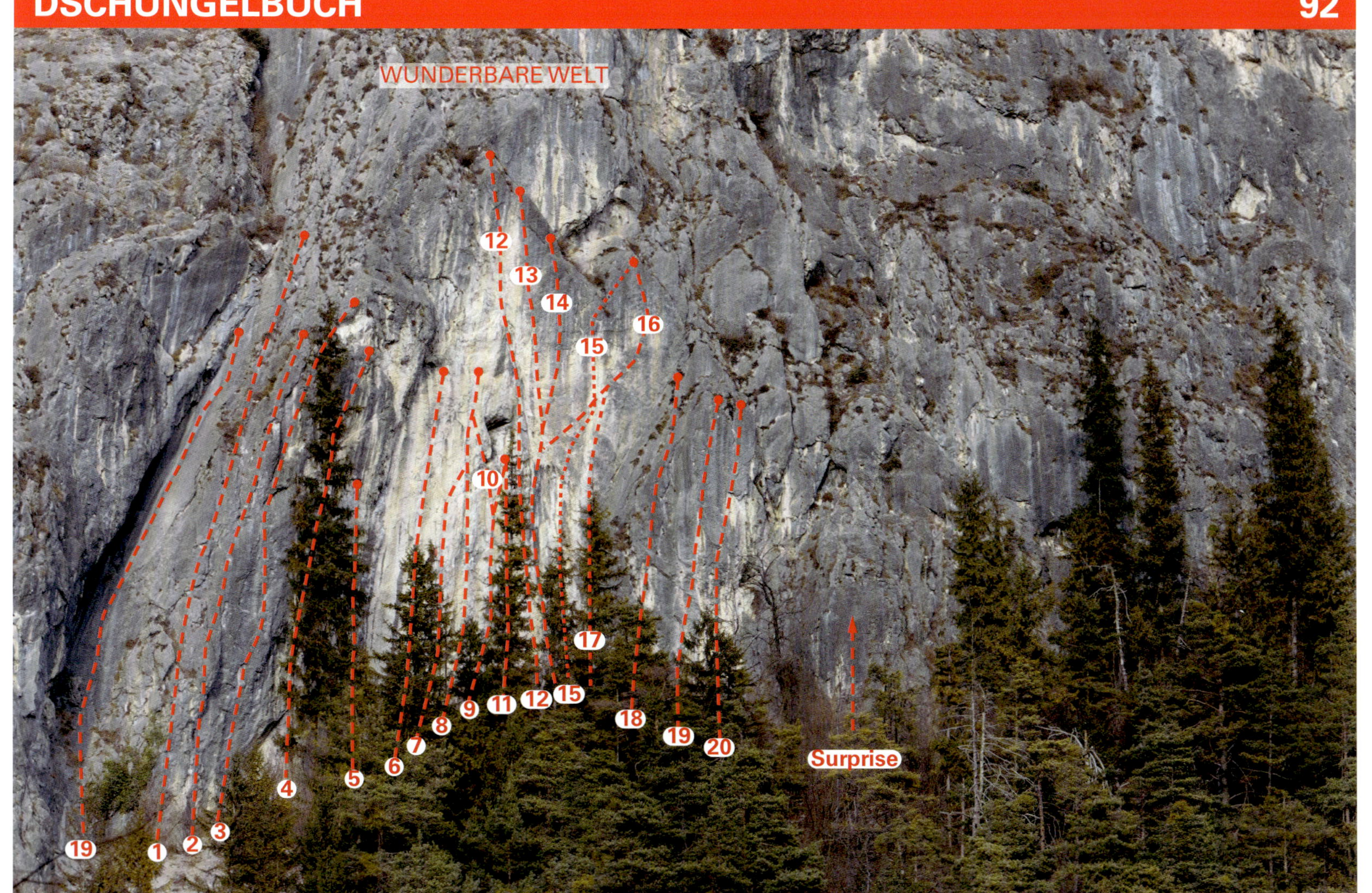
WUNDERBARE WELT
12
13
14
15
16
10
17
19
1
2
3
4
5
6
7
8
9
11
12
15
18
19
20
Surprise

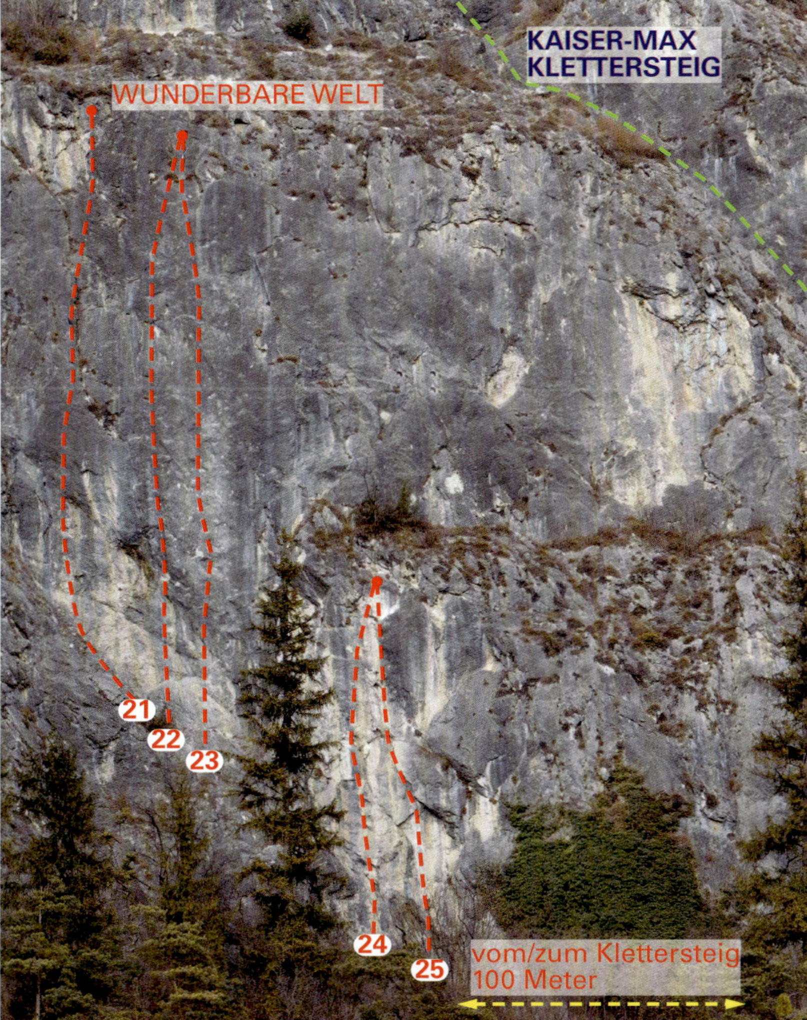

WUNDERBARE WELT

Nr.	Route	Erstbegeher	Grad	Länge
1	Bloody Gerry	-	6c+	20 m
2	Wunderbare Welt der Schwerkraft	S. Bichlbauer, S. Kiechl	7a	20 m
3	Die Null im Kondom (Mothers´s Finest)	R. Scherer	7a	20 m
4	Viva die Fichte	R. Scherer	7a	20 m
5	Silent Night	M. Zach	6c+	20 m
6	Vecchia Roma	B. Prommer	7a	22 m
7	Amour Fou	C. Winkelmayr	8a	20 m
8	Pour L´Amour	B. Prommer	7c+	22 m
9	Da Buarli	Ch. Tollinger	6c+	20 m
10	Biene Mayer	R. Scherer	6b	15 m
11	Overtüre	B. Prommer	6b+	15 m
12	Der Skorpion	R. Scherer	7b+	25 m
13	German Words	R. Scherer	7c	25 m
14	Schnellaktion	M. Eberl	8a	25 m
15	Der faule Willi	M. Bader	8a	25 m
16	French Open	R. Scherer	8a	27 m
17	French Open Direkteinstieg	R. Scherer	7a+	27 m
18	Hoppala	R. Scherer	6a+	22 m
19	Die Wespe	R. Scherer	6c+	18 m
20	Männer ohne Eigenschaften	R. Scherer	6c+	18 m
21	Zarte Knospen	W. Gebert, G. Walch	7a+	18 m
22	Oben ist Unten	M. Bader	8a+	25 m
23	Marquis de Sade	C. Prager	8b	25 m
24	Rauhe Sitten	-	6c+	18 m
25	Piazozünder	-	6b+	18 m

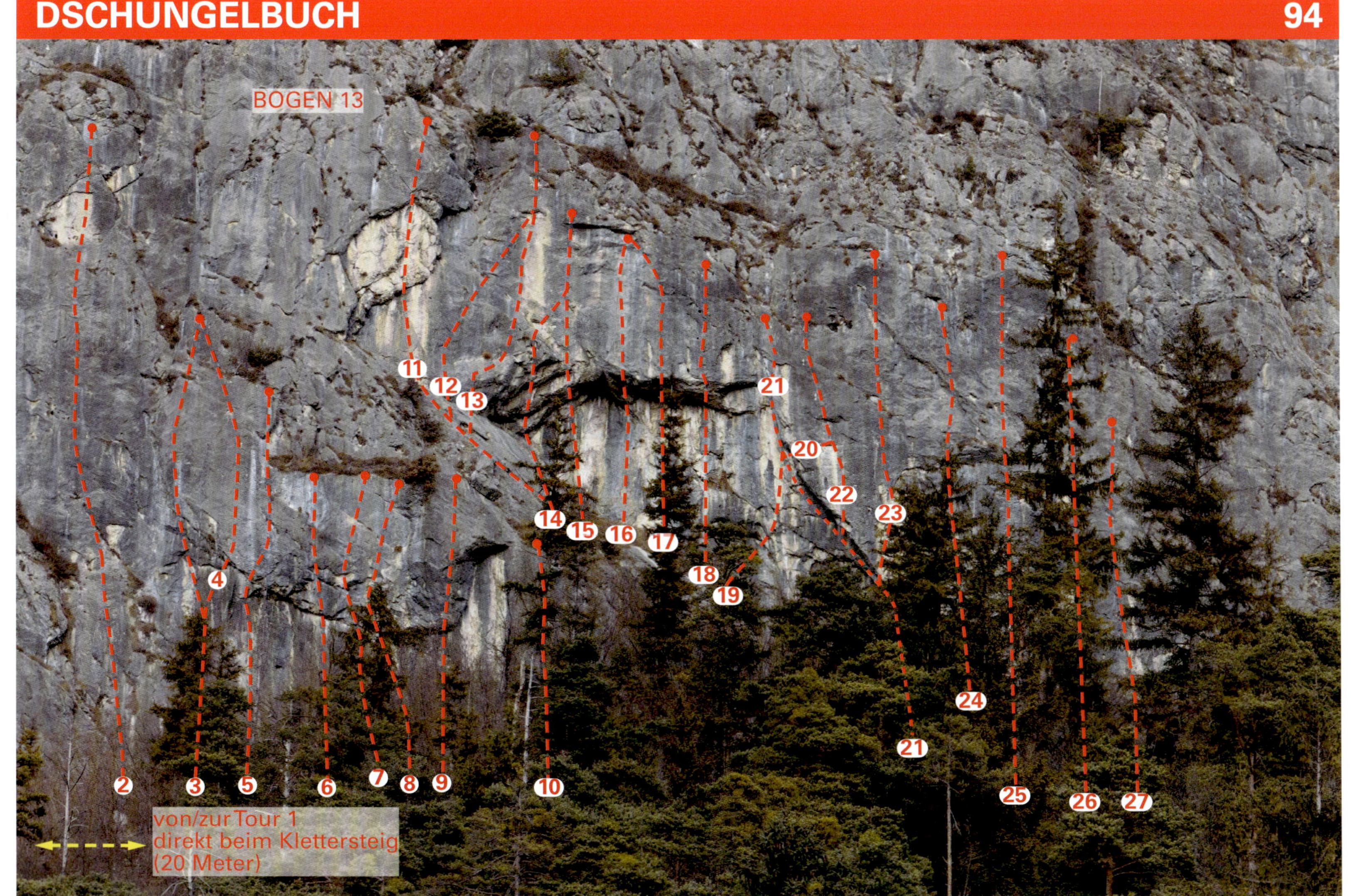
BOGEN 13
11
12
13
14
15
16
17
18
19
20
21
21
22
23
24
4
2
3
5
6
7
8
9
10
25
26
27
von/zur Tour 1
direkt beim Klettersteig
(20 Meter)

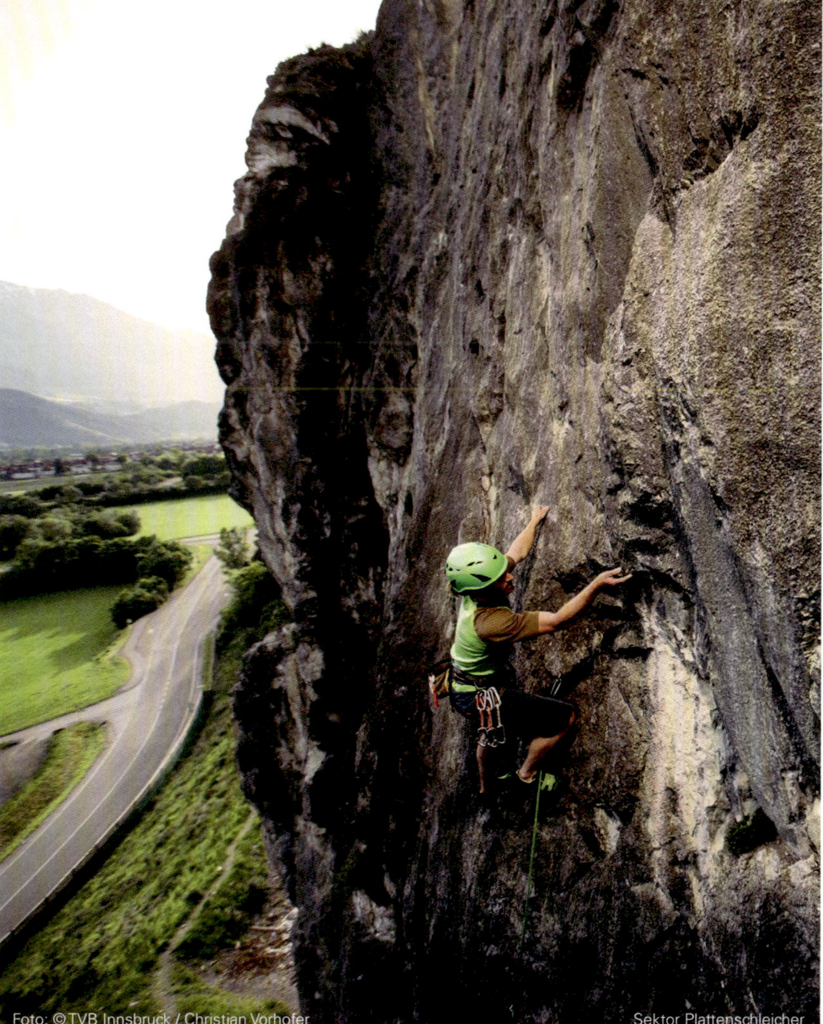

Foto: ©TVB Innsbruck / Christian Vorhofer

Sektor Plattenschleicher

BOGEN 13

Nr.	Route	Erstbegeher	Grad	Länge
1	Bichlbaumler	S. Bichlbauer	7a	18 m
2	Zahn der Bisamratte	C. Prager	7b+	30 m
3	Parabolica	C. Prager	6c+	18 m
4	Mekong	C. Prager	7b+	18 m
5	-	-	-	15 m
6	-	-	-	15 m
7	-	-	-	12 m
8	-	-	-	12 m
9	Belle Epoque	C. Prager, R. Ohnmacht	7a	12 m
10	Kurzschluss	C. Prager	7a+	20 m
11	-	-	7a+	20 m
12	Wüstenschild	C. Prager, R. Ohnmacht	6b+	18 m
13	-	-	6b	12 m
14	Omega 8	C. Prager, R. Ohnmacht	7a	20 m
15	Freak Out	R. Scherer	8a	20 m
16	Projekt	-	-	20 m
17	Punks in der Martinswand	R. Scherer	8a	20 m
18	Bullworker	C. Prager	7b+	20 m
19	Bogen 13	C. Prager, R. Ohnmacht	6c+	20 m
20	Come Inn	C. Winklmair	8a+	20 m
21	Viaduktbogen	R. Scherer	7a	23 m
22	Projekt	C. Winklmair	-	25 m
23	Adam Riese	C. Prager	7a+	20 m
24	Yellow Stone	-	6c+	20 m
25	Down Under	-	7a+	20 m
26	Traum eines Wasserbüffels	B. Eichhorn	6c+	22 m
27	Die Reifeprüfung	C. Prager	7b+	18 m

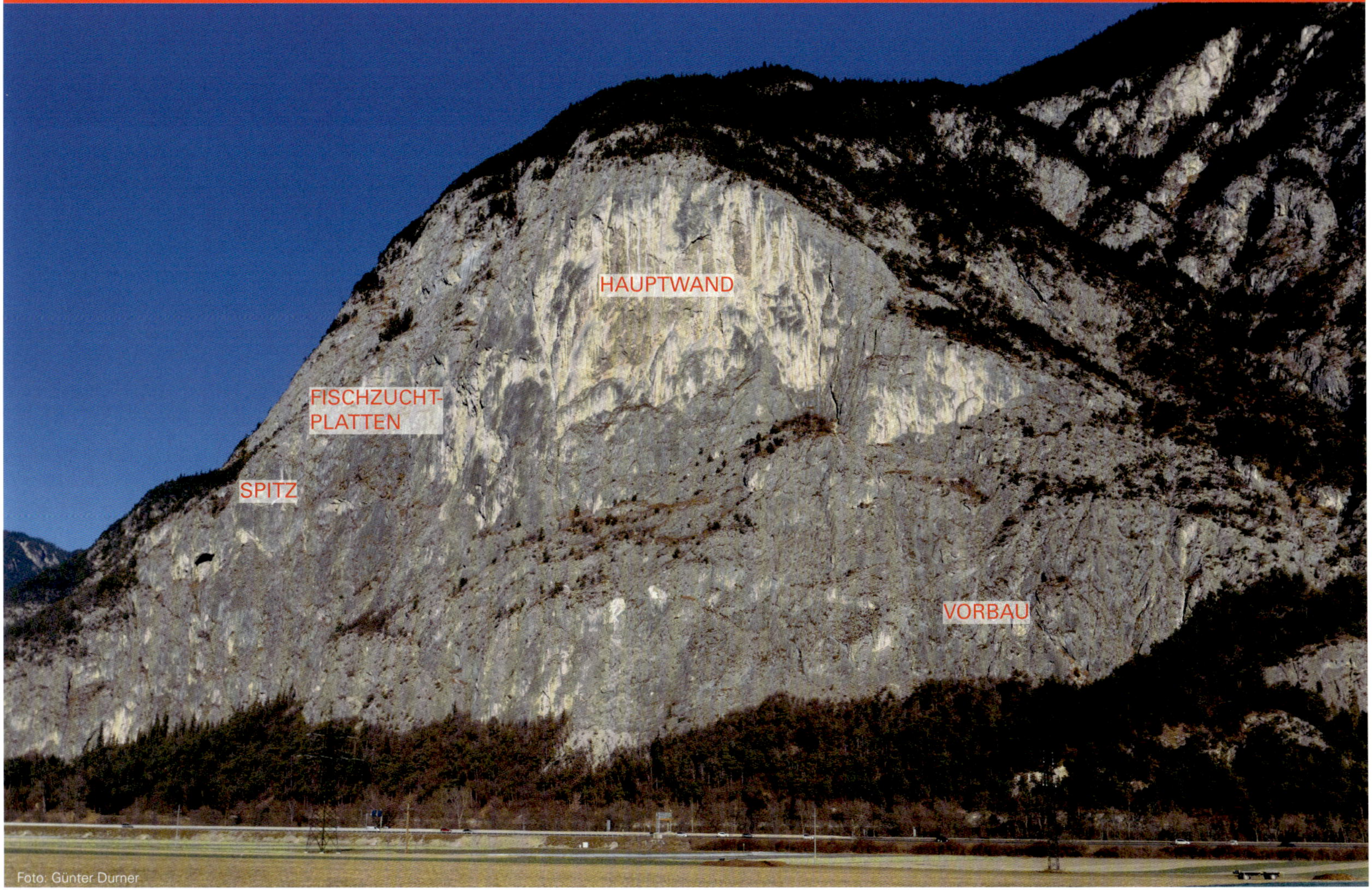

HAUPTWAND

FISCHZUCHT-
PLATTEN

SPITZ

VORBAU

Foto: Günter Durner

SPITZ (Mehrseillängen-Routen)

Nr.	Route	Grad		SL
1	FERRATINA MODIA	6c+		5 SL
2	OHNE EISEN	6c+		4 SL
3	SEIDENRAUPE	7a		4 SL
4	BÖRNSTEIN	7b+		2 SL
5	HASTA LA VISTA RAFAEL	7a		4 SL

TIROLER FISCHZUCHTPLATTEN (Mehrseillängen-Routen)

Nr.	Route	Grad		SL
1	SURPRISE	6c+		6 SL
2	AUF DER SUCHE NACH DEM BLASENBUSCH	6b+		3 SL
3	TIROLER FISCHZUCHTPLATTEN	6b		9 SL
4	BOTANIK GRANDPRIX	6a		19 SL
5	IL MONDO DISPERSO	7a		6 SL

HAUPTWAND (Mehrseillängen-Routen)

Nr.	Route	Grad		SL
1	FLEDERMAUS	7a+/7b		10 SL
2	WESTRISS	6b+	(5c,A2)	4 SL
3	IN MEMORIAM STEFAN	7a+/7b		7 SL
4	SUNNY JO	7a		11 SL
5	AUCKENTHALER	6a+	(5b,A0)	13 SL
6	SKYLINE	7a+/7b		7 SL
7	DIREKTE MARTINSWAND	7a	(5c,A1)	7 SL
8	ERITREA	7c/7c+		3 SL
9	SPIEL OHNE GRENZEN	7c		13 SL
10	DAS DACH	8a+		12 SL
11	DACHVARIANTE	7c+/8a		3 SL
12	SCHWARZENLANDER-SINT	6a		4 SL
13	VIA PUMUCKL	6c+		2 SL
14	DIE DEN HALS RISKIEREN	6a		3 SL
15	FIEDLER-FLUNGER	7b/7b+	(6a,A1)	8 SL
16	CHEFPARTIE	6c+		3 SL
17	ABRAXAS	7b+		4 SL
18	GSI OR NOT TO BE	7c	(6c+,A0)	8 SL
19	TIRAMISU	7a+/7b	(6c+,A0)	8 SL
20	TSCHI-TSCHI	7a		6 SL
21	OSTRISS	5c	(5a,A0)	6 SL
22	TAKE A WALK ON THE WILD SIDE	7b+		4 SL
23	MAXL´S KRONE	6a+		5 SL
24	KRAFTLACKL	5b+		3 SL

VORBAU (Mehrseillängen-Routen)

Nr.	Route	Grad		SL
1	RUCOLA	5a+		7 SL
2	KAISER MAX SPÄTLESE	6a		7 SL
3	APRILSCHERZ	5a		4 SL
4	BRONCHITIS	5a		5 SL
5	MAXL´S GAMSREVIER	6a+		6 SL
6	FLOTTER DREIER	5a		5 SL
7	EMMENTALER	4a+		4 SL
8	VIA PIA	6a		4 SL
9	FLYING GRASS	6a+	(5c,A0)	6 SL
10	SCOTTY BEAM ME UP	6b	(6a,A0)	5 SL
11	LINKER PFEILER	4b		2 SL
12	RECHTER PFEILER	6a	(5a,A0)	2 SL
13	WABO GEDÄCHTNIS-FÜHRE	4b		4 SL

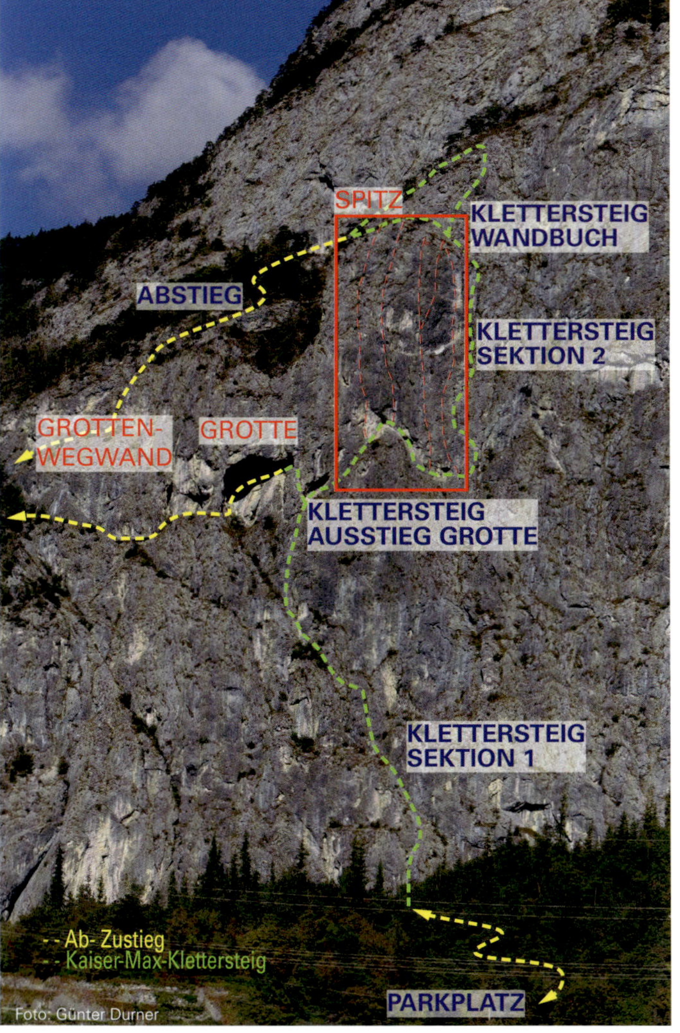

SPITZ

Rechts oberhalb der Kaiser-Max-Grotte befindet sich ein etwa 100 m hoher plattiger Pfeiler. Entlang des unteren Bereichs sowie am rechten (östlichen) Rand verläuft der Kaiser-Max-Klettersteig. Der Pfeiler selbst besteht aus hervorragendem wasserzerfressenen, kompakten Fels. Durch diesen Wandteil der Martinswand führen fünf sehr schöne, ausgesetzte Routen. Die Route Ferratina Modia zählt zu den besten Routen an der Martinswand und ist perfekt abgesichert. Da sich der Ausstieg des Klettersteigs und Felsbänder mit Schotter direkt oberhalb des Spitz befinden, unbedingt mit Helm klettern. Die Einstiege der Mehrseillängen-Routen befinden sich direkt am Stahlseil des Kaiser-Max-Klettersteigs.

ZUFAHRT/ZUGANG

Navi: 6170 Zirl, Martinsbühel 5. Von der Inntalautobahn A12 Kufstein-Landeck bei der Ausfahrt Zirl Ost abfahren. Auf der Bundesstraße B 171 Richtung Innsbruck fahren. Bei der Kreuzung „Innsbruck/Kematen" beim Plattner-Schotterwerk auf dem Parkplatz (P4) parken. Entweder über den Kaiser-Max-Klettersteig oder über den Fußweg zur Kaiser-Max-Grotte zusteigen. Um zu Fuß zur Kaiser-Max-Grotte zu gelangen zunächst vom Parkplatz an der Straße entlang in westlicher Richtung (Zirl) gehen. Direkt links neben dem Schotterwerk (Kompostieranlage) zweigt ein beschilderter Steig nach rechts zur Kaiser-Max-Grotte ab. Diesem Steig bis zur Kaiser-Max-Grotte folgen. Bei der Kaiser-Max-Grotte in den Klettersteig einsteigen. Zuerst etwas absteigen dann den Klettersteig ein kurzes Stück in Richtung zur oberen Sektion folgen. Der Einstieg der Routen befindet sich direkt am Klettersteig. Oder vom Parkplatz (P3) zum Einstieg des Kaiser-Max-Klettersteigs und über diesen bis zu den Einstiegen (ca. 30 Minuten).

ABSTIEG

Entweder über die jeweilige Route abseilen oder über den Abstieg (leichter Klettersteig) des Kaiser-Max-Klettersteigs zur Kaiser-Max-Grotte absteigen. Von dort über den Fußweg zurück in Richtung Zirl und dann entlang der Bundesstraße wieder zum Ausgangspunkt (30 Minuten). Oder von der Kaiser-Max-Grotte über den Kaiser-Max-Klettersteig absteigen (20 Minuten). Abstieg über den Klettersteig ist nicht zu empfehlen, da meist viel „Gegenverkehr" herrscht.

AUSRÜSTUNG

Die Routen sind mit Bohrhaken abgesichert. 60 m Seil, 15 Expressschlingen, Helm.

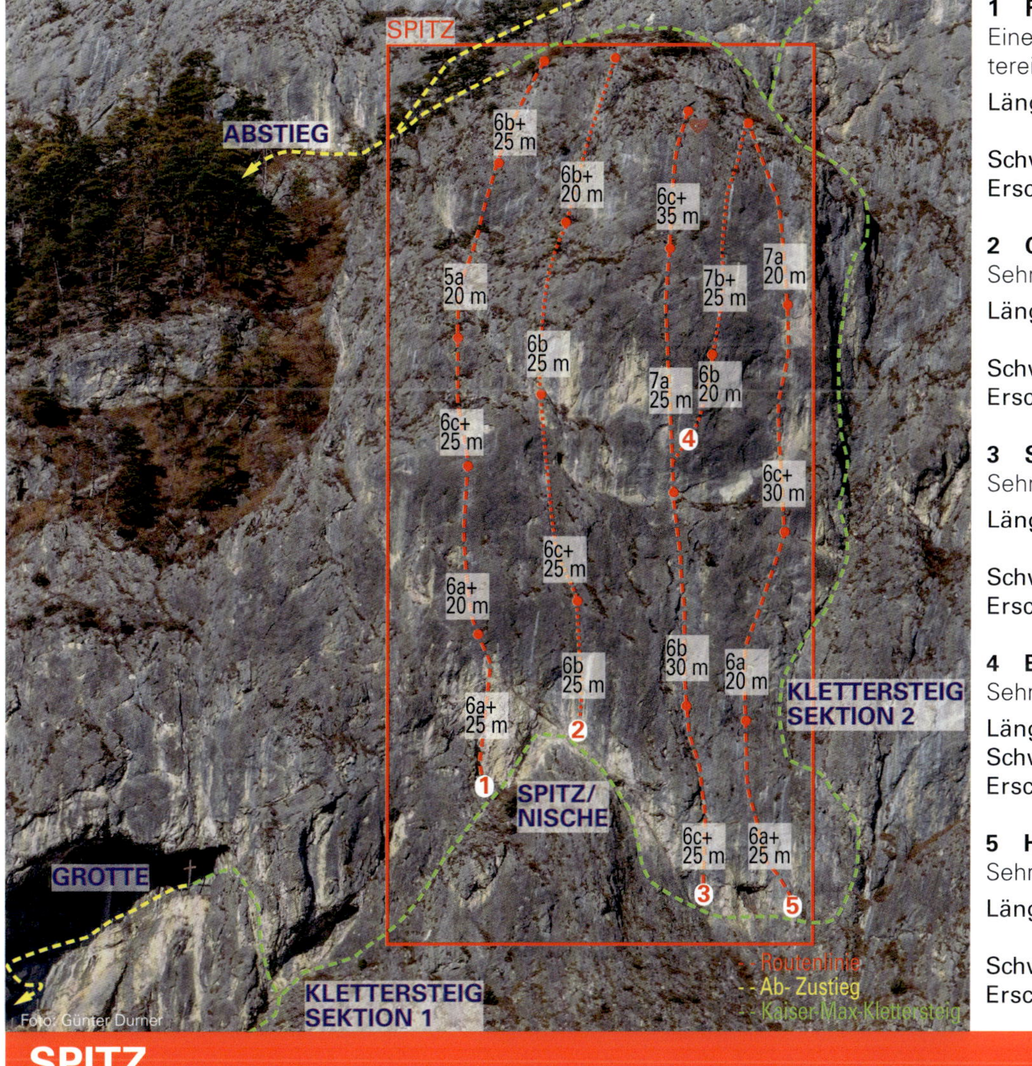

1 FERRATINA MODIA .... 6c+

Eine hervorragende, plasirmäßig abgesicherte Plattenkletterei. Zählt zu den schönsten Touren an der Martinswand.

Länge .... 5 SL, 115 m
(25 m, 20 m, 25 m, 20 m, 25 m)
Schwierigkeit....... 6c+ (6a+, 6a+, 6c+, 5a, 6b+)
Erschließer .... M. Leitner, C. Daxner, 1995

2 OHNE EISEN .... 6c+

Sehr schöne Plattenkletterei.

Länge .... 4 SL, 95 m
(25 m, 25 m, 25 m, 20 m)
Schwierigkeit....... 6c+ (6b, 6c+, 6b, 6b+)
Erschließer .... R. Scherer, M. Gallonetto, 1993

3 SEIDENRAUPE.. 7a

Sehr schöne Plattenkletterei.

Länge .... 4 SL, 100 m
(25 m, 30 m, 25 m, 35 m)
Schwierigkeit....... 7a (6c+, 6b, 7a, 6c+)
Erschließer .... R. Scherer, B. Prommer, 1993

4 BÖRNSTEIN .... 7b+

Sehr schöne Plattenkletterei.

Länge .... 2 SL, 45 m, (20 m, 25 m)
Schwierigkeit....... 7b+ (6b, 7b+)
Erschließer .... B. Prommer, W. Sommer, 1993

5 HASTA LA VISTA RAFAEL 7a

Sehr schöne Plattenkletterei.

Länge .... 4 SL, 95 m
(25 m, 20 m, 30 m, 20 m)
Schwierigkeit....... 7a (6a+, 6a, 6c+, 7a)
Erschließer .... Leitner, Wurmig, Mittersteiner, 1995

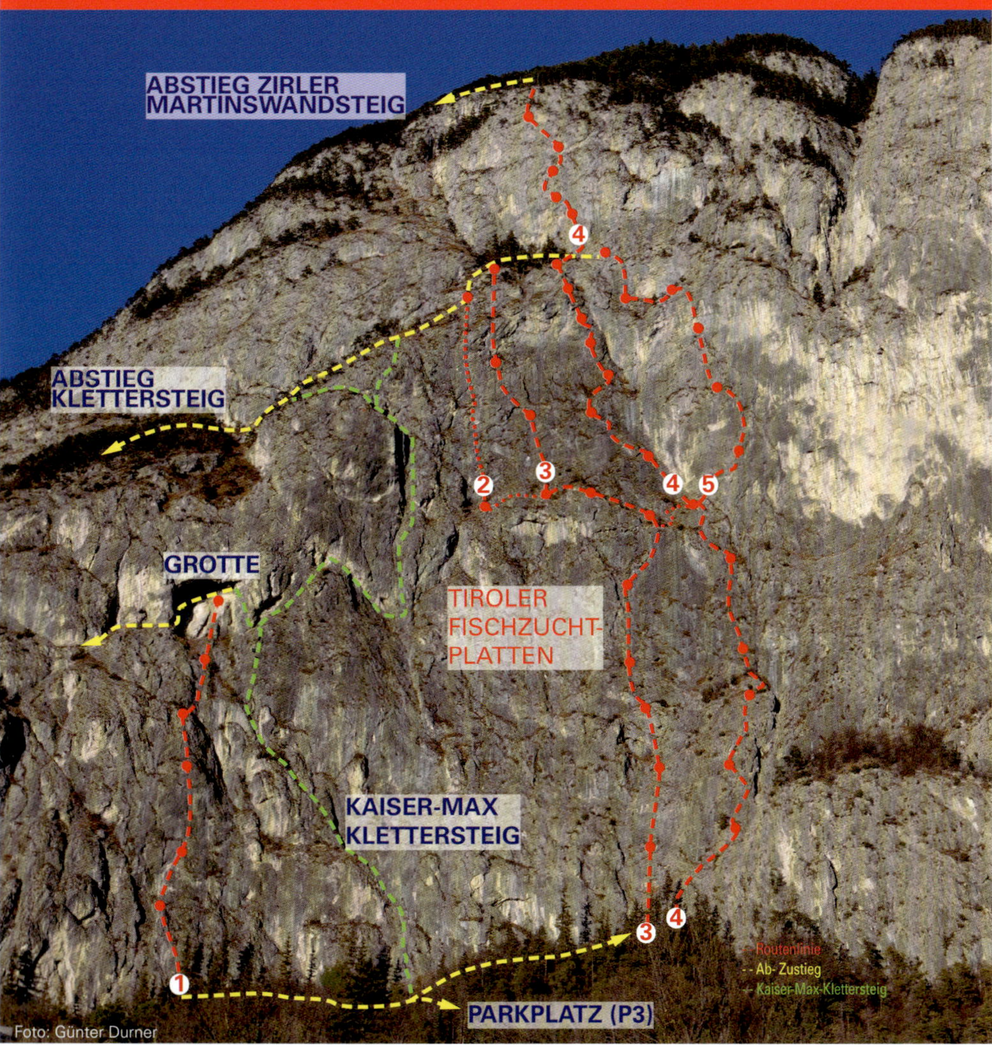

TIROLER FISCHZUCHTPLATTEN

Der plattige Wandbereich rechts des Kaiser-Max-Klettersteigs wird als Tiroler Fischzuchtplatten bezeichnet. Die erste Route mit dem Namen „Tiroler Fischzuchtplatten" wurde von Reinhold Scherer und Bernd Eichhorn 1990 eingebohrt. Der Wandbereich und die Kletterei erinnert an die namensgebenden Platten im Trentiner Sarcatal bei Arco. Allerdings gibt es an der Martinswand keinen Ausblick auf eine Fischzuchtanlage, vielmehr eine sensationelle Aussicht auf das Inntal. Wie im Sarcatal sind auch in den Tiroler Fischzuchtplatten die kompakten Plattenzonen mit von Geröll bedeckten Felsbändern unterbrochen. Der untere gestufte Wandbereich bietet einfachere Plattenkletterei, während der obere Wandteil steiler und kompakter ist. Da auf den Felsbändern Schotter liegt, unbedingt hier mit Helm klettern.

ZUGANG

Vom Parkplatz (P3) zum Einstieg des Kaiser-Max-Klettersteigs. Von hier 100 m nach rechts bis zu einer Geröllrinne. Der Einstieg zur Route „Tiroler Fischzuchtplatten" befindet sich bei einem AV-Ringhaken. Die „Botanik Grandprix" beginnt rechts vom Gedenkkreuz (Josef Klotz).

ABSTIEG

Vom Ausstieg linkshaltend zum Abstieg des Kaiser-Max-Klettersteigs. Über diesen hinunter zur Kaiser-Max-Grotte. Von dort über den Fußweg zurück in Richtung Zirl und dann entlang der Bundesstraße wieder zum Ausgangspunkt (30 Minuten).

AUSRÜSTUNG

Die Routen sind mit Bohrhaken abgesichert. 60 m Seil, je nach Tour ca. 10-19 Expressschlingen, Helm.

1 SURPRISE .... 6c+

Wenig begangene gut abgesicherte Route links des Kaiser-Max-Klettersteigs. Die Route führt über Platten und weiter oben über Schrofen hinauf zur Kaiser-Max-Grotte. Die ersten drei Seillängen sind lohnend, die letzten drei verlaufen durch Schrofen, die mit viel Gras und Schotter durchsetzt sind.

Länge .... 6 SL, 200 m (40 m, 20 m, 40 m, 35 m, 50 m, 20 m)
Schwierigkeit .... 6c+ (6b, 6b+, 6c+, 5c, 6a, 4c)
Erschließer .... W. Meindl, R. Ralser

2 AUF DER SUCHE NACH DEM BLASENBUSCH .... 6b+

Ausstiegsvariante der Tiroler Fischzuchtplatten.

Länge .... 3 SL, 90 m (30 m, 30 m, 30 m)
Schwierigkeit .... 6b+ (6b, 6b+, 6a)
Erschließer .... Keine Angabe

3 TIROLER FISCHZUCHTPLATTEN 6b

Diese Route ist ein „Klassiker" und wird sehr oft wiederholt. In diesem Schwierigkeitsgrad gehört sie zu den besten Routen an der Martinswand. Die Route verläuft durch die kompaktesten Felsbereiche und bietet durchwegs lohnende Plattenkletterei. Besonders im oberen Wandbereich sehr schöne Kletterei.

Länge .... 9 SL, 315 m (20 m, 35 m, 20 m, 30 m, 40 m, 40 m, 45 m, 35 m, 50 m)
Schwierigkeit .... 6b (5a, 5a, 5c, 6a, 6a, 6a+, 6b, 6b, 5c)
Erschließer .... R. Scherer, B. Eichhorn, 1990

4 BOTANIK GRANDPRIX 6a

Diese plaisirmäßig sehr gut abgesicherte Route verläuft rechts neben der Route Tiroler Fischzuchtplatten. In den leichteren Seillängen teilweise etwas größere Hakenabstände, in den schweren bis zu 19 Haken. Mit 13 Seillängen gehört diese Route zu den längsten an der Martinswand. Leider sind besonders im unteren Wandteil viele Passagen mit Gras und Schotter durchsetzt. Im oberen Wandbereich ist die Wand deutlich kompakter, der Fels fester und der Klettergenuss höher.

Länge .... 13 SL, 481 m (50 m, 50 m, 30 m, 40 m, 25 m, 40 m, 30 m, 30 m, 45 m, 25 m, 25 m, 35 m, 30 m)
Schwierigkeit 6a (3, 4c, 3a, 4c, 5b, 6a, 4c, 5a, 6a, 4c, 5c, 5a, 3)
Erschließer .... S. Lessiak, E. Eisendle, 2010

4 BOTANIK GRANDPRIX (Verlängerung) .... **6a+**

Die „Botanik Grand Prix" endet eigentlich nach der 13. Seillänge auf dem bewaldeten Absatz beim Wandbuch. Wer vom Absatz noch weiterklettern will, hängt einfach weitere 6 Seillängen dran.

Länge .... 6 SL, 150 m (35 m, 30 m, 25 m, 40 m, 45 m, 45 m)
Schwierigkeit .... 6a+ (ein längeres Stück A0)
Erschließer .... S. Lessiak, E. Eisendle, 2011
Abstieg .... Über Steigspuren westseitig (links haltend) zum alten Zirler-Martinswandsteig.

5 IL MONDO DISPERSO 7a

Diese Route führt durch den oberen, rechten Wandteil der Tiroler Fischzuchtplatten. Die sehr schöne, abwechslungsreiche Route ist mit bis zu 18 Haken sehr gut abgesichert und bietet steile Wandkletterei an gutem Fels. Nach der 6. Seillänge der Route Tiroler Fischzuchtplatten zweigt die Route Il Mondo Disperso bei dem großen Band nach rechts ab.

Länge .... 6 SL, 220 m (35 m, 35 m, 35 m, 45 m, 30 m, 40 m)
Schwierigkeit .... 7a (7a, 6c+, 6c+, 6b+, 3, 6b+)
Erschließer .... W. Meindl, R. Ralser, 1997

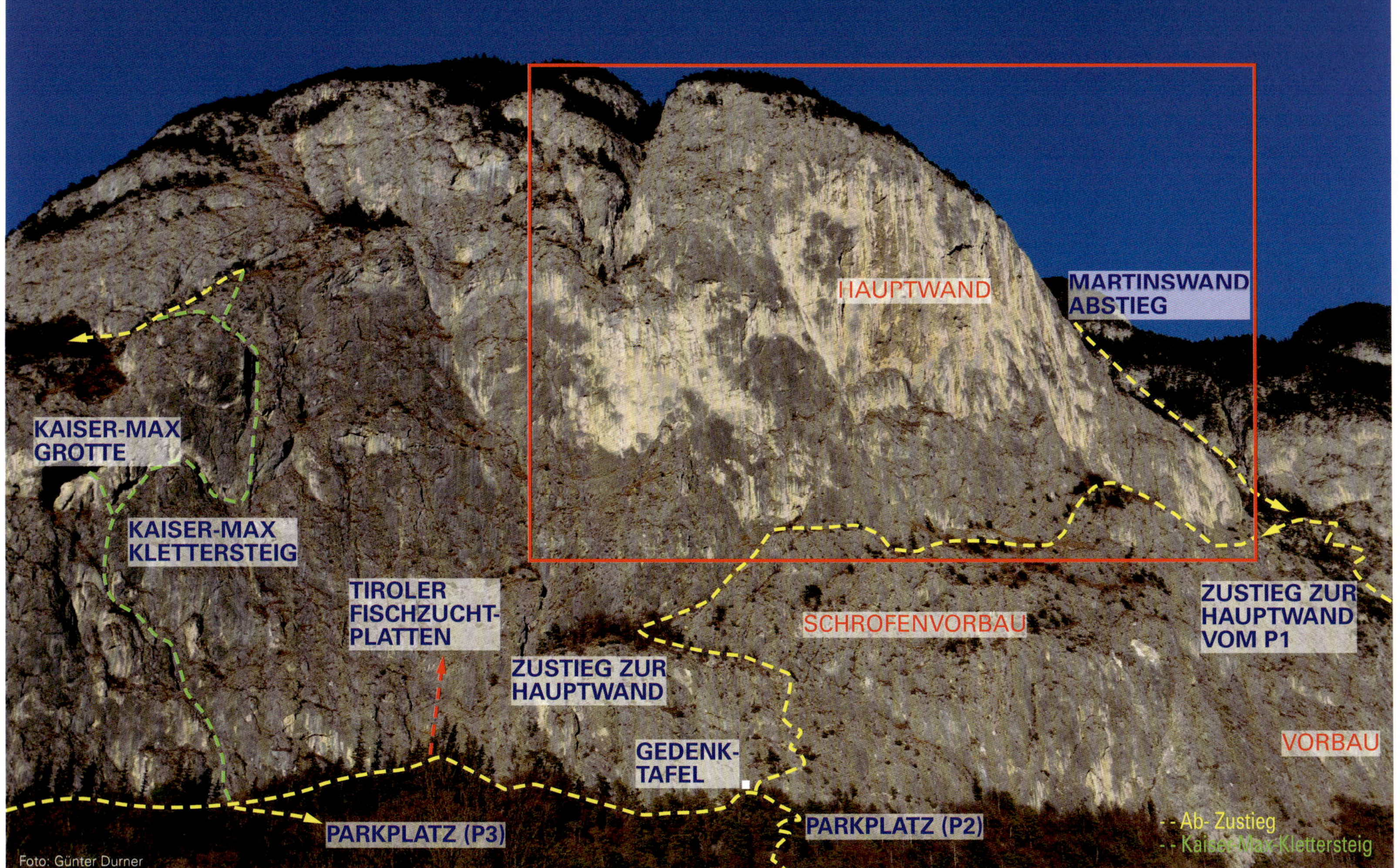
HAUPTWAND
MARTINSWAND ABSTIEG
KAISER-MAX GROTTE
KAISER-MAX KLETTERSTEIG
TIROLER FISCHZUCHT-PLATTEN
SCHROFENVORBAU
ZUSTIEG ZUR HAUPTWAND VOM P1
ZUSTIEG ZUR HAUPTWAND
GEDENK-TAFEL
VORBAU
PARKPLATZ (P3)
PARKPLATZ (P2)
- - Ab- Zustieg
- - Kaiser-Max-Klettersteig
Foto: Günter Durner

HAUPTWAND

Die markante fast 600 m hohe Martinswand bildet mit dem Kleinen Wandkopf 1346 m den südwestlichen Abschluss des Hechenbergs. Dieser gehört zur Nordkette und liegt im Alpenpark Karwendel. Die Martinswand liegt im Naturschutzgebiet, das sich über den gesamten Wandfuß bis an den Inn, von der Martinsklause etwa 3 Kilometer flussabwärts, erstreckt. Keine andere Felswand in Tirol fällt so steil zu einer wichtigen Verkehrsstraße ab wie die Martinswand, die ihren Namen vom darunter liegenden Kirchlein erhielt. Die Hauptwand befindet sich oberhalb eines Schrofenvorbaus und ist teilweise leicht überhängend. Die besten Routen in der Martinswand befinden sich links des Ostrisses. Die teilweise überhängende, gelbe Wand bietet anhaltende und ausdauernde steile Wandkletterei an Auflegern, Leisten und Löchern. Klettern ist an der Martinswand fast das ganze Jahr über möglich. Eine der ersten Routen, die durch die Hauptwand erschlossen wurde, ist die „Auckenthaler" von 1939. Der Zustieg zu den Routen in der Hauptwand erfolgt über den Schrofenvorbau. Das Gelände ist teilweise steil und brüchig, die Schwierigkeit liegt bei 1-2 und erfordert alpine Erfahrung. Durch die Hauptwand führen nicht nur „Klassiker" sondern auch moderne schwierige Sportkletterrouten.

ZUGANG (Vom Parkplatz P3)

Vom Parkplatz (P3) zum Einstieg des Kaiser-Max-Klettersteigs. Von hier nach rechts dem Hinweisschild „Martinswandrouten - Zustieg über Vorbau (1-2)" bis zu einer Geröllrinne (Einstieg zur Route „Tiroler Fischzuchtplatten") folgen. Die Geröllrinne ein kurzes Stück bergab dann weiter am Wandfuß bis zu einer Gedenktafel. Rechts der Gedenktafel führen Steigspuren (rote Markierung) durch den Schrofenvorbau zu den Einstiegen.

ZUGANG (vom Parkplatz P1)

Zu den Touren im Bereich Ostriss gelangt man auch vom Parkplatz (P1). Am ÖAV-Klettergarten links vorbei in Richtung Alpinmagazin. Dann dem markierten und ausgeschilderten Steig „Martinswand Sammelabstieg" folgen. Nach links über Bänder, der Zustieg ist markiert. In den steilen Passagen ist ein fixes Stahlseil vorhanden. Dennoch ist alpine Erfahrung nötig! Kurze Passagen leichte Kletterei 1-2.

ABSTIEG (Auckenthaler)

Von der Martinswand gibt es östlich einen markierten und ausgeschilderten „Sammelabstieg", der zum Parkplatz (P1) hinunterführt.

ABSTIEG (Ostriss)

Oben nach rechts auf einem Band, dann über Schrofen leicht bergab abklettern (Kletterei 1-2) bis zum Wald und zum „Sammelabstieg".

ABSTIEG (Vorbautouren)

Nach rechts über Bänder, der Abstieg ist markiert. In den steilen Passagen ist ein fixes Stahlseil vorhanden. Dennoch ist alpine Erfahrung nötig! Kurze Passagen leichte Kletterei 1-2. Dann weiter auf dem „Martinswand Sammelabstieg" bis hinunter zum Parkplatz.

AUSRÜSTUNG

Die meisten Routen sind gut mit Bohrhaken abgesichert. Bei einigen Routen empfiehlt es sich zusätzlich Keile mitzunehmen. 60 m Seil, je nach Tour ca. 10-19 Expressschlingen, Helm.

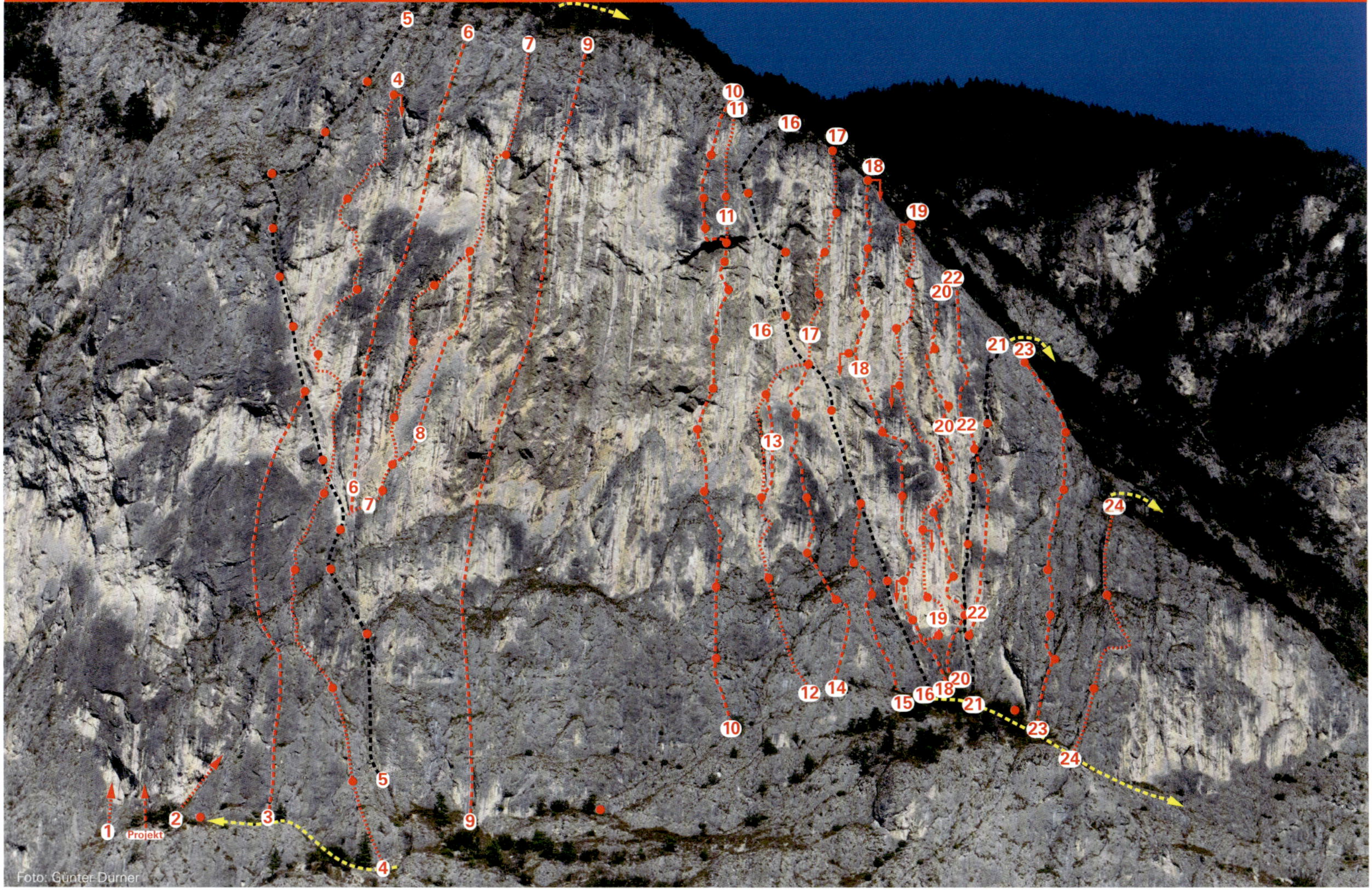

Foto: Günter Durner

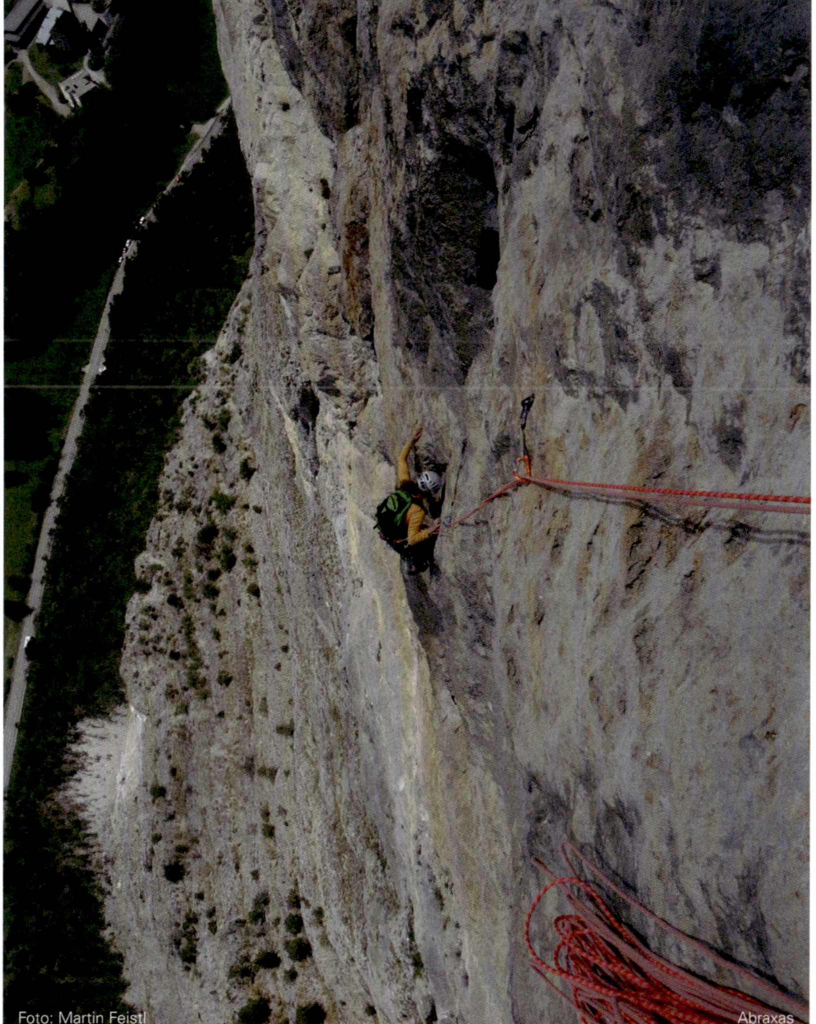

Foto: Martin Feistl

Abraxas

HAUPTWAND (Mehrseillängen-Routen)

Nr.	Route	Grad		Länge
1	FLEDERMAUS	7a+/7b		10 SL
2	WESTRISS	6b+	(5c,A2)	4 SL
3	IN MEMORIAM STEFAN	7a+/7b		7 SL
4	SUNNY JO	7a		11 SL
5	AUCKENTHALER	6a+	(5b,A0)	13 SL
6	SKYLINE	7a+/7b		7 SL
7	DIREKTE MARTINSWAND	7a	(5c,A1)	7 SL
8	ERITREA	7c/7c+		3 SL
9	SPIEL OHNE GRENZEN	7c		13 SL
10	DAS DACH	8a+		12 SL
11	DACHVARIANTE	7c+/8a		3 SL
12	SCHWARZENLANDER-SINT	6a		4 SL
13	VIA PUMUCKL	6c+		2 SL
14	CHEFPARTIE	6c+		3 SL
15	DIE DEN HALS RISKIEREN	6a		3 SL
16	FIEDLER-FLUNGER	7b/7b+	(6a,A1)	8 SL
17	ABRAXAS	7b+		4 SL
18	TIRAMISU	7a+/7b	(6c+,A0)	8 SL
19	GSI OR NOT TO BE	7c	(6c+,A0)	8 SL
20	TSCHI-TSCHI	7a		6 SL
21	OSTRISS	5c	(5a,A0)	6 SL
22	TAKE A WALK ON THE WILD SIDE	7b+		4 SL
23	MAXL´S KRONE	6a+		5 SL
24	KRAFTLACKL	5b+		3 SL

Foto: Günter Durner

Blick von der Galerie zur Martinswand

1 FLEDERMAUS .... 7a+/7b

Bestens mit Bohrhaken (16 Schlingen) abgesicherte Route. Über die Route abseilen (50 Meter Doppelseil) oder Ausstieg über Auckenthaler.

Länge .... 10 SL, 260 m
Schwierigkeit....... 7a+/7b
Erschließer .... S. Mitter, J. Oberhauser, 1998

2 WESTRISS .... 6b+

Brüchige, alte technische Route, Ausstieg über Schrofen.

Länge .... 4 SL, 120 m
Schwierigkeit....... 6b+ (5c,A2)
Erschließer .... H. Köchler, H. Wagner, 1969

3 IN MEMORIAM STEFAN .... 7a+/7b

Anhaltend schwere Route.

Länge .... 8 SL, 150 m
Schwierigkeit....... 7a+/7b
Erschließer .... S. Bichlbauer, S. Kiechl, C. Streiter, 1987
Verlängerung zur Auckenthaler durch R. Scherer, 1993

4 SUNNY JO 7a

Lange, gut abgesicherte Route in durchwegs gutem Fels.

Länge .... 11 SL, 300 m
Schwierigkeit....... 7a
Erschließer .... T. Schöpf, F. Huber, 1998

5 AUCKENTHALER .... 6a+

Der „Klassiker" in der Martinswand. Wurde bereits 1939 erstbegangen. Überwiegend Riss- und Verschneidungskletterei in festem aber teilweise schon sehr abgegriffenen Fels. Nach der 10. Seillänge folgen drei Ausstiegsseillängen von Reinhold Scherer und Gernot Wersin, 2004.

Länge .... 13 SL, 360 m
Schwierigkeit....... 6a+ (5b,A0)
Erschließer .... M. Auckenthaler, H. Frenademetz, 1939

6 SKYLINE .... 7a+/7b

Steile Wandkletterei, die links neben der Direkten geradeaus hoch führt. In der ersten Seillänge nicht ganz fester Fels und beim Ausstieg brüchige Schrofen.

Länge .... 7 SL, 150 m (ab dem Abzweig von der Auckenthaler)
Schwierigkeit....... 7a+/7b
Erschließer .... H. Zak, S.Kiechl, 1991

7 DIREKTE MARTINSWAND 7a

Sehr beliebter „Klassiker". Steile Wandkletterei, die nach der 4. Seillänge der Auckenthaler rechts abzweigt. Fester aber teilweise glatter Fels. Die freie Variante im Dachquergang verläuft unterhalb der alten Haken. Zur weiteren Absicherung zusätzlich mittlere Keile, Camalots.

Länge .... 7 SL, 200 m (ab dem Abzweig von der Auckenthaler)
Schwierigkeit....... 7a (5c,A1)
Erschließer .... R. Troier, W. Spitzenstätter, 1959

8 ERITREA .... 7c/7c+

Sehr steile, anspruchsvolle Wandkletterei in gutem Fels, die nach der 1. Seillänge der Direkten rechts abzweigt. Nach der 2. Seillänge kann nach links in die Direkte Martinswand geklettert werden.

Länge .... 3 SL, 80 m (ab dem Abzweig von der Direkten)
Schwierigkeit....... 7c/7c+
Erschließer .... R. Scherer, H. Scherer, 1990

9 SPIEL OHNE GRENZEN 7c

Lange, steile und anspruchsvolle Wandkletterei in gutem Fels. Die Schlüsselstelle in den oberen Überhängen ist auch technisch kletterbar.

Länge .... 13 SL, 270 m
Schwierigkeit....... 7c (1 Seillänge, Rest 7a und leichter)
Erschließer .... H. Zak, T. Nagler, 1994

10 DAS DACH .... 8a+

Extrem ausgesetzte überhängende Kletterei durch den steilsten Wandbereich der Hauptwand. Die Schlüsselstelle beim ersten Dach ist auch technisch kletterbar.

Länge .... 12 SL, 270 m
Schwierigkeit ...... 8a+ (1 Seillänge, Rest 7a und leichter)
Erschließer .... R. Scherer, C. Prager, 1990

11 DACHVARIANTE .... 7c+/8a

Direkte Variante nach dem oberen Dach.

Länge .... 3 SL, 70 m
Schwierigkeit ...... 7c+/8a
Erschließer .... R. Scherer, C. Prager, 1990, 1. RP Much Mayr

12 SCHWARZENLANDER-SINT 6a

Anspruchsvolle Verschneidungskletterei. Die Route ist bis auf die selbst abzusichernde Verschneidung saniert. Zur weiteren Absicherung zusätzlich große Keile, Hex, Camalots.

Länge .... 4 SL, 150 m (bis zur Fiedler-Flunger)
Schwierigkeit 6a
Erschließer .... E. Schwarzenlander, S. Sint, 1974

13 VIA PUMUCKL .... 6c+

Zwei Seillängen Variante rechts der dritten Seillänge von der Schwarzenlander-Sint.

Länge .... 2 SL, 45 m (bis zur Fiedler-Flunger)
Schwierigkeit ...... 6c+
Erschließer .... G. Wohlfahrt, H. Marlin, 1987

14 CHEFPARTIE .... 6c+

Sehr beliebte und bestens abgesichert Sportkletterroute, die häufig wiederholt wird. Überwiegend Wand- und Plattenkletterei in bestem Fels.

Länge .... 3 SL, 140 m
Schwierigkeit ...... 6c+
Erschließer .... C. Prager, W. Uglarik, 1988

15 DIE DEN HALS RISKIEREN 6a

Anspruchsvolle, schöne Wandkletterei, die nach der dritten Seillänge in die Fiedler-Flunger mündet. Die Route ist auch eine lohnende Einstiegsvarinate zur Fiedler-Flunger.

Länge .... 3 SL, 80 m (bis zur Einmündung in die Fiedler-Flunger)
Schwierigkeit 6a
Erschließer .... G. Wohlfahrt, R. Sillaber, 1989

16 FIEDLER-FLUNGER .... 7b/7b+

Sehr beliebter „Klassiker", der nach der Sanierung oft wiederholt wird. Zur weiteren Absicherung zusätzlich kleine Keile, Camalots.

Länge .... 8 SL, 250 m
Schwierigkeit ...... 7b/7b+ (1 Seillänge, Rest 6b bis 7a) (6a,A1)
Erschließer .... J. Fiedler, K. Flunger, 1962, saniert und 1. RP von R. Scherer, C. Prager

17 ABRAXAS .... 7b+

Die Route zweigt nach der vierten Seillänge bzw. nach der Chefpartie rechts ab. In Verbindung mit der Chefpartie sehr lohnende Route allerdings noch etwas anspruchsvoller als die Chefpartie.

Länge .... 4 SL, 100 m
Schwierigkeit ...... 7b+ (1 Seillänge, Rest 6a+ bis 6c+)
Erschließer .... R. Scherer, H. Huter, 1988

18 TIRAMISU .... 7a+/7b

Anspruchsvolle, bestens abgesicherte Wandkletterei in bestem Fels.

Länge .... 8 SL, 190 m
Schwierigkeit....... 7a+/7b (3 Seillängen, Rest 6c+ bis 7a) (6c+,A0)
Erschließer .... F. Huber, T. Schöpf, J. Lugger, 1994

19 GSI OR NOT TO BE 7c

Anspruchsvolle, lange Wandkletterei in bestem Fels.

Länge .... 8 SL, 190 m
Schwierigkeit....... 7c (1 Seillänge, Rest 6a+ bis 6c+) (6c+,A0)
Erschließer .... B. Burtscher, W. Unterlerchner, 1987

20 TSCHI-TSCHI 7a

Kleingriffige, bestens abgesicherte Wandkletterei an Leisten und Löchern in bestem Fels.

Länge .... 6 SL, 170 m
Schwierigkeit....... 7a (2 Seillängen, Rest 6b bis 6c+)
Erschließer .... F. Huber, T. Schöpf, 1992

21 OSTRISS 5c

Ausgesetze, aber leider sehr abgegriffene Risskletterei.

Länge .... 6 SL, 130 m
Schwierigkeit....... 5c (5a,A0)
Erschließer .... W. Spitzenstätter, K. Schoißwohl, 1963

22 TAKE A WALK ON THE WILD SIDE.......................... 7b+

Anspruchsvolle, bestens abgesicherte und lohnende Wandkletterei an Leisten und Löchern in bestem Fels.

Länge .... 4 SL, 120 m (ab dem Abzweig vom Ostriss)
Schwierigkeit....... 7b+
Erschließer .... K. Obermeier, 1995

23 MAXL´S KRONE .... 6a+

Sehr gut abgesicherte und häufig begangene Route. Eigentlich die Fortsetzung der Kaiser Max Spätlese.

Länge .... 5 SL, 160 m
Schwierigkeit....... 6a+
Erschließer .... H. Wagner, S. Lessiak, 2004

24 KRAFTLACKL... 5b+

Kurze, etwas brüchige Route im rechten Wandteil. Die Route wird oft als „Verlängerung" nach einer der Vorbau-Routen (Kaiser Max Spätlese, Rucola) geklettert.

Länge .... 3 SL, 110 m
Schwierigkeit....... 5b+
Erschließer .... E. Eisendle, S. Lessiak, 2012

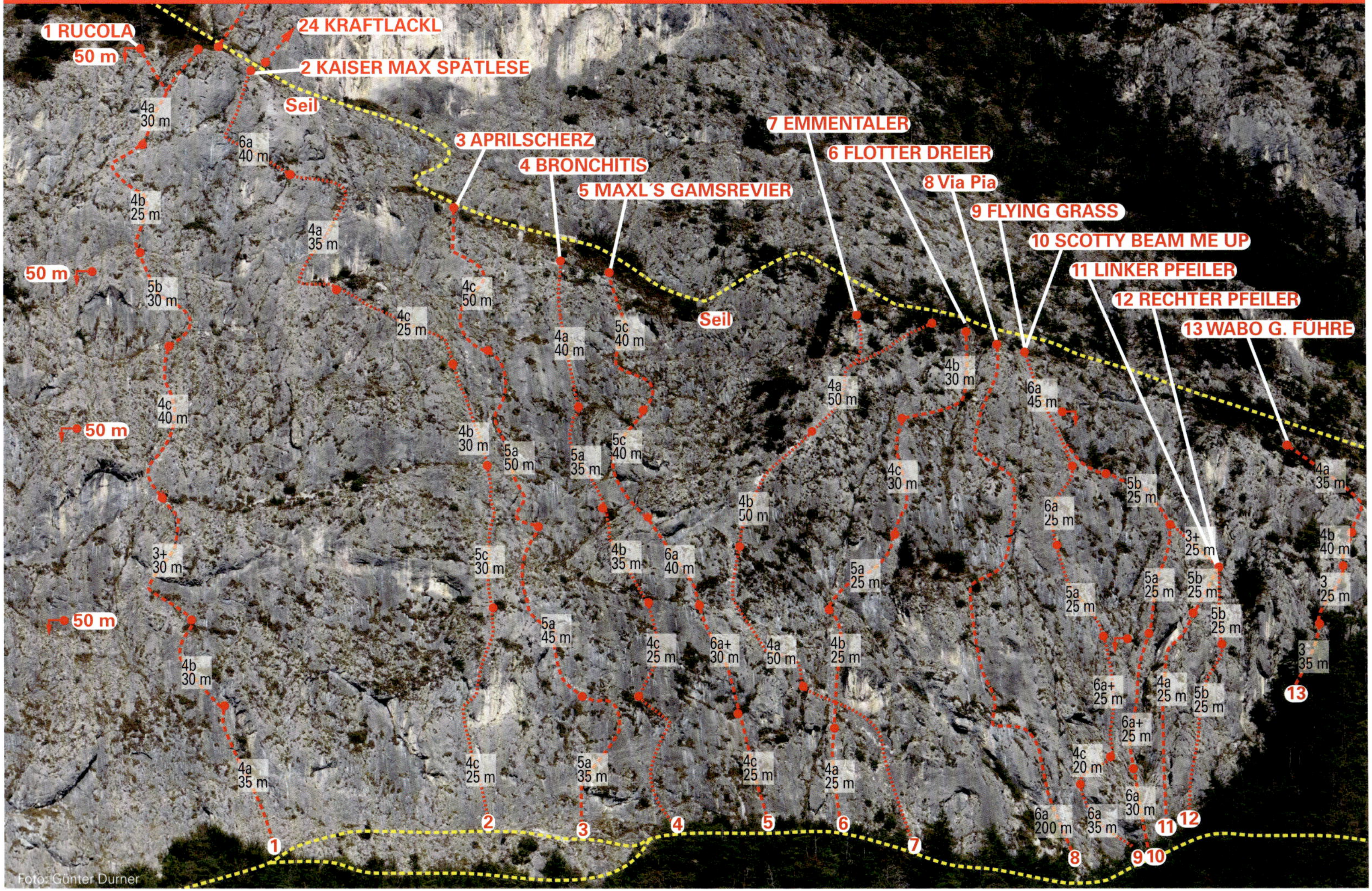

1 RUCOLA
24 KRAFTLACKL
2 KAISER MAX SPÄTLESE
Seil
3 APRILSCHERZ
4 BRONCHITIS
5 MAXL´S GAMSREVIER
7 EMMENTALER
6 FLOTTER DREIER
8 Via Pia
9 FLYING GRASS
10 SCOTTY BEAM ME UP
11 LINKER PFEILER
12 RECHTER PFEILER
13 WABO G. FÜHRE
Seil
50 m
50 m
50 m
50 m

Foto: Günter Durner

VORBAU (Mehrseillängen-Routen)

Nr.	Route	Grad		SL
1	RUCOLA	5a+		7 SL
2	KAISER MAX SPÄTLESE	6a		7 SL
3	APRILSCHERZ	5a		4 SL
4	BRONCHITIS	5a		5 SL
5	MAXL´S GAMSREVIER	6a+		6 SL
6	FLOTTER DREIER	5a		5 SL
7	EMMENTALER	4a+		4 SL
8	VIA PIA	6a		4 SL
9	FLYING GRASS	6a+	(5c,A0)	6 SL
10	SCOTTY BEAM ME UP	6b	(6a,A0)	5 SL
11	LINKER PFEILER	4b		2 SL
12	RECHTER PFEILER	6a	(5a,A0)	2 SL
13	WABO GEDÄCHTNIS-FÜHRE	4b		4 SL

VORBAU

In den letzten Jahren wurden am Vorbau gut abgesicherte Mehrseillängen-Routen eingerichtet, die sehr beliebt und damit auch entsprechend frequentiert sind. Es handelt sich hauptsächlich um Plattenkletterei zwischen 5a und 6b. Die Touren können fast das ganze Jahr über geklettert werden. Da auf den Felsbändern Schotter liegt unbedingt hier mit Helm klettern.

ZUGANG (Vom Parkplatz P3)

Vom Parkplatz (P3) auf dem Verbindungsweg bis zum (P1).

ZUGANG (Vom Parkplatz P1)

Vom Parkplatz in Richtung ÖAV-Klettergarten bis zum WC. Geradeaus auf dem Verbindungsweg in Richtung Zirl. Dann auf dem Steig nach rechts hoch bis zum Wandfuß des Vorbaus. Am Wandfuß entlang in westlicher Richtung. Die Touren sind mit kleinen Metallplatten beschriftet (20 Minuten).

ABSTIEG

Nach rechts über Bänder, der Abstieg ist markiert. In den steilen Passagen ist ein fixes Stahlseil vorhanden. Dennoch ist alpine Erfahrung nötig! Kurze Passagen leichte Kletterei 1-2. Dann weiter auf dem „Martinswand Sammelabstieg" bis hinunter zum Parkplatz (30 Minuten).

AUSRÜSTUNG

Die meisten Routen sind gut mit Bohrhaken abgesichert. 60 m Seil, je nach Tour ca. 10-15 Expressschlingen, Helm.

1 RUCOLA .... 5a+

Eine leichte und gut abgesicherte Route über Platten. Links neben der Route kann abgeseilt werden (4 x 50 Meter). Dazu im Mittelteil der letzten Seillänge nach links zur Abseilpiste queren.

Länge .... 7 SL, 220 m
Schwierigkeit ...... 5a+
Erschließer .... E. Eisendle, S. Lessiak, 2012

2 KAISER MAX SPÄTLESE 6a

Schöne und lohnende Plattenkletterei, die leider durch ein paar Bänder unterbrochen ist. Vom letzten Standplatz nach rechts hinauf zu einem Fixseil. Dann zum Sammelabstieg.

Lange .... 7 SL, 225 m
Schwierigkeit 6a
Erschließer .... H. Wagner, S. Lessiak, 2002

3 APRILSCHERZ 5a

Die bestens abgesicherte Route verläuft durch Platten, die leider durch grasige und brüchige Passagen unterbrochen sind. Die Route hat nur vier Seillängen, die aber sehr lange sind (14 Haken, Achtung Seilreibung). Am besten lange Bandschlingen mitnehmen. Abstieg ebenfalls über den Sammelabstieg.

Länge .... 4 SL, 180 m
Schwierigkeit 5a
Erschließer .... H. Wagner, S. Lessiak, 2016

4 BRONCHITIS 5a

Die sehr gut abgesicherte leichte Route verläuft durch den Plattenbereich zwischen der Route Maxl's Gamsrevier und Kaiser Max Spätlese. Lohnende Plattenkletterei. Vom letzten Standplatz nach rechts hinauf zu einem Fixseil. Dann zum Sammelabstieg.

Länge .... 5 SL, 175 m
Schwierigkeit 5a
Erschließer .... H. Wagner, S. Lessiak, 2009

5 MAXL´S GAMSREVIER .... 5a+

Lohnende und schöne Plattenkletterei, die sehr gut aber mit teilweise etwas größerem Hakenabstand abgesichert ist. Der Fels in diesem Wandbereich ist durchwegs gut und fest. Vom letzten Standplatz nach rechts hinauf zu einem Fixseil. Dann zum Sammelabstieg.

Länge .... 6 SL, 180 m
Schwierigkeit ...... 5a+
Erschließer .... H. Wagner, S. Lessiak, 2009

6 FLOTTER DREIER 5a

Leichte Plattenkletterei mit einem interessanten Quergang in der dritten Seillänge. Die Route ist durchwegs sehr gut abgesichert.

Länge .... 5 SL, 75 m
Schwierigkeit 5a
Erschließer .... H. Wagner, S. Lessiak, E. Eisendle, 2012

7 EMMENTALER .... 4a+

Die leichteste Route durch den Vorbau. Der überwiegend gute Fels ist von einigen gestuften Passagen unterbrochen. Dennoch schöne, lohnende und gut abgesicherte Route, die oft wiederholt wird.

Länge .... 4 SL, 200 m
Schwierigkeit ...... 4a+
Erschließer .... S. Lessiak, E. Eisendle, 2004

8 VIA PIA 6a

Der Einstieg der Via Pia ist links neben der Nr. 9. Die Standplätze sind alle vorhanden, die Absicherung ist aber nicht besonders gut. Es stecken einige Normalhaken, mobile Sicherungsmittel (Keile, Friends, Bandschlingen) empfehlenswert. Die Route ist eher für Kletterer, die nicht auf eine perfekte Absicherung angewiesen sind.

Länge .... 4 SL, 200 m
Schwierigkeit 6a
Erschließer .... -

9 FLYING GRASS .... 6a+

Schöne, sehr gut abgesicherte und lohnende Plattenkletterei, die von den Erschließern durch „Putzarbeiten" von Gras und Schotter gereinigt wurde. Der Routenname stammt von dem Gras, das beim Einrichten der Tour davon geweht wurde. Erste, visionäre Vorbauroute.

Länge .... 6 SL, 175 m
Schwierigkeit....... 6a+ (5c,A0)
Erschließer .... H. und V. Kößl, M. Csaki, 1998

10 SCOTTY BEAM ME UP.. 6b

Schöne, sehr gut abgesicherte und lohnende Plattenkletterei, die vom Einstieg der Flying Grass direkt hinauf führt.

Länge .... 5 SL, 165 m
Schwierigkeit....... 6b (6a,A0)
Erschließer .... H. und V. Kößl, M. Csaki, 1998

11 LINKER PFEILER 4b

Der linke und rechte Pfeiler ist eine gute Einstiegsvariante zum oberen Teil der Routen Flying Grass und Scotty beam me up. Beide Varianten sind sehr gut abgesichert und werden oft wiederholt.

Länge .... 3 SL, 70 m
Schwierigkeit....... 4b

12 RECHTER PFEILER 6a

wie Nr. 10

Länge .... 5 SL, 165 m
Schwierigkeit....... 6a (5a,A0)

13 WABO GEDÄCHTNIS-FÜHRE 4b

Leichte Route, die aber selbst abgesichert werden muss, da keine Haken vorhanden sind. Zur Absicherung Klemmkeile, Schlingen, evtl. Friends. Der Routenverlauf durch das gestufte Gelände ist mit roten Punkten markiert. Vom Ausstieg durch eine Rinne (Stellen 1) hinauf bis zum Abstieg der anderen Vorbaurouten.

Länge .... 4 SL, 135 m
Schwierigkeit....... 4b
Erschließer .... S. Hofmann, Th. Reifenberger, 2005

ÖAV-KLETTERGARTEN (672 m)

P 32 T 672540 5237321 (Parkplatz P1)
32 T 672491 5237446

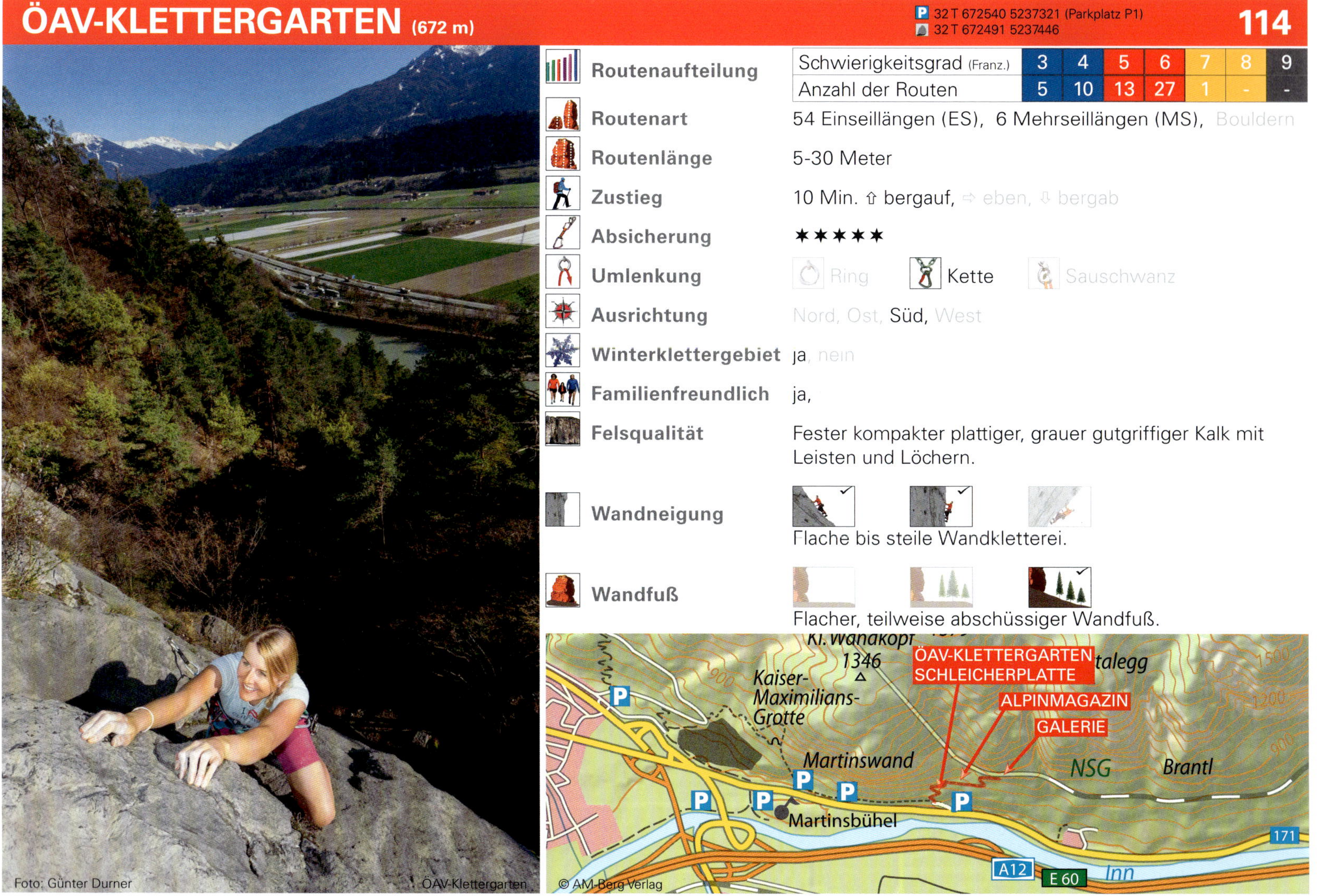

Foto: Günter Durner

ÖAV-Klettergarten

Routenaufteilung	Schwierigkeitsgrad (Franz.)	3	4	5	6	7	8	9
	Anzahl der Routen	5	10	13	27	1	-	-

Routenart 54 Einseillängen (ES), 6 Mehrseillängen (MS), Bouldern

Routenlänge 5-30 Meter

Zustieg 10 Min. ⇧ bergauf, ⇨ eben, ⇩ bergab

Absicherung ★★★★★

Umlenkung Ring, Kette, Sauschwanz

Ausrichtung Nord, Ost, Süd, West

Winterklettergebiet ja, nein

Familienfreundlich ja,

Felsqualität Fester kompakter plattiger, grauer gutgriffiger Kalk mit Leisten und Löchern.

Wandneigung Flache bis steile Wandkletterei.

Wandfuß Flacher, teilweise abschüssiger Wandfuß.

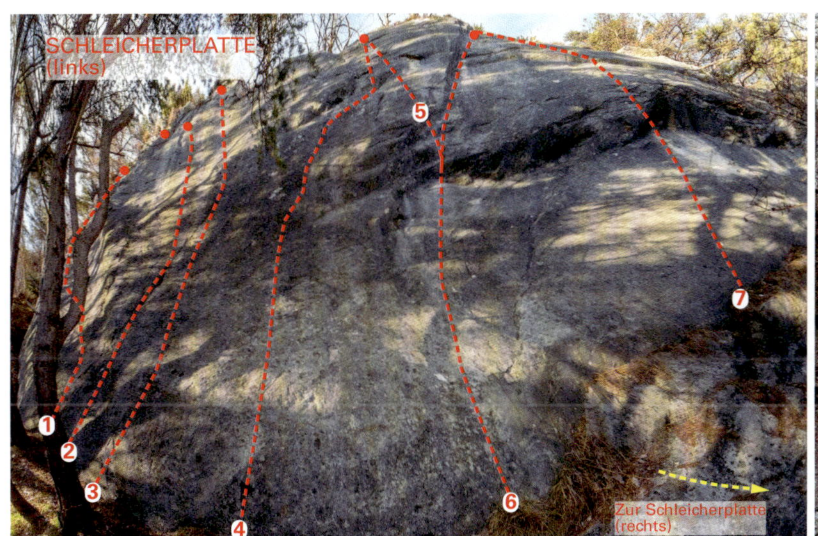

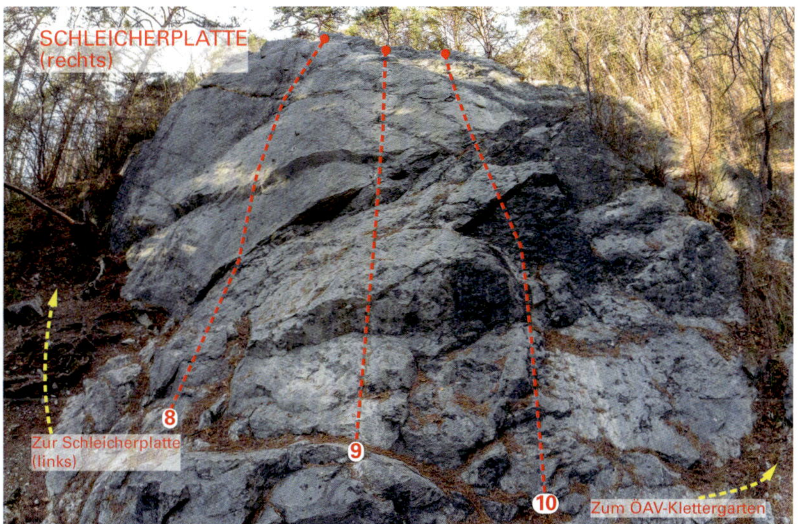

SCHLEICHERPLATTE (links)

1	Kochl-Schwaiger	6c	15 m
2	Ohne Namen	6b+	15 m
3	Only the brave	6b+	15 m
4	Auftrieb	6c	15 m
5	-	6c	15 m
6	Sonja	6a+	15 m
7	Aerobic	6c	15 m

SCHLEICHERPLATTE (rechts)

8	Übungsplatte	4a	10 m
9	Übungsplatte	3b	10 m
10	Übungsplatte	3a	10 m

BESCHREIBUNG

Der ÖAV-Klettergarten wurde 1994 von Reinhold Scherer und Berhard Prommer saniert und erweitert. Großer Klettergarten mit vielen leichten Klettereien. Leider ist der Fels teilweise speckig und ziemlich abgeklettert. Die Absicherung ist perfekt. Ideales Gelände für Anfänger und Kinder. An der südseitig ausgerichteten Felswand kann fast das ganze Jahr hindurch geklettert werden. Etwas unterhalb vom ÖAV-Klettergarten befindet sich die Schleicherplatte, ein Fels mit einigen anspruchsvollen Routen.

ZUFAHRT/ZUGANG

Von Innsbruck auf der B 171 Richtung Zirl. Kurz nach der Kläranlage kommt auf der rechten Straßenseite ein kleiner Parkplatz (P1). Wenn aus Richtung Zirl angefahren wird, darf keinesfalls aus dieser Fahrtrichtung auf den Parkplatz (P1) abgebogen werden. Wendemöglichkeit besteht bei der Kläranlage. Vom Parkplatz (P1) über einen Steig in 10 Minuten zum ÖAV-Klettergarten (siehe Hinweistafel am Parkplatz).

ERSCHLIESSER

Verschiedene, Sanierer R. Scherer, B. Prommer

zum Alpinmagazin

ÖAV-KLETTERGARTEN

Steiler Wandfuß

von/zur Schleicherplatte (100 Meter)

ÖAV-KLETTERGARTEN

Nr.	Route	SL	Grad	Länge
1	Skyscraper		4a	15m
2	Knochenbeißer		5a	15 m
3	BP		5c+	15 m
4	Hobema		5c	15 m
5	Birdy		6b+	20 m
6	Gasthof Post		5b	20 m
7	Jong		4b	25 m
8	Leichter Einstieg		3a	5 m
9	Viper		5b	28 m
10	Das vergessene Tal		4c	20 m
11	Herta Links		5b	18 m
12	Neuberg		5a	22 m
13	Herta		5a	35 m
14	Kurze Kindertour		4c	12 m
15	Herta normal		5c+	18 m
16	Herta Dachl		5c+	18 m
17	Super X		6c+	18 m
18	Supercrack		6a	18 m
19	Winkelstein		6a	18 m
20	Das grüne Dachl		6a+	18 m
21	Via Italia		5a	18 m
22	Lange Kindertour		4a	20 m
23	Via Sebastian	(2 SL)	4a, 4a	40 m
24	780er	(2 SL)	5c, 6a	40 m
25	Der dritte Mann	(2 SL)	6b, 6a+	45 m
26	Blaumilchkanal	(2 SL)	6b+, 6b+	45 m
27	Fly	(2 SL)	6b+, 6b+	45 m
28	Zustiegsroute		4c	25 m
29	Herr Rossi macht mich glücklich		6c+	18 m
30	Enduro		5c	18 m
31	Fritz		6a	25 m
32	Kolbenreiber		6a	18 m
33	Mac Gyver		6c	20 m
34	Fritzchen		3b	25 m
35	Kaminwurz		4c	20 m
36	Rechtsausleger		6b+	25 m
37	Super Pemml		7b	30 m
38	Der schräge Riss		6a	30 m
39	Fußreflexzone		6c	30 m
40	Ganymed		6b+	30 m
41	Black out		6b	30 m
42	Hatari		6a+	30 m
43	Calypso		6a	20 m
44	Petri Heil		5a	20 m

ALPINMAGAZIN (754 m)

P 32 T 672540 5237321 (Parkplatz P1)
32 T 672532 5237523

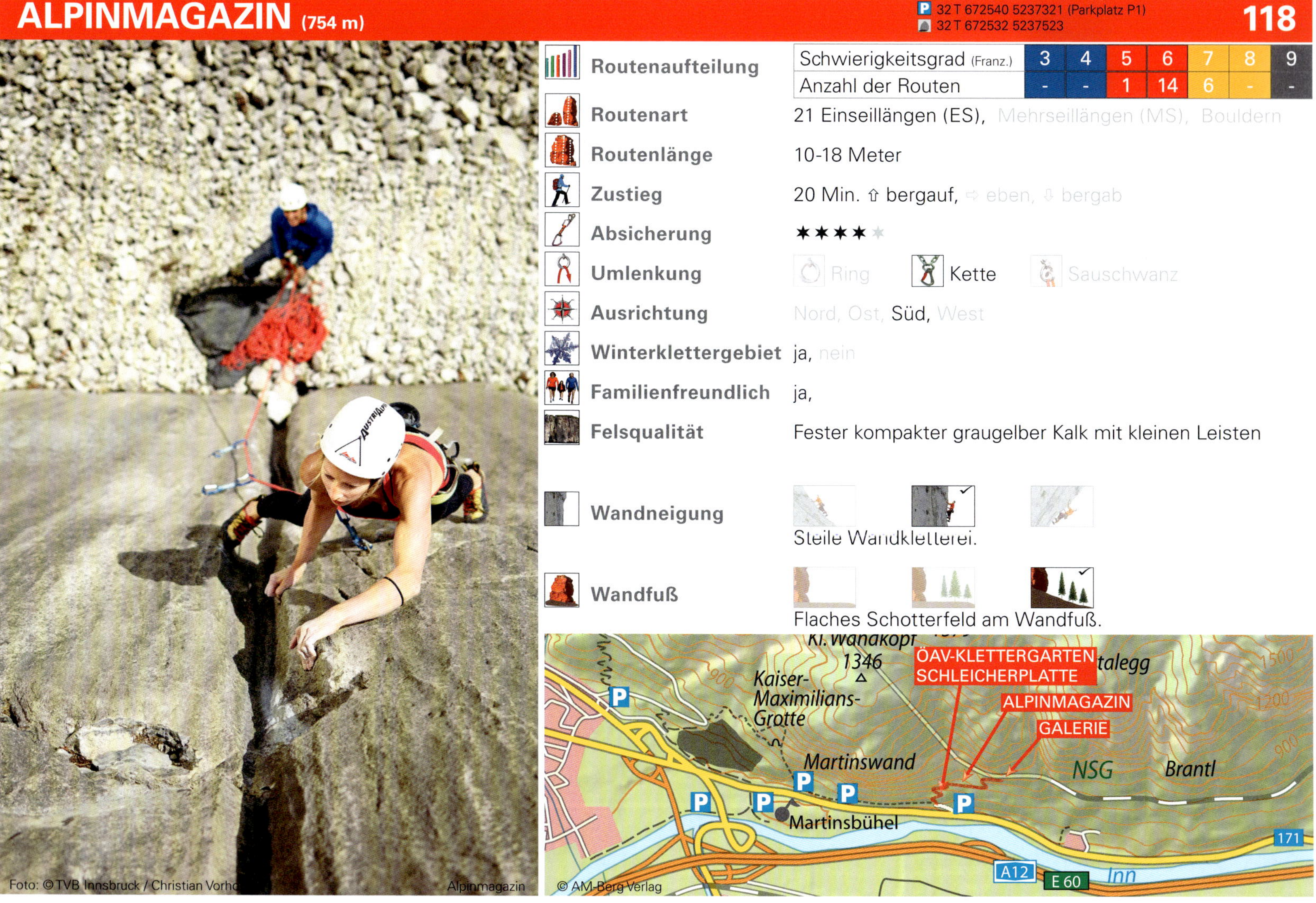

Routenaufteilung

Schwierigkeitsgrad (Franz.)	3	4	5	6	7	8	9
Anzahl der Routen	-	-	1	14	6	-	-

Routenart 21 Einseillängen (ES), Mehrseillängen (MS), Bouldern

Routenlänge 10-18 Meter

Zustieg 20 Min. ⇧ bergauf, ⇨ eben, ⇩ bergab

Absicherung ★★★★★

Umlenkung Ring Kette Sauschwanz

Ausrichtung Nord, Ost, Süd, West

Winterklettergebiet ja, nein

Familienfreundlich ja,

Felsqualität Fester kompakter graugelber Kalk mit kleinen Leisten

Wandneigung

Steile Wandkletterei.

Wandfuß

Flaches Schotterfeld am Wandfuß.

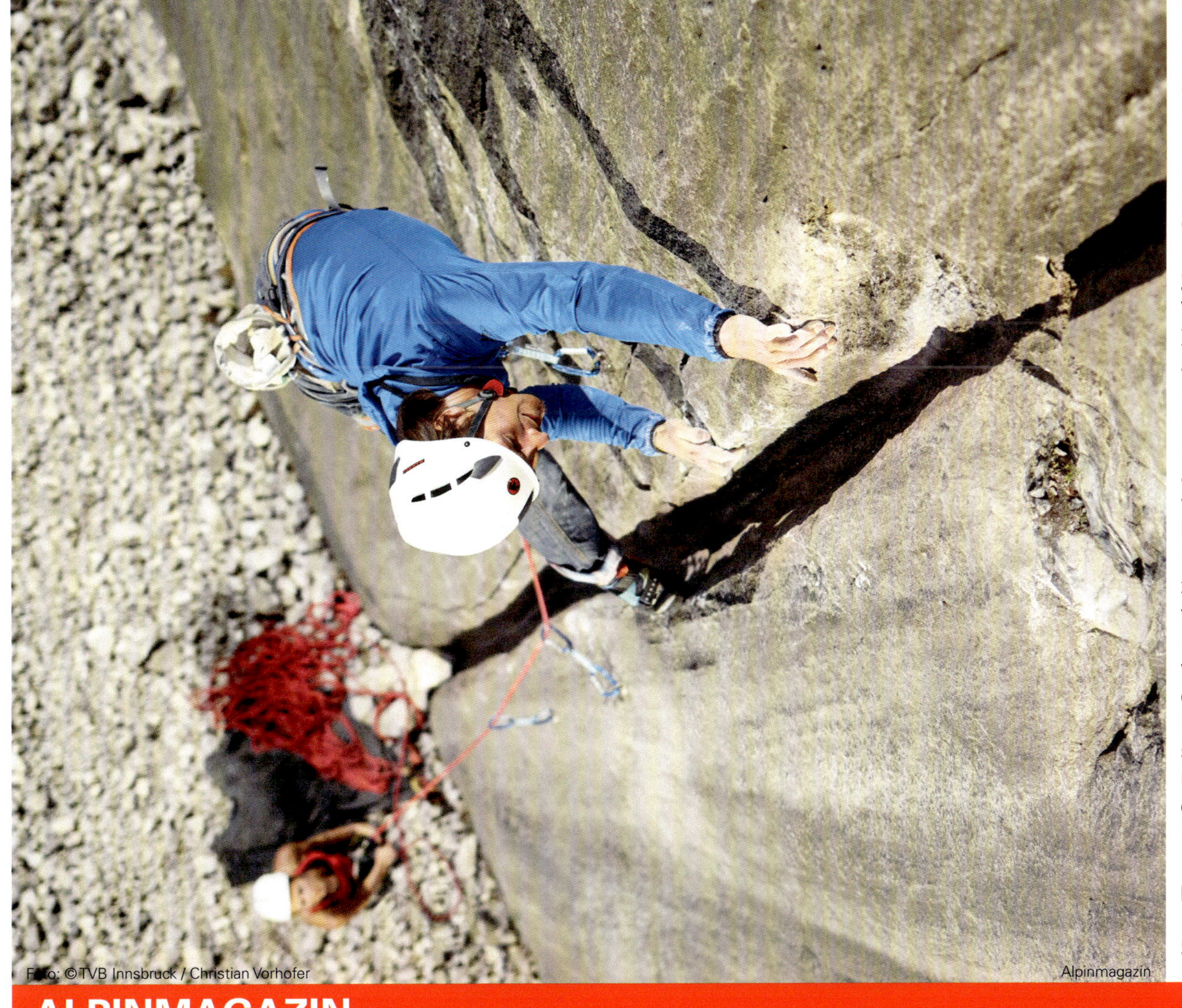

Foto: ©TVB Innsbruck / Christian Vorhofer

Alpinmagazin

BESCHREIBUNG

Kleiner Klettergarten mit einigen interessanten Routen wie der Wasserrille, die von Reinhard Schiestl bereits 1978 erstbegangen wurde. Die Absicherung ist perfekt. An der südseitig ausgerichteten Felswand kann fast das ganze Jahr hindurch geklettert werden.

ZUFAHRT/ZUGANG

Von Innsbruck auf der B 171 Richtung Zirl. Kurz nach der Kläranlage kommt auf der rechten Straßenseite ein kleiner Parkplatz (P1). Wenn aus Richtung Zirl angefahren wird, darf keinesfalls aus dieser Fahrtrichtung auf den Parkplatz (P1) abgebogen werden. Wendemöglichkeit besteht bei der Kläranlage. Vom Parkplatz (P1) über einen Steig in 10 Minuten zum ÖAV-Klettergarten (siehe Hinweistafel am Parkplatz). Dann links (westlich) am ÖAV-Klettergarten vorbei und in weiteren 10 Minuten direkt zum Alpinmagazin hochgehen. Der Sammelabstieg von den Mehrseillängen-Routen der Martinswand und der Zustieg zur Galerie führt direkt am Alpinmagazin vorbei. Vom Parkplatz ca. 20 Minuten.

ERSCHLIESSER

R. Schiestl, R. Thaler, C. Prager, S. Bichlbauer, Egger, H.J. Randl

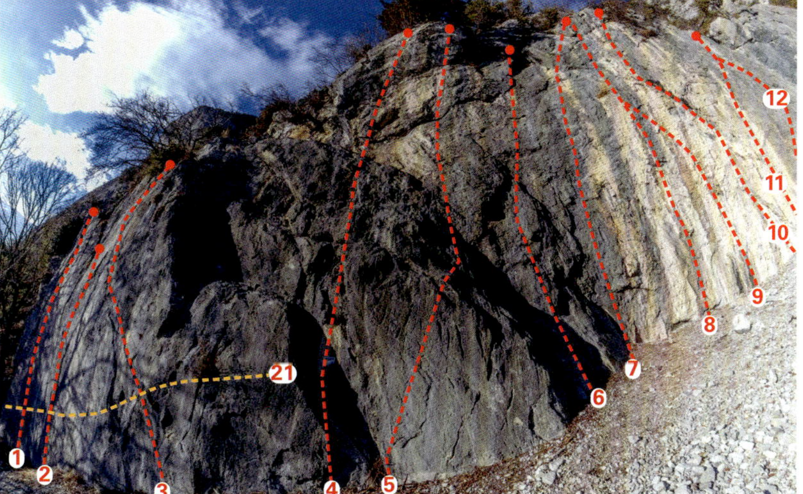

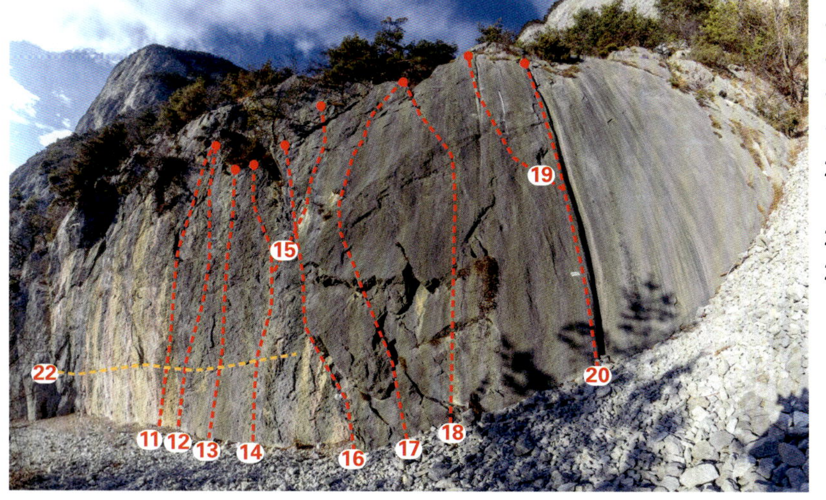

ALPINMAGAZIN

Nr.	Route	Erstbegeher	Schwierigkeit	Länge
1	Licht ins Dunkel	C. Prager	6c+	12 m
2	Kavcacack	R. Thaler	6c+	10 m
3	Flamming Fingers	C. Prager, S. Bichlbauer	7b	12 m
4	Lisa 2	H. J. Randl	6b	18 m
5	Sowieso	-	6b	18 m
6	Mulatschag	Egger	6a	18 m
7	Smooth Deflorator	S. Bichlbauer	6b+	15 m
8	Der Hammer	S. Bichlbauer	7a+	15 m
9	Der Hammer direkt	-	7a+	15 m
10	Direkte	R. Schiestl	7a	15 m
11	Ö3 dabei	-	6c+	15 m
12	Caputo	-	6c+	12 m
13	Cassandra	-	6b+	12 m
14	Easy	R. Schiestl	5b	14 m
15	Neanderthaler	R. Thaler	6b	15 m
16	Muss noch üben	H. J. Randl	6c	15 m
17	Tantalos	R. Schiestl	6c+	15 m
18	Zwecklos	R. Ohnmacht	6c+	15 m
19	Burnout	H. J. Randl	7c	15 m
20	Wasserrille	R. Schiestl	7a	15 m
21	Boulderquergang unten		FB 6b+	22 m
22	Boulderquergang oben		FB 6c+	22 m

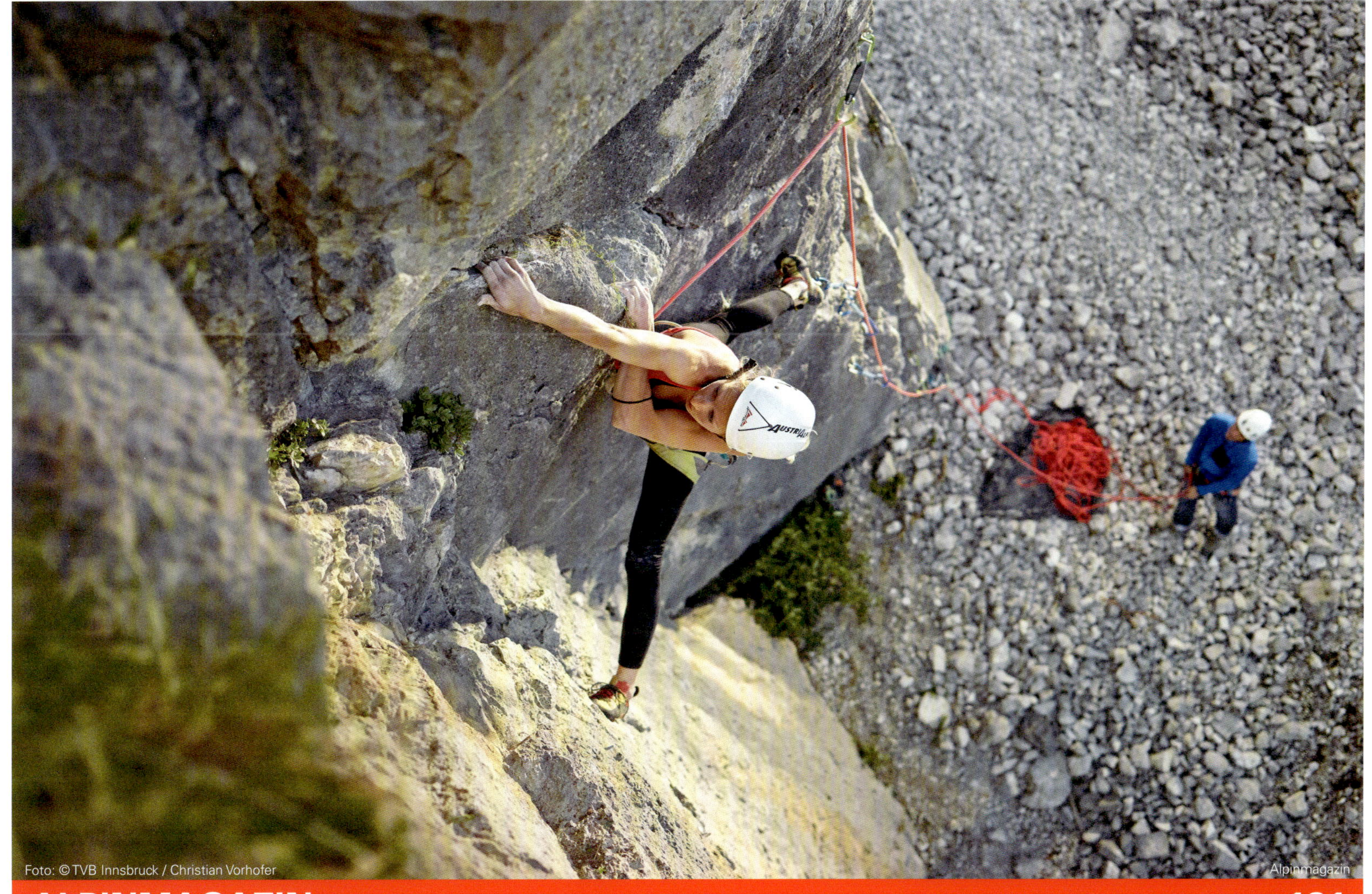
Foto: © TVB Innsbruck / Christian Vorhofer

Alpinmagazin

GALERIE (827 m)

P 32 T 672540 5237321 (Parkplatz P1)
32 T 672745 5237527

Foto: Günter Durner

Galerie

Routenaufteilung	Schwierigkeitsgrad (Franz.)	3	4	5	6	7	8	9
	Anzahl der Routen	-	1	3	30	19	3	-

Routenart 57 Einseillängen (ES), Mehrseillängen (MS), Bouldern

Routenlänge 6-32 Meter

Zustieg 30 Min. ⇧ bergauf, ⇨ eben, ⇩ bergab

Absicherung ★★★★★

Umlenkung Ring Kette Sauschwanz

Ausrichtung Nord, Ost, Süd,

Winterklettergebiet ja, nein

Familienfreundlich ja, nein

Felsqualität Fester kompakter grauer gutgriffiger Kalk mit Leisten und Löchern.

Wandneigung Steile bis leicht überhängende Kletterei.

Wandfuß Auf der Galerie flacher, am rechten Teil steiler Wandfuß

Kl. Wandkopf
1346
Kaiser-Maximilians-Grotte
ÖAV-KLETTERGARTEN SCHLEICHERPLATTE
talegg
ALPINMAGAZIN
GALERIE
Martinswand
NSG
Brantl
Martinsbühel
171
A12
E 60
Inn

© AM-Berg Verlag

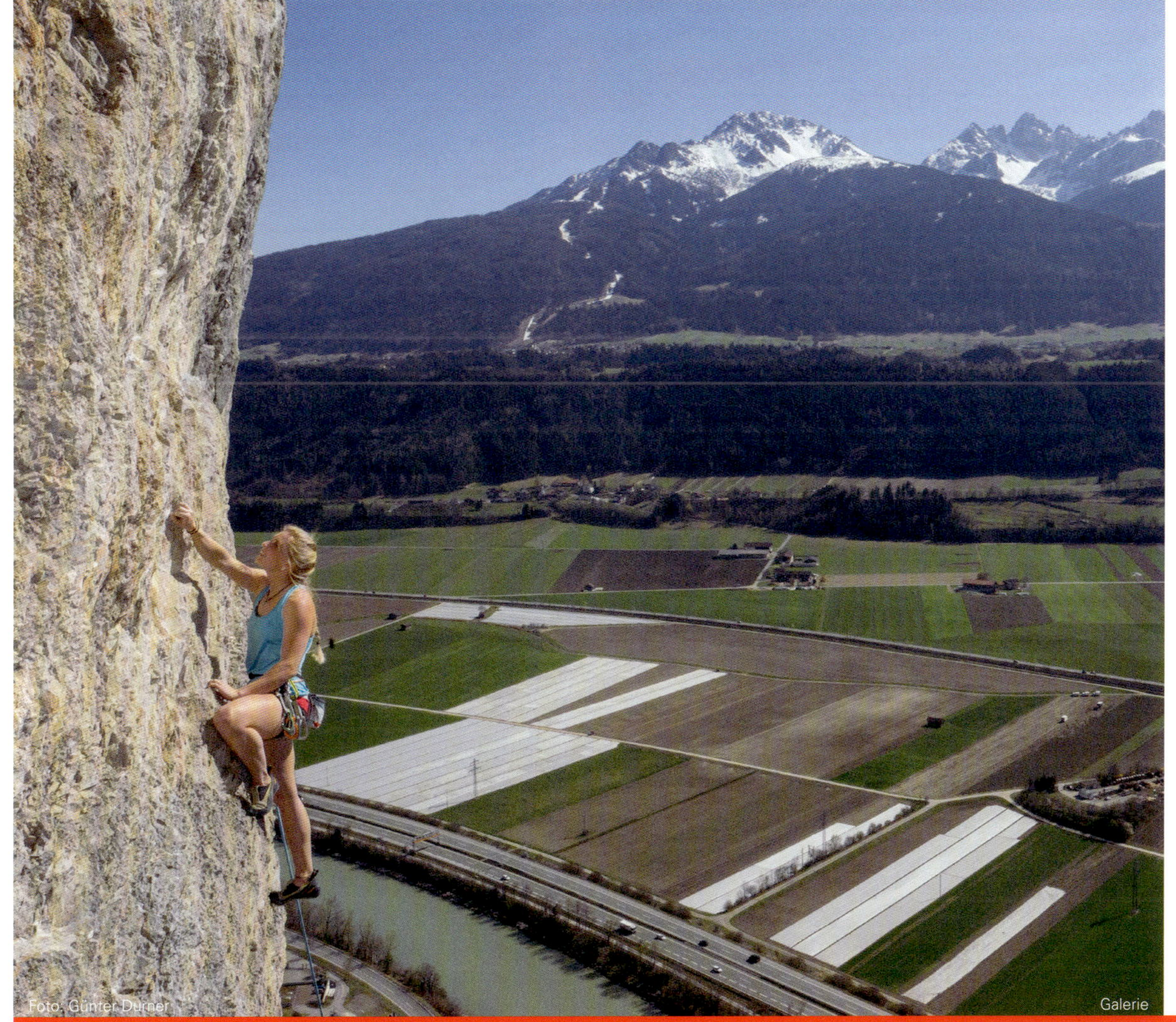

BESCHREIBUNG

Sehr sonnig gelegener Klettergarten hoch über dem Inntal, direkt oberhalb der Bahngalerie. Die Felsqualität ist sehr gut. Die lohnenden Routen sind bestens abgesichert. Die Routen im äußersten rechten Wandteil sind teilweise sehr ausgesetzt.

An der südseitig ausgerichteten Felswand kann fast das ganze Jahr hindurch geklettert werden. Von der Galerie hat man eine tolle Aussicht auf das Inntal.

ZUFAHRT/ZUGANG

Von Innsbruck auf der B 171 Richtung Zirl. Kurz nach der Kläranlage kommt auf der rechten Straßenseite ein kleiner Parkplatz (P1). Wenn aus Richtung Zirl angefahren wird, darf keinesfalls aus dieser Fahrtrichtung auf den Parkplatz (P1) abgebogen werden. Wendemöglichkeit besteht bei der Kläranlage. Vom Parkplatz (P1) über einen Steig zum ÖAV-Klettergarten. An diesem links vorbei und in einigen Kehren hinauf zum Alpinmagazin. Am Alpinmagazin rechts vorbei und über das Geröllfeld steil hinaufsteigen zu einem Steig im Wald. Nun weiter, bis zu einer Eisenleiter direkt an der Galerie. Über die Leiter auf die Galerie hinaufklettern. Vom Parkplatz (P1) ca. 30 Minuten.

ERSCHLIESSER

Verschiedene

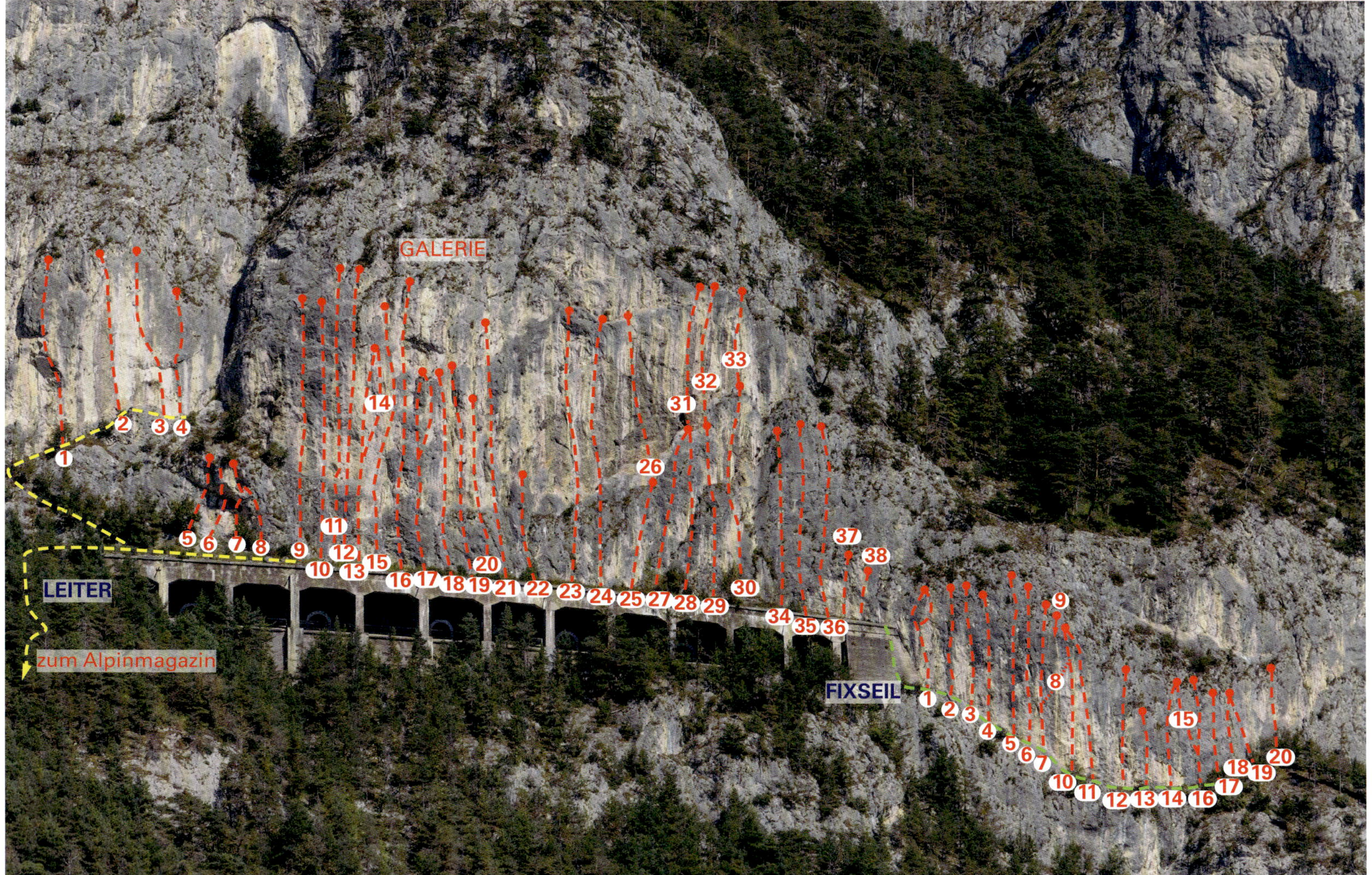
GALERIE
LEITER
zum Alpinmagazin
FIXSEIL

GALERIE

Nr.	Route	Erschließer	Grad	Länge
1	Wachstum oder Askese	T. Nagler	7a	15 m
2	Club Coin	D. Peis, Köblinger	8b	20 m
3	Open Highway	C. Winkelmair	7c+	20 m
4	A bit coin	D. Peis, Stadler	8a	20 m
5	Jodel Contest	C. Winkelmair	6c+	6 m
6	Projekt	-	-	6 m
7	Hüttengaudi	C. Winkelmair	6c+	6 m
8	Volle Hittn	C. Winkelmair	7a	6 m
9	Gelbe Rose	H. Randl	6b	28 m
10	Lisa	H. Randl	6b+	28 m
11	Das Lächeln am Ende der Leiter	Streiter	6a+	36 m
12	Snatch of Fury	Berger	6c+	35 m
13	Galeria Sofia	C. Waldhart	6c+	25 m
14	Hedera Helix	C. Waldhart	7a	25 m
15	Rosinante	-	6a+	30 m
16	Lygaeus Equestris	C. Winkelmair	6b+	32 m
17	Rechtsschleife (Links 6b+)	-	6b	25 m
18	Let's Dance	H. Randl	6c+	25 m
19	Viva la AMS	-	6a+	25 m
20	Galerie	H. Randl	6a+	15 m
21	Hurra die Gams	T. Peer	7a+	25 m
22	Elefanti	T. Peer	6b	15 m
23	Spiderschwein	T. Peer	6c	28 m
24	Shirshasana	T. Peer	6c+	28 m
25	Einführung in die Physik	Stadler, D. Peis	6a	15 m
26	Greenland	D. Peis	7b+	15 m
27	Traumpfeiler	D. Peis, Vötter	5c	20 m
28	Steinesel	H. Randl	6b	22 m
29	Fußarbeit	H. Randl	6b+	22 m
30	Paradoxon	T. Nagler	6c+	25 m
31	Muas da wuascht sein	L. Sigl	7a	19 m
32	Der letzte schöne Herbsttag	S. Schöpf	7c	20 m
33	Erection Injection	T. Nagler	7b+	16 m
34	Durststrecke	H. Randl	6a	20 m
35	Stop the Cars	-	6a+	20 m
36	Für Genießer	H. Randl	6a+	20 m
37	Max	H. Randl	-	8 m
38	Moritz	H. Randl	-	8 m
1	Mona Lisa (links 7c)	-	7c+	18 m
2	Bahnwärter Thiel	D. Peis	7b	18 m
3	Wilhelm Meisters Lehrjahre	D. Peis, Stadler	7c+	18 m
4	Happy Hippie	-	7c	18 m
5	Bruchharsch	D. Peis	7b	18 m
6	Lokomotive Breath	-	7c	18 m
7	Henkel Trocken	T. Nagler	7a+	18 m
8	Charlie, der Specht	T. Nagler	6c	18 m
9	Top Rope	-	7c	16 m
10	More Mantle than Gentle	S. Kiechl	8a	18 m
11	Vertigo Games	T. Nagler	7b+	15 m
12	Al Dente	Wörle	6b+	15 m
13	Movimento	Streiter	6b+	15 m
14	Danke Martin	D. Peis, Witting	6a+	12 m
15	Crazy India	D. Peis, Witting	6b	12 m
16	Juppidu	Luttenberger	6a	13 m
17	Mutz	D. Peis, Felder	5c	12 m
18	Krömle	D. Peis, Felder	5a	12 m
19	TCM	D. Peis, Felder	4c	10 m
20	Die Rechte	-	6c	13 m

SUPERMARKT (674 m)

P 32 T 672540 5237321 (Parkplatz P1)
32 T 673169 5237331

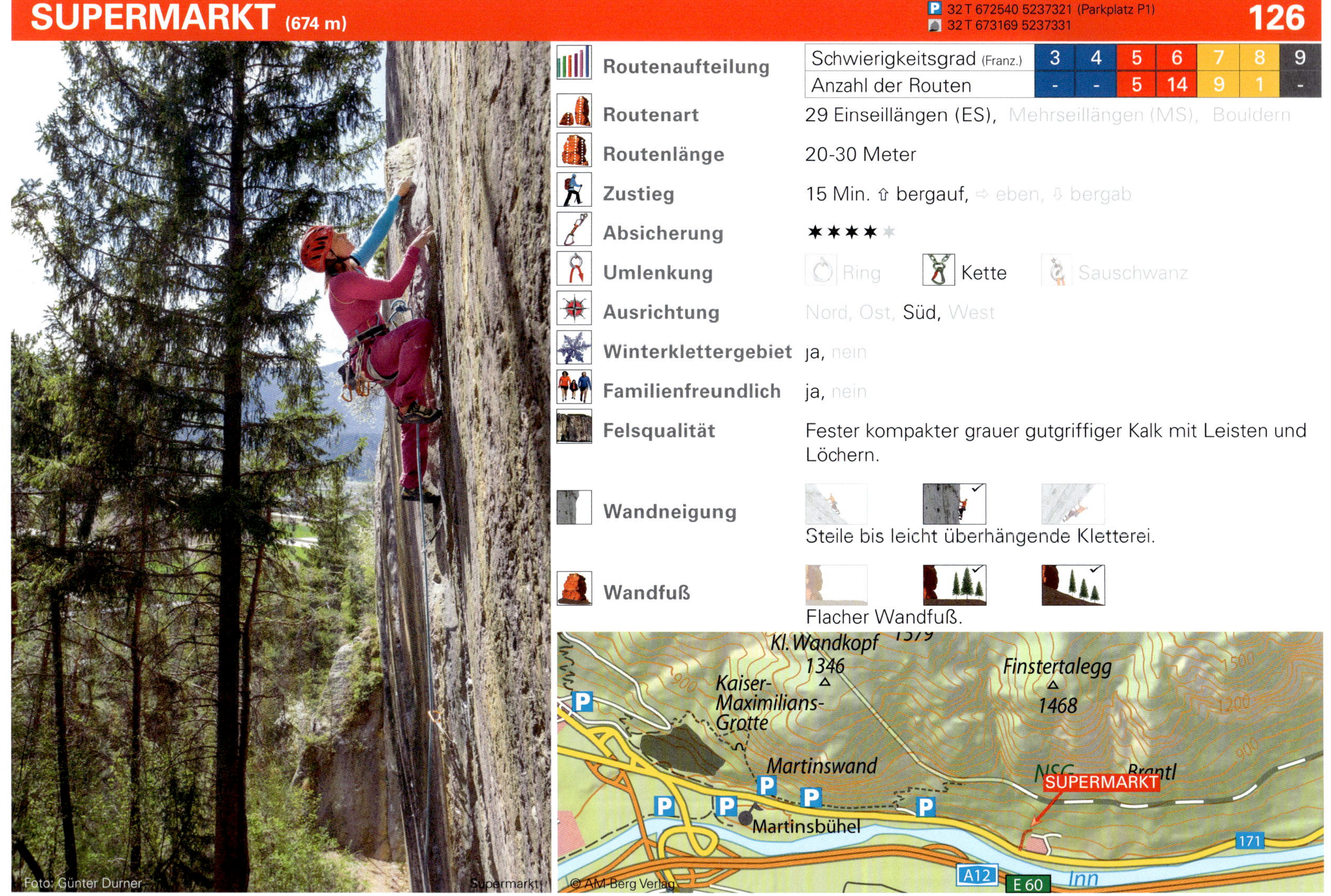

Routenaufteilung

Schwierigkeitsgrad (Franz.)	3	4	5	6	7	8	9
Anzahl der Routen	-	-	5	14	9	1	-

Routenart 29 Einseillängen (ES), Mehrseillängen (MS), Bouldern

Routenlänge 20-30 Meter

Zustieg 15 Min. ⇧ bergauf, ⇨ eben, ⇩ bergab

Absicherung ★★★★★

Umlenkung Ring Kette Sauschwanz

Ausrichtung Nord, Ost, Süd, West

Winterklettergebiet ja, nein

Familienfreundlich ja, nein

Felsqualität Fester kompakter grauer gutgriffiger Kalk mit Leisten und Löchern.

Wandneigung Steile bis leicht überhängende Kletterei.

Wandfuß Flacher Wandfuß.

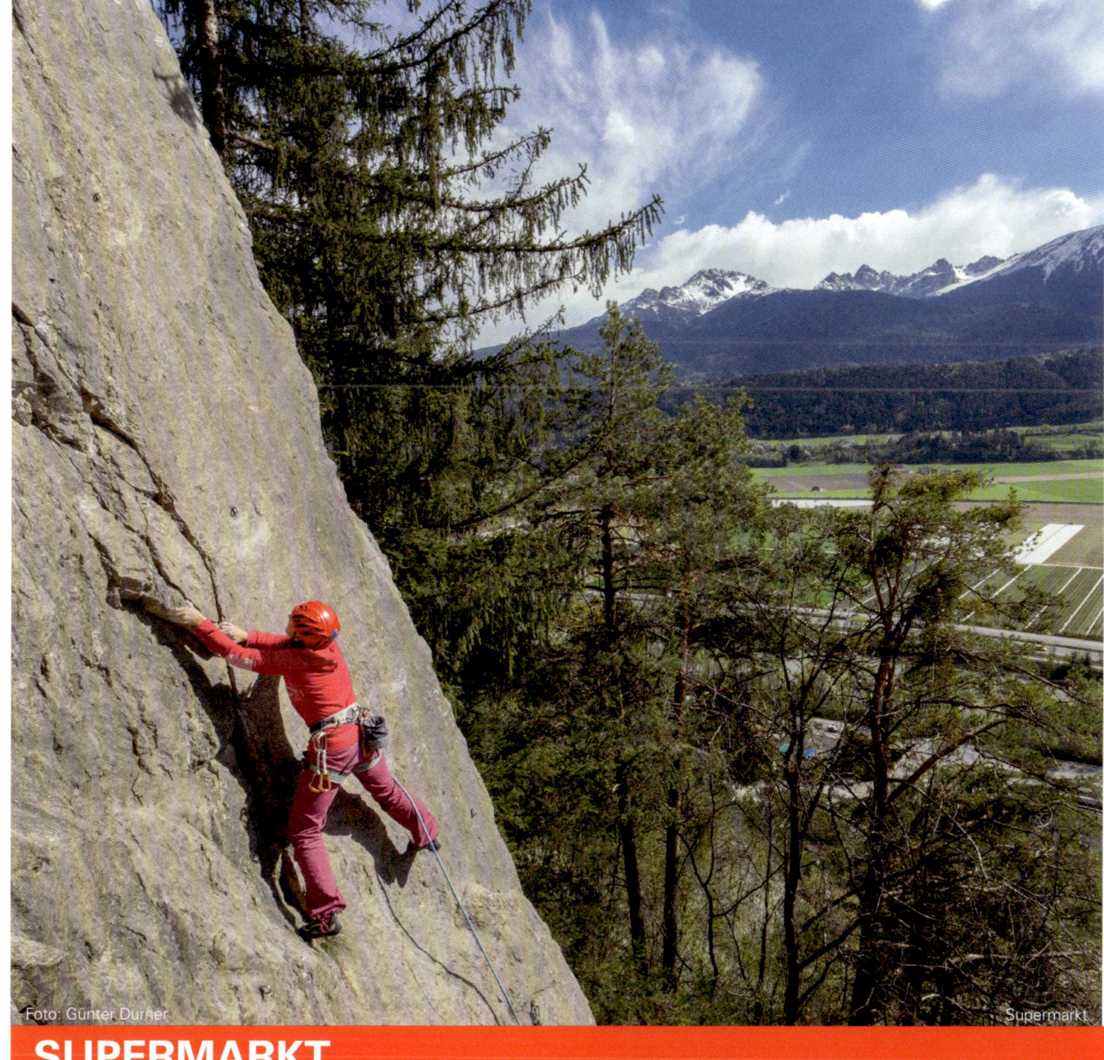

BESCHREIBUNG

Kleiner Klettergarten, der ursprünglich von Robert Renzler (eine Route mit Hans Peter Eisendle) und Mathias Mang eingebohrt und erschlossen wurde. Ende der 90iger Jahre sanierte und erweiterte Reinhold Scherer den Klettergarten.Dabei entstanden zahlreiche künstliche Routen. Es gibt einen schweren Boulderquergang „Casilla" (7c), der bei der Route „Calimero" beginnt und bei der Route „Priscilla" endet. An dem vorgelagerten Block befindet sich die kurze Route „Kleingedrucktes" (6c). Durch die südseitige Ausrichtung kann das gesamte Jahr hindurch geklettert werden. Im linken Wandbereich gibt es viele steile Touren mit Kunstgriffen. Im rechten Wandteil sind einige flachere „natürliche" Routen zu finden.

ZUFAHRT/ZUGANG

Von Innsbruck auf der B 171 Richtung Zirl. Kurz nach der Kläranlage kommt auf der rechten Straßenseite ein kleiner Parkplatz (P1). Wenn aus Richtung Zirl angefahren wird, darf keinesfalls aus dieser Fahrtrichtung auf den Parkplatz (P1) abgebogen werden. Wendemöglichkeit besteht bei der Kläranlage. Vom Parkplatz (P1) 250 m am Straßenrand der B 171 oder flussseitig der Leitplanken in Richtung Kläranlage gehen. Direkt vor dem Zaun der Kläranlage nach links über eine Steilstufe, dann dem Steig bis zum Klettergarten folgen. Vom Parkplatz (P1) ca. 15 Minuten.

ERSCHLIESSER

R. Renzler, H. P. Eisendle, M. Mang, R. Scherer

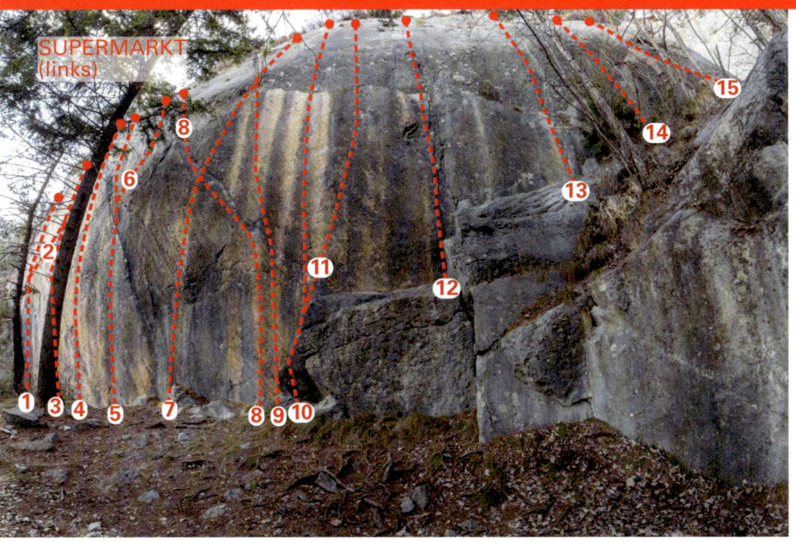

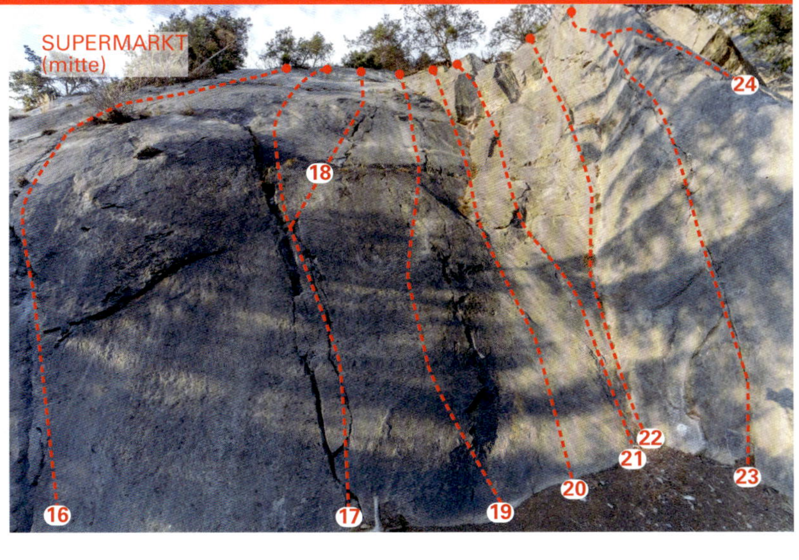

SUPERMARKT

Nr.	Route	Erstbegeher	Grad	Länge
1	Calimero	R. Scherer	6c	20 m
2	Connection	R. Scherer	7a	20 m
3	Tonno e Cipolle	R. Scherer	7b	30 m
4	Panna Cotta	R. Scherer	7c	30 m
5	The famous potatoes of Idaho	R. Scherer	7a	30 m
6	Niente Scuse	R. Scherer	7b+	30 m
7	Zorba	R. Scherer	7c+	30 m
8	Kappa Zero	R. Scherer	8a	30 m
9	Il Muratore	R. Scherer	7c	30 m
10	Mon Dito	R. Scherer	7a	35 m
11	Priscilla	R. Scherer	7c	35 m
12	Athene	R. Scherer	6b	35 m
13	Unternehmen Madau	R. Scherer	6b+	30 m
14	Ikaros	R. Scherer	6c	30 m
15	-	-	-	20 m
16	Dädalos	R. Scherer	6b	30 m
17	-	R. Scherer	6b	30 m
18	-	R. Scherer	6b	30 m
19	Makaria	R. Scherer	6a	30 m
20	Baggerfahrer	R. Scherer	5b	30 m
21	Der kleine Prinz	R. Scherer	5c	30 m
22	Der Maulwurf	R. Scherer	5b	30 m
23	Pussycat	R. Scherer	6a	30 m

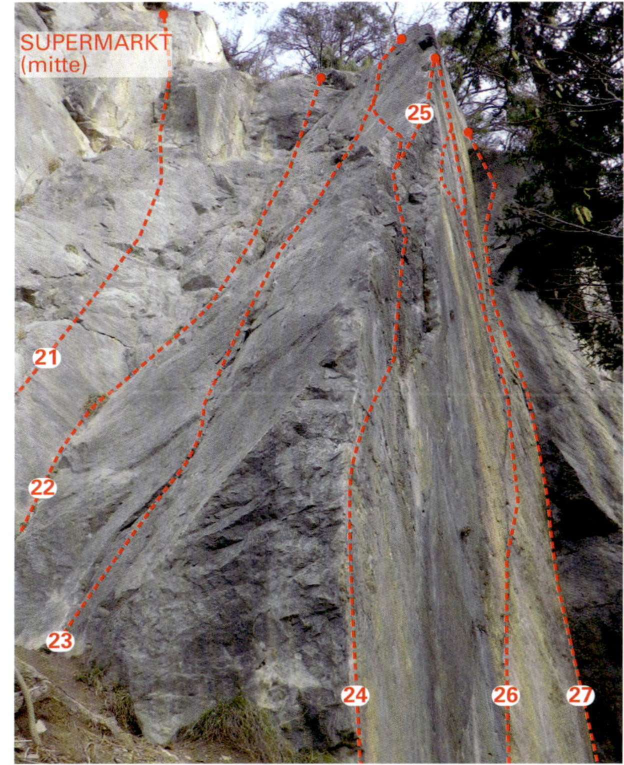

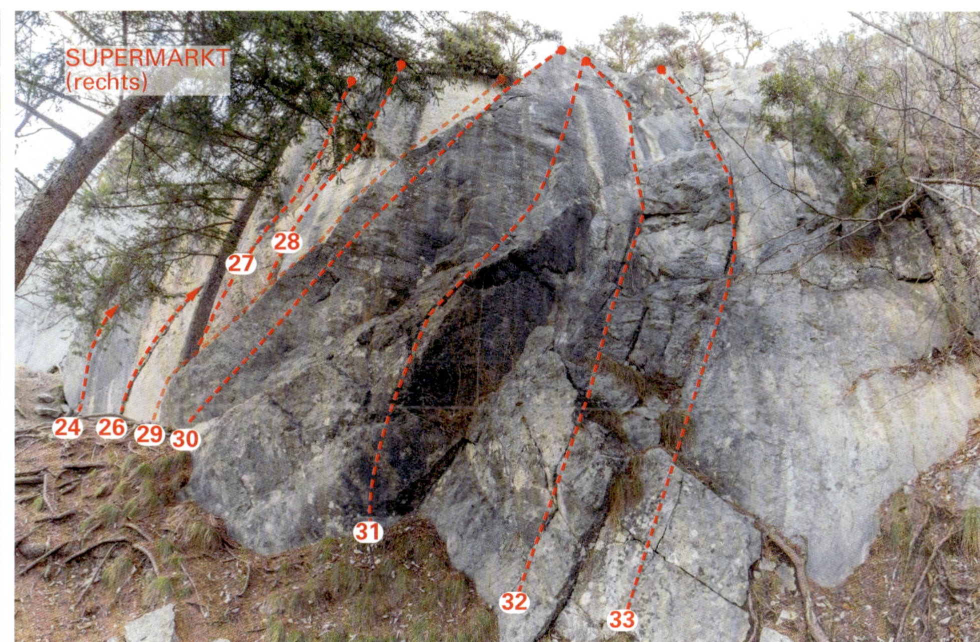

SUPERMARKT

21 Der kleine Prinz .... R. Scherer .... 5c ... 30 m
22 Der Maulwurf .... R. Scherer .... 5b ... 30 m
23 Pussycat .... R. Scherer .... 6a ... 30 m
24 Von der Kante in die Platte .... M. Mang .... 6c ... 30 m
25 Immer an der Kante .... M. Mang .... 6c ... 30 m
26 Maltabiabl .... R. Scherer .... 6c+ . 30 m
27 Die Kommission .... H. Eisendle, R. Renzler 6c+ . 30 m
28 The Lip .... R. Scherer .... 6c ... 25 m
29 Bimbo .... R. Scherer .... 5b ... 25 m
30 - .... R. Scherer .... 5b ... 25 m
31 Siebenschläfer .... R. Scherer .... 6c+ . 25 m
32 Alpin dahin .... R. Scherer .... 6a ... 25 m
33 Saubermacher .... R. Scherer .... 5a ... 25 m
34 Kleingedrucktes (am vorgelagertem Block) .... R. Scherer .... 6c ... 15 m

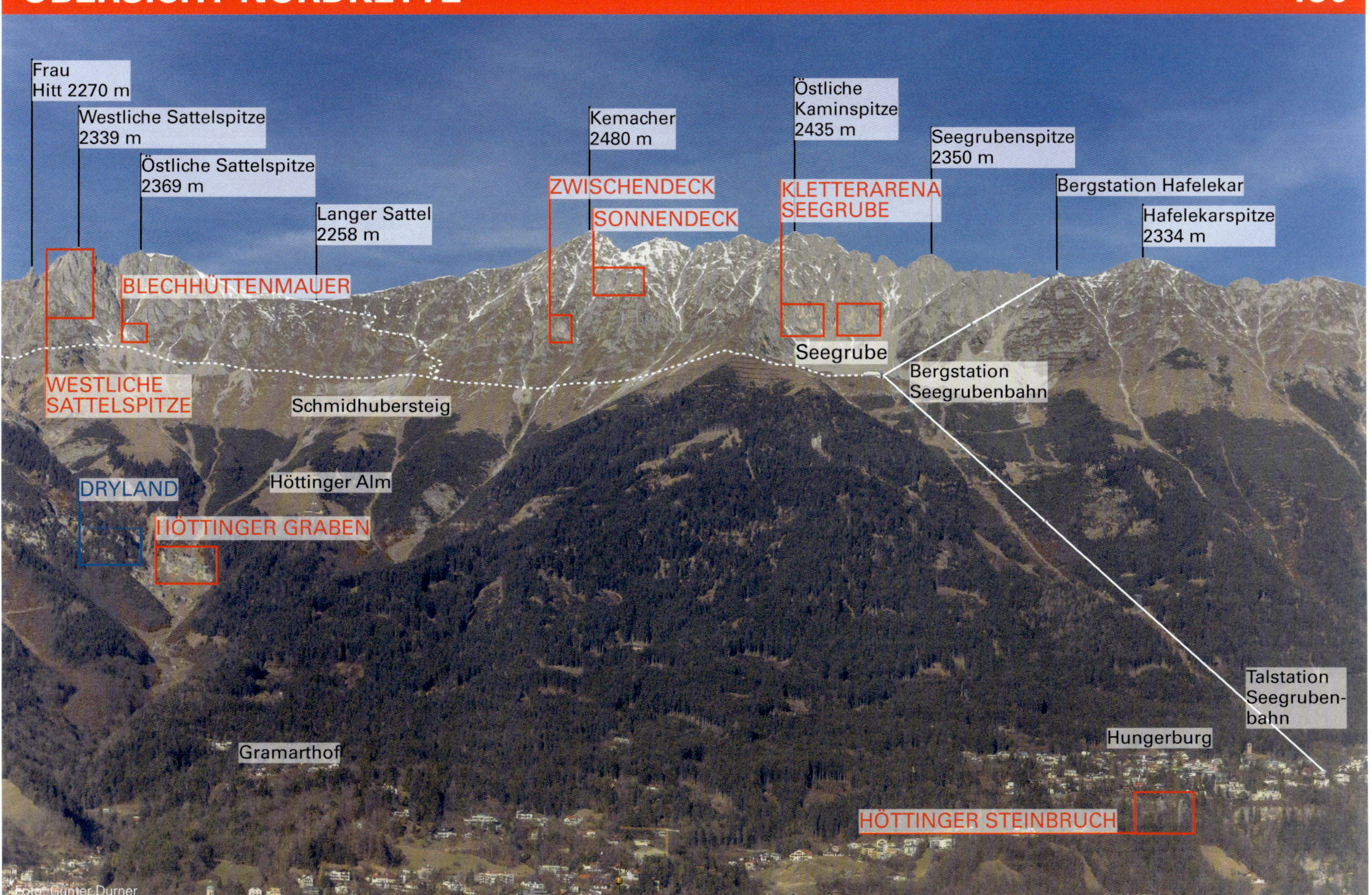
Frau Hitt 2270 m
Westliche Sattelspitze 2339 m
Östliche Sattelspitze 2369 m
Langer Sattel 2258 m
Kemacher 2480 m
ZWISCHENDECK
SONNENDECK
Östliche Kaminspitze 2435 m
KLETTERARENA SEEGRUBE
Seegrubenspitze 2350 m
Bergstation Hafelekar
Hafelekarspitze 2334 m
BLECHHÜTTENMAUER
Seegrube
Bergstation Seegrubenbahn
WESTLICHE SATTELSPITZE
Schmidhubersteig
DRYLAND
Höttinger Alm
HÖTTINGER GRABEN
Talstation Seegruben-bahn
Hungerburg
Gramarthof
HÖTTINGER STEINBRUCH
Foto: Günter Durner

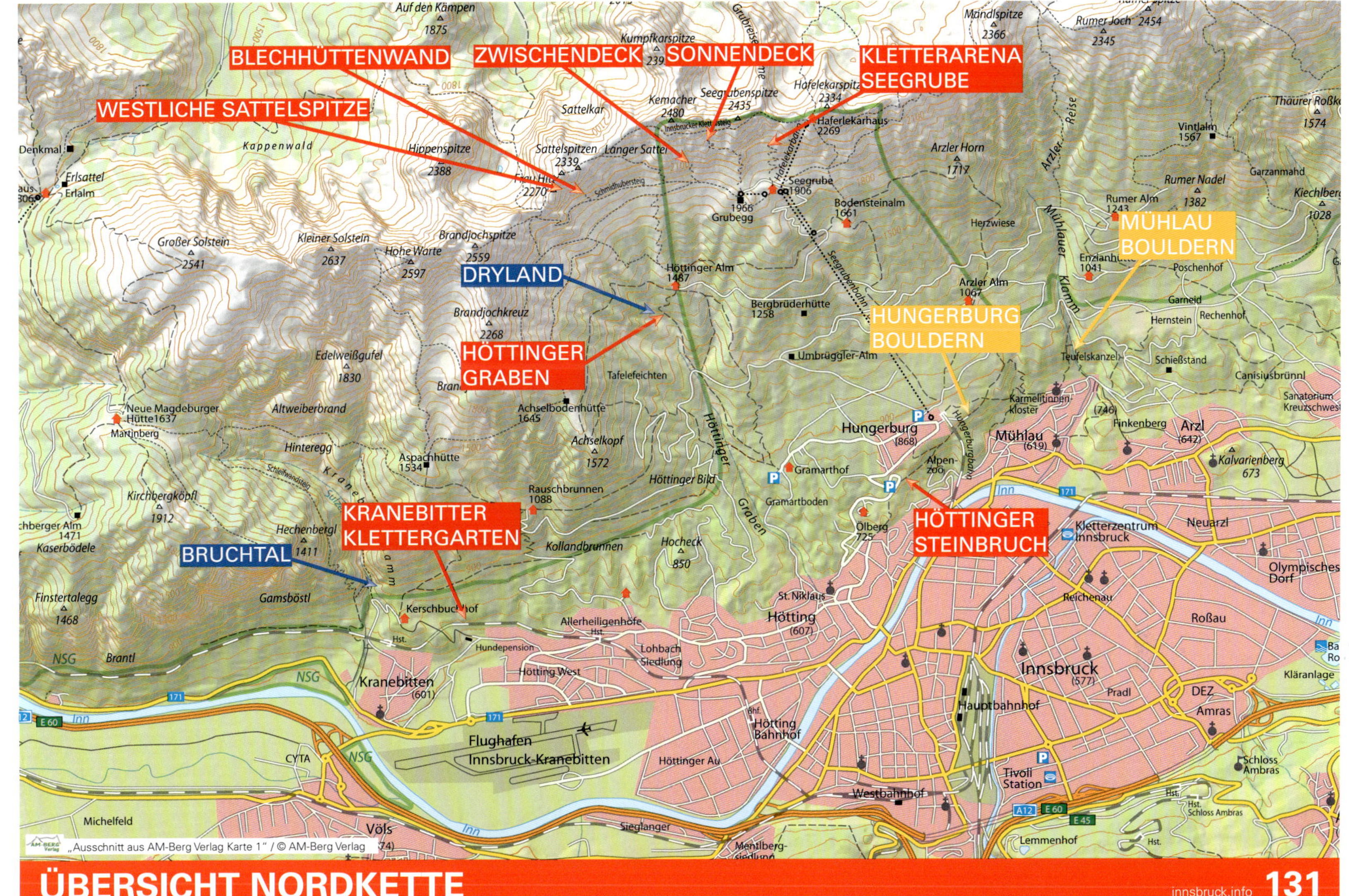

ÜBERSICHT NORDKETTE

KRANEBITTEN (703 m)

P 32 T 677072 5237775
32 T 676946 5237902

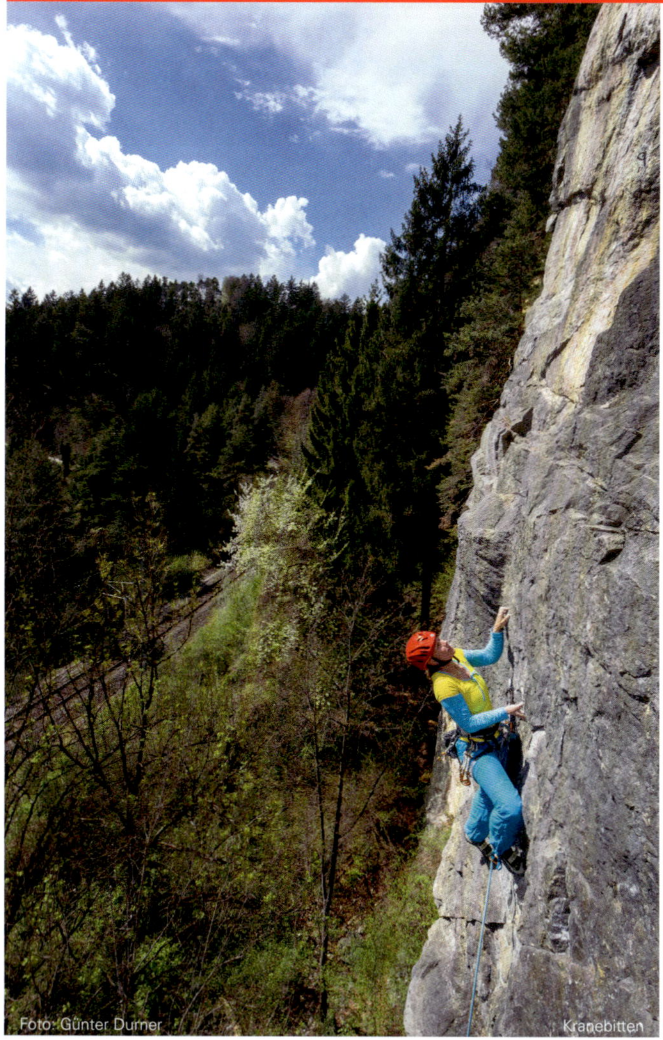

Foto: Günter Durner

Kranebitten

Routenaufteilung							
Schwierigkeitsgrad (Franz.)	3	4	5	6	7	8	9
Anzahl der Routen	-	-	5	13	5	-	-

Routenart 23 Einseillängen (ES), Mehrseillängen (MS), Bouldern

Routenlänge 15 - 25 Meter

Zustieg 20 Min. ⇧ bergauf, ⇨ eben, ⇩ bergab

Absicherung ★★★★★

Umlenkung Ring, Kette, Sauschwanz

Ausrichtung Nord, Ost, Süd, West

Winterklettergebiet ja, nein

Familienfreundlich ja, nein

Felsqualität Fester kompakter grauer gutgriffiger Kalk mit Leisten und Löchern.

Wandneigung Steile bis leicht überhängende Kletterei.

Wandfuß Flacher bis steiler bewaldeter Wandfuß.

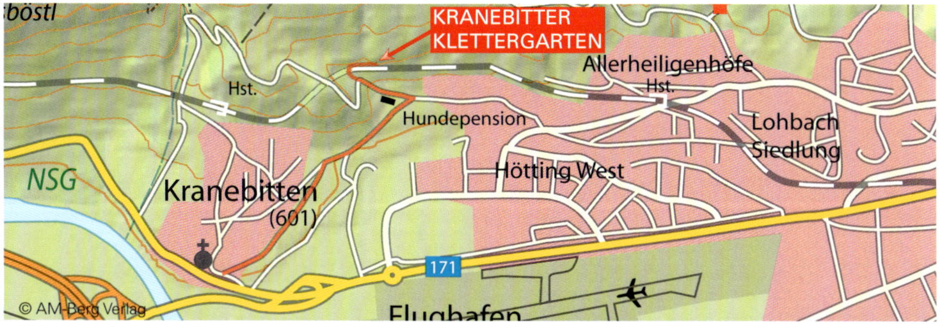

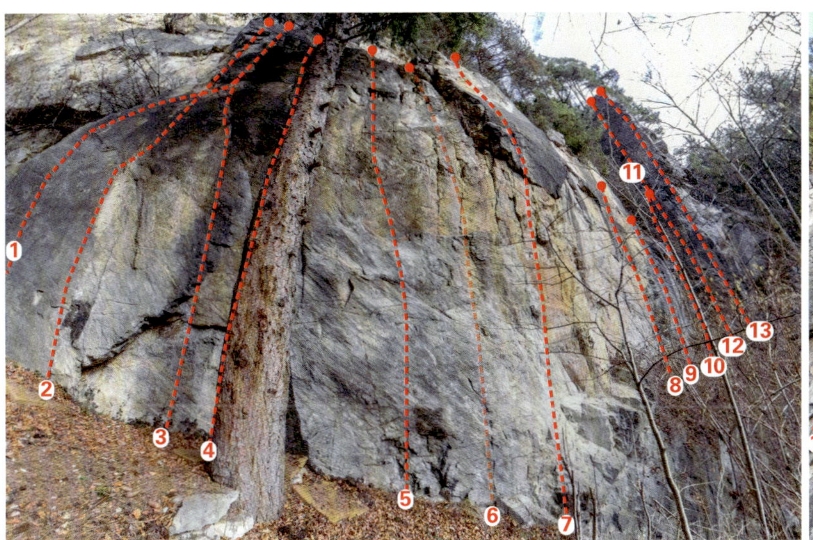

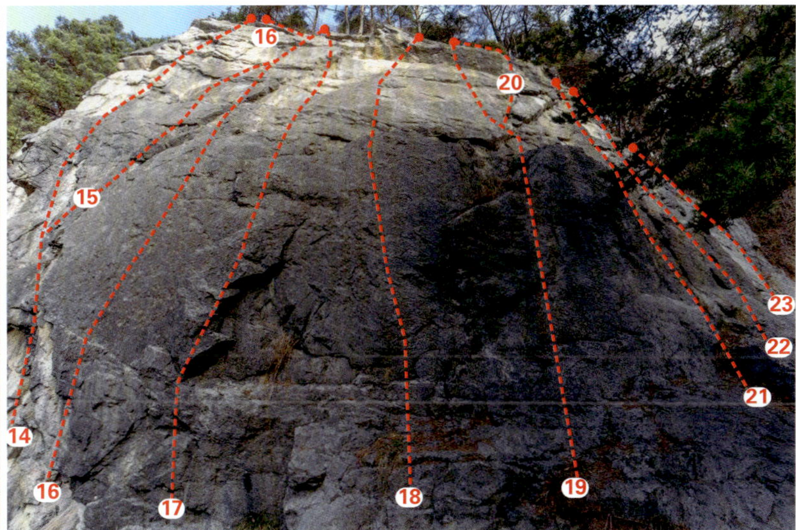

KRANEBITTEN

Nr.	Route	Grad	Länge
1	Old Man	6a	20 m
2	Midlife Crysis	6c+	20 m
3	Young Man	6c+	20 m
4	Bold Man	7a	20 m
5	Buy Local	7a	20 m
6	Biposto (Top Rope)	6a+	20 m
7	Corona	6c+	20 m
8	Mother Dubber	7a+	20 m
9	Dödl Up	7a	20 m
10	Confetti town	5c	18 m
11	Desmodue	6b+	30 m
12	Trätätää	5a	18 m
13	Tree hug-First blood	6b+	30 m
14	Traumwandl	6b+	20 m
15	Matzgehndeus	6b+	20 m
16	Quasimodo	6c+	20 m
17	Schnuggi Puzzi	6a+	20 m
18	Gringo	6b+	20 m
19	Uff Uff	7b	20 m
20	Eppi Leppi	6a	20 m
21	Greenhorn	5c	18 m
22	Stufensteigen	5b	18 m
23	Flying Kids	5a	18 m

BESCHREIBUNG

Abgesehen von der Eisenbahnlinie, die am Klettergarten vorbeiführt, ein ruhiges Klettergebiet mit vielen schönen Routen. Bouldermöglichkeiten.

ZUFAHRT/ZUGANG

Navi: 6020 Innsbruck, Hans-Untermüller-Straße. Von Zirl oder Innsbruck auf der B 171 nach Kranebitten. Über die Klammstraße in die Hans-Untermüller-Straße, hier parken. Ostwärts zum Harterhofweg gehen, bei der Hundepension links aufwärts zum Bahndamm. Nach der Unterführung gleich rechts zum Felsen.
ACHTUNG: Das Betreten der Gleise ist verboten.

ERSCHLIESSER

Th. Nagler, „Die Zachen", L. Sigl, M. Lechner, B. Purner

HÖTTINGER GRABEN (1350 m)

P 32 T 679864 5239331
32 T 678842 5240762

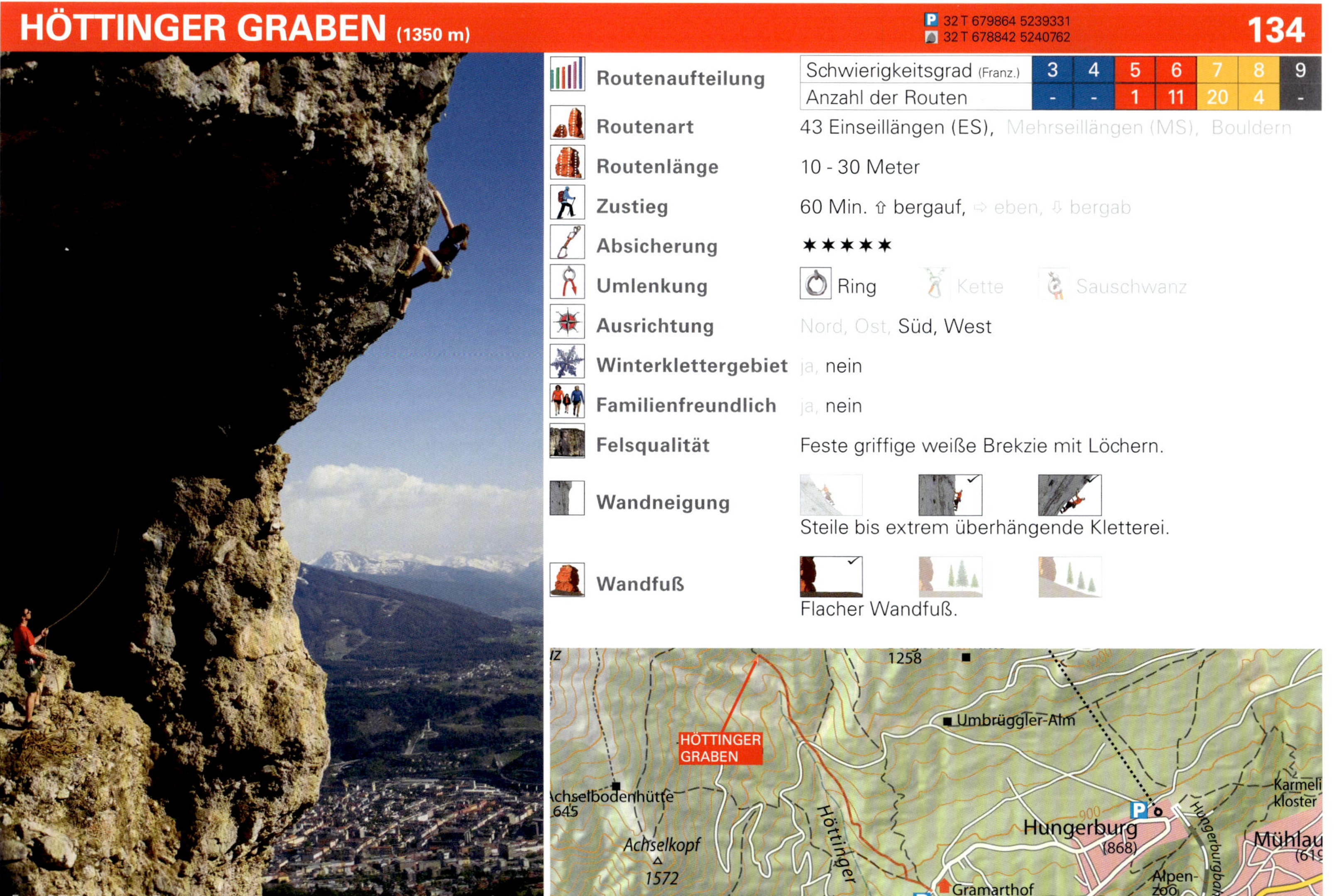

Routenaufteilung								
Schwierigkeitsgrad (Franz.)	3	4	5	6	7	8	9
Anzahl der Routen	-	-	1	11	20	4	-

Routenart 43 Einseillängen (ES), Mehrseillängen (MS), Bouldern

Routenlänge 10 - 30 Meter

Zustieg 60 Min. ⇧ bergauf, ⇨ eben, ⇩ bergab

Absicherung ★★★★★

Umlenkung Ring Kette Sauschwanz

Ausrichtung Nord, Ost, Süd, West

Winterklettergebiet ja, nein

Familienfreundlich ja, nein

Felsqualität Feste griffige weiße Brekzie mit Löchern.

Wandneigung Steile bis extrem überhängende Kletterei.

Wandfuß Flacher Wandfuß.

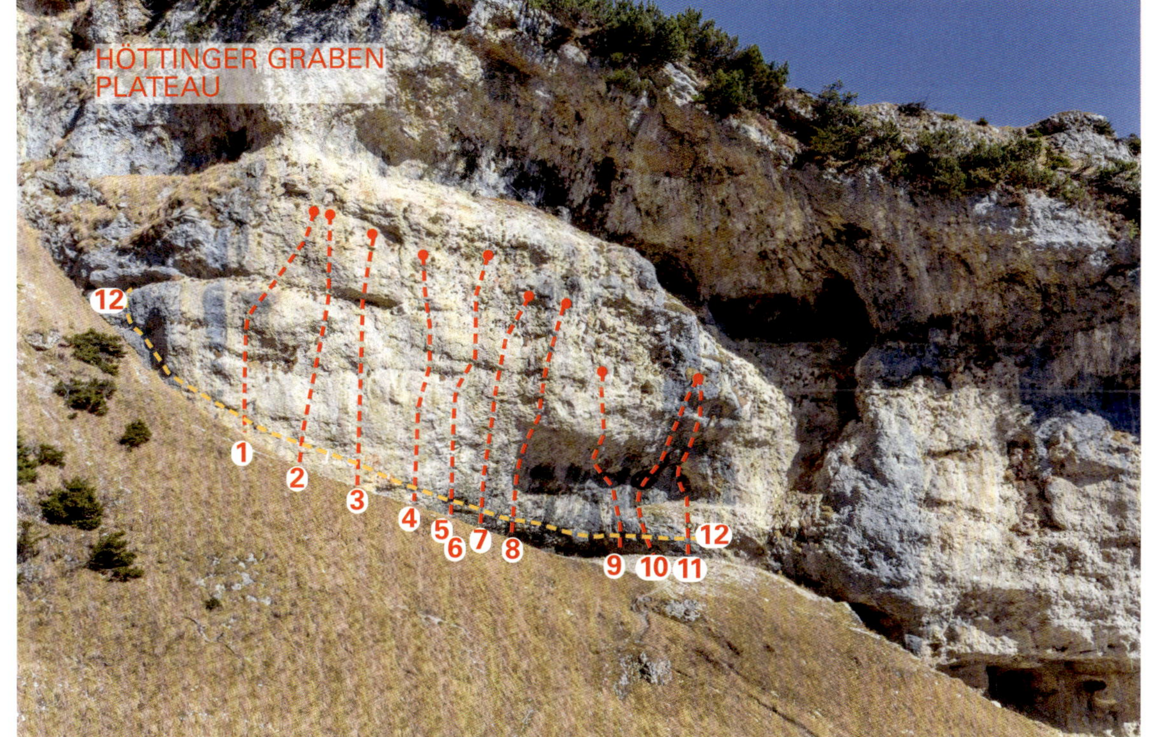

HÖTTINGER GRABEN PLATEAU

1	Eins, zwei, drei	W. Gürtler	6c+	12 m
2	Lea	W. Gürtler	6b	12 m
3	froh zu sein	W. Gürtler	7a	15 m
4	Ceylon	D. Peis	7c+	15 m
5	Dude´s way	W. Gürtler	7c	18 m
6	Dude XL (sd!)	W. Gürtler	7c+	20 m
7	Projekt	D. Peis	-	20 m
8	Projekt	-	-	20 m
9	No Sika, no climb (1. RP M. Oberweger)	R. Schellander	8a	15 m
10	Projekt	-	-	15 m
11	Projekt	-	-	15 m
12	Boulderquergang (Start bei 11 8c, Start bei 3 7a+)	-	ca. 8c	50 m

BESCHREIBUNG

Der Höttiger Graben befindet sich in einmaliger alpiner Umgebung hoch über Innsbruck und bietet hervorragende, athletische Überhangkletterei. Ein Topspot der Innsbrucker.

ZUFAHRT/ZUGANG

Navi: 6020 Innsbruck, Gramartstraße 117. In Innsbruck in nördlicher Richtung zum Inn. Über die Innbrücke zum Stadtteil Hötting (Höttinger Gasse) und über die Höhenstraße bis zur Hungerburg fahren. Links in die Gramartstraße abbiegen, nach etwa 1,5 Kilometer gibt es nach dem Gramarthof bei dem Kinderspielplatz einen großen Parkplatz (sonn- und feiertags Fahrverbot ab Hungerburg). Vom Parkplatz dem Weg zum Höttinger Bild folgen. Nach etwa 150 Meter bei der zweiten Weggabelung rechts halten (Hinweisschild Höttinger Alm). Diesem Weg nordwärts folgen. Nach der Forststraße weiter im linken Graben aufwärts bis zum Sportklettergarten (ca. 60 Minuten, 500 Hm).

ERSCHLIESSER

W. Gürtler, D. Peis, C. Prager, M. Mayr, M. Waldner, M. Oberweger, T. + S. Mitter, J. Oberhauser, D. Pitschmann, L. Sigl, A. Fuchs, R. Monz, A. Würtele, K. Luze, R. + H. Schellander

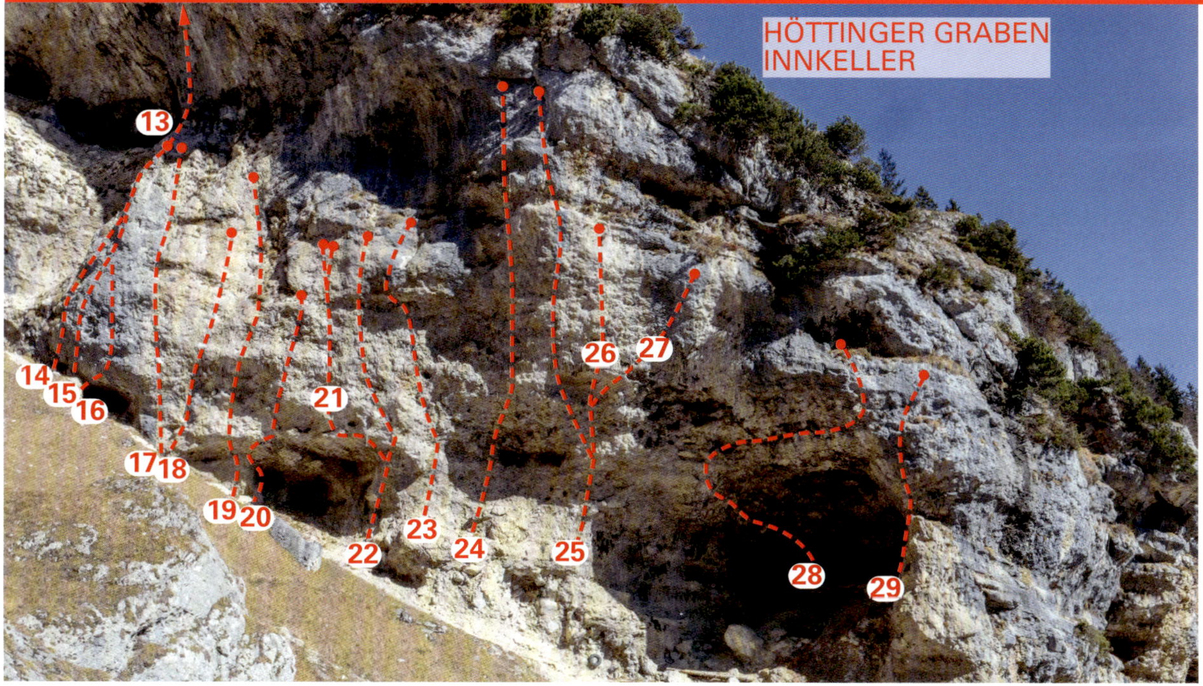

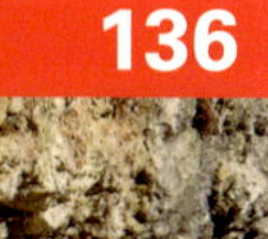

HÖTTINGER GRABEN INNKELLER

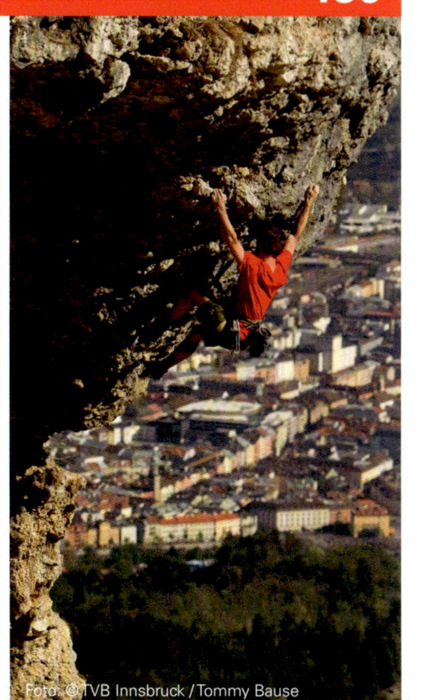

Foto: © TVB Innsbruck / Tommy Bause

HÖTTINGER GRABEN INNKELLER

Nr.	Route	Erstbegeher	Grad	Länge
13	Projekt	D. Peis	-	15 m
14	M & M	L. Sigl	5b	18 m
15	Kinderspiel	K. Luze	6a+	18 m
16	Toaster	C. Prager	6c	18 m
17	Bokassa	C. Prager	7a	20 m
18	Verhinderte Vaterschaft	J. Oberhauser	7a	18 m
19	Psyched up?	J. Oberhauser	7b	20 m
20	Schweinegeil mit Ananas	J. Oberhauser	7b+	18 m
21	Sch... Freestyler	R. + H. Schellander	7b	20 m
22	Sein Pfeil	M. Mayr	7b+	20 m
23	Unverhinderte Vaterschaft	L. Sigl	7a+	22 m
24	Pump fiction	A. Fuchs (1. RP), L. Sigl	7c	30 m
25	Suiziege	T. Mitter, A. Fuchs (1. RP)	7c	30 m
26	Heimwerker King	T. Mitter	7a+	25 m
27	Aaron	T. Mitter (1. RP M. Haupt)	7b	25 m
28	Sex mit der Gufelhex	D. Pitschmann, A. Fuchs (1. RP)	7c+/8a+	30 m
29	Schleiertanz	R. Monz	7b	20 m

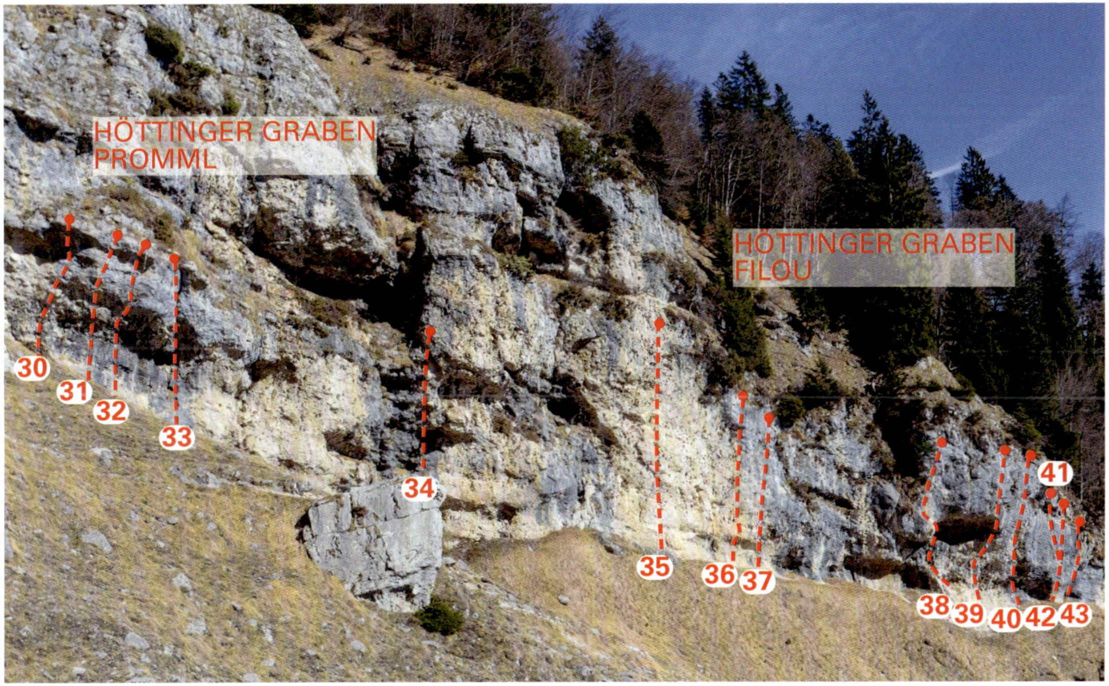

HÖTTINGER GRABEN PROMML

HÖTTINGER GRABEN FILOU

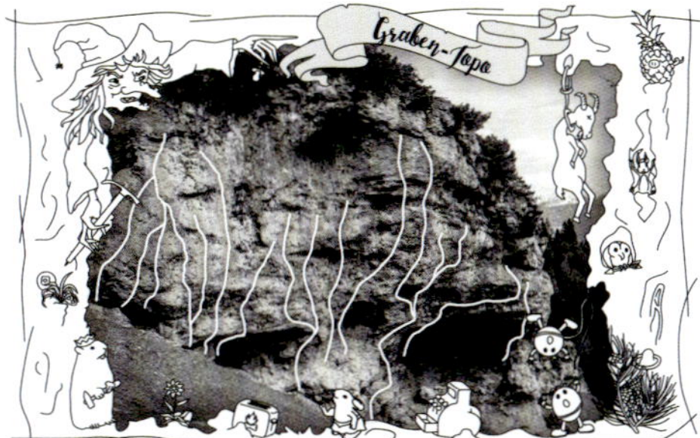

Grafik: © Katharina Pitschmann

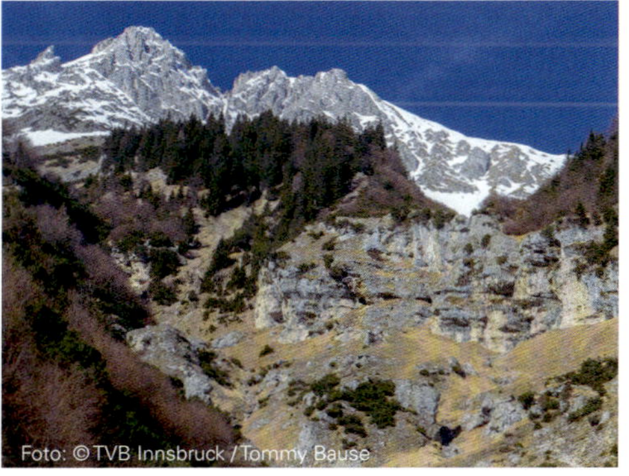

Foto: © TVB Innsbruck / Tommy Bause

HÖTTINGER GRABEN RECHTS

Nr.	Route	Erstbegeher	Grad	Länge
30	Dorfstr. 8a	M. Mayr	7b	15 m
31	Bonsai	M. Waldner (1. RP M. Mayr)	8a	15 m
32	Projekt	L. Sigl	-	15 m
33	Oaschritzn von der Hex	L. Sigl	6c	15 m
34	Projekt	-	-	20 m
35	Grüß Gott Frau Thöny	T. Mitter	6b	25 m
36	LSD	M. Mayr	6b+	20 m
37	Villa Dallapozza	M. Mayr	6b	18 m
38	Pablo	T. Mitter	7a	20 m
39	Mr. T.	T. Mitter	7b+	20 m
40	Muttertag	T. Mitter	7b	20 m
41	Stell'n hin	J. Oberhauser	6c+	18 m
42	Höttinger Nudl	A. Würtele	6a+	15 m
43	Natuabua	A. Würtele	6a+	10 m

HÖTTINGER STEINBRUCH (770 m)

P 32 T 680978 5239227
32 T 681016 5239275

Foto: Innsbrucktourismus

Höttinger Steinbruch

Routenaufteilung	Schwierigkeitsgrad (Franz.)	3	4	5	6	7	8	9
	Anzahl der Routen	-	-	11	31	10	-	-

Routenart	53 Einseillängen (ES), Mehrseillängen (MS), Bouldern
Routenlänge	10-35 Meter
Zustieg	2 Min. ⇧ bergauf, ⇨ eben, ⇩ bergab
Absicherung	★★★★★
Umlenkung	Ring, Kette, Sauschwanz
Ausrichtung	Nord, Ost, Süd, West
Winterklettergebiet	ja, nein
Familienfreundlich	ja, nein
Felsqualität	Feste rötliche Brekzie mit Leisten und Löchern.
Wandneigung	Steile bis leicht überhängende Kletterei.
Wandfuß	Flacher Wandfuß (Wiese).

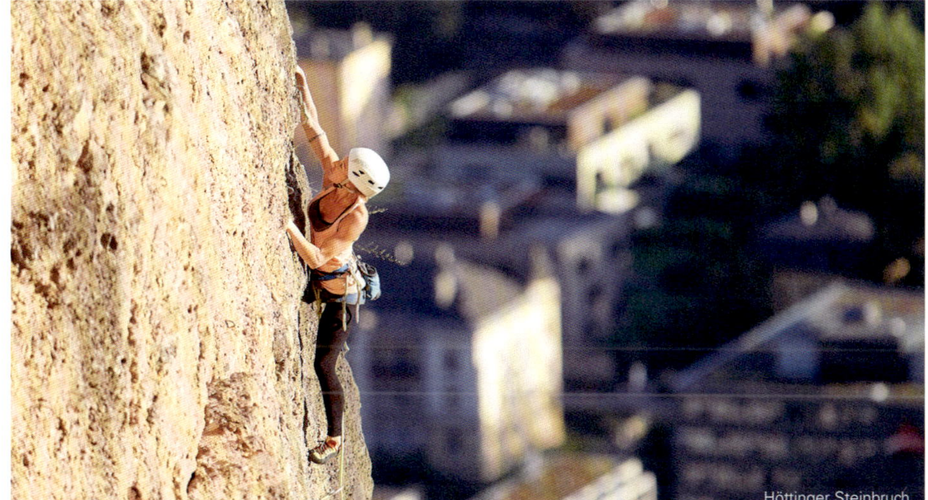

Höttinger Steinbruch

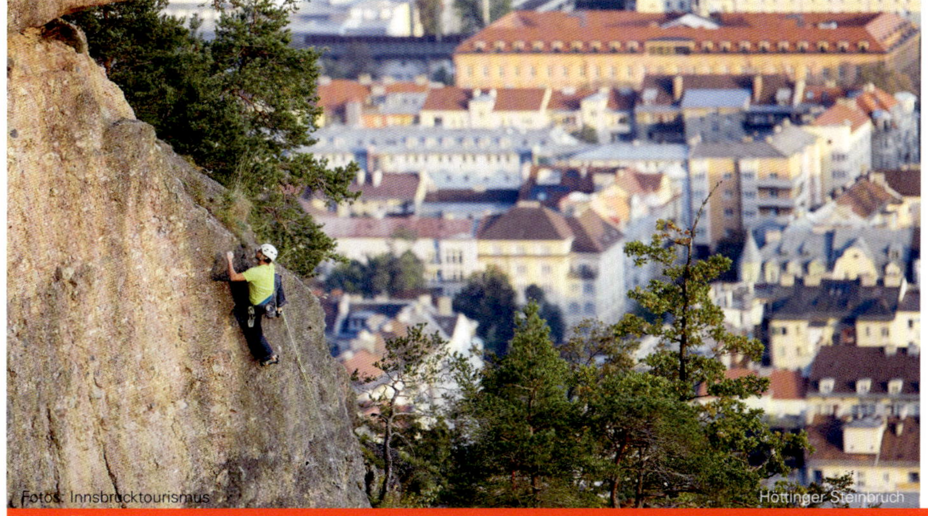

Fotos: Innsbrucktourismus

Höttinger Steinbruch

BESCHREIBUNG

Der ehemalige Steinbruch bei Hötting ist ein sehr schön gelegener Kletterfelsen hoch über Innsbruck, der schon von vielen Kletter-Generationen als Trainingsgebiet genutzt wurde. Direkt vor dem Felsen ist eine große ebene Wiese, die vor allem bei Familien sehr beliebt ist. Der Höttinger Steinbruch ist ca. 40 Meter hoch und bietet durchaus anspruchsvolle und schöne Routen an Leisten und Löchern. Sehr beliebt sind die Boulderquergänge, dementsprechend abgespeckt ist der untere Wandbereich.

Die Felswand besteht aus Brekzie, das ist ein Konglomerat-Gestein, das aus eckigen Komponenten besteht und eng mit dem Sandstein verwandt ist. Vom oberen Felsbereich hat man einen herrlichen Blick auf Innsbruck und ins Wipptal.
Die beste Jahreszeit um im Höttinger Steinbruch zu klettern ist zwischen April und Oktober. Im Winter kommt durch die westseitige Ausrichtung nur wenig Sonne an die Wand. Im Hochsommer bei sehr hohen Temperaturen ist durch das ohnehin glatte und abgegriffene Gestein das Klettern eher „rutschig". Das Gelände des Höttinger Steinbruchs liegt auf privatem Grund. Wir bitten alle Kletterer keinen Müll zu hinterlassen.

ZUFAHRT/ZUGANG

Navi: 6020 Innsbruck, Höhenstraße 52. In Innsbruck in nördlicher Richtung zum Inn. Über die Innbrücke zum Stadtteil Hötting (Höttinger Gasse) und über die Höhenstraße in Richtung Hungerburg fahren. Nach der Zufahrt zum Gasthof Ölberg noch ca. 350 Meter weiter bis zu einer markanten Linkskehre. In der Linkskehre befindet sich ein Parkplatz. Die Höhenstraße überqueren und an der Schranke vorbei in wenigen Minuten zum Klettergarten. Keinesfalls vor der Schranke parken, dort ist absolutes Parkverbot.

ERSCHLIESSER

Zahlreiche, unter anderem R. Schiestl, H. Zak, K. Schoißwohl

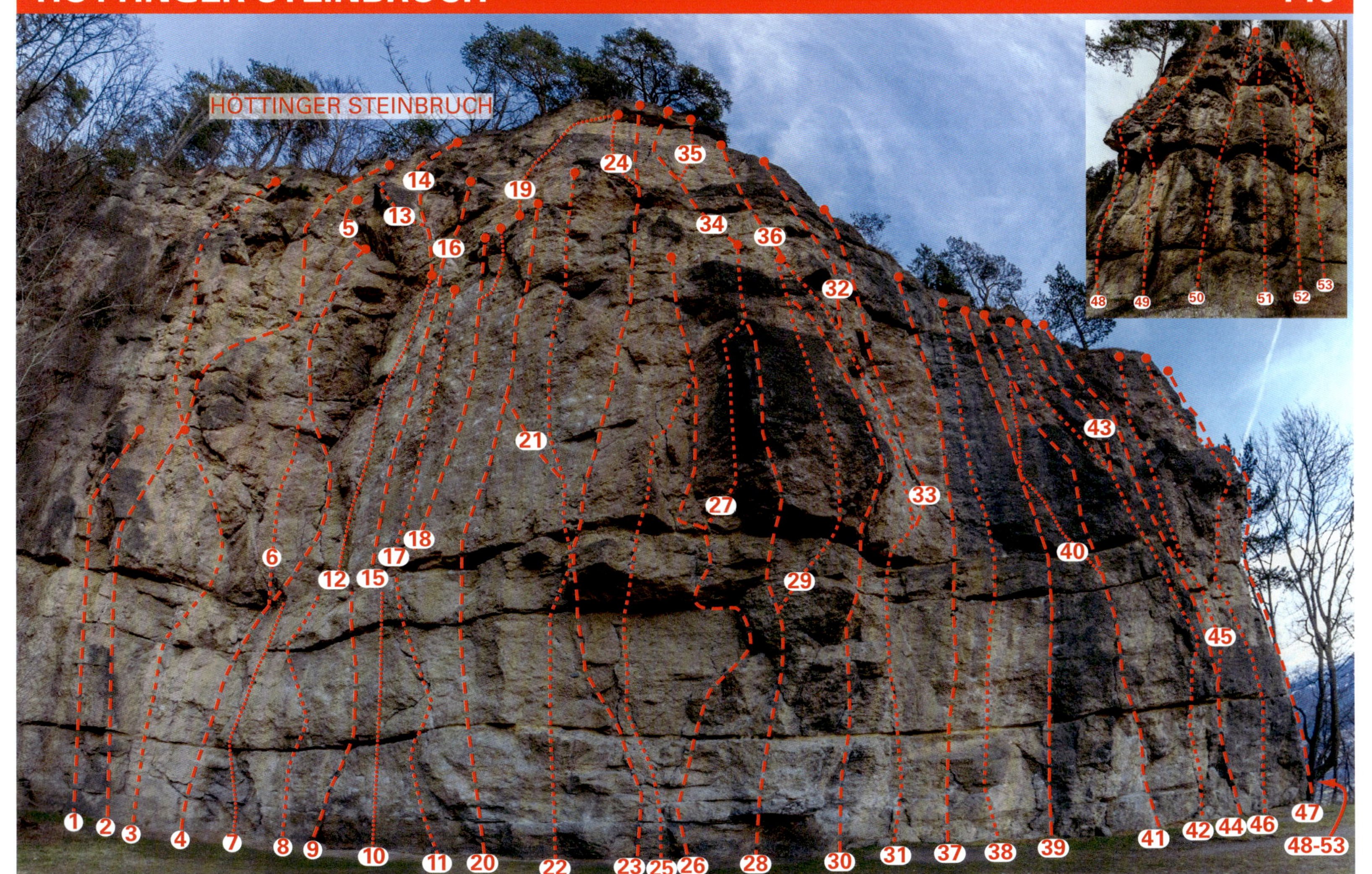
HÖTTINGER STEINBRUCH
1
2
3
4
5
6
7
8
9
10
11
12
13
14
15
16
17
18
19
20
21
22
23
24
25
26
27
28
29
30
31
32
33
34
35
36
37
38
39
40
41
42
43
44
45
46
47
48-53
48
49
50
51
52
53

HÖTTINGER STEINBRUCH

Nr.	Route	Grad	Länge
1	Taubennuss	6b+	15 m
2	Soloriss extension	6a+	35 m
3	Moby Dick (2 SL)	5b, 5b	35 m
4	Birkenverschneidung	5c+	25 m
5	Birkenverschneidung Lang	6a	30 m
6	Schotter Schlotter	6a+	8 m
7	Direkt zu Nr. 4, 6, 7	6b	8 m
8	Einstieg zum Podest	6b+	8 m
9	Elmar	7a+	8 m
10	Staubsauger	6c+	8 m
11	Leichtester Einstieg	6a	8 m
12	Fair Hand (1. SL)	6a+	15 m
13	Traumreise	7c+	15 m
14	Fair Hand (2. SL)	7a	15 m
15	Lady Killer (1. SL)	7b	15 m
16	Lady Killer (2. SL)	7b+	12 m
17	Gekörntes	6b	15 m
18	Powerplay	6b+	20 m
19	Die Versteckte	-	15 m
20	Sperrbezirk	7c	23 m
21	Oberer Einstieg Sperrbezirk	7b+	8 m
22	Rollsplitt	7a	25 m
23	Glücksklee	6a+	35 m
24	Glücksklee mit Goldpartie	6a/+	35 m
25	Schiestl Dachl	7a+	18 m
26	6er Dachl	6a	18 m
27	Geierwandl	6a+	18 m
28	Geiersturzflug	7a+	18 m
29	Bierbauch	6c+	18 m
30	Mondrians Farbenlehre	7a	18 m
31	Fünf-plus-Riss	5c	20 m
32	Fünf-plus-Riss Gerader Ausstieg	6a	30 m
33	Eberl Verschneidung	6a+	25 m
34	Direktes Ausstiegsdach	5c	17 m
35	Plattenweg	6a+	17 m
36	Die Neue	6a	15 m
37	Rechtsausleger	6a+	20 m
38	Wasserfallwandl	6b	18 m
39	Pittracher Einstieg mit 5er Platte	6a	18 m
40	Bohrlochweg Links	5b	18 m
41	Bohrlochweg Gerade	5c	18 m
42	Kante + Neuer Mittelpfeiler	6a+	18 m
43	Kante + Alter Mittelpfeiler	6a	18 m
44	Ingena	5b	18 m
45	Links der Schnapsnase	6a	18 m
46	Schnapsnase	6a+	18 m
47	Direkte Schnapsnase	6a+/b	18 m
48	Rechts der Schnapsnase	6a	15 m
49	Via Georg	6a+	15 m
50	www.eventation.at	5b	10 m
51	Event	5c	10 m
52	Incentive	5c	10 m
53	Teamtraining	5a	10 m

Kombinationen:

Route	Grad	Länge
Traumkiller (Nr. 9 + 15 + 13)	8a	30 m
Traumbezirk (Nr. 20 + 13)	8a	35 m
Alle Touren (Nr. 1 bis 53 auf und ab ohne Bodenberührung)	9a	1876 m

KLETTERARENA SEEGRUBE (2100 m)

32 T 679873 5241965 (Bergstation Seegrube)
32 T 679548 5242376

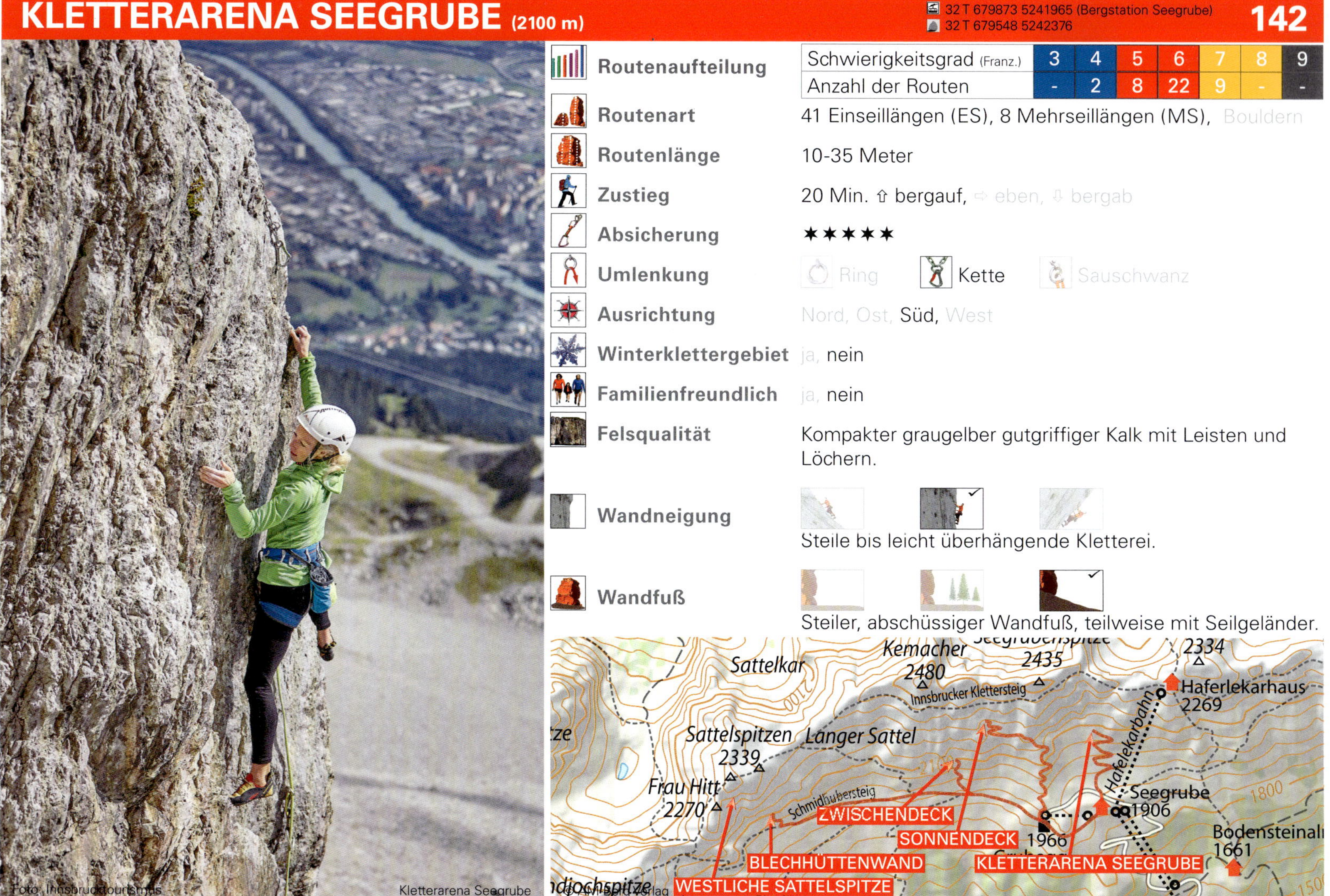

Routenaufteilung	Schwierigkeitsgrad (Franz.)	3	4	5	6	7	8	9
	Anzahl der Routen	-	2	8	22	9	-	-

Routenart 41 Einseillängen (ES), 8 Mehrseillängen (MS), Bouldern

Routenlänge 10-35 Meter

Zustieg 20 Min. ⇧ bergauf, ⇨ eben, ⇩ bergab

Absicherung ★★★★★

Umlenkung Ring, Kette, Sauschwanz

Ausrichtung Nord, Ost, Süd, West

Winterklettergebiet ja, nein

Familienfreundlich ja, nein

Felsqualität Kompakter graugelber gutgriffiger Kalk mit Leisten und Löchern.

Wandneigung Steile bis leicht überhängende Kletterei.

Wandfuß Steiler, abschüssiger Wandfuß, teilweise mit Seilgeländer.

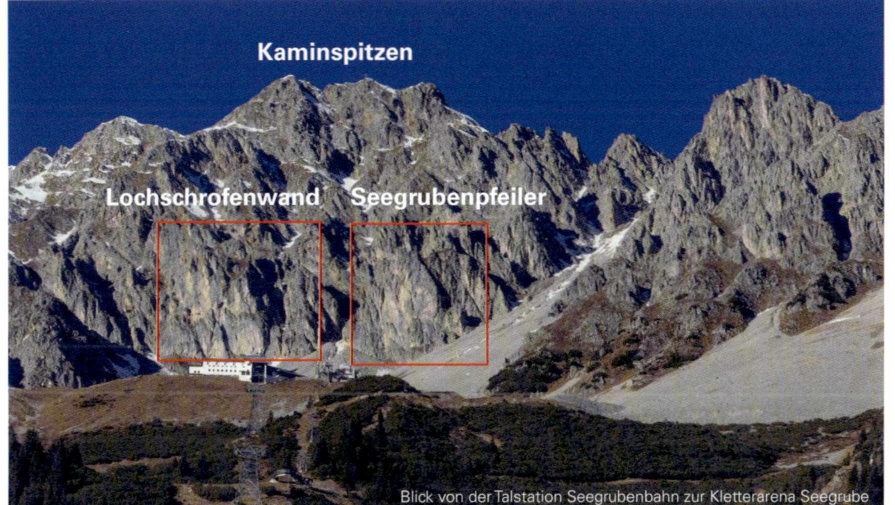

Blick von der Talstation Seegrubenbahn zur Kletterarena Seegrube

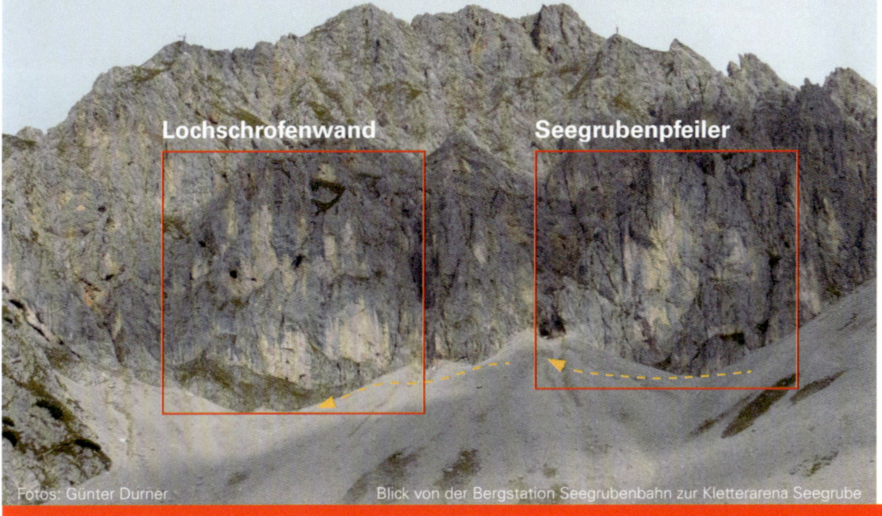

Fotos: Günter Durner

Blick von der Bergstation Seegrubenbahn zur Kletterarena Seegrube

BESCHREIBUNG

Die Kletterarena Seegrube befindet sich auf etwa 2100 m am Wandfuß der Mittleren Kaminspitze. Die Felswände oberhalb der Seegrube sind südseitig ausgerichtet. Die Routen sind mit Bohrhaken und Kettenständen perfekt abgesichert. Von der Kletterarena hat man einen herrlichen Blick auf Innsbruck. Das Panorama rund um die Seegrube ist grandios. In der Kletterarena kann von Mai bis Oktober geklettert werden.

ZUFAHRT/ZUGANG

Navi: 6020 Innsbruck, Rennweg 3. In Innsbruck fährt man zur Hungerburgbahn beim Kongresshaus. Parken ist in der City- und Congressgarage möglich. Das Parken in der City- und Congressgarage ist beim Kauf eines Tickets (Innsbruck-Seegrube bzw. Hungerburg-Seegrube) kostenlos. Mit der Hungerburgbahn (Standseilbahn) zunächst zur Talstation der Seegrubenbahn, dann mit der Seegrubenbahn (Gondelbahn) bis zur Bergstation Seegrube hochfahren. Oder mit dem Auto von Innsbruck über Hötting zum Parkplatz der Seegrubenbahn fahren. Kostenloses Parken ist auf dem Parkplatz der Seegrubenbahn beim Kauf eines Bergbahn-Tickets möglich. Die Talstation Seegrubenbahn befindet sich in der Höhenstraße 145, 6020 Innsbruck.
Von der Bergstation Seegrubenbahn dem Steig durch das Schotterkar der Seegrube bis zur Kletterarena hinauf folgen, dann am Wandfuß entlang zu den Einstiegen der Routen (ca. 20 Minuten, 200 Hm).

ÖFFNUNGSZEITEN DER NORDKETTENBAHNEN

Öffnungszeiten und Fahrpreise unter www.nordkette.com.
Hungerburgbahn (Kongresshaus - Hungerburg)
Mo. bis Fr. 07:15 bis 19:15 Uhr, Sa./So./Feiertag 08:00 bis 19:15 Uhr
Seegrubenbahn und Hafelekarbahn (Hungerburg - Seegrube)
Mo. bis So. und Feiertag 08:30 bis 17:30 Uhr
Jeden Freitag Abendfahrten halbstündlich von 18:00 bis 23:30 Uhr.

ERSCHLIESSER

C. Piccolruaz, D. Pitschmann, W. Gürtler

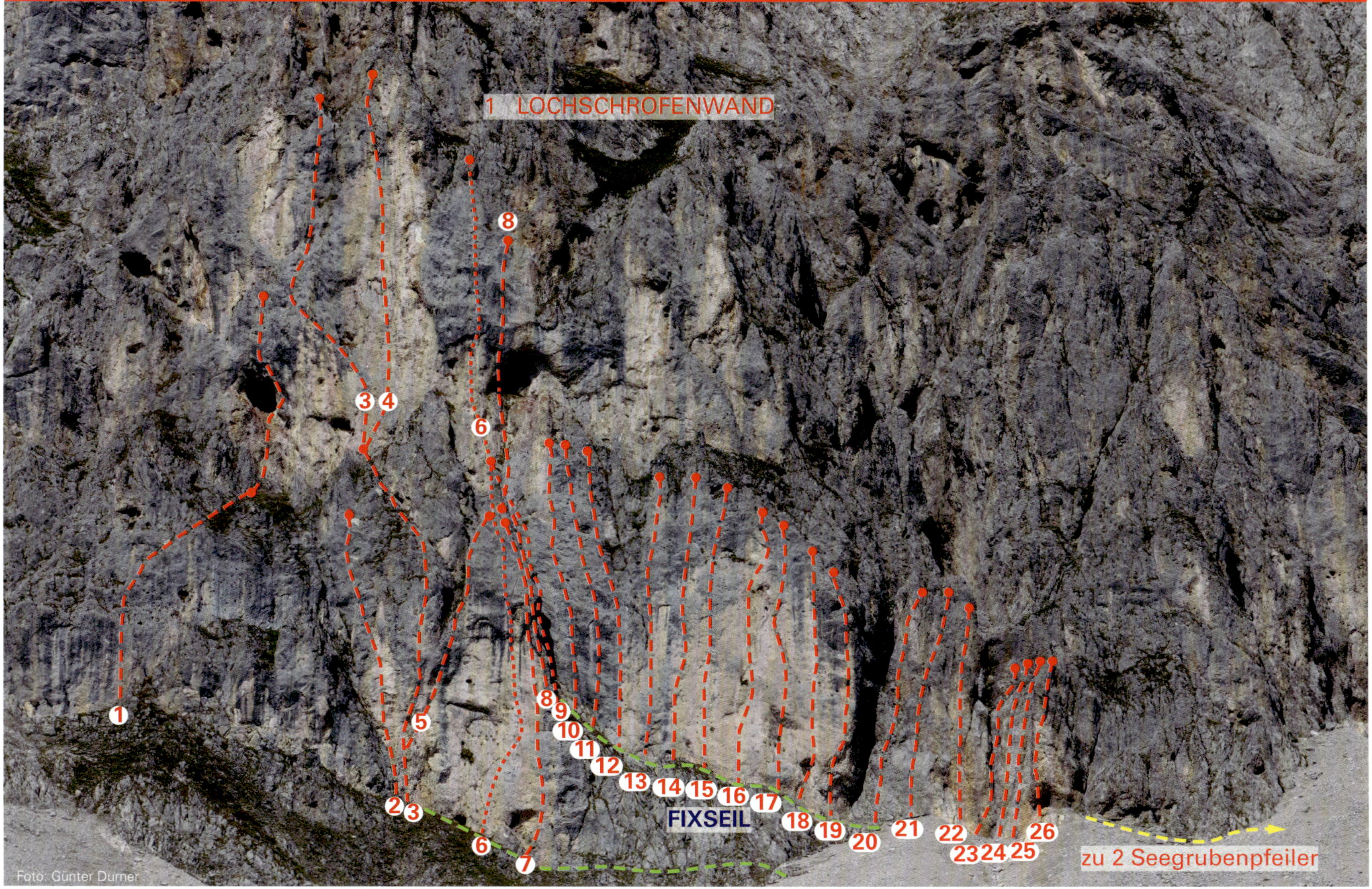

1 LOCHSCHROFENWAND
1
2
3
3 4
5
6
6
7
8
8
9
10
11
12
13
14
15
16
17
18
19
20
21
22
23
24
25
26
FIXSEIL
zu 2 Seegrubenpfeiler
Foto: Günter Durner

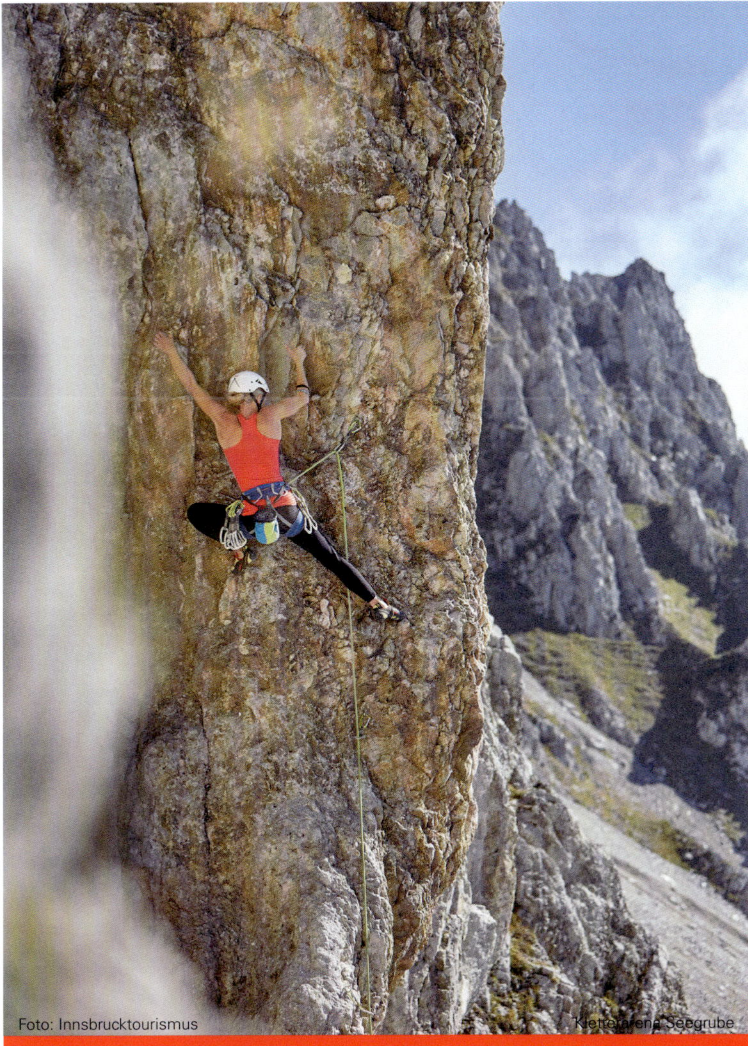
Foto: Innsbrucktourismus

Kletterarena Seegrube

1 LOCHSCHROFENWAND

SEKTOR GENDARME

Nr.	Route	Erstbegeher	Grad	Länge
1	Captain Fantastic (2 SL)	W. Gürtler	6a+, 7b+	60 m
2	Denada	C. Piccolruaz	6b+	35 m
3	Viva la Vita (2 SL)	C. Piccolruaz	7a, 6c	70 m
4	Mauersegler	C. Piccolruaz	7a+	35 m
5	Muy Caliente	C. Piccolruaz	7a	35 m
6	Lochschrofen (2 SL)	D. Pitschmann, A Fuchs (1. RP)	7b, 7c	80 m
7	Luftikus	C. Piccolruaz	5c	35 m
8	Arschbombe (2 SL)	W. Gürtler	5c, 7a+	60 m

SEKTOR MAUER

Nr.	Route	Erstbegeher	Grad	Länge
9	Rettungsgasse	C. Piccolruaz	5a	25 m
10	Oppa Aia	C. Piccolruaz	6b+	25 m
11	Miss Lovely	C. Piccolruaz	6b+	25 m
12	Moovotronic	C. Piccolruaz	6c	25 m
13	Open Up	W. Gürtler	6c+	25 m
14	Hole in One	D. Pitschmann	6c+	25 m
15	Happiness	W. Gürtler	7a+	25 m
16	Cheyenne	W. Gürtler	7b	25 m
17	The Passenger	W. Gürtler	6c+	25 m
18	Home	W. Gürtler	6c	25 m
19	This must be the place	W. Gürtler	7a	25 m

SEKTOR LAHNENGULLY

Nr.	Route	Erstbegeher	Grad	Länge
20	Starter	C. Piccolruaz	5b	15 m
21	Obacht	C. Piccolruaz	6b	15 m
22	Wafancoolo	C. Piccolruaz	6c	17 m
23	Tschimni	C. Piccolruaz	6b	17 m
24	Helmi	C. Piccolruaz	6b+	17 m
25	Speedy	C. Piccolruaz	5a	16 m
26	Bananajoe	C. Piccolruaz	6b	15 m

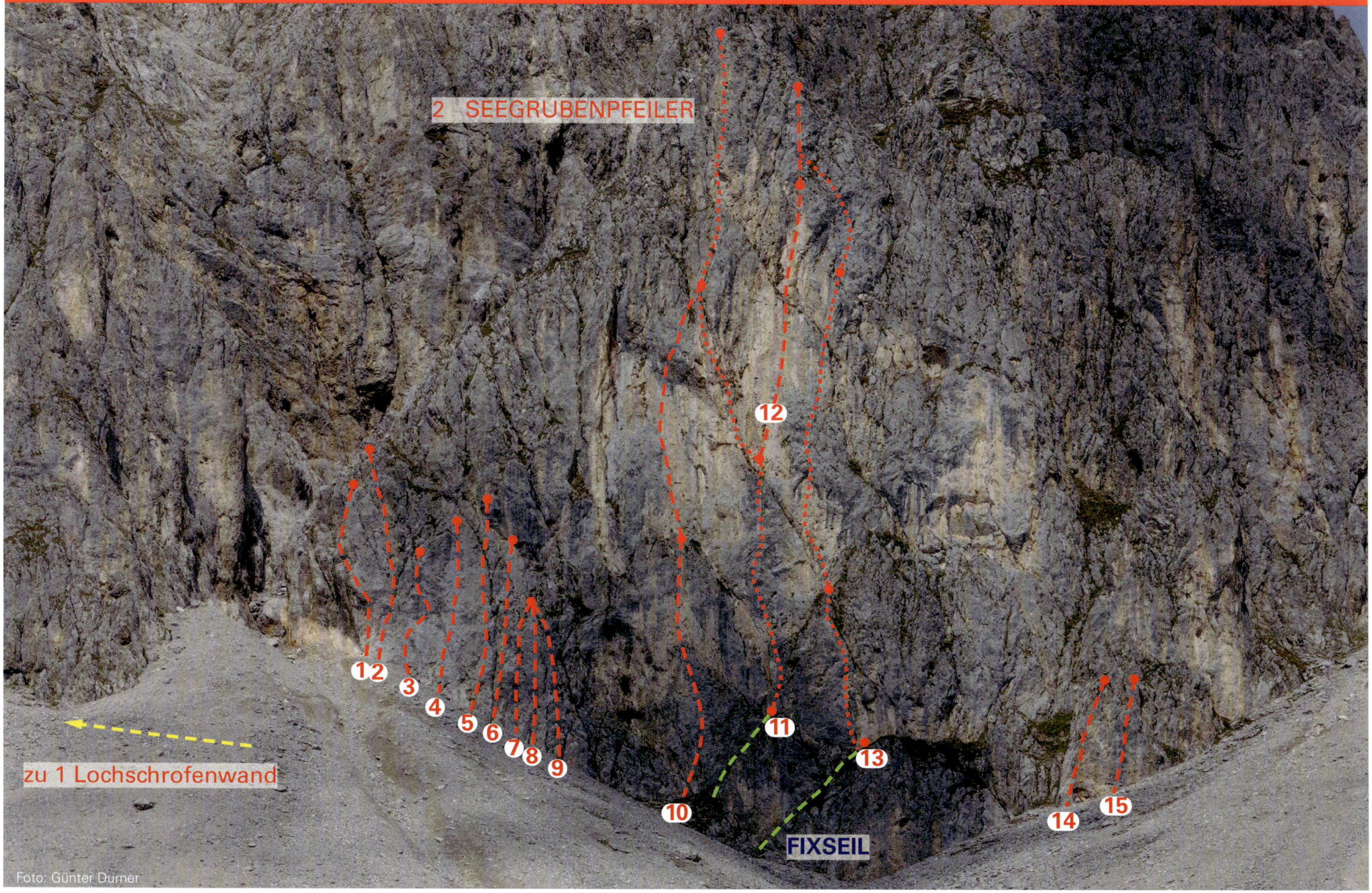

2 SEEGRUBENPFEILER

12

1 2 3 4 5 6 7 8 9

10

11

13

14 15

zu 1 Lochschrofenwand

FIXSEIL

Foto: Günter Durner

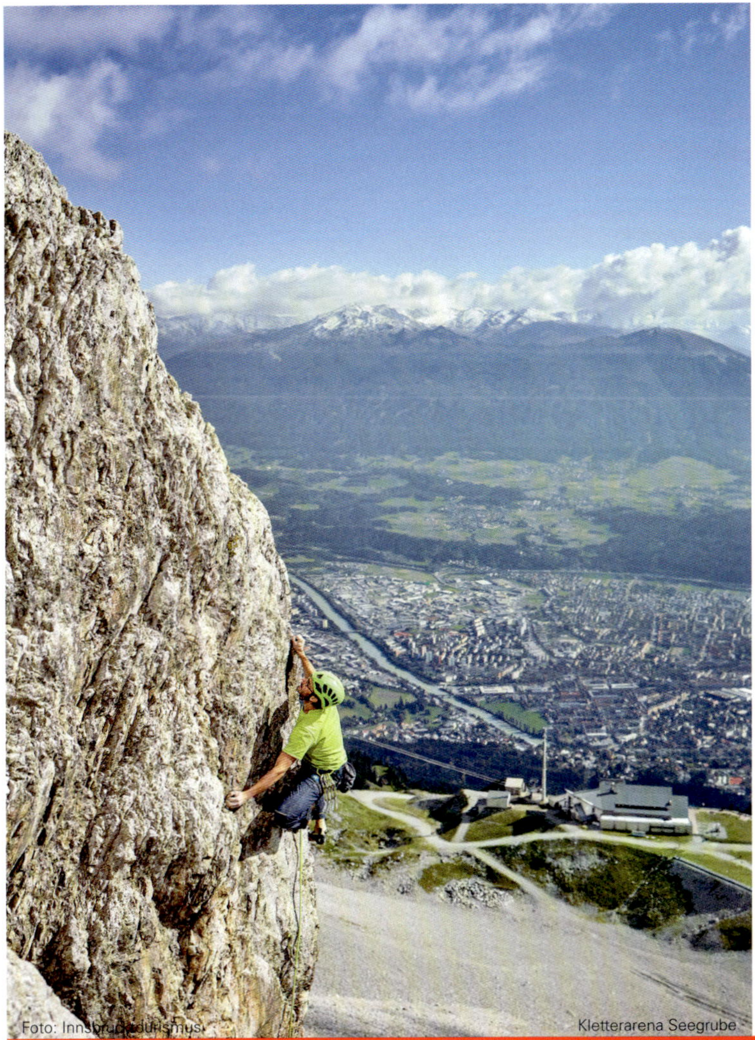

Foto: Innsbruck Tourismus

Kletterarena Seegrube

2 SEEGRUBENPFEILER

Nr.	Route	SL	Erschließer	Schwierigkeit	Länge
1	Lalinka		C. Piccolruaz	6b+	20 m
2	Rechts-Links-Kombi		C. Piccolruaz	6b+	20 m
3	Fragezeichen		C. Piccolruaz	7a	17 m
4	Extato		C. Piccolruaz	6b+	18 m
5	Borderline		C. Piccolruaz	6a+	35 m
6	Klassiko		C. Piccolruaz	5a	23 m
7	Die Gache		C. Piccolruaz	5a+	15 m
8	Shorty		C. Piccolruaz	6a	15 m
9	Steinbrech		C. Piccolruaz	4	17 m
10	Direkter Einstieg	(2 SL)	C. Piccolruaz	6b, 6b A0 (8a?)	55 m
11	Seegrubenpfeiler	(3 SL)	C. Piccolruaz	6b, 6b+, 6b+	85 m
12	Venushügel 2.0	(2 SL)	C. Piccolruaz	7a, 5c	55 m
13	Jive	(3 SL)	C. Piccolruaz	6b, 6b+, 6a	85 m
14	Warm Up		C. Piccolruaz	4a	12 m
15	Bonsai		C. Piccolruaz	5a	10 m

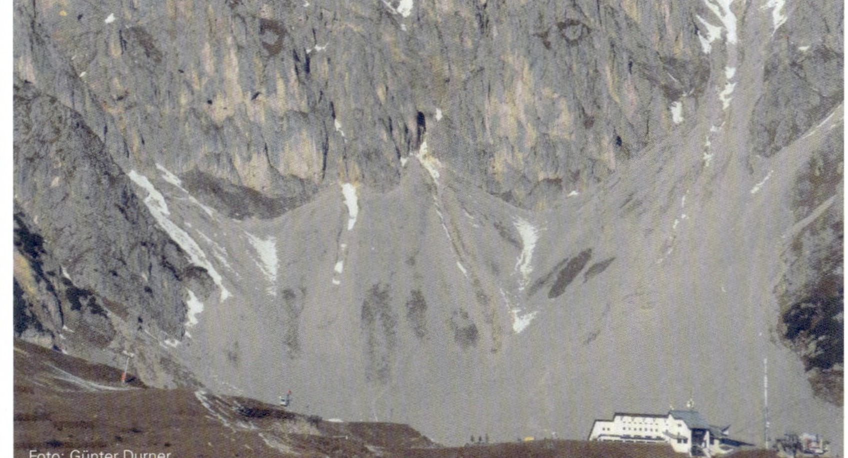

Foto: Günter Durner

SONNEN-, ZWISCHENDECK (2250 m, 2086 m)

32 T 679873 5241965 (Bergstation Seegrube)
32 T 679102 5242419 (Sonnendeck)
32 T 678967 5242215 (Zwischendeck)

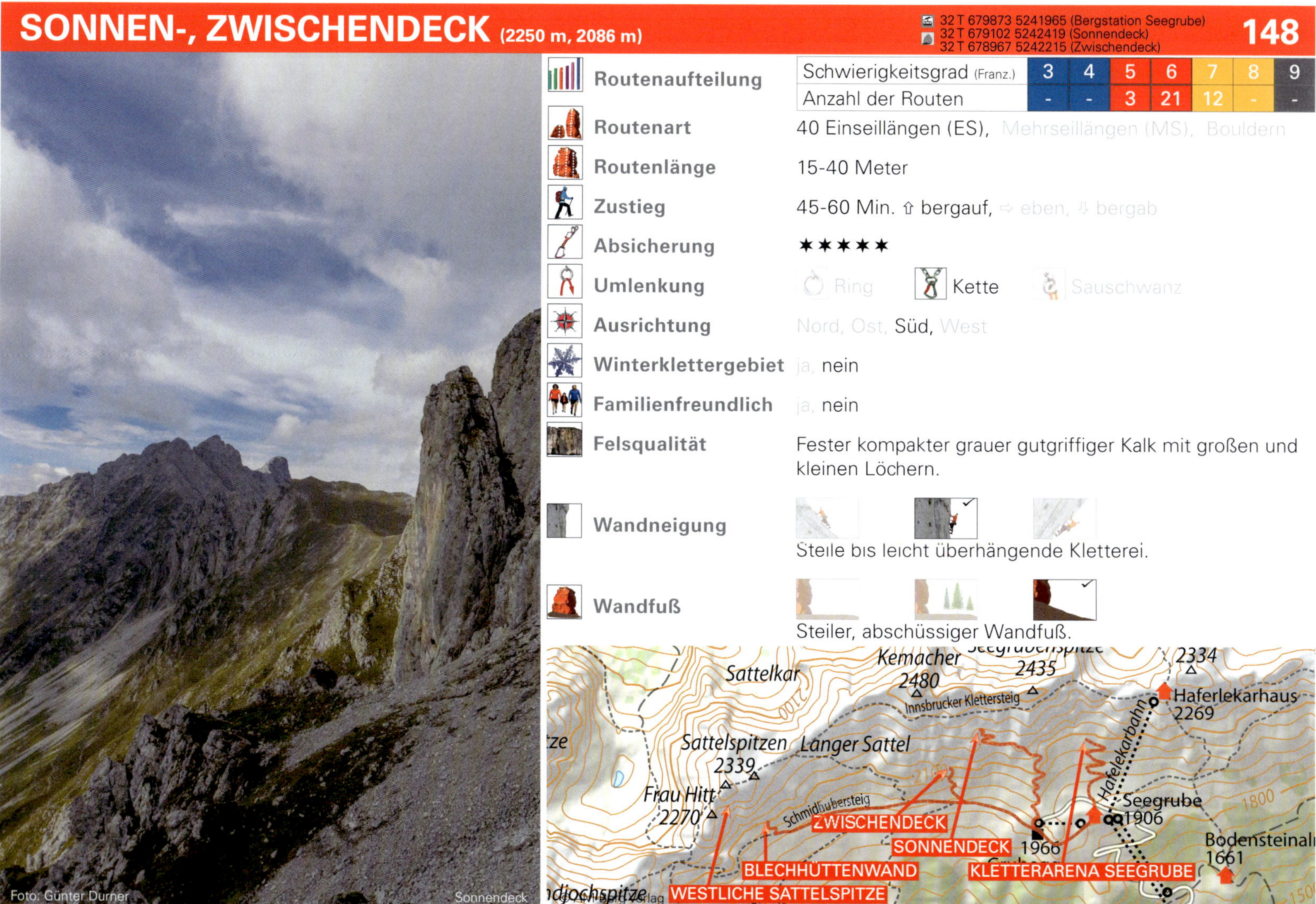

Foto: Günter Durner

Sonnendeck

Routenaufteilung

Schwierigkeitsgrad (Franz.)	3	4	5	6	7	8	9
Anzahl der Routen	-	-	3	21	12	-	-

Routenart 40 Einseillängen (ES), Mehrseillängen (MS), Bouldern

Routenlänge 15-40 Meter

Zustieg 45-60 Min. ⇧ bergauf, ⇨ eben, ⇩ bergab

Absicherung ★★★★★

Umlenkung Ring, Kette, Sauschwanz

Ausrichtung Nord, Ost, Süd, West

Winterklettergebiet ja, nein

Familienfreundlich ja, nein

Felsqualität Fester kompakter grauer gutgriffiger Kalk mit großen und kleinen Löchern.

Wandneigung Steile bis leicht überhängende Kletterei.

Wandfuß Steiler, abschüssiger Wandfuß.

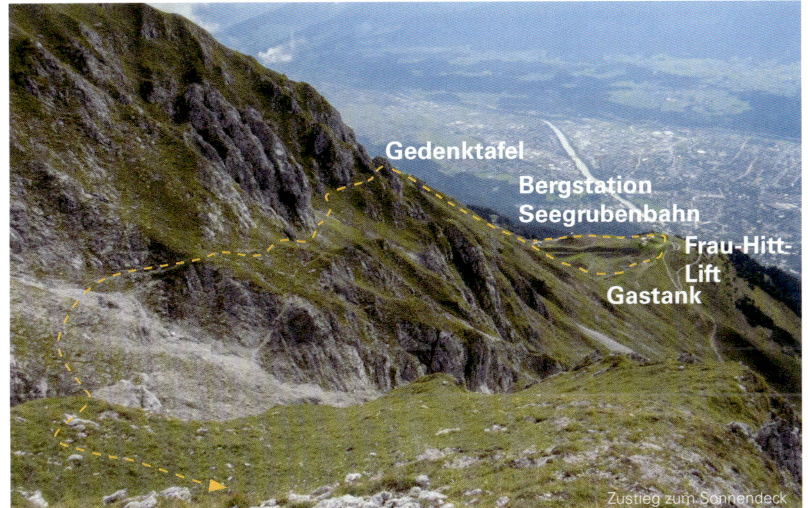

Zustieg zum Sonnendeck

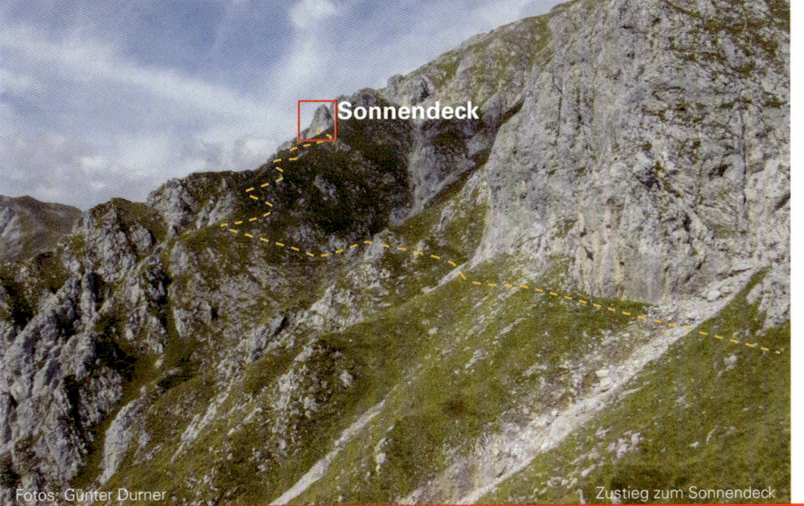

Fotos: Günter Durner

Zustieg zum Sonnendeck

BESCHREIBUNG

Das Sonnendeck befindet sich etwa 400 Höhenmeter über der Seegrubenbahn auf etwa 2250 m und ist südseitig ausgerichtet. Die Routen sind perfekt abgesichert. Von der exponierten Lage des Sonnendecks hat man einen herrlichen Blick auf Innsbruck. Das Panorama ist eindrucksvoll. Das Sonnendeck ist aufgrund der Höhenlage und Ausrichtung besonders für heiße Sommertage geeignet. Es kann von Juni bis zum ersten Schneefall geklettert werden. Der Zustieg zur Wand führt durch alpines, steiles und ausgesetztes Gelände. Trittsicherheit und Orientierungsfähigkeit im weglosen Gelände ist unbedingt erforderlich.

ZUFAHRT/ZUGANG

Zufahrt wie Seegrube. Von der Bergstation Seegrube dem Schmidhubersteig in westlicher Richtung bis zur Bergstation des Frau-Hitt-Lifts (Skilift) 1966 m folgen. Von hier zu dem grauen Gastank für die Lawinensprengung gehen. Weiter den steilen Grat, knapp links an den Lawinensprengrohren vorbei bis zu einem rot markierten Felsen hochgehen. Etwa 50 m weiter oben ist die Peter Kim-Gedenktafel. Zwischen dem Felsblock und der Gedenktafel links den Pfadspuren (ausgebleichte, rote Markierungen) meist querend und leicht ansteigend bis zum Sonnendeck folgen (ca. 1 Stunde, 350 Hm).

ERSCHLIESSER

B. Purner

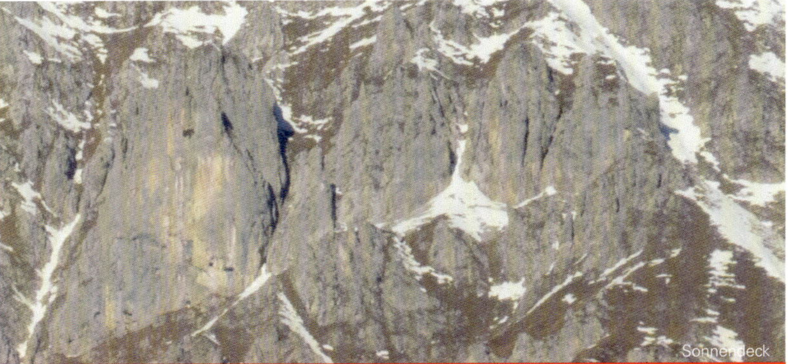

Sonnendeck

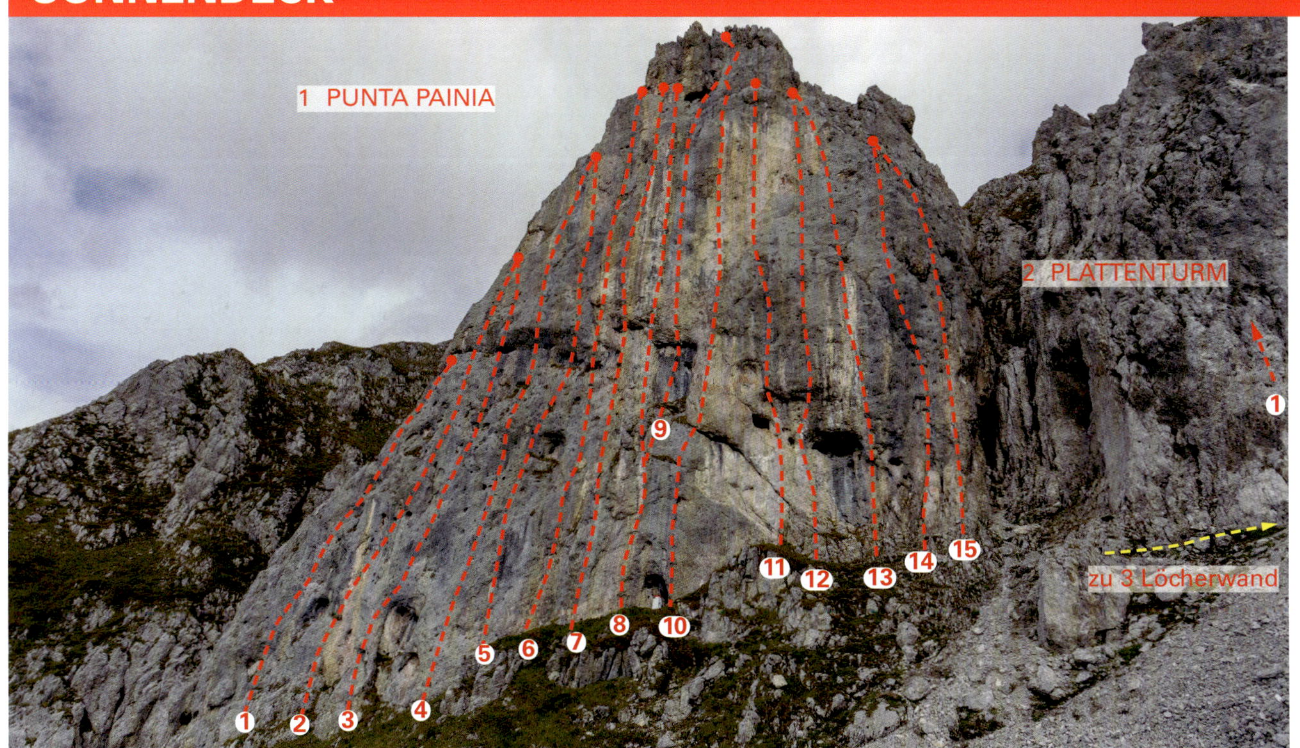

1 PUNTA PAINIA

Nr.	Route	Erstbegeher	Grad	Länge
1	Kandl in the Wind	B. Purner	6a	15 m
2	Scharfe Kurven	B. Purner	6b	25 m
3	Lust am Schmerz	B. Purner	6a+	25 m
4	Kasreibn	B. Purner	6b	32 m
5	Tag der offenen Tür	B. Purner	6c	32 m
6	Weg mit dem Fisch	B. Purner	7a	40 m
7	KatrinAA and the Slaves	B. Purner	6c+	40 m
8	Spitz wie Lumpis Nachbar	B. Purner	7c	40 m
9	Projekt	B. Purner	-	40 m
10	Seventeen Eleven	B. Purner	7a+	40 m
11	Rohe Gewalt und rohe Eier	B. Purner	7b	40m
12	Britney g'spierschs?	B. Purner	7b	32 m
13	Nicht in diesem Leben	B. Purner	7b+	32 m
14	Faultierverschneidung	B. Purner	6b+	28 m
15	Fingerzangenbowle	B. Purner	6b+	28 m

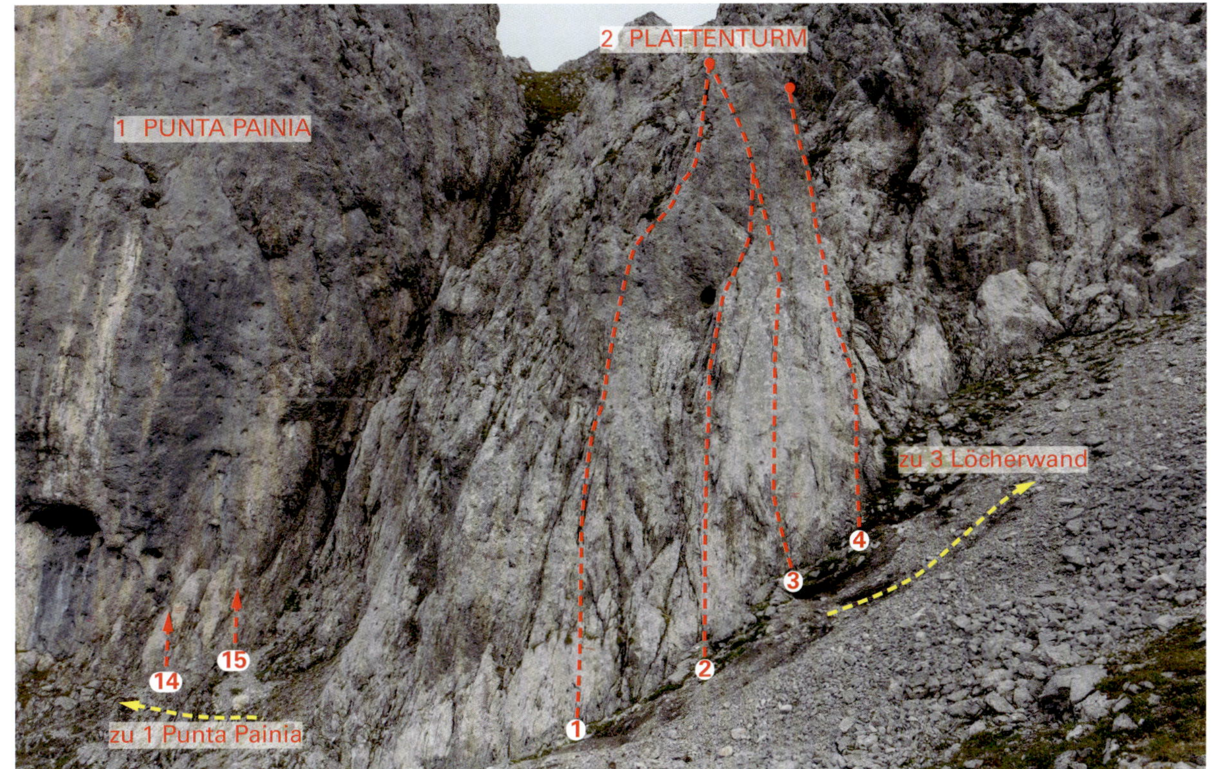

2 PLATTENTURM

1	Lochblech	B. Purner	5a	20 m
2	Kamin	B. Purner	5a	23 m
3	Plattenpfeiler	B. Purner	6a+	23 m
4	Pfeiler	B. Purner	6b+	26 m

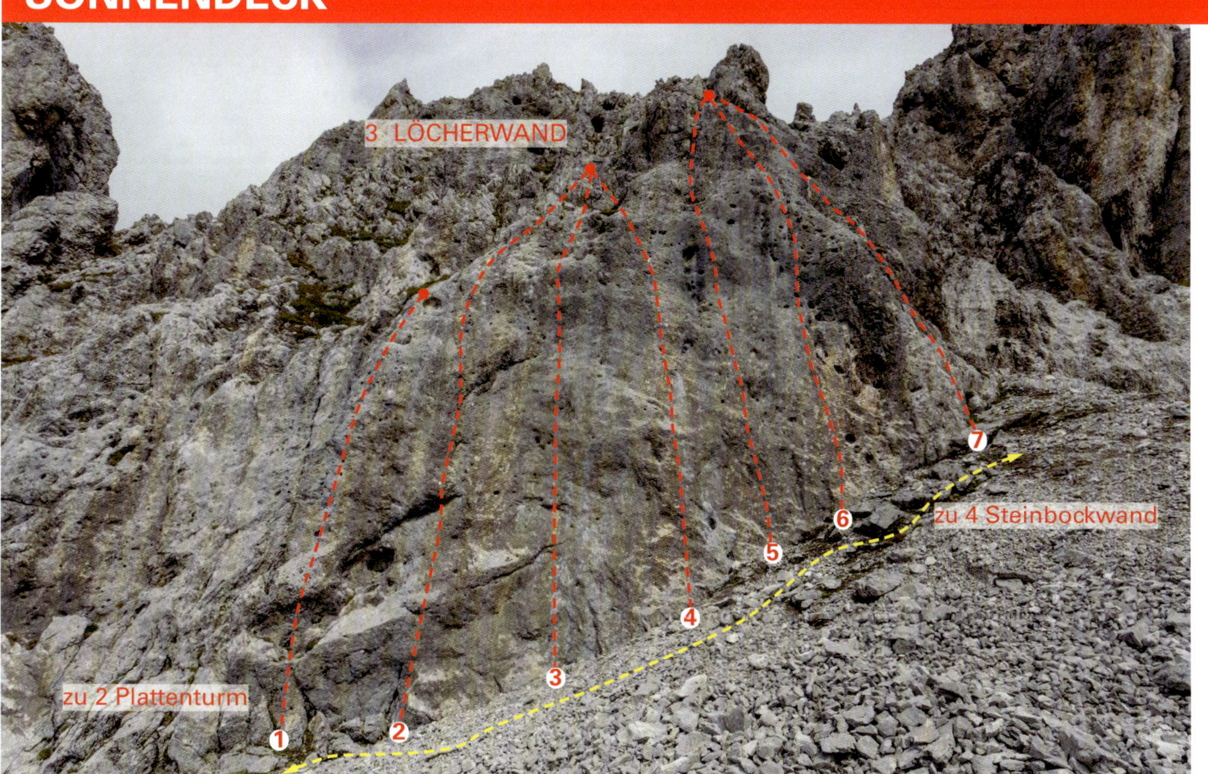

3 LÖCHERWAND

1 Gretzn .... B. Purner .... 6a .... 15 m
2 Beweg di .... B. Purner .... 6a+ .... 20 m
3 Fantomas .... B. Purner .... 6b .... 20 m
4 Wackelpudding .... B. Purner .... 6b+ .... 20 m
5 Verstehen und begreifen .... B. Purner .... 6a+ .... 20 m
6 Mellenium .... B. Purner .... 6a .... 20 m
7 Rampensau .... B. Purner .... 5a .... 20 m

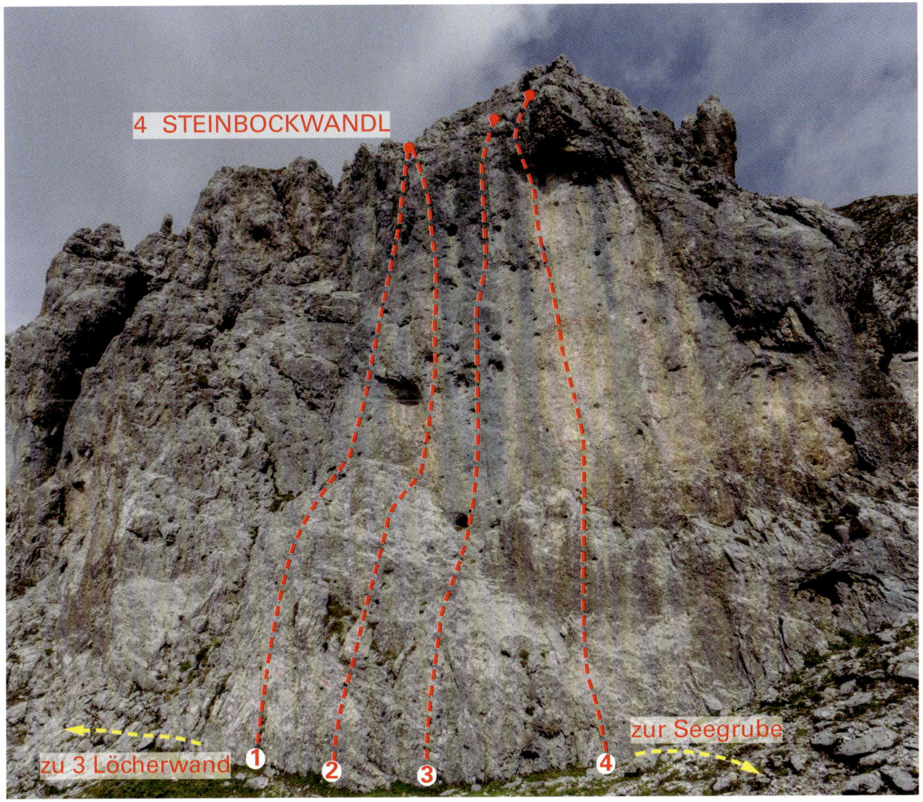

4 STEINBOCKWANDL

1	Seitenhieb	B. Purner	6b	20 m
2	Leistenbruch	B. Purner	7a	20 m
3	Holzweg	B. Purner	6c+	20 m
4	Raschpl	B. Purner	7a	20 m

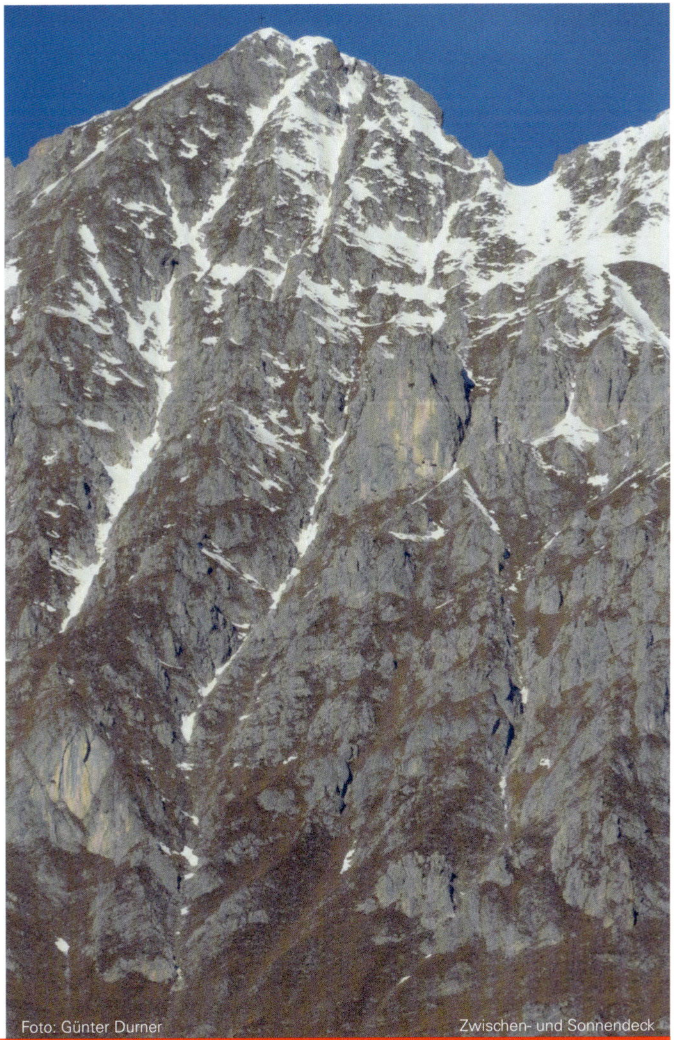

Foto: Günter Durner

Zwischen- und Sonnendeck

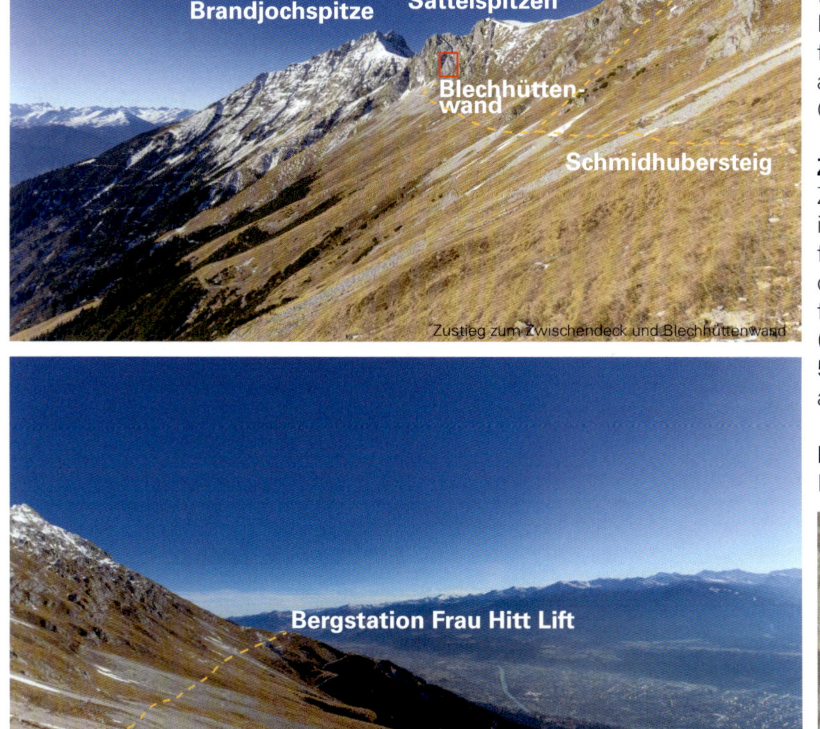

Zustieg zum Zwischendeck und Blechhüttenwand

Fotos: Günter Durner   Zustieg zum Zwischendeck und Blechhüttenwand

BESCHREIBUNG

Das Zwischendeck befindet sich etwa 150 Höhenmeter unterhalb des Sonnendecks und ist ebenfalls südseitig ausgerichtet. Der Zustieg erfolgt über den Schmidhubersteig. Die etwa 180 Höhenmeter vom Schmidhubersteig bis zur Holzplattform am Wandfuß sind noch etwas alpiner und ausgesetzter als zum Sonnendeck. Der Fels ist wie beim Sonnendeck sehr gut. Die Routen sind perfekt abgesichert. Es kann von Juni bis zum ersten Schneefall geklettert werden. Der Zustieg zur Wand führt durch alpines, steiles und ausgesetztes Gelände. Trittsicherheit und Orientierungsfähigkeit im weglosen Gelände ist unbedingt erforderlich.

ZUFAHRT/ZUGANG

Zufahrt wie Seegrube. Von der Bergstation Seegrube dem Schmidhubersteig in westlicher Richtung bis zur Bergstation des Frau-Hitt-Lifts (Skilift) 1966 m folgen. Von hier dem Schmidhubersteig ca 600 m in westlicher Richtung bis direkt unterhalb des markanten vom Weg aus sichtbaren Zwischendecks folgen. Vom Schmidhubersteig der extrem steilen Rinne auf Pfadspuren (ausgebleichte, rote Markierungen) bis zum Zwischendeck folgen. Etwa 50 m unterhalb des Wandfußes beginnt ein Fixseil, das zu einer Holzplattform an den Einstiegen 2086 m hinaufführt (ca. 45 Minuten, 250 Hm).

ERSCHLIESSER

B. Purner

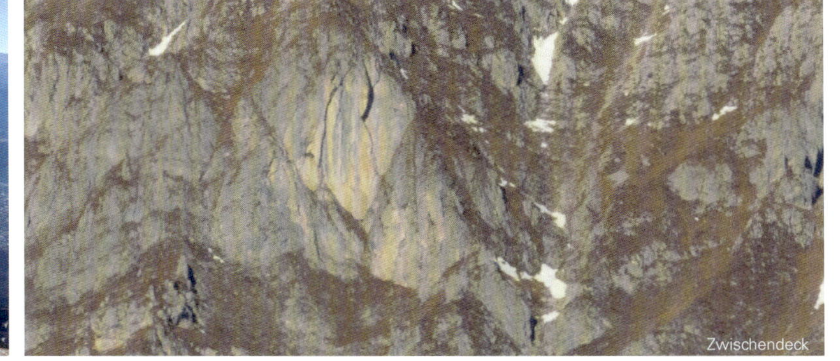

Zwischendeck

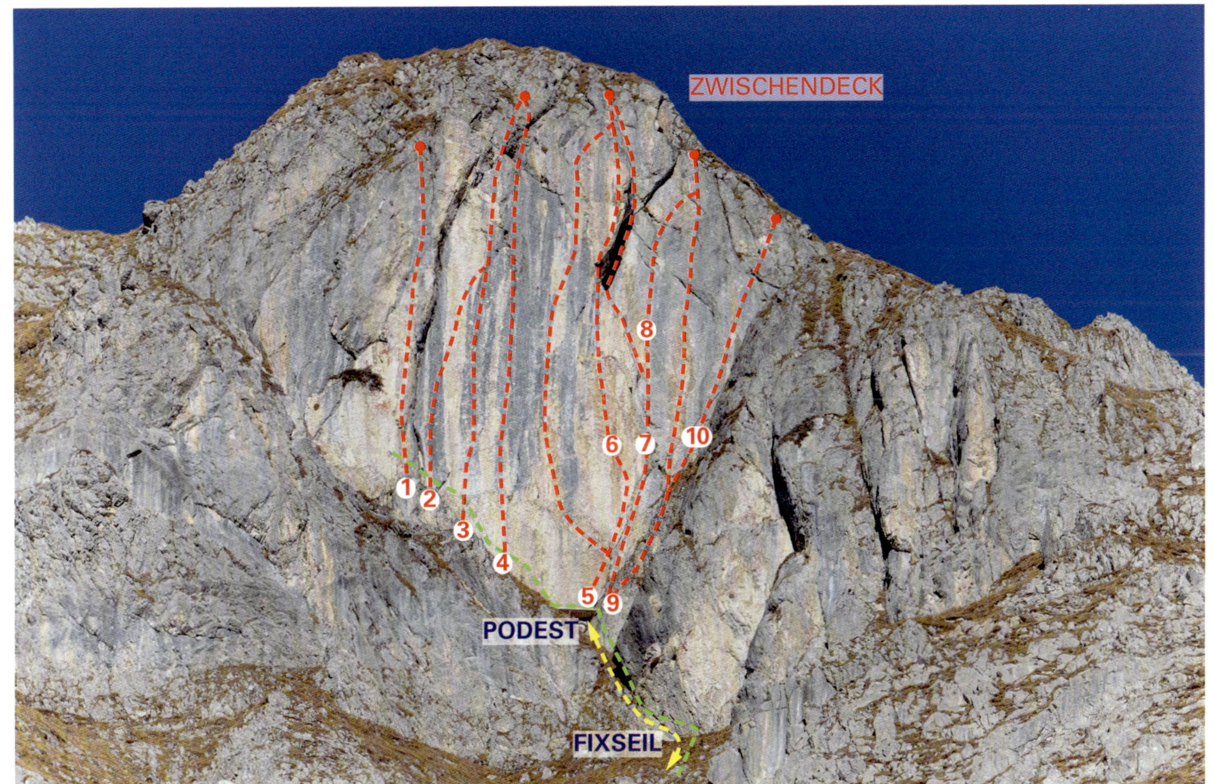

ZWISCHENDECK

1 Wacholderritt .... B. Purner .... 7a+..... 30 m
2 Tanz der Rampiere .... B. Purner .... -.......... 30 m
3 Phantom der Sloper .... B. Purner .... -.......... 30 m
4 Die Schöne und der Pief ... B. Purner .... 7a+..... 30 m
5 Stars & Stripes .... B. Purner .... 7a+..... 30 m
6 Projekt .... B. Purner .... -.......... 30 m
7 Bloc Party .... B. Purner .... 6b+..... 30 m
8 El Spagato.......................... B. Purner .... 6a+..... 30 m
9 Fingerbeissn .... B. Purner .... 7a....... 30 m
10 Blutige Knia .... B. Purner .... 6b+..... 30 m

BLECHHÜTTENWAND, WESTL. SATTELSPITZE (2369 m)

P 32 T 679873 5241965 (Bergstation Seegrube)
32 T 678010 5241811 (Blechhütte)
32 T 677983 5241902 (Blechhüttenwand)

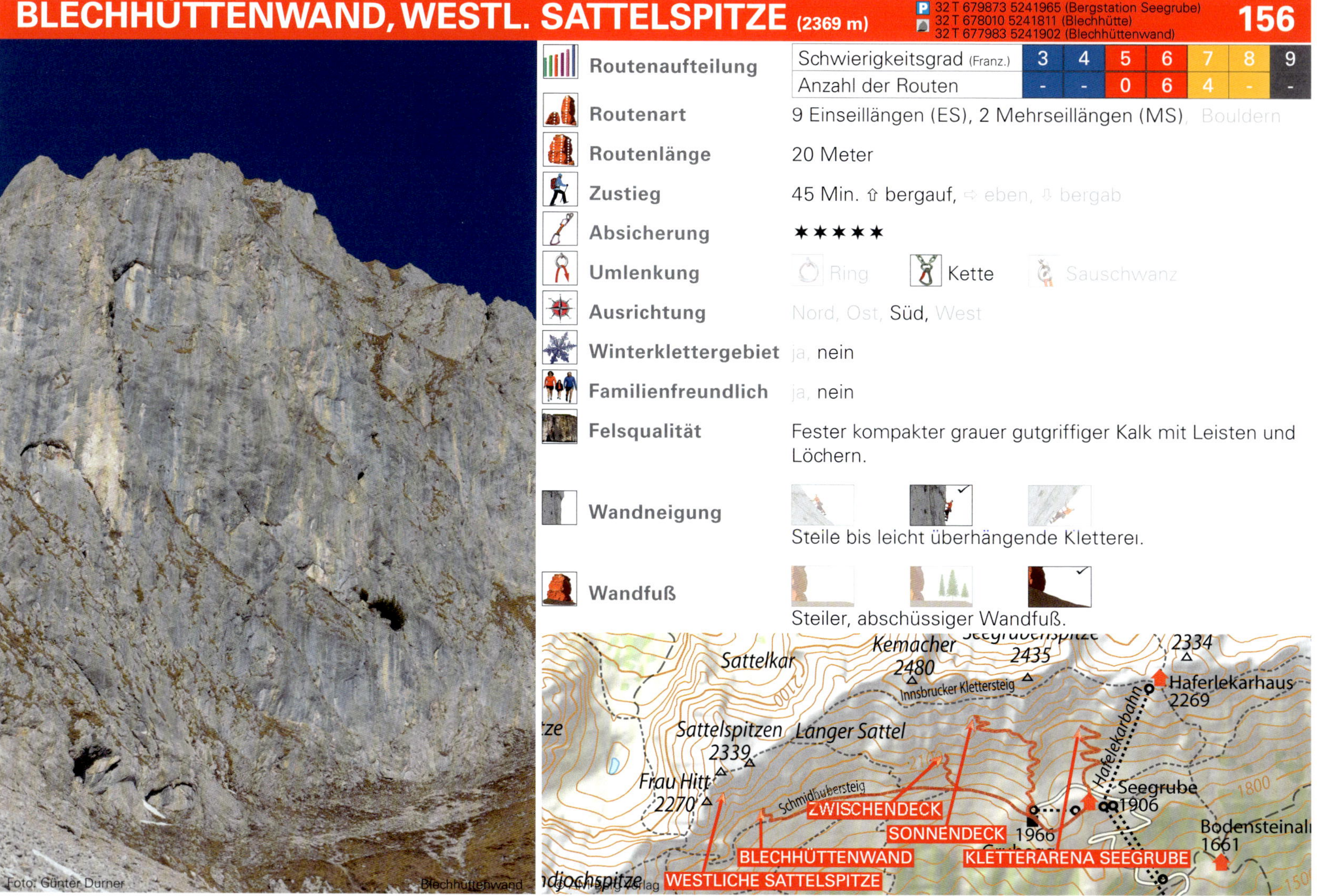

Foto: Günter Durner
Blechhüttenwand

Routenaufteilung	Schwierigkeitsgrad (Franz.)	3	4	5	6	7	8	9
	Anzahl der Routen	-	-	0	6	4	-	-

Routenart 9 Einseillängen (ES), 2 Mehrseillängen (MS), Bouldern

Routenlänge 20 Meter

Zustieg 45 Min. ⇧ bergauf, ⇨ eben, ⇩ bergab

Absicherung ★★★★★

Umlenkung Ring, Kette, Sauschwanz

Ausrichtung Nord, Ost, Süd, West

Winterklettergebiet ja, nein

Familienfreundlich ja, nein

Felsqualität Fester kompakter grauer gutgriffiger Kalk mit Leisten und Löchern.

Wandneigung Steile bis leicht überhängende Kletterei.

Wandfuß Steiler, abschüssiger Wandfuß.

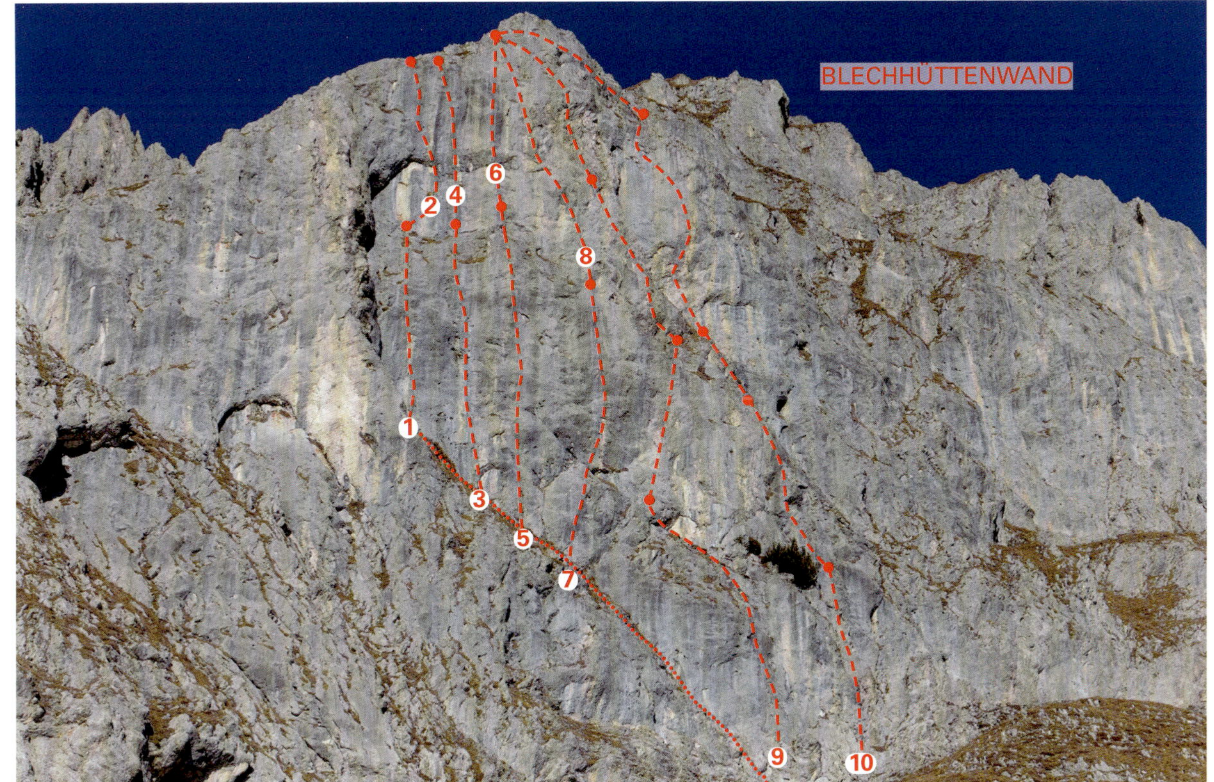

BESCHREIBUNG

Der sehr gut eingerichtete, alpine Klettergarten befindet sich am Wandfuß der Östlichen Sattelspitze etwas oberhalb einer ehemaligen Blechhütte, von der aber nur noch das Fundament übrig ist.
Der Fels ist kompakt, wasserzerfressen und löchrig. Die Routen wurden perfekt mit Bohrhaken und Kettenständen abgesichert.

ZUFAHRT/ZUGANG

Zufahrt wie Seegrube. Von der Bergstation Seegrube dem Schmidhubersteig in westlicher Richtung bis unterhalb der Östlichen Sattelspitze folgen. Dann auf Steigspuren an den Überresten einer ehemaligen Blechütte vorbei zum Wandfuß aufsteigen (ca. 45 Minuten, 250 Hm).

ERSCHLIESSER

W. Gürtler

BLECHHÜTTENWAND

Nr.	Route	Erschließer	Grad	Länge
1	Tinto Brass	W. Gürtler	6b	20 m
2	Desperado	W. Gürtler	7c+	20 m
3	String Tanga	W. Gürtler	6b	20 m
4	Cape Fear	W. Gürtler	7b	20 m
5	Kleiner Mann	W. Gürtler	6c	20 m
6	Breite Masse	W. Gürtler	6c+	20 m
7	Flash Dance	W. Gürtler	7b	20 m
8	Hip Hop	W. Gürtler	6c	20 m
9	Piccola colazione (4 SL)	W. Gürtler	6a, 6b, 6b, 5c	80 m
10	R & B (5 SL)	W. Gürtler	4c, 6a+, 1, 7a+, 4a	90 m

WESTLICHE SATTELSPITZE (2369 m)

P 32 T 679873 5241965 (Bergstation Seegrube)
32 T 677830 5241817 (Westl. Sattelspitze)

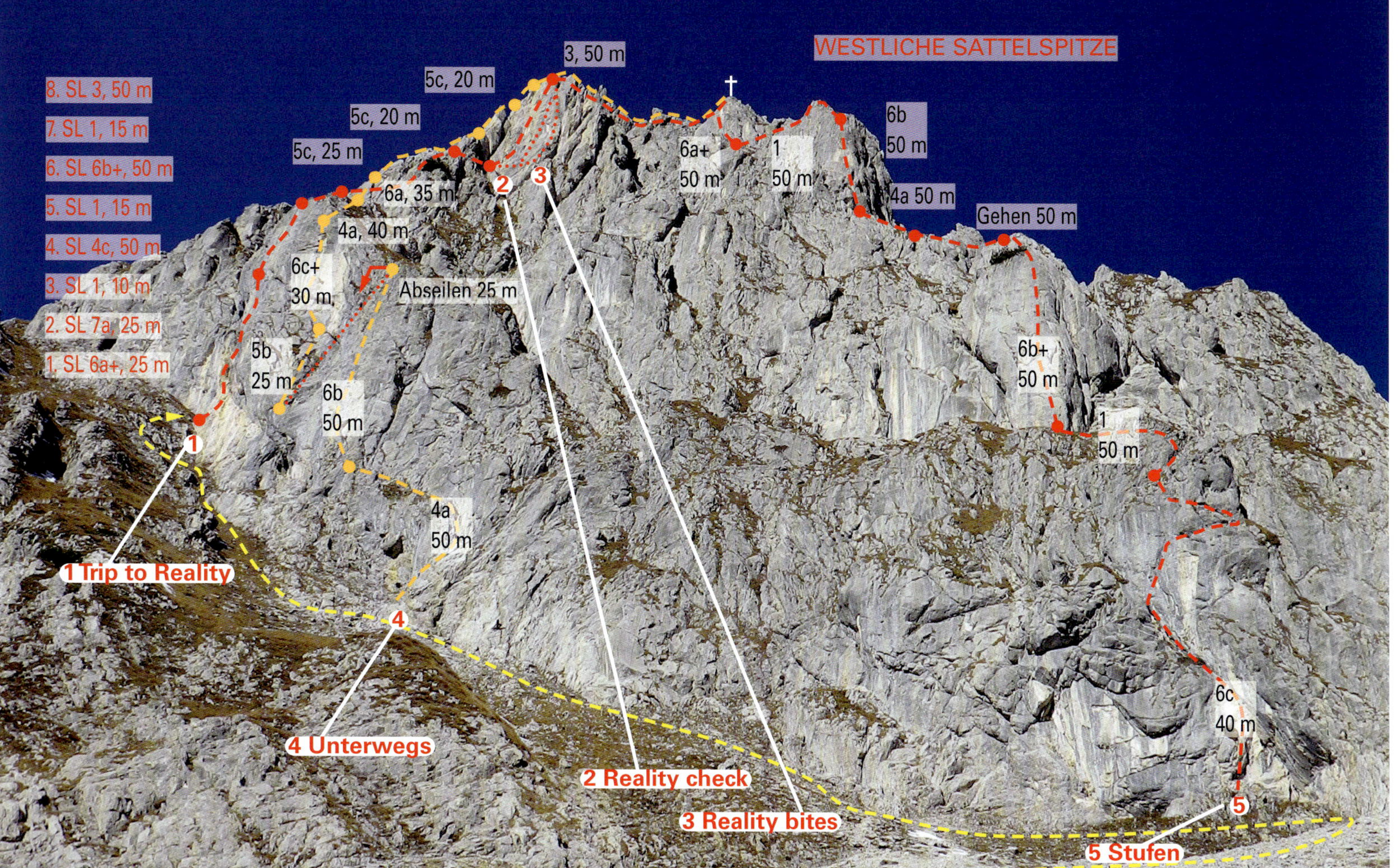

1 TRIP TO REALITY 7a

Schöne und lohnende Wandkletterei am bestem Wettersteinkalk, die leider durch ein paar Bänder unterbrochen ist. Die erste Tour an der Sattelspitze ist sehr gut mit Klebehaken abgesichert. In der Gipfelwand gibt es zwei Varianten, Tour Nr. 2 und 3.

Länge .... 8 SL, 160 m
Schwierigkeit....... 7a (6b, A0)
Erschließer .... W. Gürtler, 1998

2 REALITY CHECK 8a

Äußerst schwere verdoneske, sehr lohnende Kletterei durch die kompakte Gipfelwand. Erste Rotpunktbegehung durch Much Mayr 2002.

Länge .... 1 SL, 50 m
Schwierigkeit....... 8a
Erschließer .... W. Gürtler, 2001

3 REALITY BITES 7c

Wie Tour Nr. 2.

Länge .... 1 SL, 50 m
Schwierigkeit....... 7c
Erschließer .... W. Gürtler, 2001

4 UNTERWEGS .... 6c+

Lange abwechslungsreiche Wand, Riss- und Plattenkletterei mit 25 Meter Abseilstelle nach der zweiten Seillänge. Wandbuch.

Länge .... 10 SL, 350 m
Schwierigkeit....... 6c+ (6a, A0)
Erschließer .... W. Gürtler solo von unten, 2007

5 STUFEN 6c

Lange bestens abgesicherte Route, wunderschöne Seillängen wechseln sich mit Gras und Schrofen ab. Einige Köpflschlingen sind nützlich. Wandbuch.

Länge .... 10 SL, 380 m
Schwierigkeit....... 6c
Erschließer .... W. Gürtler solo von unten, 2013

BESCHREIBUNG

Die Westliche Sattelspitze fällt mit einer steilen Südwand aus allerbestem Wettersteinkalk zum Inntal ab. Die Wand ist stark gegliedert und gestuft. Alle Routen sind mit Bohrhaken durchgesichert, bei der Begehung sind die Betriebszeiten der Nordkettenbahn zu berücksichtigen. Mo. bis So. und Feiertag 08:30 bis 17:30 Uhr. Jeden Freitag Abendfahrten halbstündlich von 18:00 bis 23:30 Uhr.

ZUFAHRT/ZUGANG

Zufahrt wie Seegrube. Von der Bergstation Seegrube dem Schmidhubersteig in westlicher Richtung bis unterhalb der Westlichen Sattelspitze folgen. Dann auf Steigspuren zum Wandfuß aufsteigen (ca. 60 Minuten, 300 Hm).

ABSTIEG

Abseilen ist grundsätzlich nicht zu empfehlen. Ein Rückzug ist allerdings überall möglich. Vom Gipfel der Westlichen Sattelspitze folgt man dem Innsbrucker Klettersteig in westlicher Richtung bis zum Ende, dann über den Schmidhubersteig zurück zur Seilbahnstation Seegrube (ca. 2 Stunden zur Seilbahn).

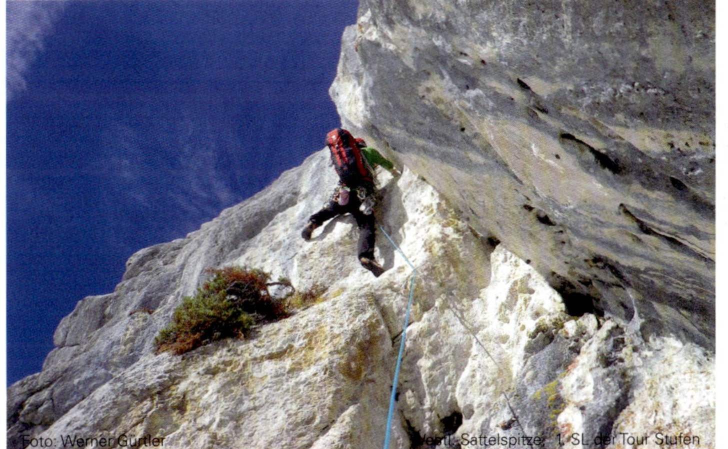

Foto: Werner Gürtler

Westl. Sattelspitze, 1. SL der Tour Stufen

AXAMS, MUTTERS, PATSCH

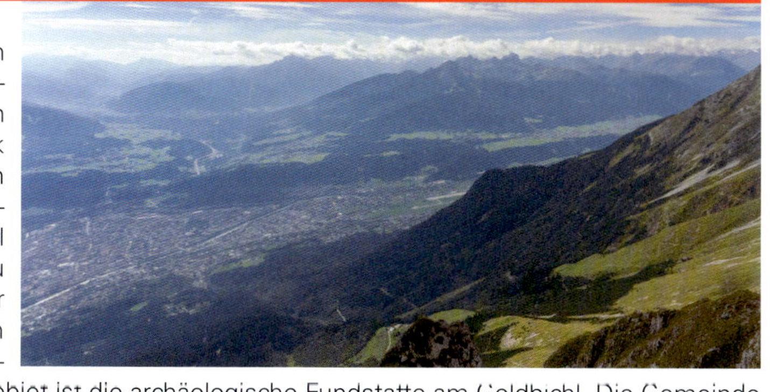

Die drei Orte befinden sich lediglich zehn bis 14 Kilometer von Innsbruck entfernt in bester Lage auf einem Hochplateau zwischen dem Patscherkofel im Osten, den Stubaier Alpen mit den Kalkkögeln im Süden und den Sellrainer Bergen im Westen. Von den einzigartigen, faszinierenden Bergdörfern hat man einen sensationellen Blick nach Norden auf die Inntalkette, die wegen ihrer Lage nördlich von Innsbruck im Sprachgebrauch einfach nur „Nordkette" genannt wird. Die Nordkette ist die südlichste und kürzeste der vier großen Gebirgsketten im Karwendel, das an das Inntal angrenzt. Der Hausberg von Innsbruck ist der Patscherkofel 2246 m, der bereits zu den Tuxer Alpen gehört und auf dem Gemeindegebiet von Patsch liegt. Mit seiner runden, baumfreien Kuppe ist der Patscherkofel die markanteste Erhebung im Süden von Innsbruck. Patsch, das auf einer Mittelgebirgsterrasse liegt, bildet den nordöstlichen Eingang zum Wipptal und zum Brenner. Eine Sehenswürdigkeit in diesem Gebiet ist die archäologische Fundstätte am Goldbichl. Die Gemeinde Axams mit ihren Nachbargemeinden Oberperfuss, Grinzens, Götzens, Kematen in Tirol, Unterperfuss und Birgitz liegt südlich des Inntals. Der Dorfname Axams bedeutet so viel wie sehr hoch gelegener Ort und ist keltischen Ursprungs. Noch höher liegt die Axamer Lizum, das zweifache Olympia-Skigebiet von Innsbruck. Von hier aus sind auch die Kalkkögel, die zu den Stubaier Alpen gehören, erreichbar.

DER GOLDBICHL

Der Goldbichl (auch Goldbühel genannt) ist ein 1064 m hoher Hügel im Süden der Tiroler Landeshauptstadt Innsbruck, der besonders als archäologische Stätte Bedeutung erlangt hat. Funde weisen darauf hin, dass hier eine überregional bedeutende bronzezeitliche Kultstätte lag, die als Heiliger Berg besonders für Brandopfer verwendet wurde. Auch in rätischer Zeit wurde die Anlage benutzt und ausgebaut, bis sie in der Römerzeit zerstört wurde. Der Goldbichl erhebt sich südlich der Gemeinde Igls am Nordwesthang des 2246 m hohen Patscherkofels. Damit liegt er direkt an der Einmündung des Wipptals in das Inntal und bietet darüber hinaus einen guten Blick ins Stubaital. Diese zentrale Lage erklärt die strategische und verkehrsgeographische Bedeutung des auf den ersten Blick unscheinbaren Hügels. Der Goldbichl ragt nur ca. 50 m aus den eiszeitlichen Terrassen des Inntals heraus, die in Tirol als Mittelgebirge bezeichnet werden. Der Hügel selbst besteht aus Quarzphyllit, an der flachen Nordostseite aber auch aus Moränenschutt, der von den eiszeitlichen Gletschern des Wipp- und Stubaitals stammt.

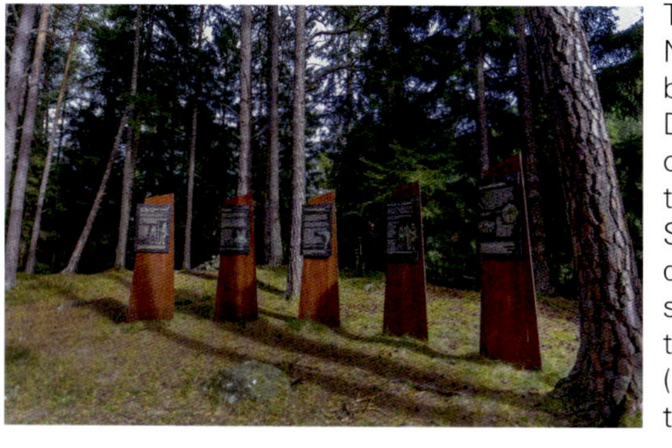

Der Goldbichl ist vollständig bewaldet. Der heutige höchste Punkt ist nicht natürlichen Ursprungs, die obersten sieben Meter des Hügels wurden in der Eisenzeit auf dem ursprünglich flacheren Gipfelplateau künstlich aufgeschüttet. Dieses Plateau fällt nach Norden hin, wo das von den Gletschern an der Südseite abgetragene Felsmaterial wieder abgelagert wurde, sanft ab. In allen anderen Richtungen, an denen in der Eiszeit die Gletscher anprallten, wird es von steilen Hängen begrenzt. Im südlichen Abhang sind auch einige bis zu 15 m hohe Felswände zu finden, die als Klettergarten genutzt werden. Unmittelbar südlich und östlich des Goldbichls verläuft die Straße zwischen den Ortschaften Patsch und Lans („Römerstraße"), westlich die davon abzweigende Straße nach Igls, sodass der Goldbichl auf drei Seiten von Straßen umgeben ist.

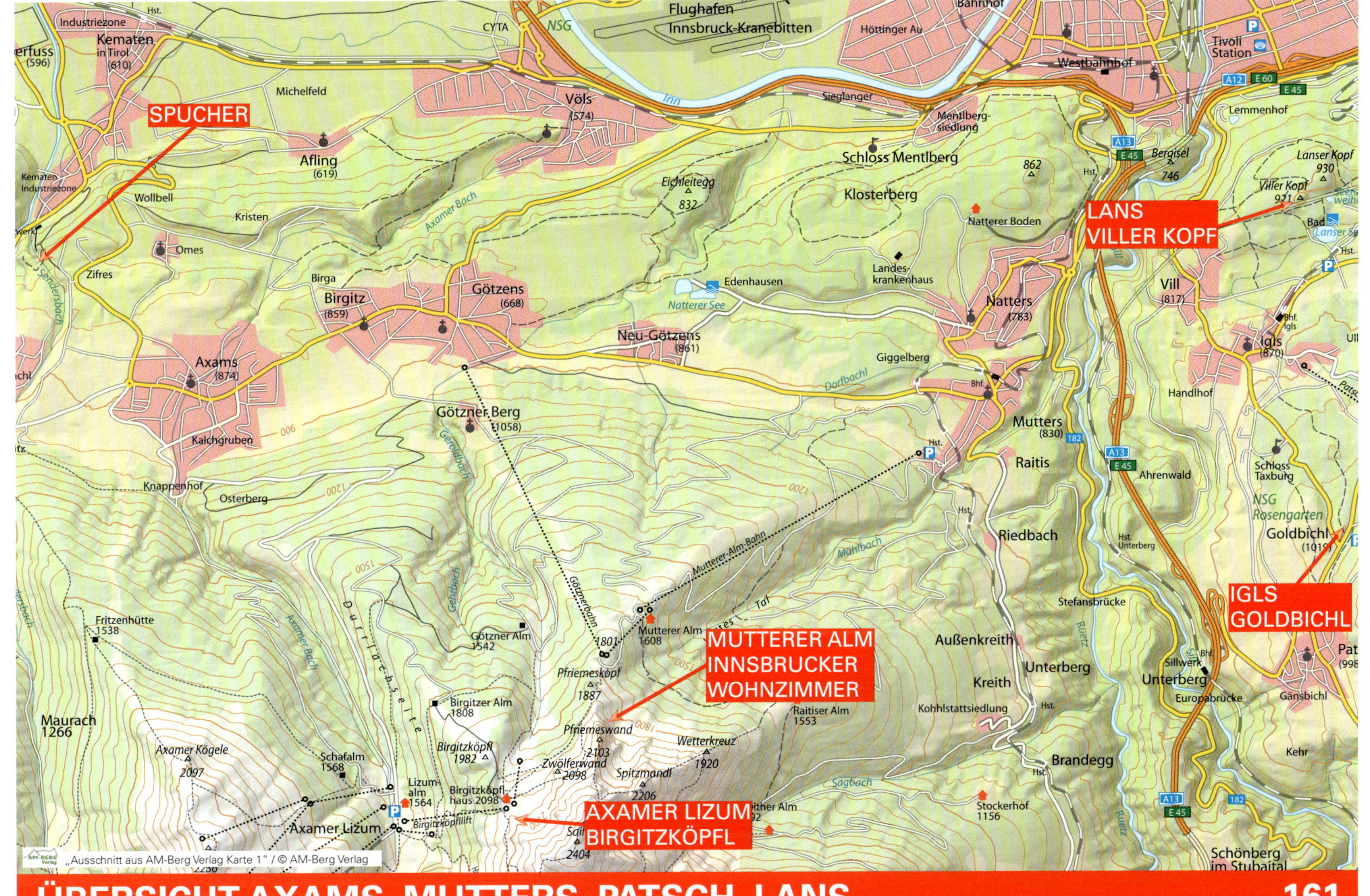
SPUCHER
LANS
VILLER KOPF
MUTTERER ALM
INNSBRUCKER
WOHNZIMMER
IGLS
GOLDBICHL
AXAMER LIZUM
BIRGITZKÖPFL
Flughafen
Innsbruck-Kranebitten
Kematen
in Tirol
(610)
Völs
(574)
Afling
(619)
Axams
(874)
Birgitz
(859)
Götzens
(668)
Neu-Götzens
(861)
Natters
(783)
Mutters
(830)
Igls
(870)
Vill
(817)
Götzner Berg
(1058)
Mutterer Alm
1608
Götzner Alm
1542
Birgitzer Alm
1808
Axamer Lizum
Raitiser Alm
1553
Schloss Mentlberg
Klosterberg
Natterer See
Raitis
Riedbach
Außenkreith
Unterberg
Kreith
Brandegg
Schönberg
im Stubaital
„Ausschnitt aus AM-Berg Verlag Karte 1“ / © AM-Berg Verlag

BIRGITZKÖPFL (2150 m)

32 T 675455 5229424 (Bergstation Birgitzköpfllift)
32 T 675607 5229329

Foto: Innsbrucktourismus

Klettergarten Birgitzköpfl

Routenaufteilung

Schwierigkeitsgrad (Franz.)	3	4	5	6	7	8	9
Anzahl der Routen	5	6	7	11	-	-	-

Routenart 32 Einseillängen (ES), Mehrseillängen (MS), Bouldern

Routenlänge 10-35 Meter

Zustieg 10 Min. ⇧ bergauf, ⇨ eben, ⇩ bergab

Absicherung ★★★★★

Umlenkung Ring Kette Sauschwanz

Ausrichtung Nord, Ost, Süd, West

Winterklettergebiet ja, nein

Familienfreundlich ja, nein

Felsqualität Fester kompakter grauer gutgriffiger Kalk mit Leisten und Löchern.

Wandneigung Steile bis leicht überhängende Kletterei.

Wandfuß Steiler, abschüssiger Wandfuß.

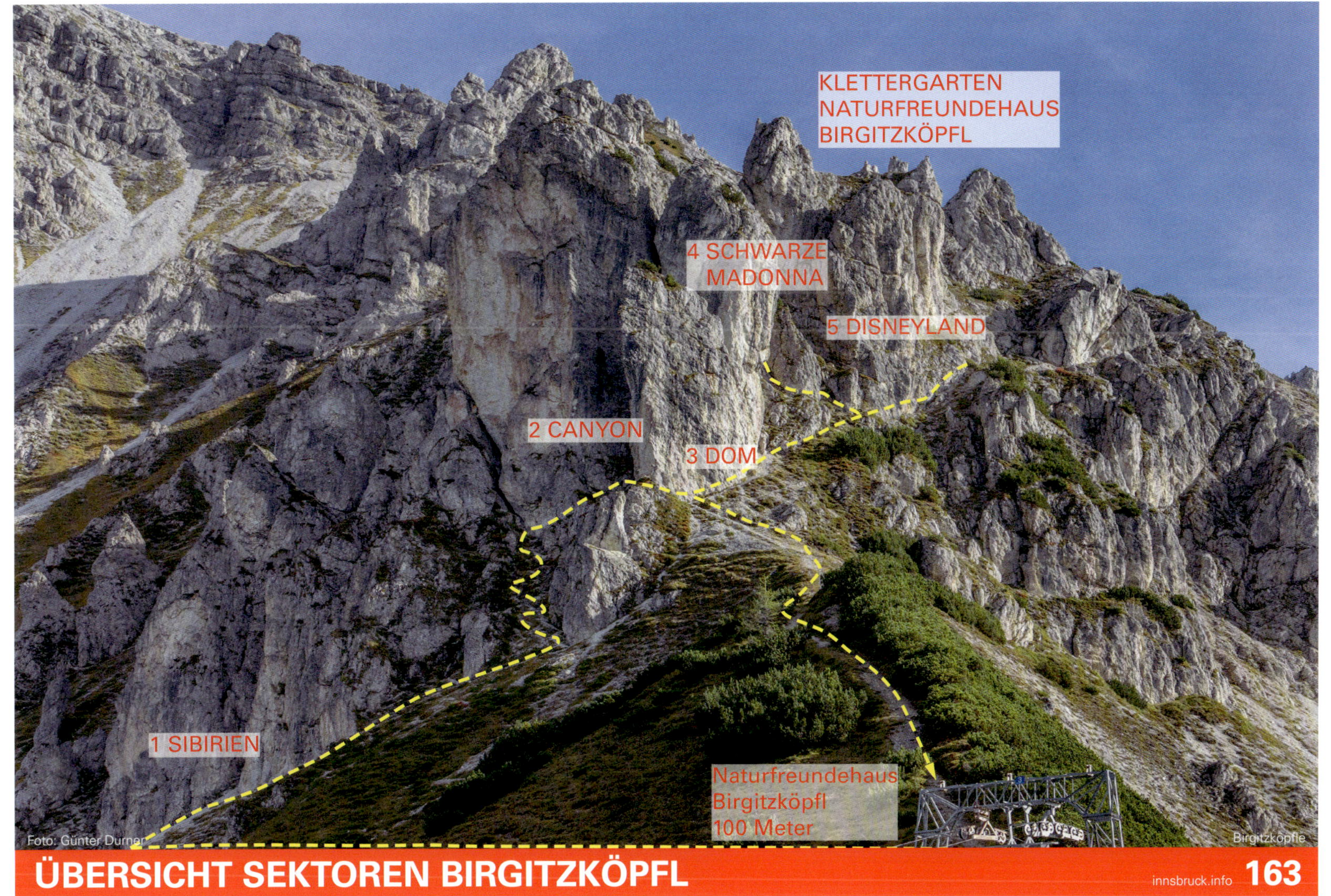

ÜBERSICHT SEKTOREN BIRGITZKÖPFL

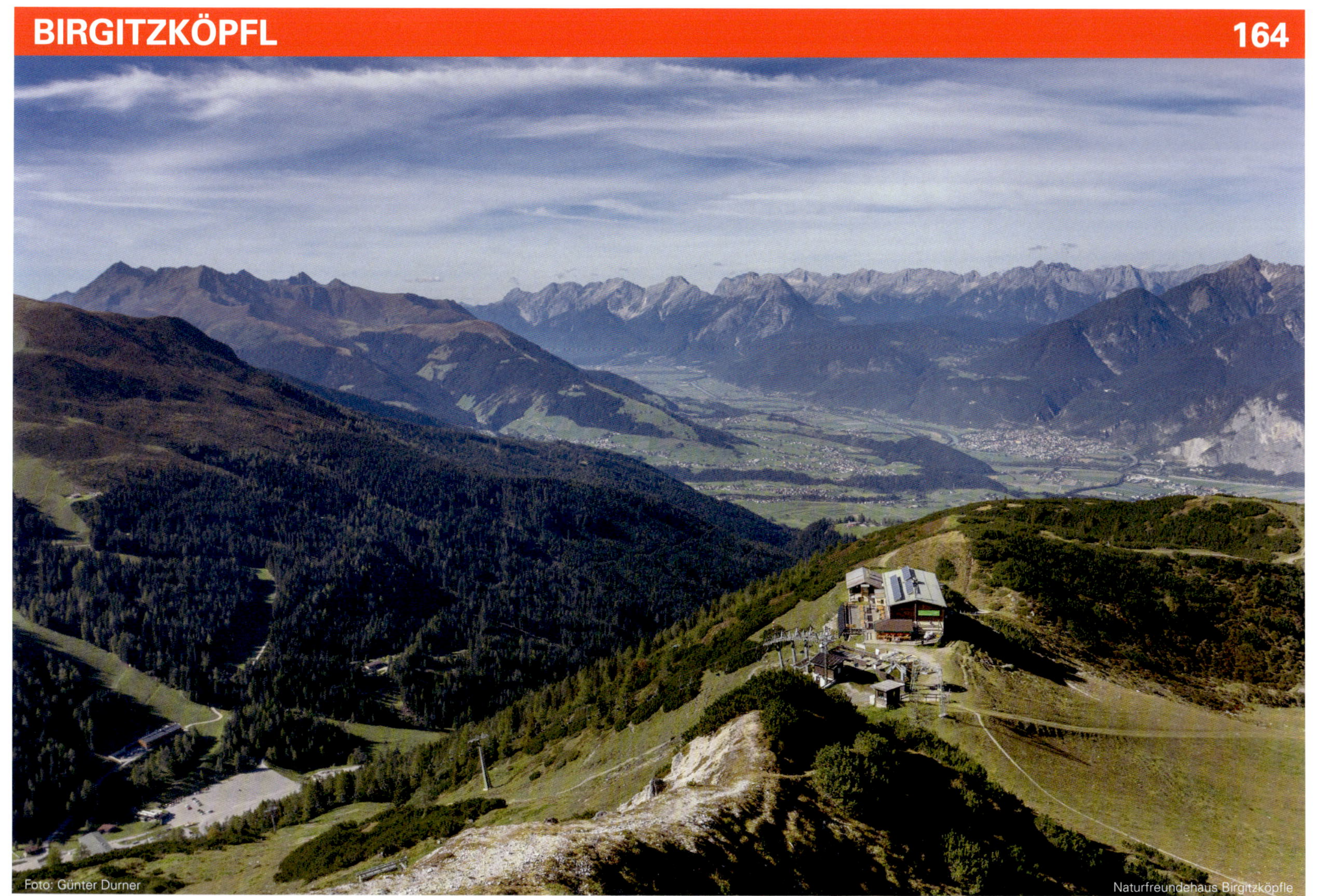

Foto: Günter Durner

Naturfreundehaus Birgitzköpfle

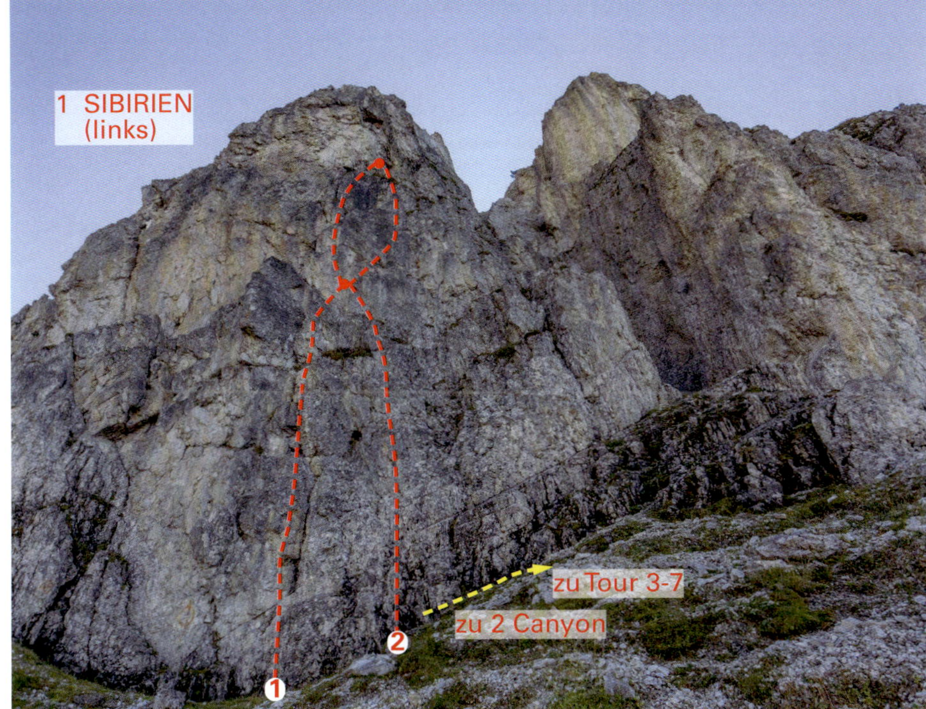

1 SIBIRIEN (links)

1	Wladiwostok	(2 SL)	4a, 5b	35 m
2	Tupolev	(2 SL)	4a, 5c	35 m

BESCHREIBUNG

Der Klettergarten Birgitzköpfl befindet sich etwas oberhalb des Naturfreundehauses Birgitzköpfl 2035 m. Die Felsen sind südwest- bis nordostseitig ausgerichtet. Die Routen sind mit Bohrhaken und Kettenständen perfekt abgesichert. Vom Klettergarten und vom Naturfreundehaus Birgitzköpfl 2035 m hat man einen herrlichen Blick auf das Inntal und zur Nordkette. Das Panorama ist beeindruckend. Der Klettergarten ist aufgrund der Höhenlage von 2150 m und der nordwestlichen Ausrichtung besonders für heiße Sommertage geeignet, Sonne bis spät abends.

ZUFAHRT/ZUGANG

Navi: 6094 Axams, Axamer Lizum 6. Von Innsbruck fährt man über die Inntalautobahn A12 Innsbruck-Landeck bis zur Ausfahrt Zirl-Kematen-Axams. Dann über Axams in das Skigebiet Axamer Lizum. Im Bereich der Talstation auf dem großen Parkplatz parken.
Am bequemsten erreicht man das Naturfreundehaus Birgitzköpfl 2035 m mit dem 2er-Sessellift Birgitzköpfl. Die Talstation Birgitzköpfllift befindet sich 200 Meter südlich vom Parkplatz der Axamer Lizum.

Öffnungszeiten und Fahrpreise unter www.axamer-lizum.at. Informationen zum Naturfreundehaus Birgitzköpfl unter http://wildlife.at/.

Wer zu Fuß gehen will geht vom Parkplatz Richtung Talstation Birgitzköpfllift. Dann in südlicher Richtung zum Lawinenschutzdamm, hier zweigt links ein Wanderweg ab. Dieser führt bis zum Naturfreundehaus Birgitzköpfl 2035 m hinauf (ca. 1,5 Stunden, 460 Hm). Vom Naturfreundehaus Birgitzköpfl 2035 m erreicht man die verschiedenen Sektoren über Pfadspuren.

ERSCHLIESSER

P. Rainalter, V. Kößl, H. Kößl, M. Csaki, A. Klotz, T. Schöpf

1 SIBIRIEN (rechts)
zu Tour 1-2
zu 2 Canyon

1 SIBIRIEN (rechts)

3	Kalaschnikov	5c	25 m
4	Irkutsk	5a	25 m
5	Novsibirsk	6a+	25 m
6	Lena	3c	25 m
7	-	3c	25 m

2 CANYON

1	Via Classica...... (2 SL)	6a+, 6a+	35 m
2	Linker Bazillus	6a+	35 m
3	Schwarzer Peter	6b	35 m
4	Fata Morgana	6a	30 m
5	Bitte abbinden	5c	30 m
6	Hüttengaudi	5b	30 m
7	Micheluzzi	6b	30 m
8	Multiple Choice	6a+	30 m

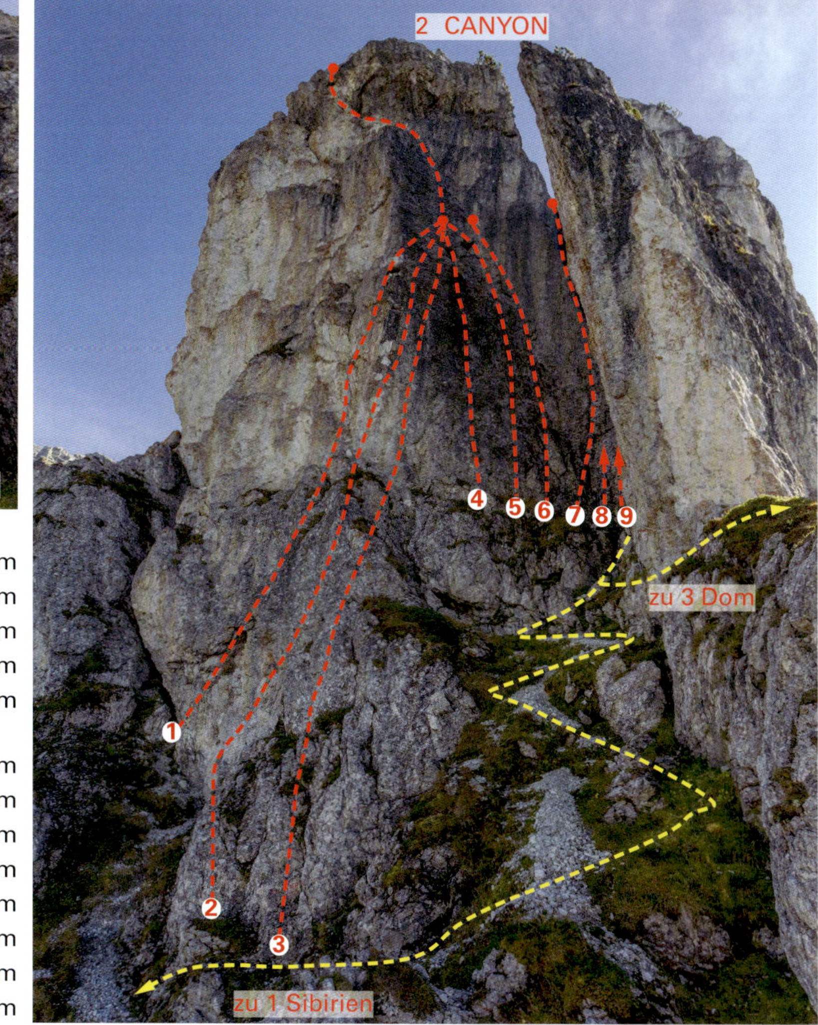

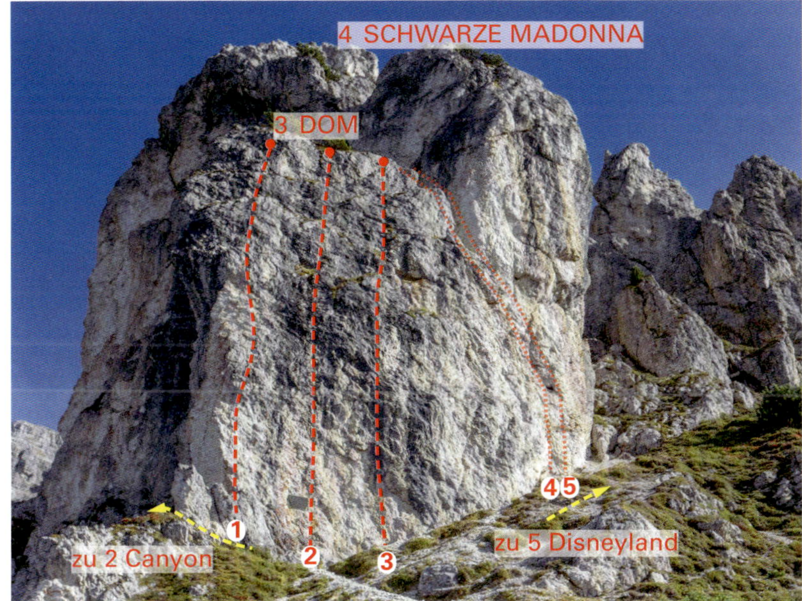

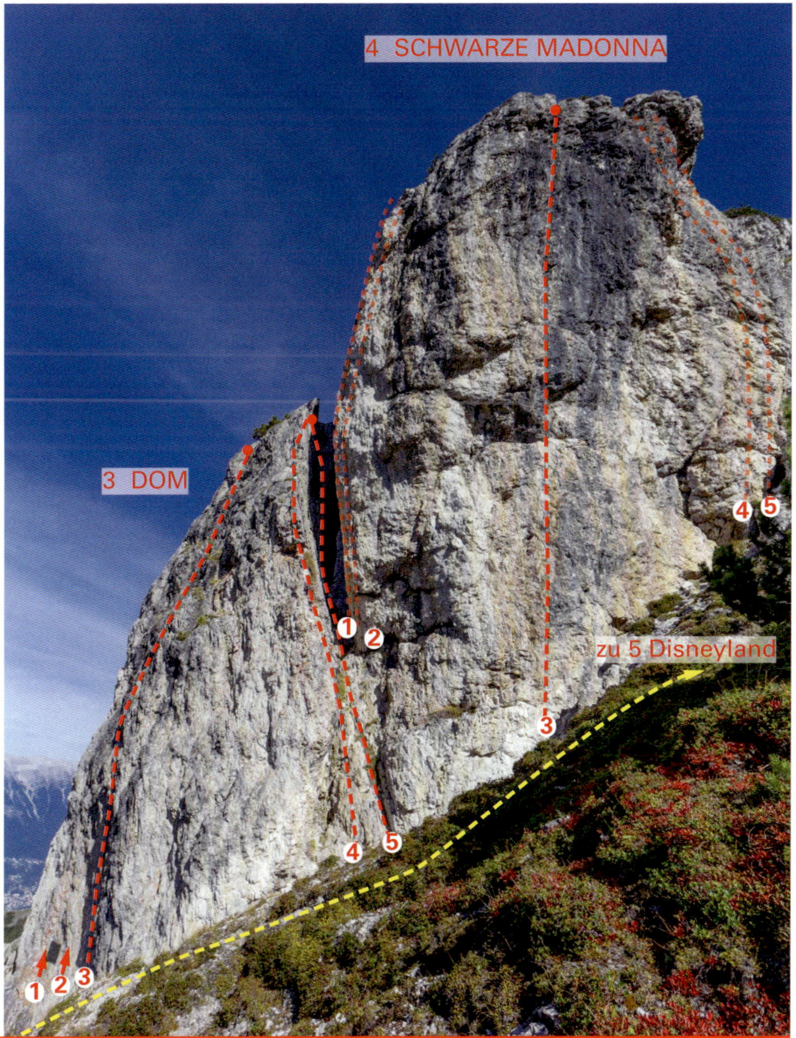

3 DOM

1	The Face (Projekt)	-	20 m
2	Willi Mayr Gedächtnisweg	6a+	20 m
3	Schiffsburg	6b	20 m
4	Heinzelmännchen (hinter der Kante)	4c	20 m
5	Fixseil (hinter der Kante)	-	20 m

4 SCHWARZE MADONNA

1	Der russische Emigrant (rechts im Kamin)	6b	20 m
2	Quantensprung (rechts im Kamin)	6b	20 m
3	Schwarze Madonna (Projekt)	-	30 m
4	Stich dir ins Auge (hinter der Kante)	5c	35 m
5	Aufimuasi (hinter der Kante)	3	35 m

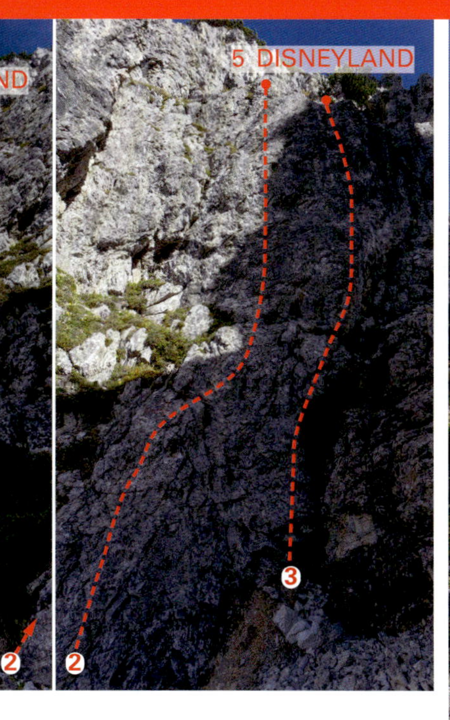

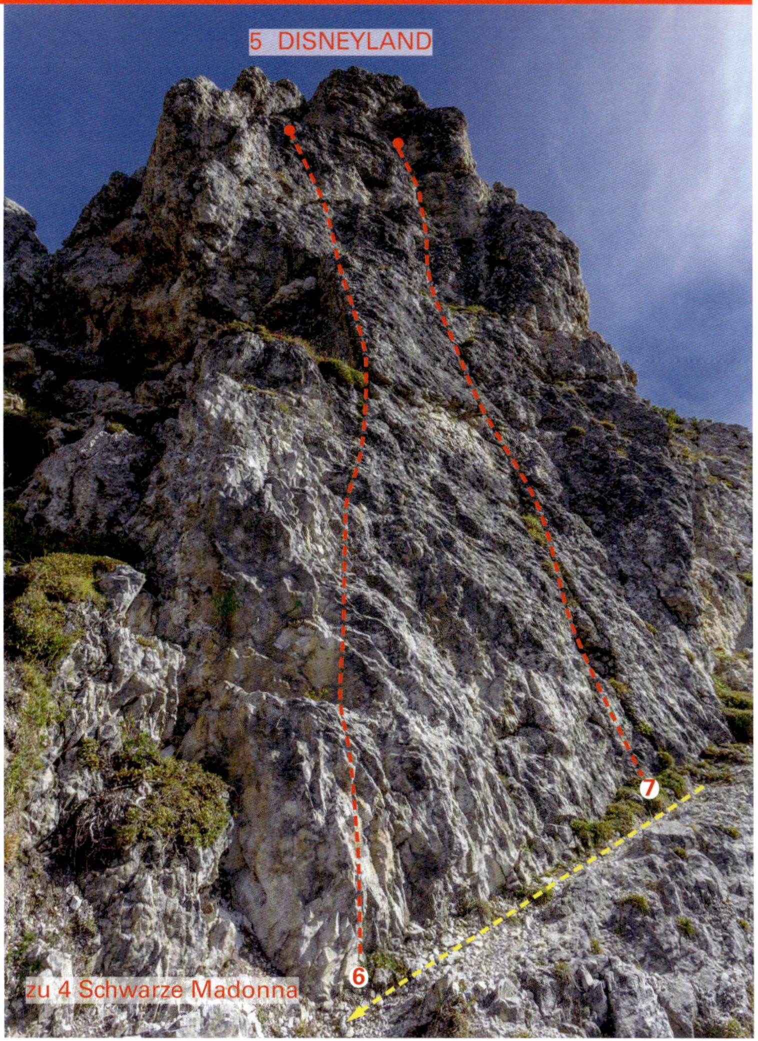

5 DISNEYLAND

1	Schreck im Eck	3c	30 m
2	Rote Bluatsau	4c	20 m
3	Kater Carlo	5c	18 m
4	Mickey Mouse (ohne Abb.)	3	10 m
5	Legoland (ohne Abb.)	4c	10 m
6	Tom & Jerry ..... (2 SL)	4c, 5c	35 m
7	Babs Bunny...... (2 SL)	5c, 5c	35 m

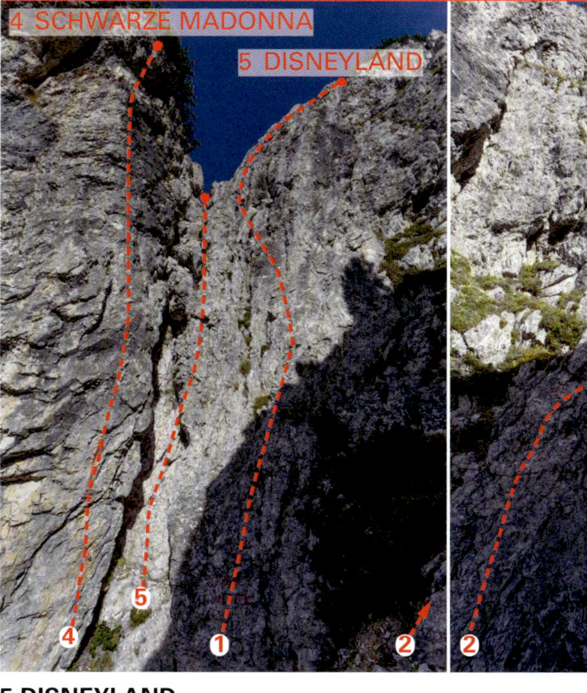

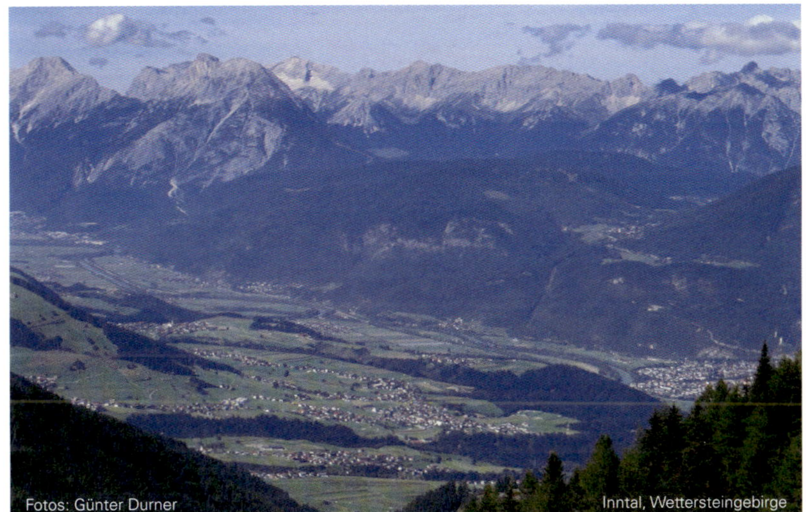
Fotos: Günter Durner
Inntal, Wettersteingebirge

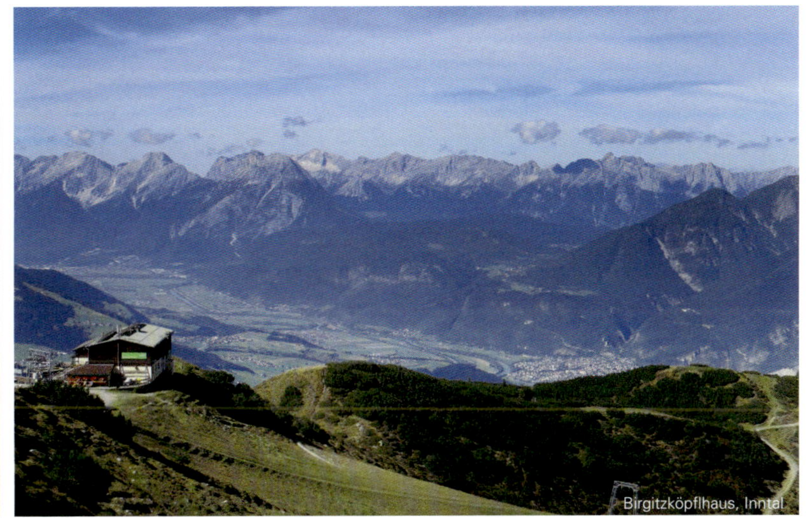
Birgitzköpflhaus, Inntal

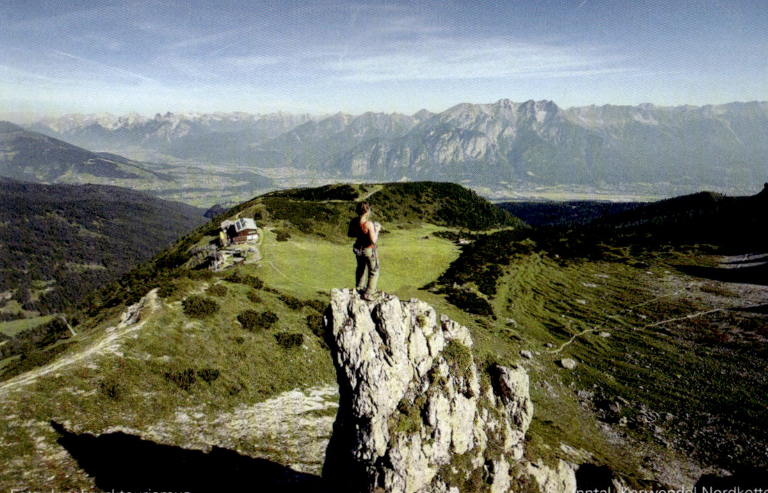
Foto: Innsbrucktourismus
Inntal, Karwendel Nordkette

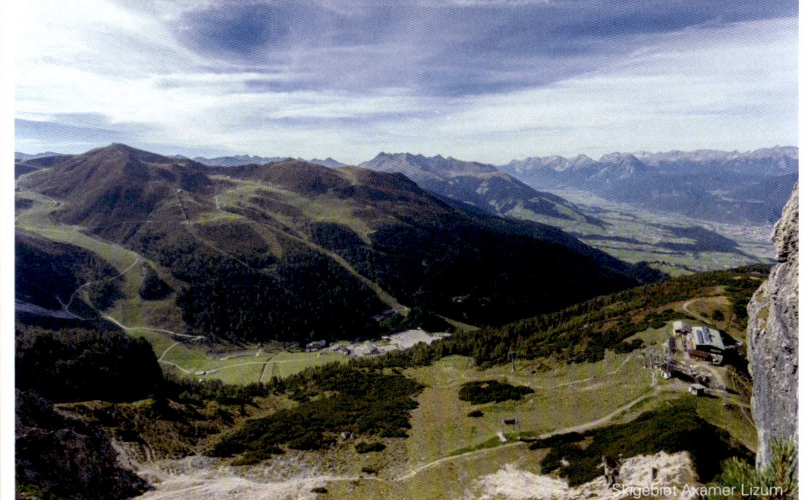
Skigebiet Axamer Lizum

BIRGITZKÖPFL

MUTTERER ALM (1900 m)

32 T 676639 5231284 (Bergstation Mutter Alm-Bahn)
32 T 676389 5230249

Foto: Günter Durner — Innsbrucker Wohnzimmer

Routenaufteilung

Schwierigkeitsgrad (Franz.)	3	4	5	6	7	8	9
Anzahl der Routen	-	4	7	10	3	-	-

Routenart 24 Einseillängen (ES), Mehrseillängen (MS), Bouldern

Routenlänge 12-35 Meter

Zustieg 45 Min. ⇧ bergauf, ⇨ eben, ⇩ bergab

Absicherung ★★★★★

Umlenkung Ring Kette Sauschwanz

Ausrichtung Nord, Ost, Süd, West

Winterklettergebiet ja, nein

Familienfreundlich ja, nein

Felsqualität Fester kompakter grauer gutgriffiger Kalk mit Leisten und Löchern.

Wandneigung Steile bis leicht überhängende Kletterei.

Wandfuß Steiler, abschüssiger Wandfuß.

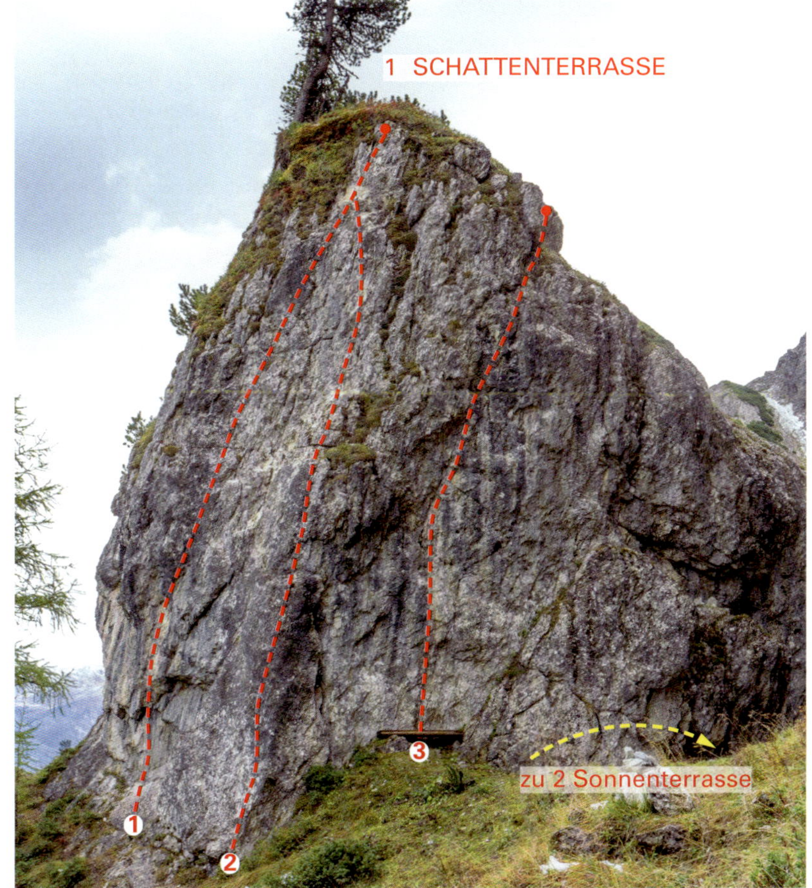

1 SCHATTENTERRASSE

1	Cliffhanger	6a	12 m
2	Rissplatte	4b	12 m
3	Grounder	6b+	12 m

BESCHREIBUNG

Der Klettergarten Innsbrucker Wohnzimmer befindet sich oberhalb der Mutterer Alm an den östlichen Abbrüchen der Pfriemeswand. Die Felsen sind süd- und ostseitig ausgerichtet. Die Routen sind mit Bohrhaken und Kettenständen perfekt abgesichert. Vom Klettergarten hat man einen herrlichen Blick in das Inntal und zur Nordkette. Das Panorama ist wunderschön. Der Klettergarten ist aufgrund der Höhenlage von 1900 m und der östlichen Ausrichtung besonders für heiße Sommertage geeignet.

ZUFAHRT/ZUGANG

Navi: 6162 Mutters, Nockhofweg 40. Von Innsbruck fährt man über die Inntalautobahn A13 Innsbruck-Brenner bis zur Ausfahrt Innsbruck-Süd. Dann auf der Bundesstraße nach Mutters. In Mutters der Beschilderung „Muttereralm Bergbahnen" folgen. Auf dem großen Parkplatz bei der Talstation parken. Am bequemsten erreicht man die Mutterer Alm 1608 m mit der Mutterer Alm Bergbahn.
Öffnungszeiten und Fahrpreise unter www.muttereralm.at.

Wer zu Fuß zur Mutterer Alm 1608 m gehen will folgt dem ausgeschilderten Wanderweg. Mit dem MTB geht es über den Forstweg Nr. 510 durch Wiesen und Wälder über das Gasthaus Nockhof bis zur Mutterer Alm 1608 m (ca. 2 Stunden, 665 Hm, ca. 10 km).
Bei der Mutterer Alm 1608 m, direkt von der Ausstiegsstelle am Skischulgebäude vorbei dem Forstweg mit der Beschilderung „Pfriemeswand 42/12" folgen. Kurz vor dem Pfriemesköpfl (Bergstation Götznerbahn) zweigt bei einem eingezäunten gelben Wegweiser der Wanderweg zur Pfriemeswand ab. Über einige Serpentinen hinauf auf den Gratrücken der Pfriemeswand. Dort wo der Weg den Grat nach rechts (Westen) in Richtung Naturfreundehaus Birgitzköpfl verläßt (Steinman) nach links über Steigspuren am östlichen Hang entlang etwa 300 Meter bis zum Klettergarten Innsbrucker Wohnzimmer queren. Zugang von der Bergstation der Muttereralm Bergbahn ca. 45 Minuten, 300 Hm.

ERSCHLIESSER

J. Verstraeten, P. Pichlbauer

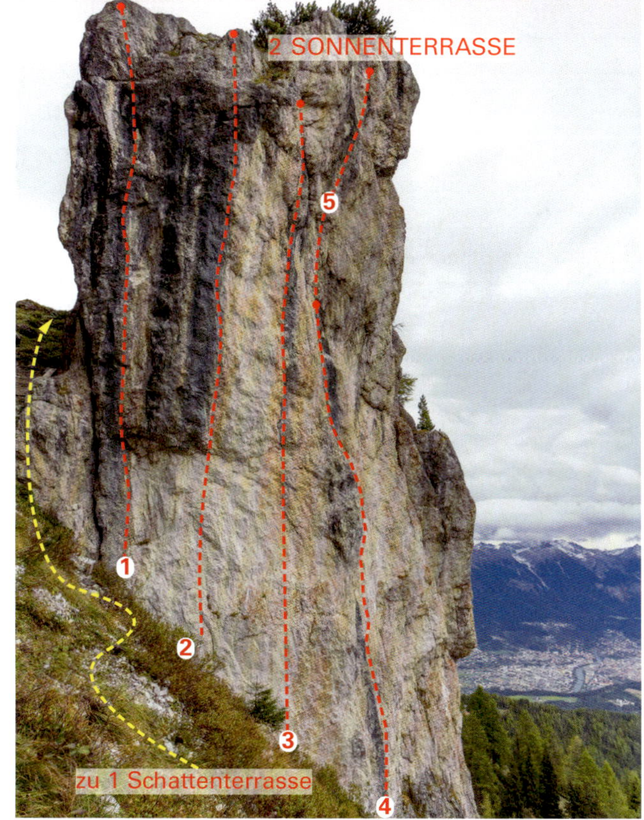

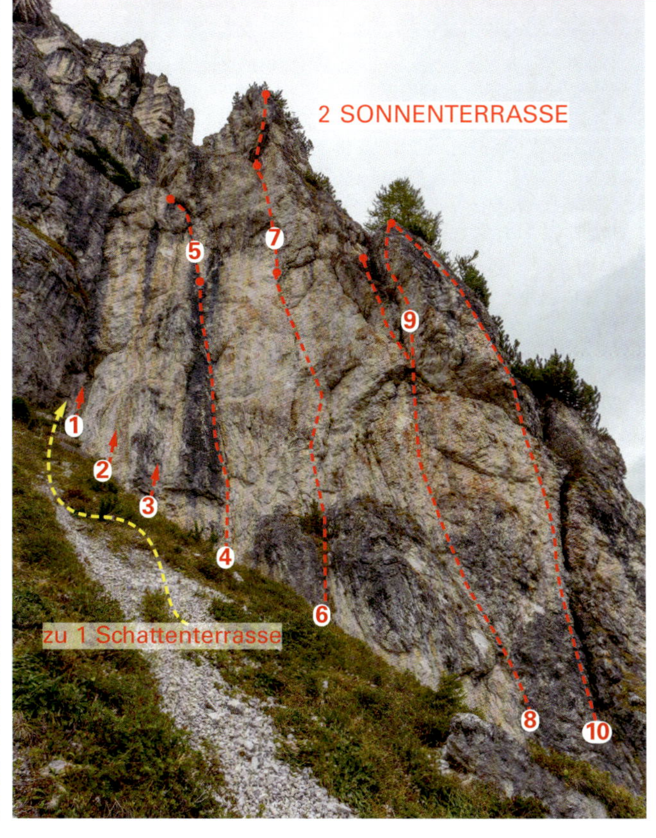

2 SONNENTERRASSE

		Grad	Länge
1	Ringbandlkantn	7a	12 m
2	Rocky	7c	15 m
3	Eindeutig dreideutig	7a	20 m
4	Sie hats gern feucht	5c	20 m
5	Chefin`s Ausstieg (Verlängerung von 4)	5c	30 m
6	Alpenliebe	5c	20 m
7	Verlängerung von 6	5c	38 m
8	Bergstation	5c	25 m
9	Himmelfahrt	6a	25 m
10	PanNord	6b	25 m

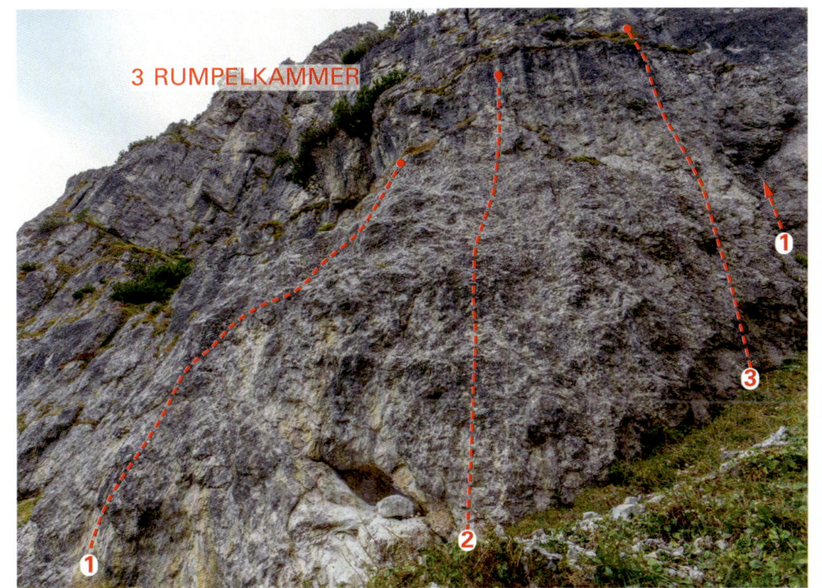

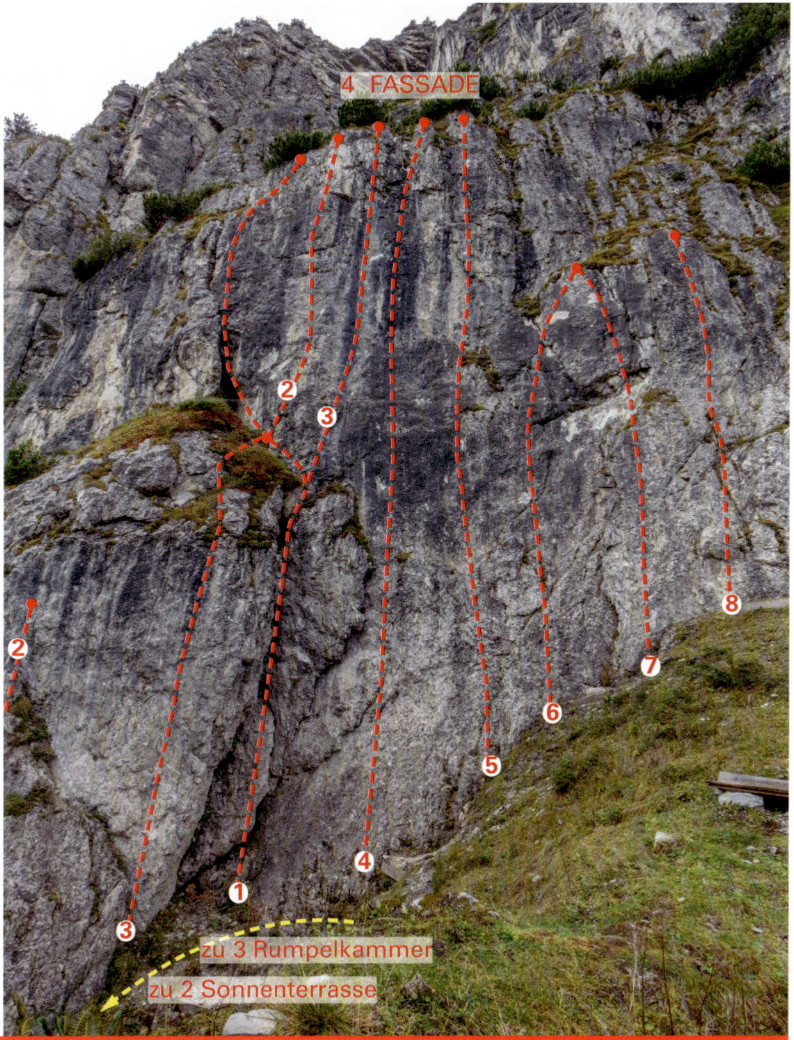

3 RUMPELKAMMER

1	Ach nein, Christian	5a	8 m
2	Madre española	4c	12 m
3	Polnische Graskletterei	6b+	14 m

4 FASSADE

1	Pain au chocolat	6b+	30 m
2	Werkvertragsarbeiter	6a	30 m
3	Blue Lagoon	6b	30 m
4	Wenn s pickt dann pickts	6a+	30 m
5	Love parade	6a	30 m
6	Ms. Smith	5a	12 m
7	Mr. Smith	4c	12 m
8	Tussi Bär	4c	15 m

4 FASSADE

zu 3 Rumpelkammer

zu 2 Sonnenterrasse

IGLS, GOLDBICHL (1064 m)

P 32 T 683226 5231919
32 T 683171 5231957

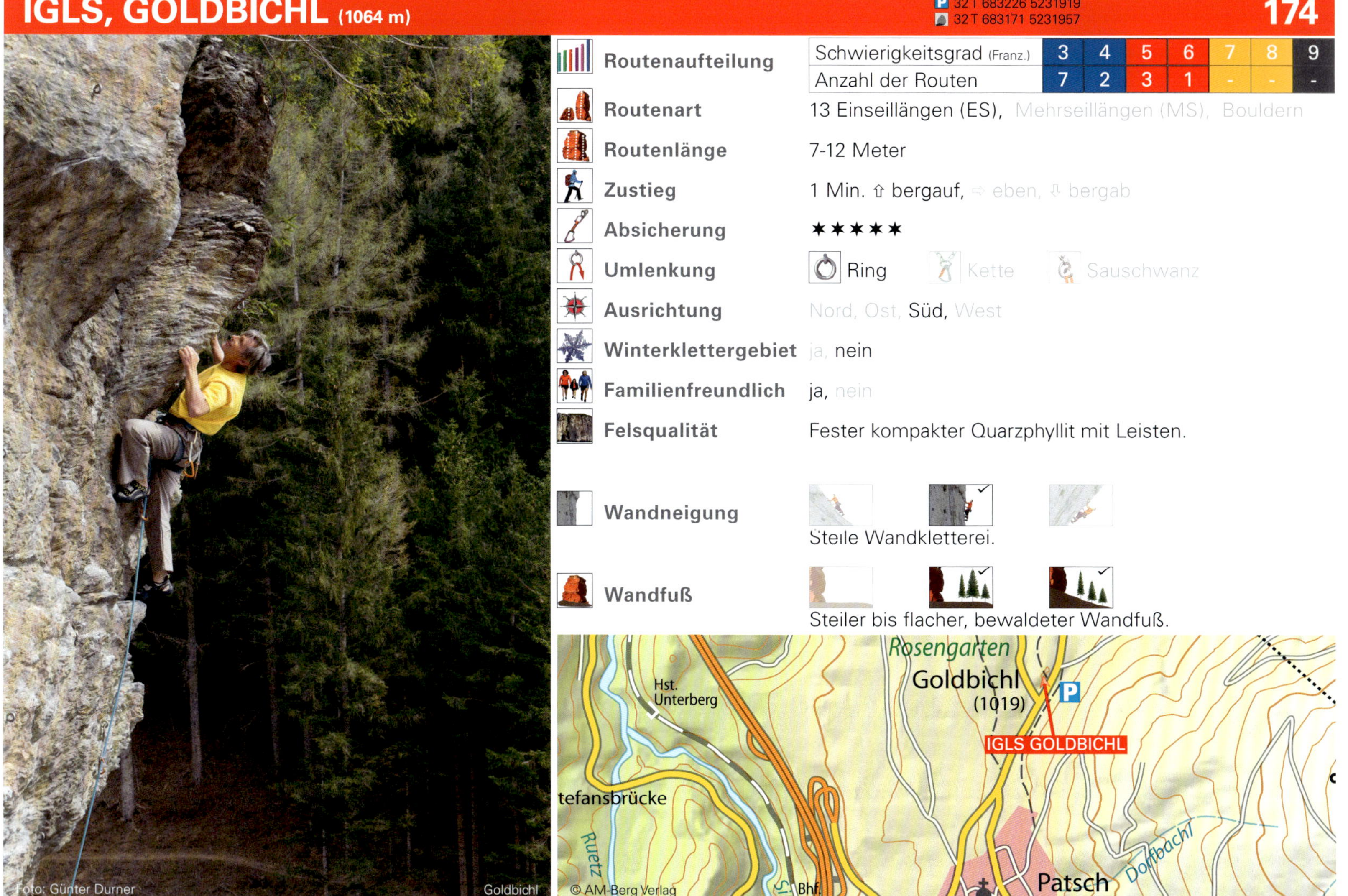

Routenaufteilung

Schwierigkeitsgrad (Franz.)	3	4	5	6	7	8	9
Anzahl der Routen	7	2	3	1	-	-	-

Routenart 13 Einseillängen (ES), Mehrseillängen (MS), Bouldern

Routenlänge 7-12 Meter

Zustieg 1 Min. ⇧ bergauf, ⇨ eben, ⇩ bergab

Absicherung ★★★★★

Umlenkung Ring Kette Sauschwanz

Ausrichtung Nord, Ost, Süd, West

Winterklettergebiet ja, nein

Familienfreundlich ja, nein

Felsqualität Fester kompakter Quarzphyllit mit Leisten.

Wandneigung Steile Wandkletterei.

Wandfuß Steiler bis flacher, bewaldeter Wandfuß.

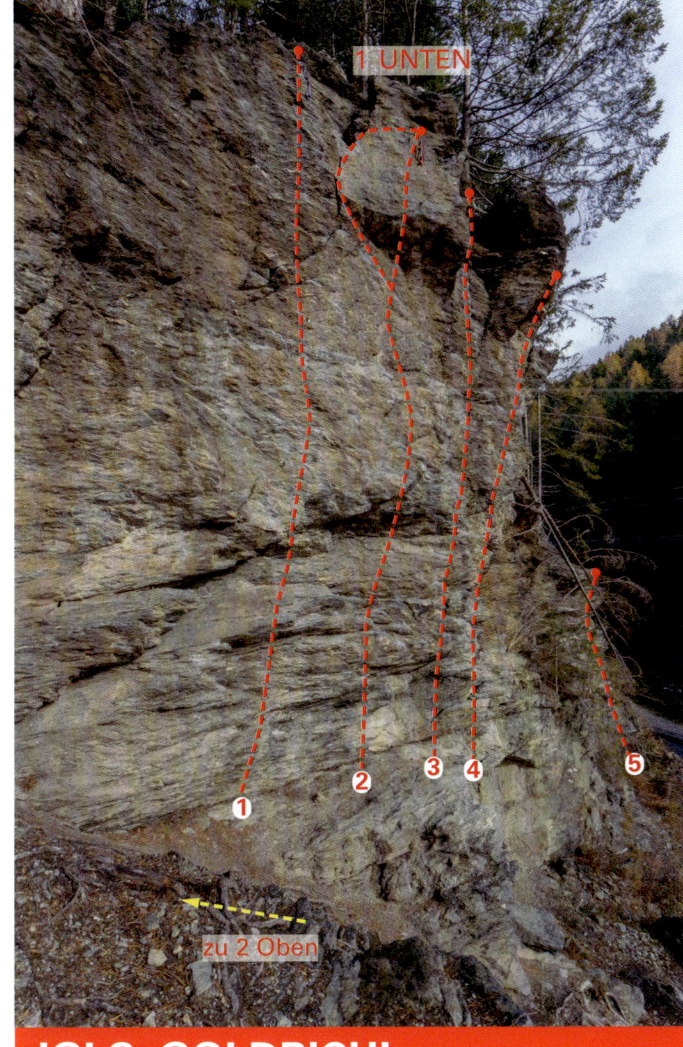

BESCHREIBUNG

Der kleine Klettergarten Goldbichl liegt am südlichen Hang des Goldbichl 1063 m und ist besonders für Anfänger geeignet. Die 13 bestens abgesicherten Routen an den bis zu 15 m hohen Felswänden liegen in den Schwierigkeitsgraden 3 bis 6a. Im mittleren Teil des Klettergartens gibt es an einem Überhang die Möglichkeit zum Bouldern. Die beste Jahreszeit um am Goldbichl zu klettern ist zwischen April und Oktober.

Der Goldbichl, dessen höchster Punkt lediglich 50 Meter höher liegt als die eiszeitlichen Terrassen des Inntals, besteht aus Quarzphyllit und Moränenschutt, der von den eiszeitlichen Gletschern des Wipp- und Stubaitals stammt. Der heutige höchste Punkt des vollständig bewaldeten Goldbichls ist nicht natürlichen Ursprungs. In der Eisenzeit wurde das ursprünglich flache Gipfelplateau um etwa sieben Meter aufgeschüttet. Aus archäologischer Sicht ist der Goldbichl sehr interessant, da Funde darauf hinweisen, dass hier eine überregional bedeutende bronzezeitliche Kultstätte lag. Über die Nordostseite zum Gipfel führt ein 2006 errichteter archäologischer Lehrpfad. Fundstücke und ein Modell der damaligen Anlage können beim Tourismusverband Igls besichtigt werden.

ZUFAHRT/ZUGANG

Navi: 6082 Patsch, Patscherstraße. Von der Inntalautobahn A12 Kufstein-Landeck fährt man bei der Ausfahrt Innsbruck-Mitte ab. Weiter auf der L9 Igler Straße bzw. L33 Patscher Straße in Richtung Igls und Patsch. Bei der Abzweigung Patsch links in Richtung Lans abbiegen. Nach 100 m gibt es auf der rechten Straßenseite einen Parkplatz. Die Römerstraße überqueren und über einen Steig in wenigen Minuten zum bereits sichtbaren Klettergarten aufsteigen.

ERSCHLIESSER

G. Egger, G. Mayregger

1 UNTEN

	Route	Grad	Länge
1	Goldbichl	5b	15 m
2	Klemmkeil	5b (direkt 6a)	15 m
3	Verticale	5c	15 m
4	Gipfelsturm	6a	15 m
5	Pumuckl	3b	12 m

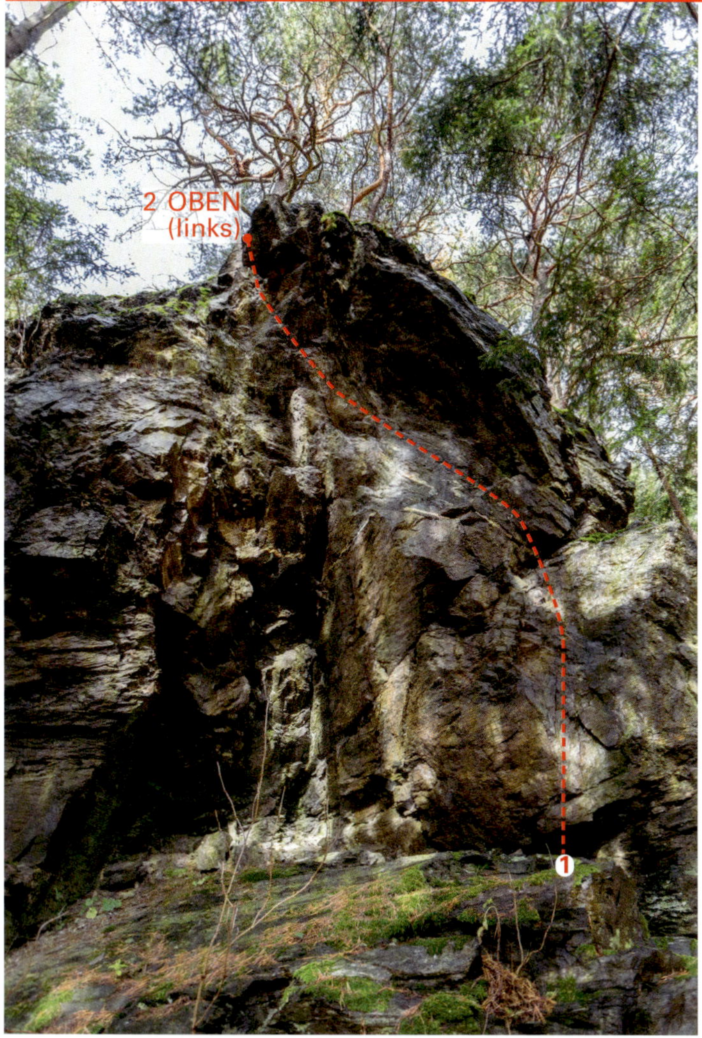

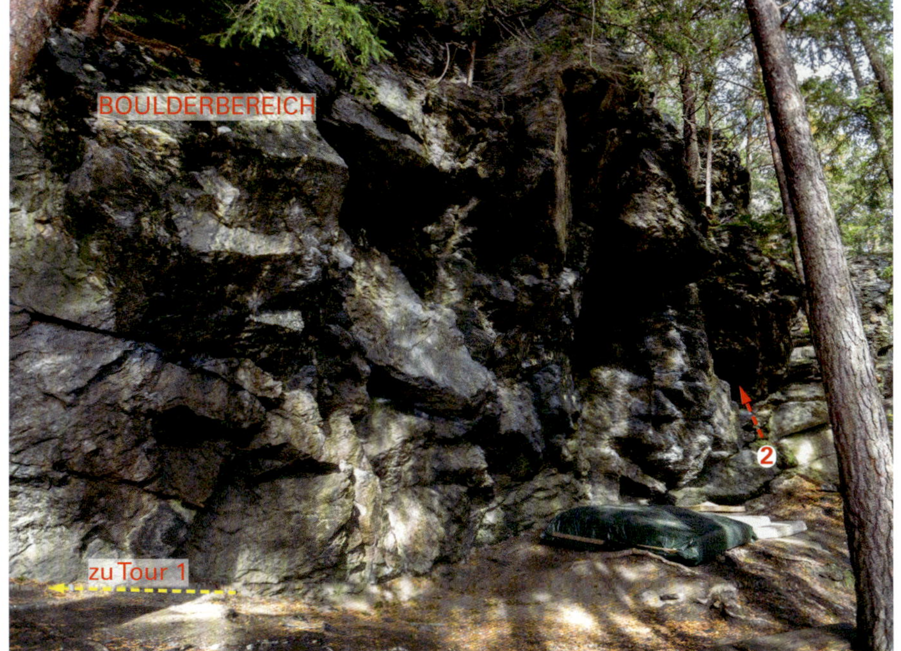

2 OBEN (links)

1 Goldenes Dachl .... 4c ...... 7 m

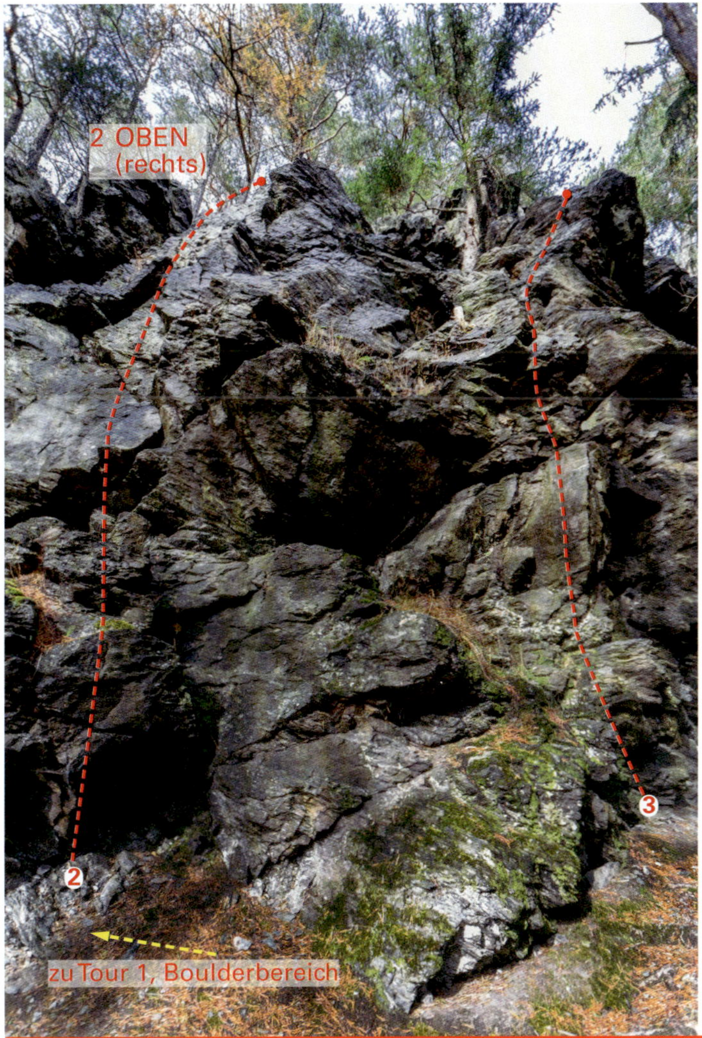

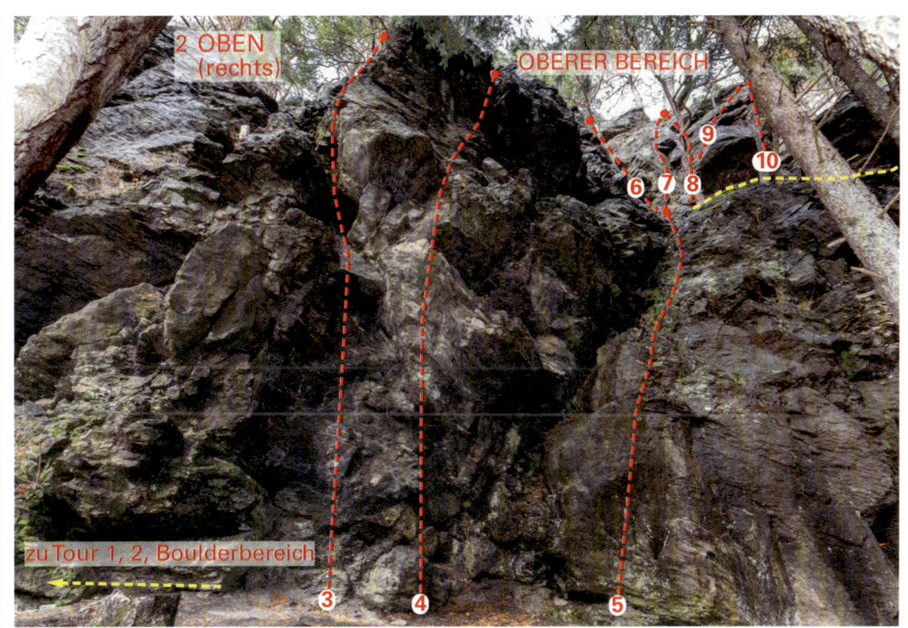

2 OBEN (rechts)

	Route	Grad	Länge
1	Goldenes Dachl	4c	7 m
2	Schrofen	3a	12 m
3	Edelweiß	3a	12 m
4	Almenrausch	4c	12 m
5	Föhnsturm	3	12 m

Oben (Zugang von links oder rechts über den Steig)

	Route	Grad	Länge
6	-	3	10 m
7	-	3a	10 m
8	-	3a	10 m
9	-	5c	10 m
10	-	6a	10 m

LANSER SEE / VILLER KOPF (921 m)

P 32 T 683078 5234506
32 T 682773 5235016

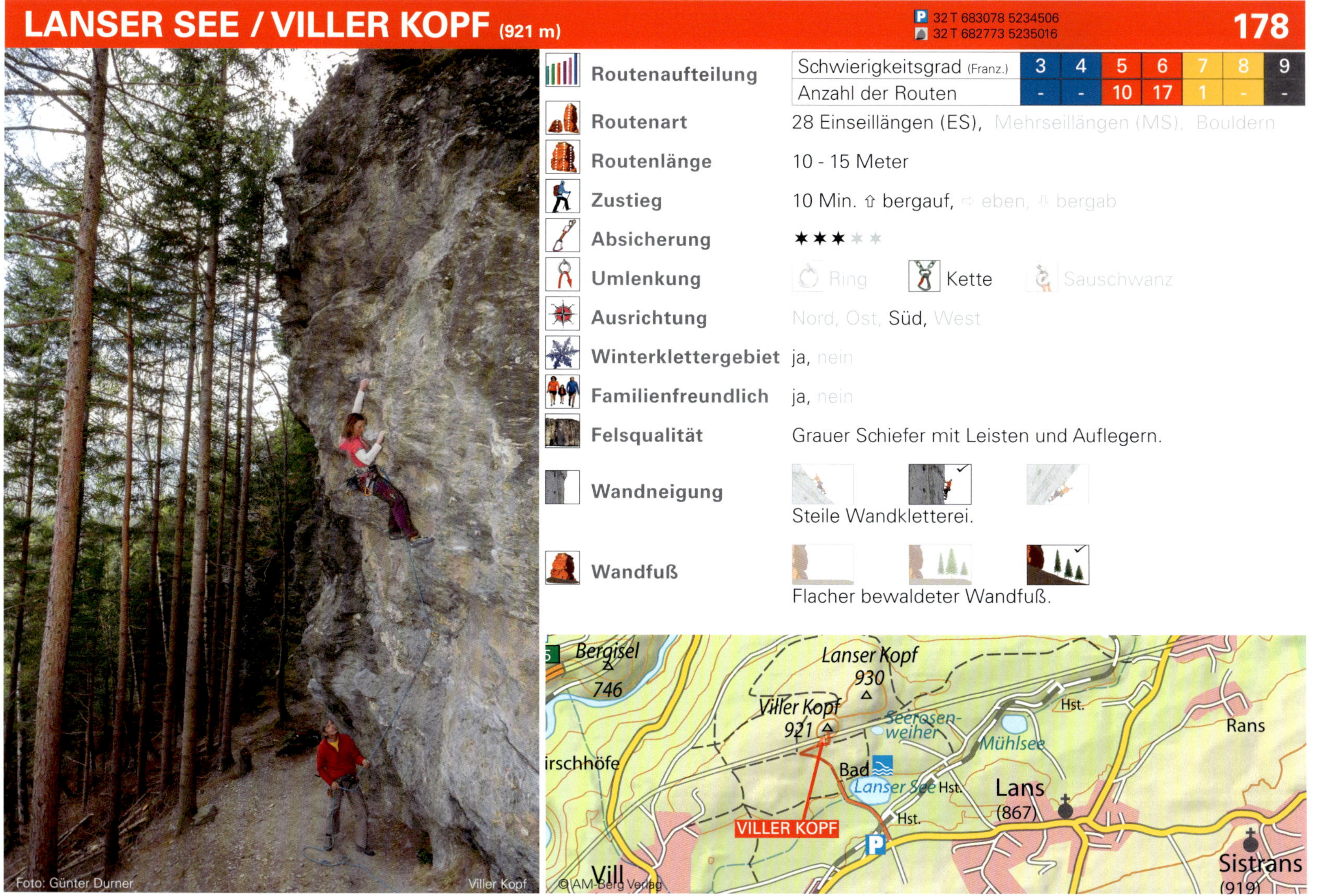

Routenaufteilung

Schwierigkeitsgrad (Franz.)	3	4	5	6	7	8	9
Anzahl der Routen	-	-	10	17	1	-	-

Routenart 28 Einseillängen (ES), Mehrseillängen (MS), Bouldern

Routenlänge 10 - 15 Meter

Zustieg 10 Min. ⇧ bergauf, ⇨ eben, ⇩ bergab

Absicherung ★★★★★

Umlenkung Ring, Kette, Sauschwanz

Ausrichtung Nord, Ost, Süd, West

Winterklettergebiet ja, nein

Familienfreundlich ja, nein

Felsqualität Grauer Schiefer mit Leisten und Auflegern.

Wandneigung Steile Wandkletterei.

Wandfuß Flacher bewaldeter Wandfuß.

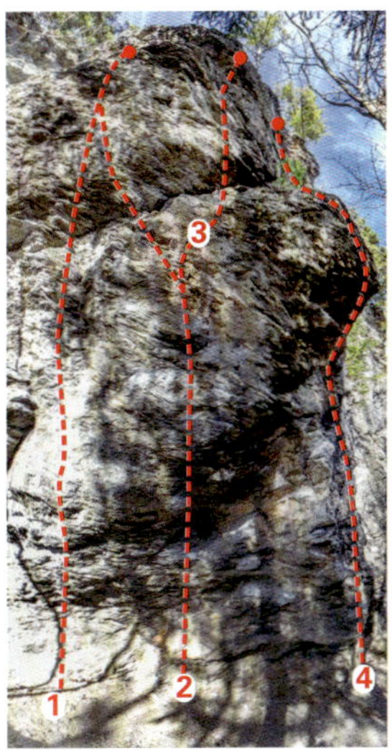

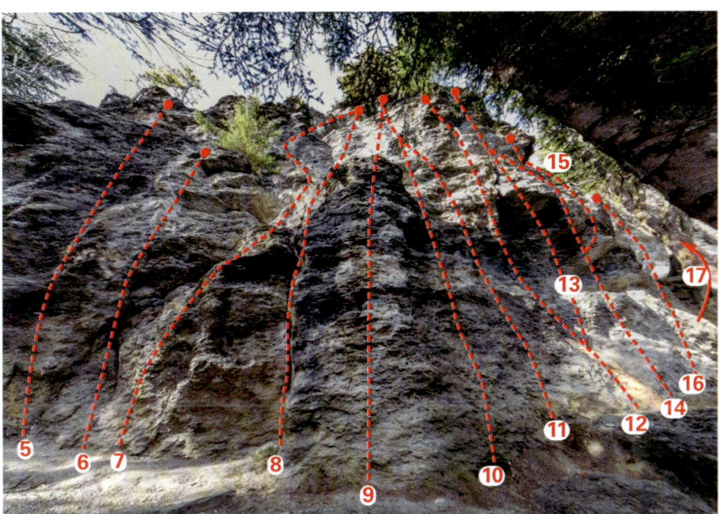

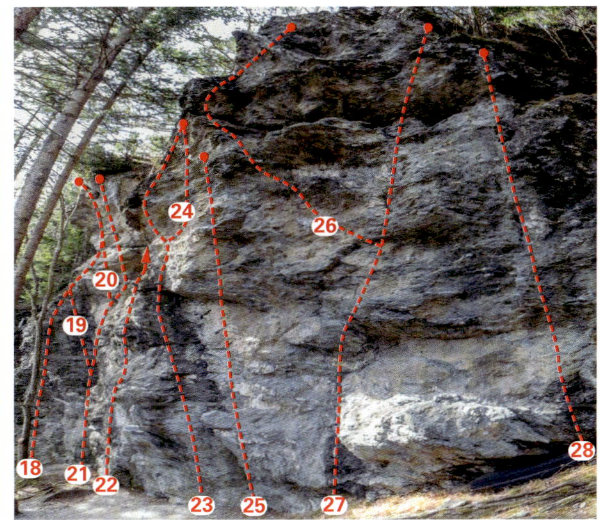

LANSER SEE

1 -.. 6c
2 Cpt. Cliff 7a
3 Statos ....6b+
4 Kante 6b
5 6er Wandl .... 6a+
6 (Toprope)............................ 5b
7 Lausbubenstreich 6a
8 Tokorissl 5b
9 „Erste“ 5c
10 Schwarzweiße 5c
11 -.. 6a
12 Quarzriss 5c
13 Supertramp....................... 6c+
14 „Italienisch“ 6a
15 Höhlendach....................... 5c+
16 -.. 5c
17 Pfeiler .... 6a+
18 „30“ .... 6a+
19 Rampe .... 6a+
20 Bauchplatte (2 SL) ..... 6a+, 6a+
21 Wiggi .... 6a+
22 Plattenbauch (2 SL) 5c, 5c
23 Linker Bauch 6a
24 Rechter Bauch................... 6a+
25 Kurze .... 6b+
26 Diagonale........................... 6b
27 -.. 5c
28 -.. 5a

BESCHREIBUNG

Der kleine Klettergarten, „Moralos“ genannt, liegt am südlichen Hang des Viller Kopfs. Die Routen an der bis zu 15 m hohen Schieferfelswand liegen in den unteren Schwierigkeitsgraden. Die Umlenkungen sind mit Ketten ausgerüstet, die Zwischenhaken noch nicht auf dem neuesten Stand. Durch die südseitige Lage kann fast das ganze Jahr hindurch geklettert werden (viele Bouldermöglichkeiten). Badeparadies am Lanser See.

ZUFAHRT/ZUGANG

Navi: 6072 Lans, Am Lansersee. Von der Inntalautobahn A12 Kufstein-Landeck fährt man bei der Ausfahrt Innsbruck-Mitte ab. Weiter auf der L9 Igler Straße über Igls zum gebührenpflichtigen Parkplatz am Lanser See. Von hier in nördliche Richtung und kurz nach der Badeanstalt dem linken Weg bis zum Forstweg folgen. Hier ca. 200 Meter rechts und über Steigspuren nach links zur bereits sichtbaren Wand aufsteigen.

ERSCHLIESSER G. Egger, J. Oberhauser, S. Gatt

SPUCHER (772 m)

P 32 T 671611 5235170
32 T 671167 5234585

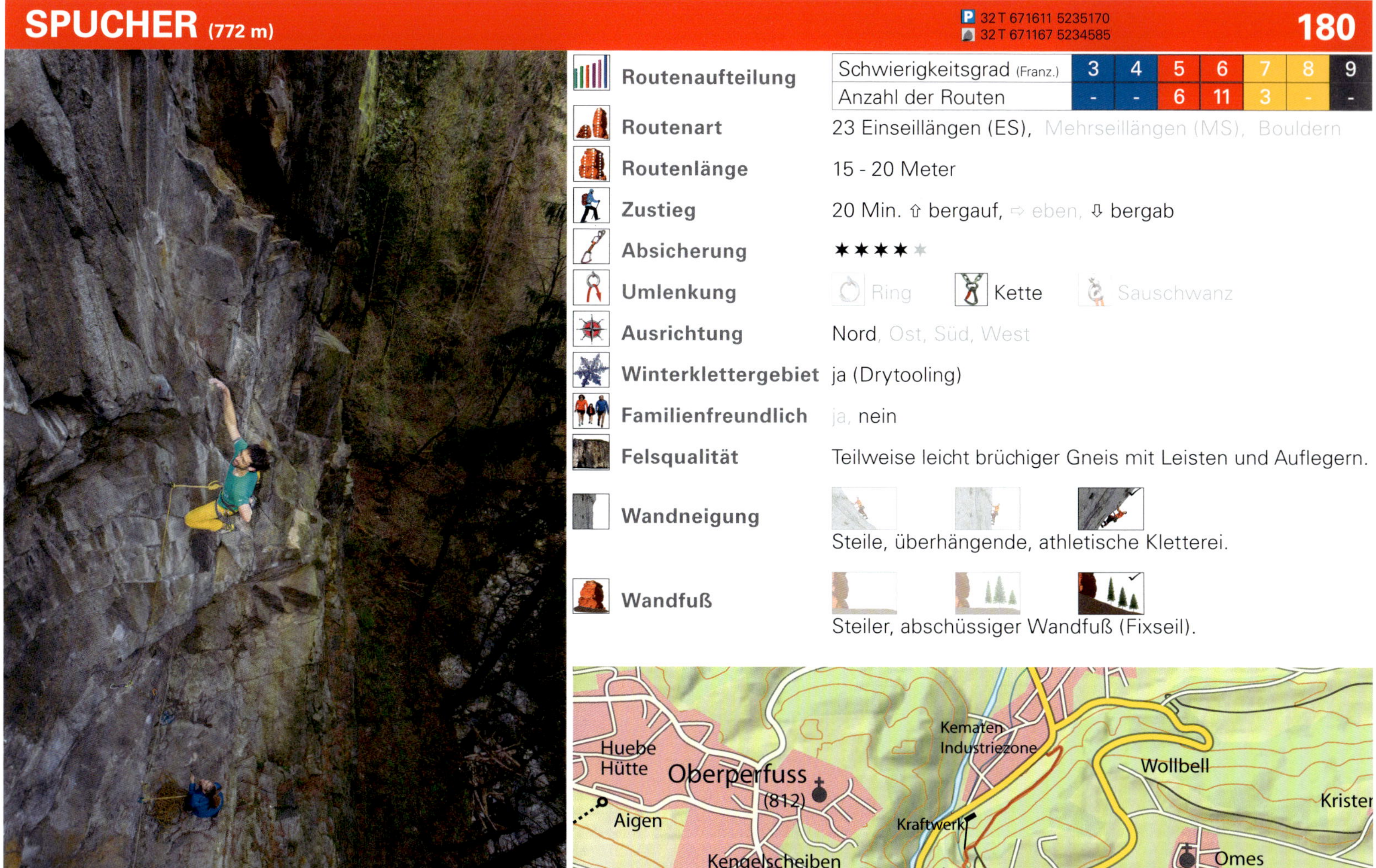

Routenaufteilung

Schwierigkeitsgrad (Franz.)	3	4	5	6	7	8	9
Anzahl der Routen	-	-	6	11	3	-	-

Routenart 23 Einseillängen (ES), Mehrseillängen (MS), Bouldern

Routenlänge 15 - 20 Meter

Zustieg 20 Min. ⇧ bergauf, ⇨ eben, ⇩ bergab

Absicherung ★★★★★

Umlenkung Ring Kette Sauschwanz

Ausrichtung Nord, Ost, Süd, West

Winterklettergebiet ja (Drytooling)

Familienfreundlich ja, nein

Felsqualität Teilweise leicht brüchiger Gneis mit Leisten und Auflegern.

Wandneigung Steile, überhängende, athletische Kletterei.

Wandfuß Steiler, abschüssiger Wandfuß (Fixseil).

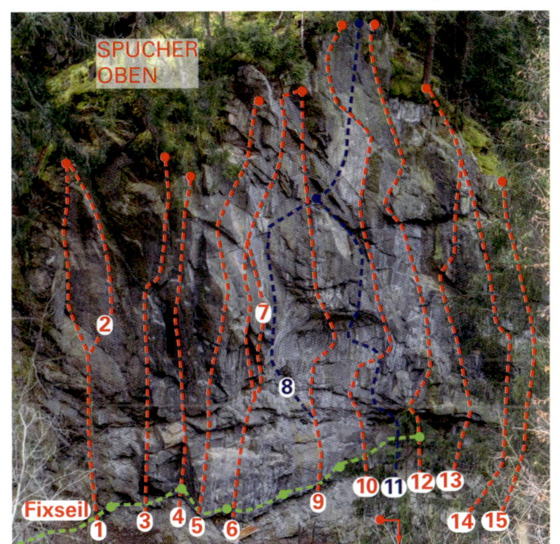

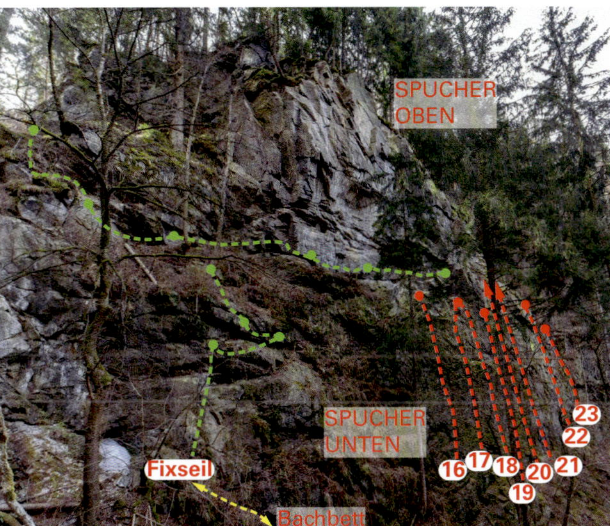

SPUCHER OBEN

1	Linkes Twix	5c+ (M5)	18 m
2	Rechtes Twix	7a	18 m
3	Mr. Gneis Guy	6b (M6+)	20 m
4	Slot Machine	6a+ (M6)	20 m
5	Edge 2 Ledge	6b	20 m
6	Bermuda Dreieck	6c (M7)	20 m
7	Olli's Variante	7a	20 m
8	Pre-Muir (Techno-Tour)	A3+	20 m
9	Non Solo Per Cascatisti	7a	20 m
10	Spuchergeist	6c+ (M8)	20 m
11	Pre-Zodic (Techno-Tour)	A0	20 m
12	Hangman	6b+	20 m
13	Toleranzsemester	6a+	20 m
14	Traumreise	6a	20 m
15	Gelbsucht	6a+ (M6)	20 m

SPUCHER UNTEN

16	Splitter Crack	5b (M4)	15 m
17	Mooshammer	5b (M4)	15 m
18	Kate Moos	5c (M4)	15 m
19	Toleranzsemester-antragsformular	5c (M4)	15 m
20	Traumreise Integral	6a (M6)	35 m
21	Gelbsucht Integral	6a+ (M6)	35 m
22	Mooser Wirt	5c+ (M6)	15 m
23	Projekt	-	15 m

ZUFAHRT/ZUGANG

Navi: 6175 Kematen, Sellraintaler Landstraße. Von Innsbruck fährt man über die Inntalautobahn A12 Innsbruck-Landeck bis zur Ausfahrt Zirl-Kematen-Axams. Nach der Kreuzung Axams-Sellraintal parken.
Dann der Forststraße bergauf bis zum Wasserrohr folgen und rechts in die Schlucht absteigen. Achtung: Bei Hochwasser kann der Sendersbach nicht überquert werden. Den oberen Sektor erreicht man über ein Fixseil.

BESCHREIBUNG

Der Klettergarten bietet Sport-, Drytool- und technische Kletterei. In den Techno-Routen kann an Cliffhangern, kleinen Copperheads und Camhooks zu Trainingszwecken im Toprope geklettert werden. Sie führen zu einem Zwischenstand mit 3 Bohrhaken, der ideal für ein Portaledge ist. Die Wand in der engen Klamm neben dem Spucher Wasserfall liegt immer im Schatten (ideal im Hochsommer). Die Routen wurden zum Drytoolen eingerichtet und können problemlos auch im Sportklettermodus gemacht werden. Zustieg und Wandfuß sind extrem ausgesetzt (Fixseil) und nur für erfahrene Kletterer geeignet.

32 T 682772 5240213 (Schweinsbrücke)
32 T 682636 5240351 (Teufelskanzel)
32 T 681583 5239734 (Hungerburg Bouldern)

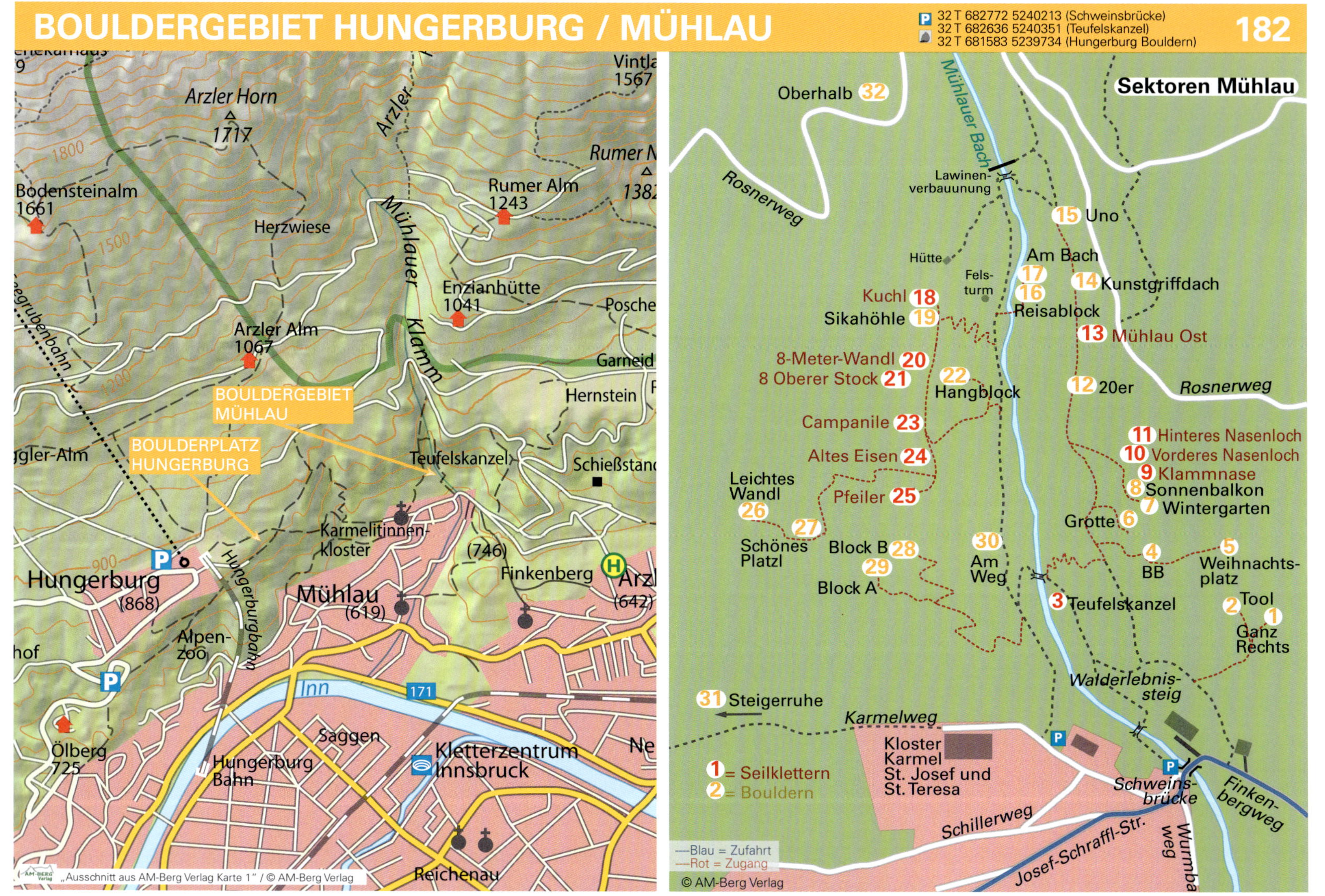

Auf der Hungerburg und in Mühlau gibt es über 150 Boulder- und 74 Kletter-Routen.

BESCHREIBUNG HUNGERBURG

Unterhalb der Hungerburg im Bereich des Wilhelm Greil Weges, 200 Meter östlich der Bahnlinie der Hungerburgbahn befindet sich eine etwa 100 Meter lange Boulderwand.

ZUFAHRT/ZUGANG

Navi: 6020 Innsbruck, Höhenstraße 125. Von Innsbruck zur Hungerburg fahren. Auf dem gebührenfreien Parkplatz Höhenstraße 125 parken. Die Höhenstraße überqueren und Richtung Alpenzoo zum Wilhelm Greil Weg gehen. Unter den Trassen der Hungerburgbahn durchgehen und dem Weg weiter 200 Meter aufwärts bis unterhalb der Felswand folgen (10 Minuten). Von unten zusteigen.

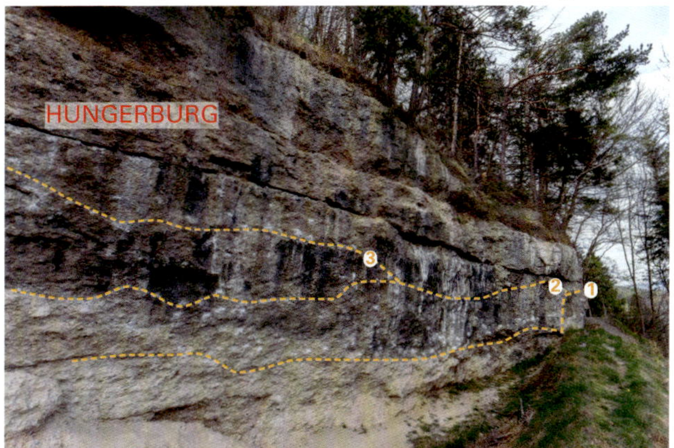

1 HUNGERBURG (Bouldern)

NR.	NAME	FB	START
1	Quergang Unten	7c	ss
2	Quergang Mitte	8a	ss
3	Laktat	8a+	ss

BESCHREIBUNG MÜHLAU

In dem Kletter- und Bouldergebiet Mühlau wird seit Langem an der dort vorhandenen Brekzie geklettert. Das Sedimentgestein besteht aus kleinen und großen, kantigen Gesteinsteilen, die zusammen „zementiert" sind. Die Boulderplätze finden sich links und rechts des Klammbachs in steiler und abschüssiger Hanglage.

ZUFAHRT/ZUGANG

Navi: 6020 Innsbruck, Josef-Schraffl-Straße. In Innsbruck von der B 171 nach Mühlau fahren. Vom Mühlauer Hauptplatz über die Holzgasse, Josef-Schraffl-Straße in Richtung Kloster (Karmel St. Josef, Karmelweg 1) fahren. Oder von Arzl in Richtung Landesschießstand über den Finkenbergweg zur Schweinsbrücke fahren. Direkt neben der Schweinsbrücke beginnt der Walderlebnissteig (Parken), der durch die Mühlauer Klamm verläuft. Von diesem Steig zweigen Pfadspuren zu den verschiedenen Sektoren ab.

ERSCHLIESSER

C. Prager, W. Uglarik, W. Sommer, W. Gürtler, V. Kößl, M. Zach, S. Ribis, D. Peis, Much Mayr, G. Hörhager, F. Wenter, T. Mitter, H. + R. Schellander, M. Oberweger, M. Mayr, M. Waldner, Ph. Wergles, R. Gutmann, G. Bendler, W. Wallner, M. Plankensteiner, S. Mangger, B. Linke, M. Graf, T. Feuerstein, F. Schmalzl, C. Feistmantl und viele andere.

SEKTOREN MÜHLAU

1 Ganz Rechts .... (Bouldern)
2 Tool .... (Drytoolbouldern)
3 Teufelskanzel .... (Bouldern+Klettern)
4 BB .... (Bouldern)
5 Weihnachtsplatz .... (Bouldern)
6 Grotte .... (Bouldern+Klettern)
7 Wintergarten .... (Bouldern)
8 Sonnenbalkon .... (Bouldern)
9 Klammnase (ohne Bild) .... (Klettern)
10 Vorderes Nasenloch (ohne Bild) .... (Klettern)
11 Hinteres Nasenloch (ohne Bild) .... (Klettern)
12 20er .... (Bouldern)
13 Mühlau Ost .... (Klettern)
14 Kunstgriffdach .... (Bouldern)
15 Uno .... (Bouldern)
16 Reisablock .... (Bouldern)
17 Am Bach .... (Bouldern)
18 Kuchl .... (Drytooling)
19 Sikahöhle .... (Bouldern)
20 8-Meter-Wandl .... (Bouldern+Klettern)
21 Oberer Stock .... (Klettern)
22 Hangblock .... (Bouldern)
23 Campanile .... (Bouldern+Klettern)
24 Altes Eisen .... (Bouldern+Klettern)
25 Pfeiler .... (Bouldern+Klettern)
26 Leichtes Wandl .... (Bouldern)
27 Schönes Platzl .... (Bouldern)
28 Block B .... (Bouldern)
29 Block A .... (Bouldern)
30 Am Weg .... (Bouldern)
31 Steigerruhe .... (Bouldern)
32 Oberhalb .... (Bouldern)

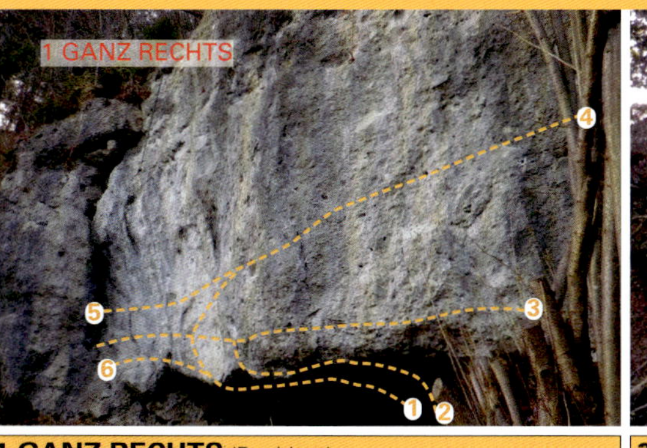

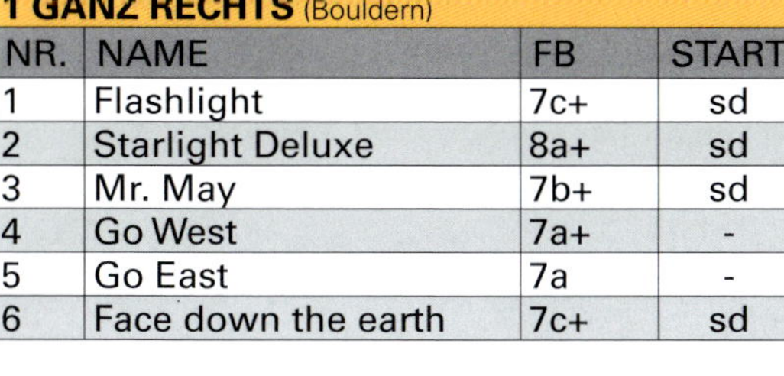

1 GANZ RECHTS (Bouldern)

NR.	NAME	FB	START
1	Flashlight	7c+	sd
2	Starlight Deluxe	8a+	sd
3	Mr. May	7b+	sd
4	Go West	7a+	-
5	Go East	7a	-
6	Face down the earth	7c+	sd

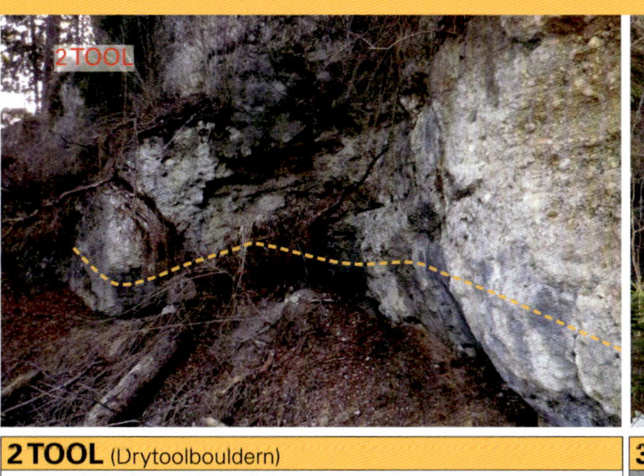

2 TOOL (Drytoolbouldern)

verschiedene Boulder

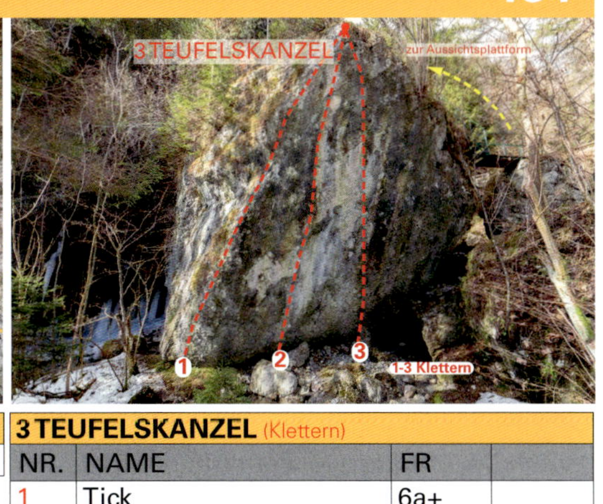

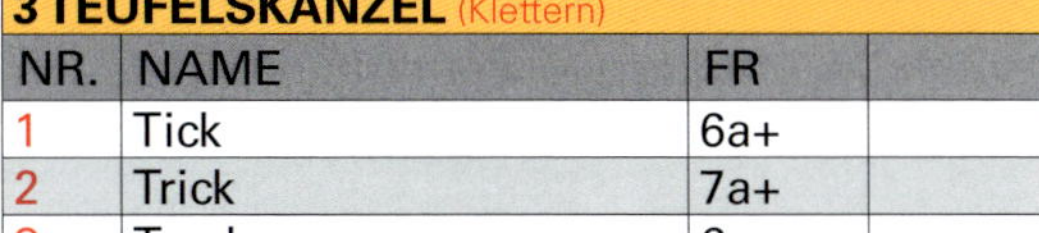

3 TEUFELSKANZEL (Klettern)

NR.	NAME	FR	
1	Tick	6a+	
2	Trick	7a+	
3	Track	6c	

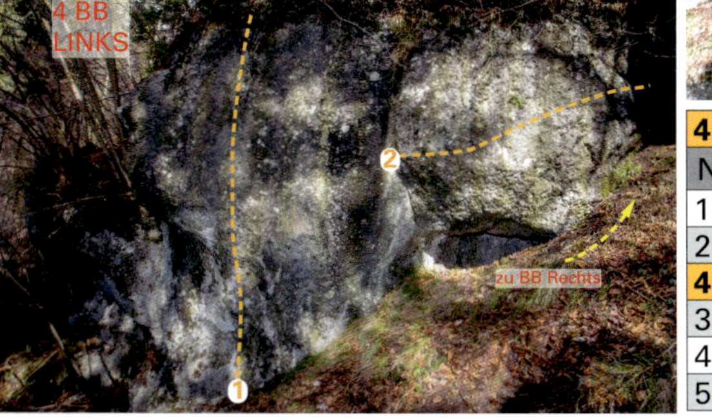

4 BB (LINKS) (Bouldern)

NR.	NAME	FB	START
1	Hoher Ausstieg	7a+	sd
2	Traverse (links/rechts)	6a	sd

4 BB (RECHTS) (Bouldern)

NR.	NAME	FB	START
3	-	6b	sd
4	-	6b	sd
5	(ohne Fels links)	6c	sd

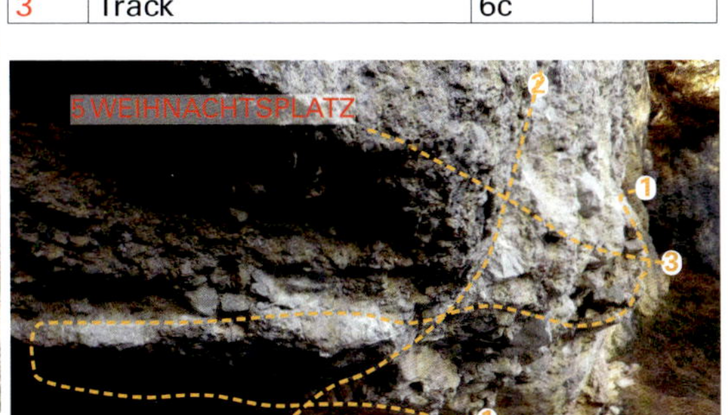

5 WEIHNACHTSPLATZ (Bouldern)

NR.	NAME	FB	START
1	Geschenkemarathon	7b+	sd
2	Riss	6c	sd
3	Quergang Oben	6b	ss

6 GROTTE
LINKS

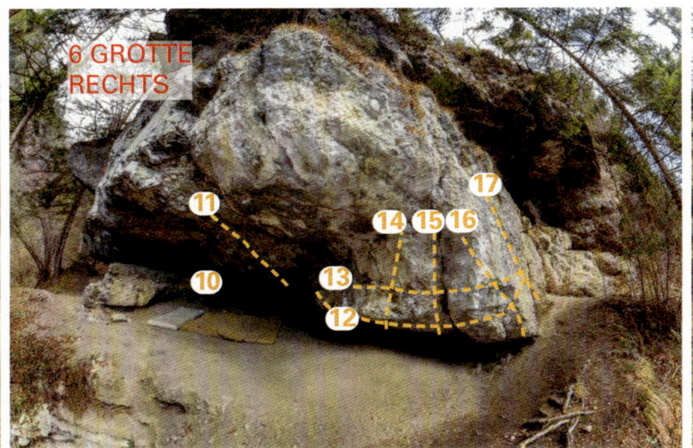

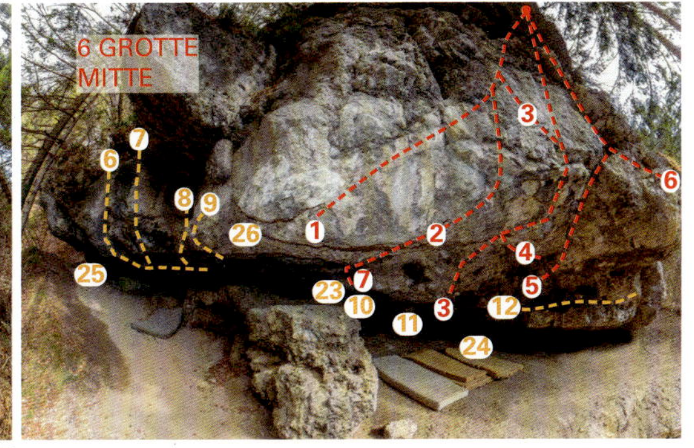

6 GROTTE (Bouldern)

NR.	NAME	FB	START
1	Traverse (grün)	7a+	ss
2	Traverse (gelb+grün)	7b	sd
3	Zauberwürfel	8a	sd
4	-	5	sd
5	J03	6b	sd
6	Anger is a gift (gelb)	7a+	sd
7	Vatertag	7a	sd
8	Grün (mit Sockel 6a+)	7a+	sd
9	Modo (definierte Startgriffe)	7a+	sd
10	Unterwelt	8a	sd
11	Ninnuah (ss 7b+)	8a	sd
12	Superskunk (gelb)	7a	sd
13	Wup	6a	ss
14	-	6a	sd
15	-	5	sd

6 GROTTE (Bouldern)

NR.	NAME	FB	START
16	-	6a+	sd
17	-	6a	sd
18	Variante X (Unterwelt bis 11 und über diese aussteigen)	8a	sd
19	Poldi (Unterwelt rückwärts bis 11 und über diese aussteigen)	7c	ss
20	Pray for light (Unterwelt rückwärts)	8a	sd
21	Zyklop (Start wie 11 und Pray for light aussteigen)	8a+	sd
22	Ninnuahwelt (erst 11 dann in Unterwelt weiter)	8a+	sd
23	Marlene	8b	sd
24	Komet	8b	ss
25	Goliath	8a+	sd
26	Der Barbar	8a+	ss

6 GROTTE (Klettern)

NR.	NAME	FR	
1	Europa	6b+	
2	Fern von Europa	8b	
3	Ninnuah Stand	8a	
4	Der Seiteinstieg	7b	
5	Verrückte Welt	7b+	
6	Der Lange Weg	6c+	
7	Provokation (Projekt)	8c+ (?)	

6 GROTTE (Klettern)

NR.	NAME	FR	
Routenkombinationen			
1	Kuschelinstitut (besteht aus „Ninnuah" Nr. 11 und rechts aussteigen)	8b	sd
2	Frittenbude (selber Start, aber links aussteigen)	8c	sd
3	Odyssee (Nr. 21+23+2) (Projekt)	9a+ (?)	sd
4	Ilias (Nr. 21+7) (Projekt)	9a (?)	sd

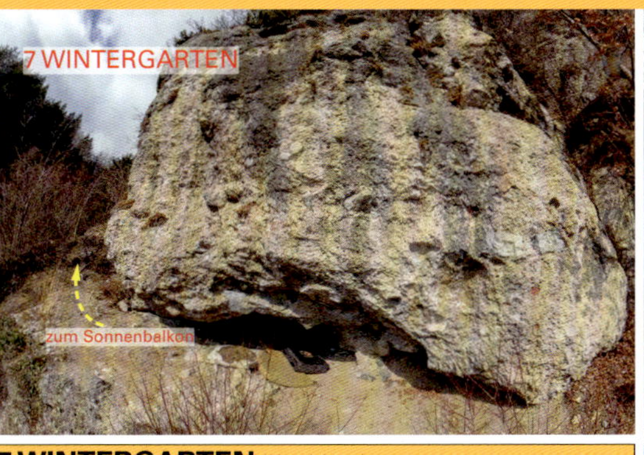

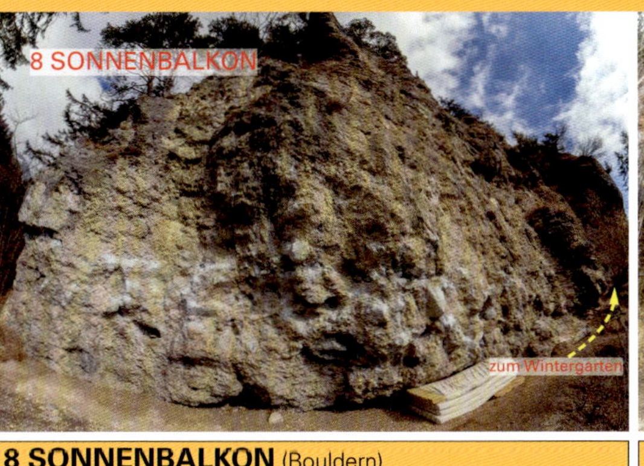

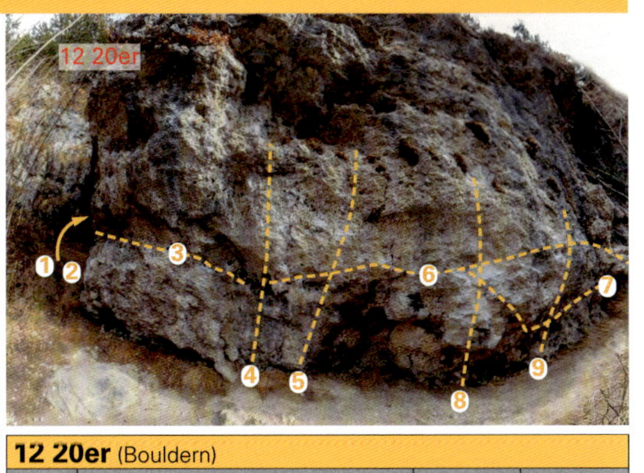

7 WINTERGARTEN (Bouldern)

Mehrere Traversen zwischen 5 und 7a

8 SONNENBALKON (Bouldern)

Mehrere Traversen zwischen 5 und 7a

12 20er (Bouldern)

NR.	NAME	FB	START
1	Stinki	6a	sd
2	Stigmata	6a	sd
3	Traverse	6a	ss
4	-	6b	sd
5	-	6a+	sd
6	20er (oben)	6c	ss
7	20er (unten)	6c+	ss
8	Grasgeflüster	6c	sd
9	-	7a	sd

9 KLAMMNASE (Klettern) ohne Bild

NR.	NAME	FR	
1	-	6a+	
2	Klammnase	7c	
3	c'est come ca	6c+	

10 VORDERES NASENLOCH (Klettern) ohne Bild

NR.	NAME	FR	
1	Matador	6c/+	
2	DoppelDecker links	7b	
3	DoppelDecker rechts	7b+	
4	Gummitwist	7b+	

11 HINTERES NASENLOCH (Klettern) ohne Bild

NR.	NAME	FR	
1	Rabe	6b+/c	
2	Hexe	7a	
3	Schnecke	7a+/b	
4	Louis	6c	

13 MÜHLAU OST (Klettern)

NR.	NAME	FR	
1	1A	5	
2	In & Out (2 SL)	6b, 6a	
3	Graf Bobby	7a+	
4	Graf Bobby light	6c+	
5	Capitain Hook	6c	
6	Baron Mucki direkt	6c	
7	Baron Mucki	6b+	
8	Urg	7c	

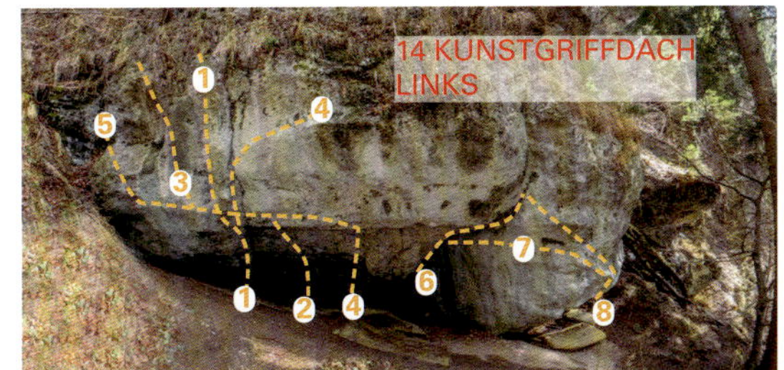

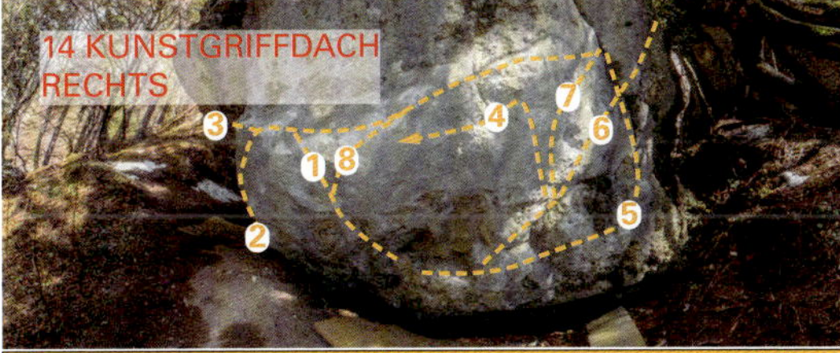

14 KUNSTGRIFFDACH Links (Bouldern)

NR.	NAME	FB	START
1	Pfeiler	6c	sd
2	Dachmitte	7a	sd
3	Verschneidung	6c	ss
4	Mitteldurchstieg	7a+	sd
5	Links	6c+	ss
6	-	6b	ss
7	Traverse (rechts/links)	7b	ss
8	Mamma Africa	7b	sd

14 KUNSTGRIFFDACH Rechts (Bouldern)

NR.	NAME	FB	START
1	-	8b	sd
2	-	8a+	sd
3	-	8a	sd
4	Projekt	-	sd
5	-	7c	sd
6	-	7c	sd
7	-	7c	sd
8	Arteria Brachialis	8b+	sd

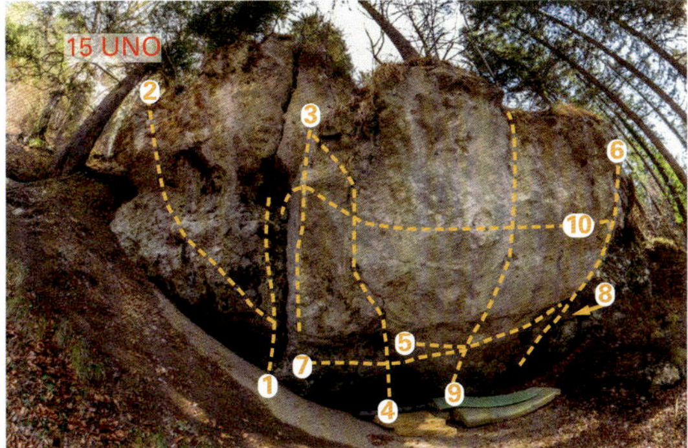

15 UNO (Bouldern)

NR.	NAME	FB	START
1	Sami	6a	sd
2	- (rechts/links)	6a+	ss
3	Hotel Corsa	7a	sd
4	Riss	7b+	sd
5	Underground Uno	8a	ss
6	Rebound	6c+	ss
7	Living a Dream	8a+	sd
8	Like ice in the sunshine	7c	sd
9	Projekt	-	ss
10	Projekt	-	ss

17 AM BACH (LINKS) (Bouldern)

NR.	NAME	FB	START
1	Smile Face	6b	sd
2	Dont cry (ohne gr. Griff rechts)	6c	sd
3	Hole in one	6b	sd
4	Papa Gump	6b+	sd
5	Am rauschenden Bach	6c+	sd
6	Mühlauer Dampflock	7a+	ss

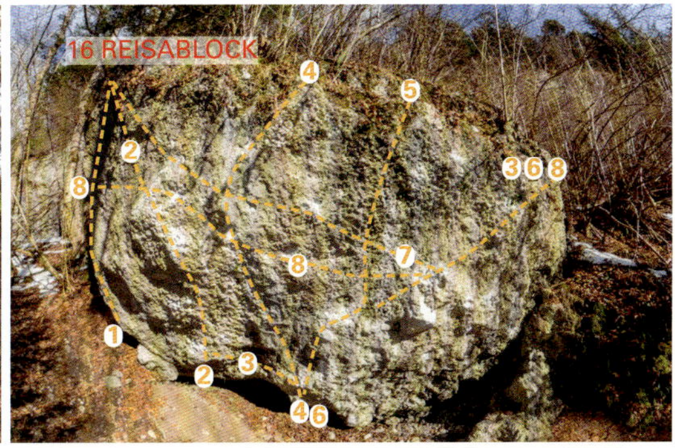

16 REISABLOCK (Bouldern)

NR.	NAME	FB	START
1	Stäga	6b	sd
2	Reisa	7c	sd
3	Mosa	7c/+	sd
4	Creme de la Creme	7c+	sd
5	Wenta	7b+	sd
6	Brendta	7b+	sd
7	Pancake (rechts/links)	7c+	ss
8	M-Traverse (links/rechts)	7c+/8a	ss

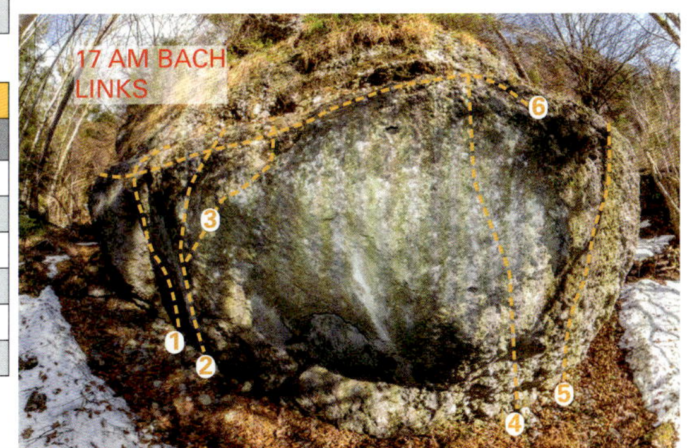

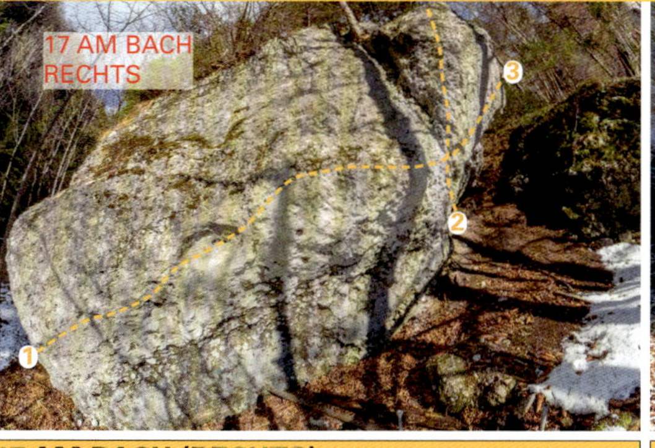

17 AM BACH (RECHTS) (Bouldern)

NR.	NAME	FB	START
1	Traverse (1+3, links/rechts)	7a	sd
2	Tango Korupti	7a+	sd
3	Kurze Traverse	6a+	ss
4	Pro (Traverse 1+2)	7a+	sd

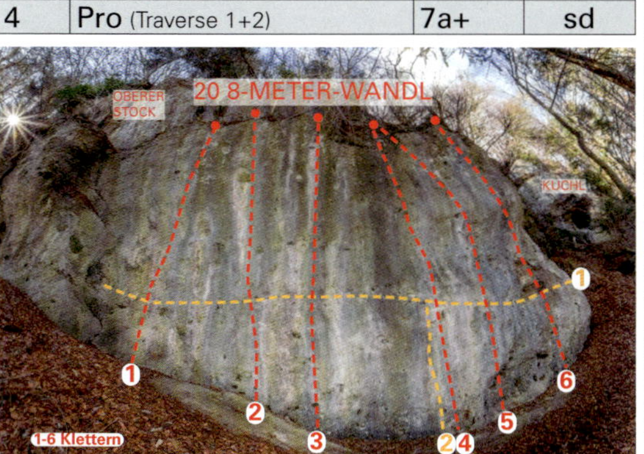

21 OBERER STOCK (Klettern)

NR.	NAME	FR	
1	-	7a+	
2	-	7b+	

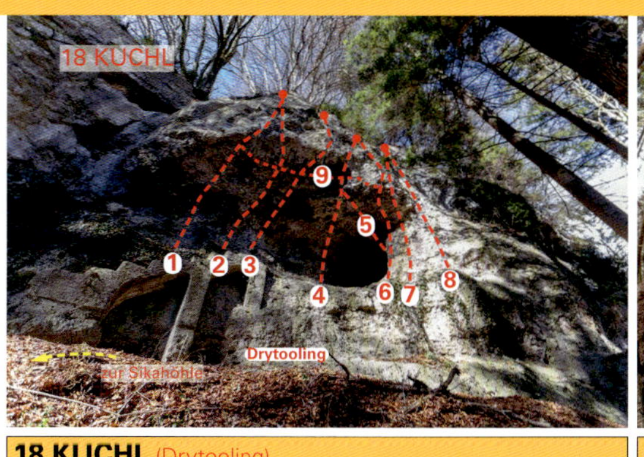

18 KUCHL (Drytooling)

NR.	NAME	M
1	Gomorrha	7+
2	Suburra	7+
3	La Grande Bellezza	7
4	La Strada	8
5	La Vita	8
6	Piazza Navona	8+
7	La Pazza Gioia	6
8	Bellas Mariposas	5
9	A Sud	8+

20 8-METER WANDL (Bouldern/Klettern)

NR.	NAME	FB/FR	START
1	- (Traverse rechts/links)	6a	ss
2	Lego	5	sd
1	Die Unvollendete	7a	
2	Kleiner Baum	6b+/c	
3	Schweizer Kaas	6b+	
4	Gelsnplage	6c	
5	Utopia	6b	
6	Wunderlich	6a+	

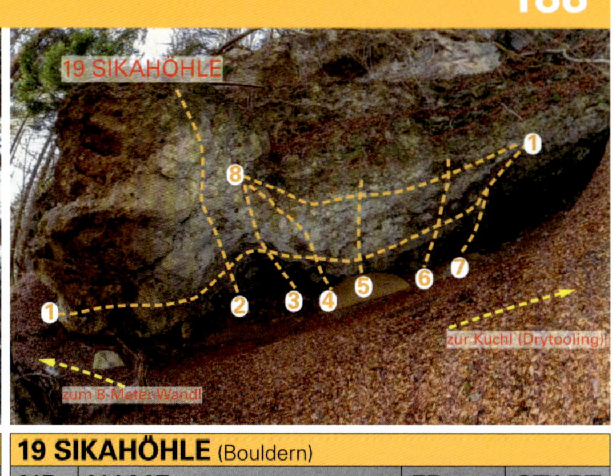

19 SIKAHÖHLE (Bouldern)

NR.	NAME	FB	START
1	Dark Roof (links/rechts)	7c+	sd
2	Halleluja	7a	sd
3	Carpe Diem	7b	sd
4	Wolf Gang	6c	sd
5	Ratsfats	6c+	sd
6	Maui	6c	sd
7	Switch	6c+	sd
8	Traverse (rechts/links)	6a+	ss
9	High Devination (Traverse 1+8)	8a	sd

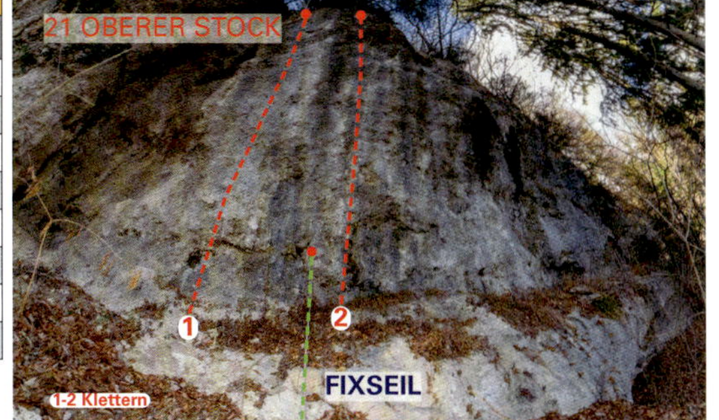

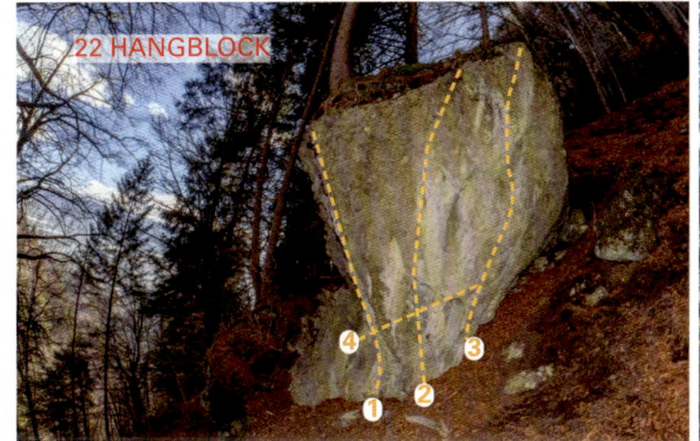

22 HANGBLOCK (Bouldern)

NR.	NAME	FB	START
1	-	6a+	sd
2	-	6c+	sd
3	Eagle Eye	7c+	sd
4	Big Eagle (Start hinter der Kante, Traverse zu Nr. 3 und hoch	8a	sd

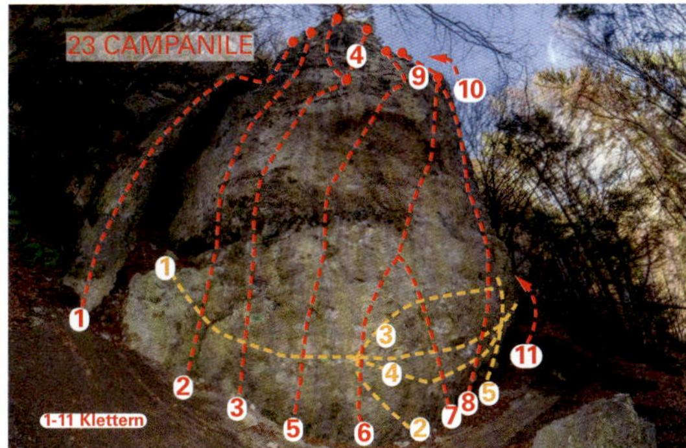

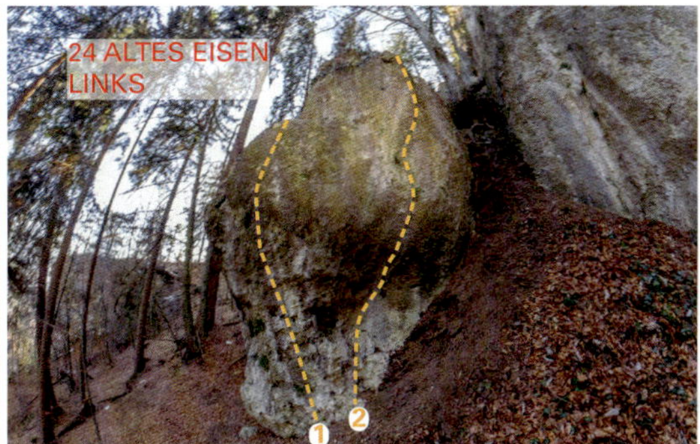

24 ALTES EISEN (LINKS) (Bouldern)

NR.	NAME	FB	START
1	-	6a	ss
2	- (hoher Ausstieg)	6c	ss

23 CAMPANILE (Bouldern/Klettern)

NR.	NAME	FB/FR	START
1	Traverse (links/rechts)	6a	ss
2	-	6a	sd
3	Nr 3 und Nr 4	6c	ss
4	Nr 1 und Nr 4	1+4	6a
5	-	5	sd
1	Meta	6b	
2	Bella Donna	7a	
3	Mühlauer Sängerball	7b+	
4	Traumfänger	7b	
5	Alpenkönig	6c+	
6	Hans Dampf	7a+	
7	Hans Dampf Sitzstart	7b	
8	Raindogs	6b+	
9	Vielharmonie	6b	
10	In Bocca Lupo	7b+	
11	Mühlauer Kasperltheater	7a	

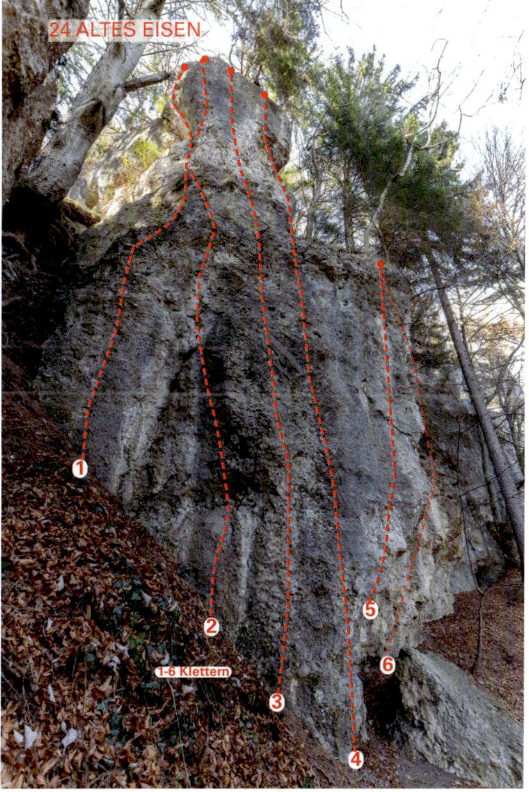

24 ALTES EISEN (Klettern)

NR.	NAME	FR	
1	Semik	7b	
2	Nina	7a+	
3	Toggu	7a	
4	Mani	6b+	
5	Rock Parade	6a+	
6	Altes Eisen	5c	

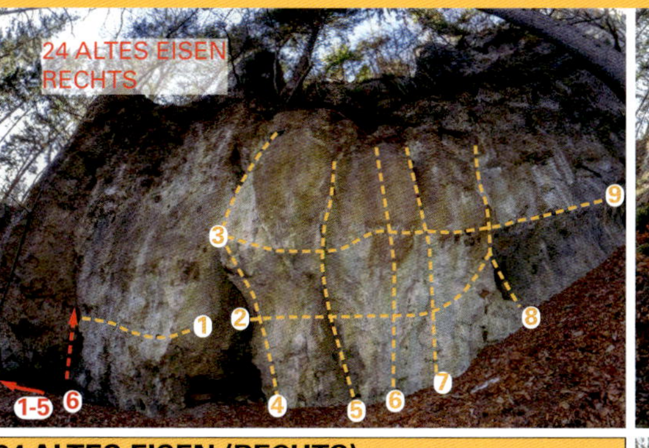

24 ALTES EISEN (RECHTS) (Bouldern)

NR.	NAME	FB	START
1	Traverse (rechts/links)	6a+	ss
2	Untere Traverse	5	ss
3	Obere Traverse 33	6c	ss
4	Dach (mit Fels links)	6b+	sd
5	Riss	6c+	sd
6	Kante	6a	sd
7	Wand	5	sd
8	Home	6a	sd
9	Traverse (Traverse rechts/links)	6a+	

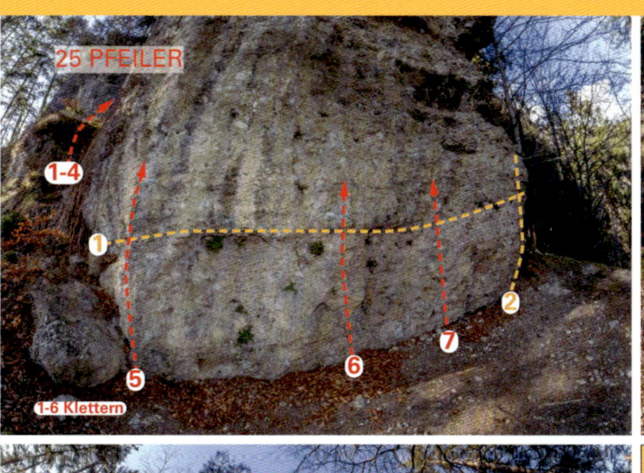

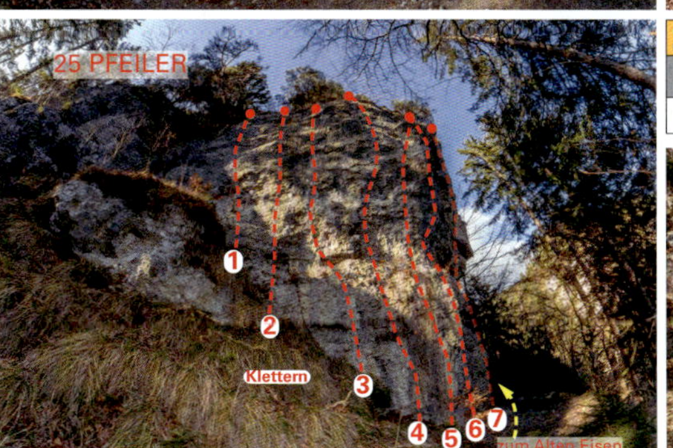

25 PFEILER (Bouldern/Klettern)

NR.	NAME	FB/FR	START
1	Traverse (links/rechts)	4	ss
2	Kante	5	sd
1	Gusi	6a+	
2	Aua!	6b	
3	Memory	6b+	
4	Petterson	7a+/7b	
5	Findus	6c+	
6	Simba	7b	
7	-	7a+	

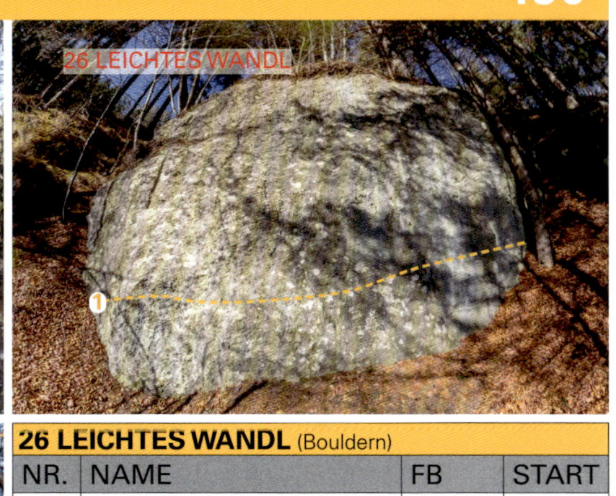

26 LEICHTES WANDL (Bouldern)

NR.	NAME	FB	START
1	Traverse (links/rechts)	5	ss

27 SCHÖNES PLATZL (Bouldern)

NR.	NAMÉ	FB	START
1	Traverse (unten, rechts/links)	6a+	ss
2	Traverse (oben, rechts/links)	5	ss
3	-	6a+	ss
4	-	6a	ss

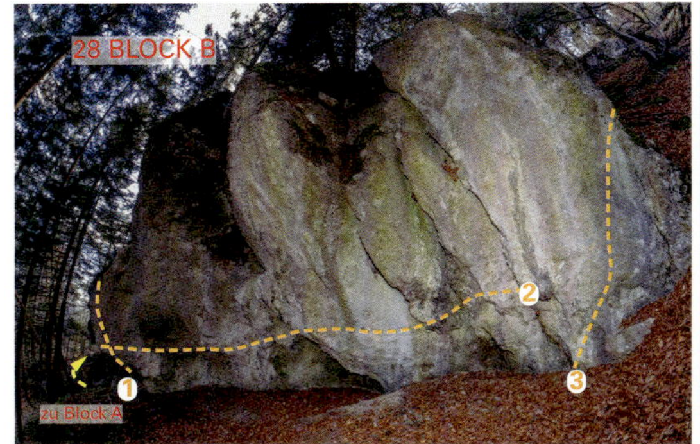

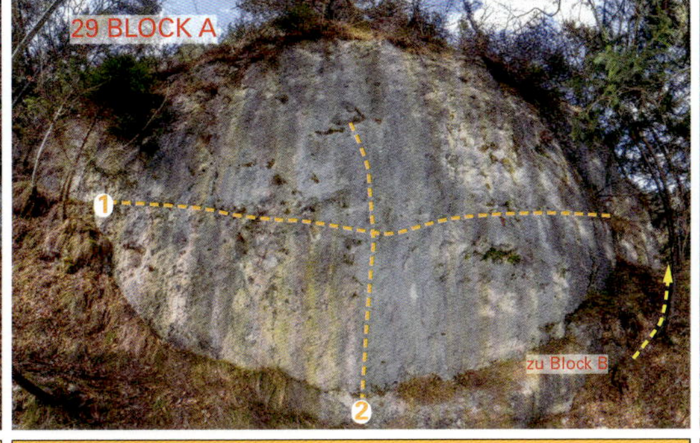

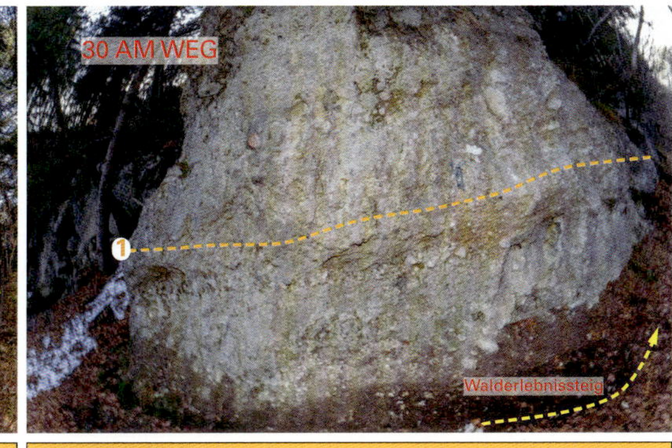

28 BLOCK B (Bouldern)

NR.	NAME	FB	START
1	-	6a	sd
2	Traverse (links/rechts)	6b+	sd
3	-	6a	sd

29 BLOCK A (Bouldern)

NR.	NAME	FB	START
1	Traverse (rechts/links)	5	ss
2	-	5	ss

30 AM WEG (Bouldern)

NR.	NAME	FB	START
1	Walters Aufwärmer	5	ss

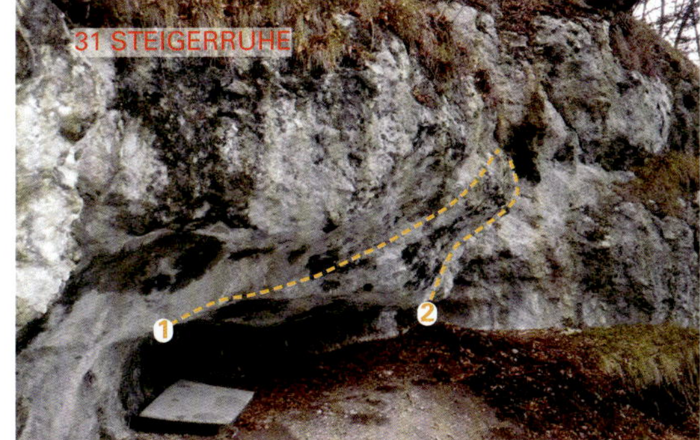

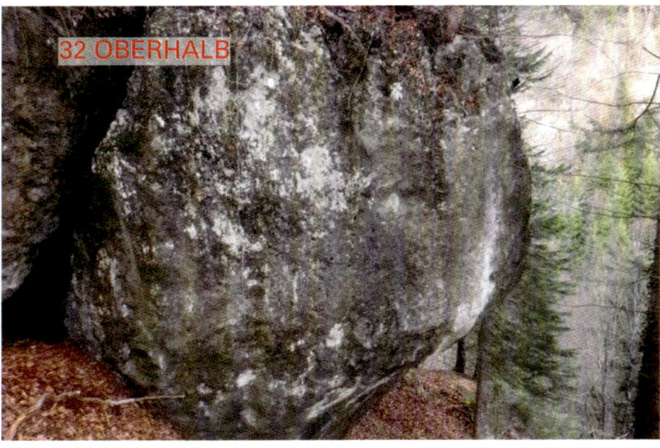

31 STEIGERRUHE (Bouldern)

NR.	NAME	FB	START
1	Roofighter	8a	sd
2	Bright sun shiny days	7b+	ss

32 OBERHALB (Bouldern)

verschiedene Projekte

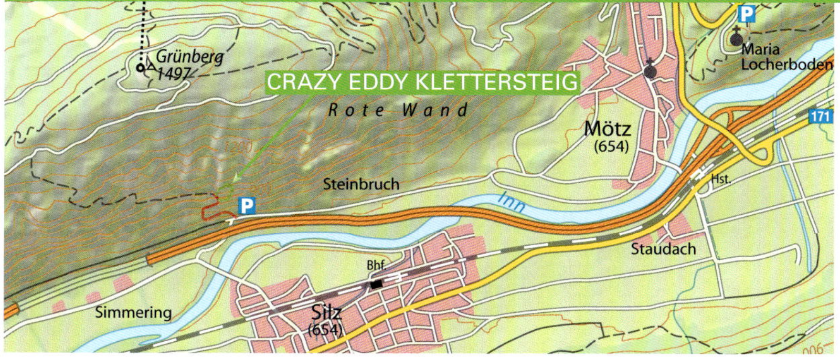

ÜBERSICHT KLETTERSTEIGE

CRAZY EDDY KLETTERSTEIG
Grünberg 1497
Rote Wand
Mötz (654)
Maria Locherboden
Steinbruch
Inn
Hst.
Staudach
Bhf
Simmering
Silz (654)

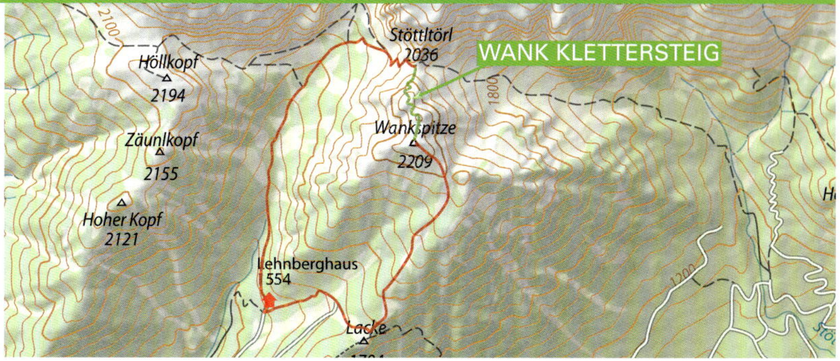

WANK KLETTERSTEIG
Stöttltörl 2036
Höllkopf 2194
Zäunlkopf 2155
Wankspitze 2209
Hoher Kopf 2121
Lehnberghaus 554
Lacke

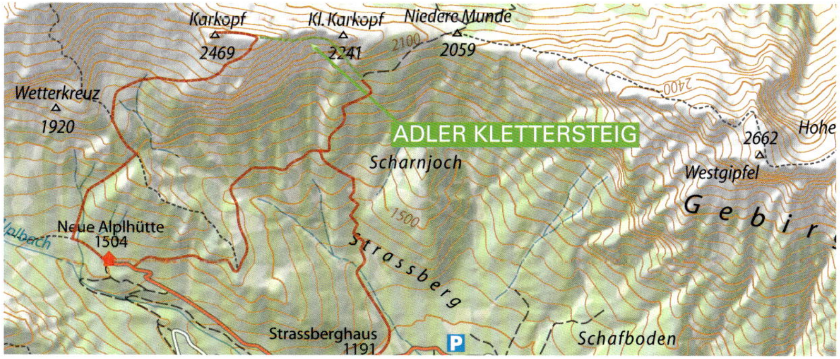

ADLER KLETTERSTEIG
Karkopf 2469
Kl. Karkopf 2241
Niedere Munde 2059
Wetterkreuz 1920
Scharnjoch
2662
Hohe
Westgipfel
Gebirg
Neue Alplhütte 1504
Strassberg
Strassberghaus 1191
Schafboden

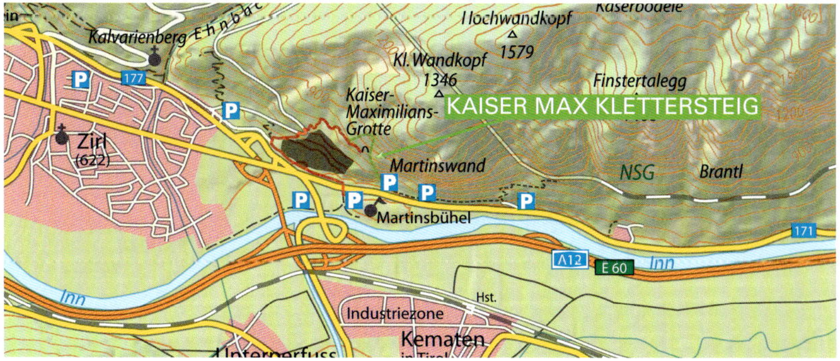

KAISER MAX KLETTERSTEIG
Kalvarienberg
Hochwandkopf 1579
Kl. Wandkopf 1346
Finstertalegg
Kaiser-Maximilians-Grotte
Zirl (622)
Martinswand
NSG
Brantl
Martinsbühel
Inn
A12
E 60
Hst.
Industriezone
Kematen

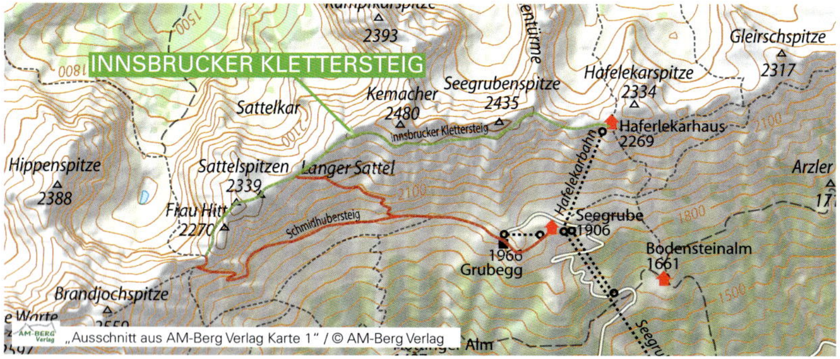

INNSBRUCKER KLETTERSTEIG
2393
Gleirschspitze 2317
Kemacher 2480
Seegrubenspitze 2435
Hafelekarspitze 2334
Sattelkar
Innsbrucker Klettersteig
Haferlekarhaus 2269
Hippenspitze 2388
Sattelspitzen 2339
Langer Sattel
Hafelekarbahn
Arzler
Frau Hitt 2270
Schmidhubersteig
Seegrube 1906
1966 Grubegg
Bodensteinalm 1661
Brandjochspitze
Alm

KÜHTAIER PANORAMA KLETTERSTEIG
Dortmunder Hütte 1949
Kühtai (2017)
Hirschebensee
Mittelgrat
Speicher Längental
Sesselbahn Drei-Seen-Bahn
Finstertal B.
Mt. Plenderlessee
Hohemutbahn
Alpenrosenlift
Drei-Seen-Hütte 2311
Gaiskogel 2820
Unter-
Ober Plenderlessee
Die Mutte 2398
Gaiskogelscharte
Neunerkogel 2640
Pockkogel 2807
Kl. Zwölferkogel
Windegg

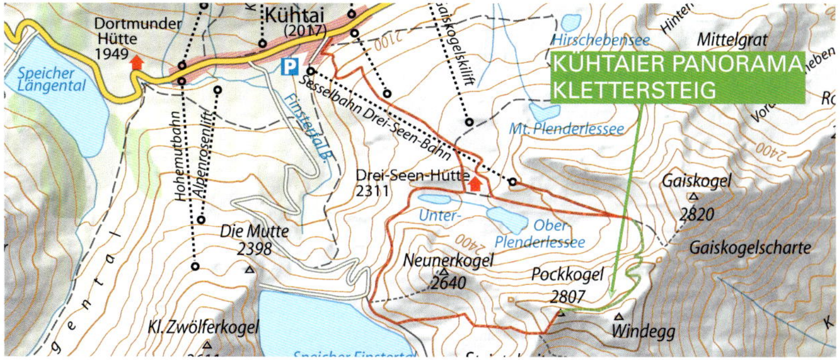

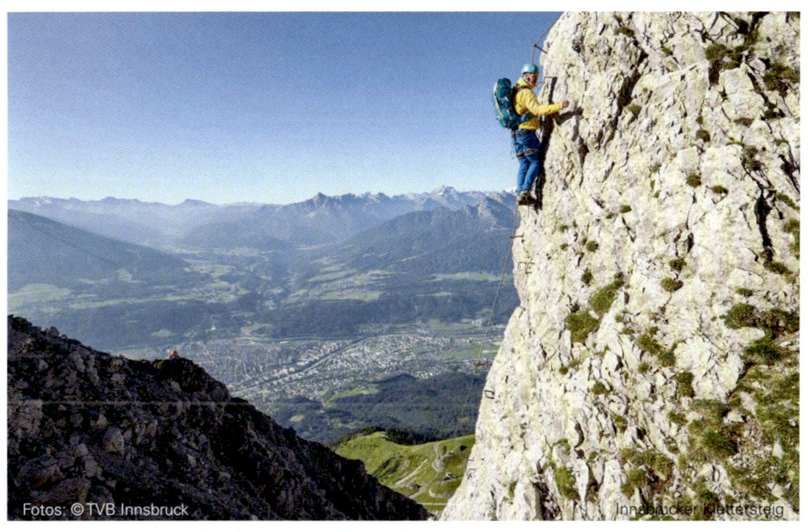
Fotos: © TVB Innsbruck
Innsbrucker Klettersteig

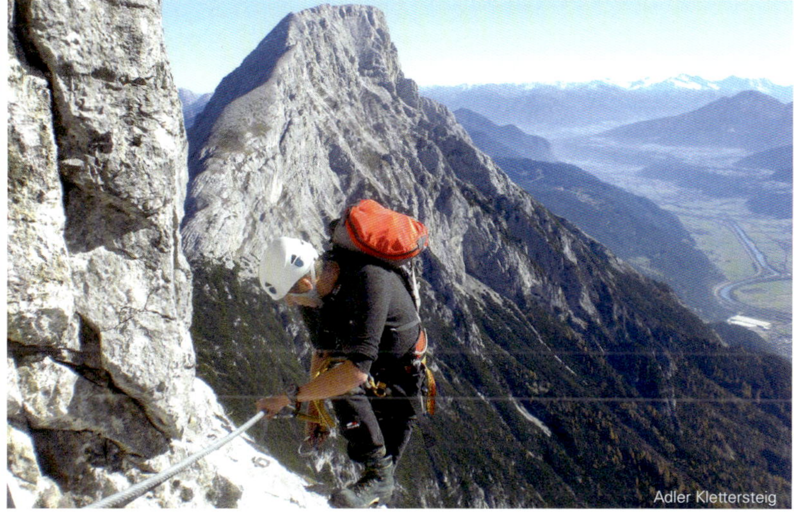
Adler Klettersteig

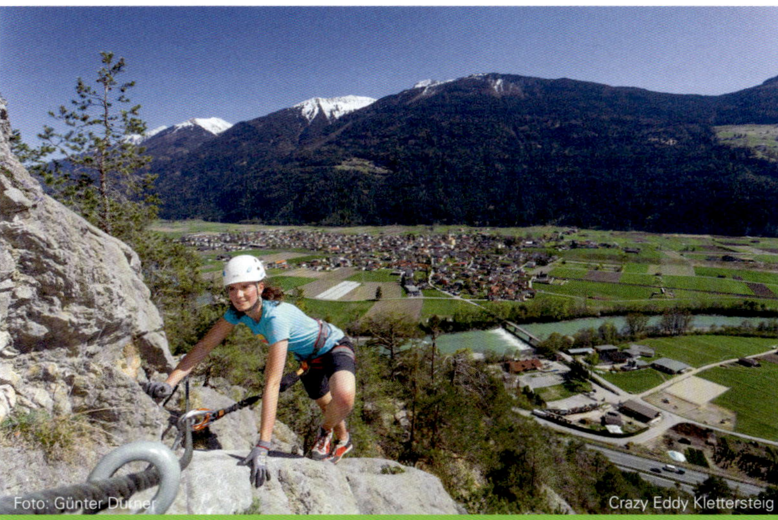
Foto: Günter Durner
Crazy Eddy Klettersteig

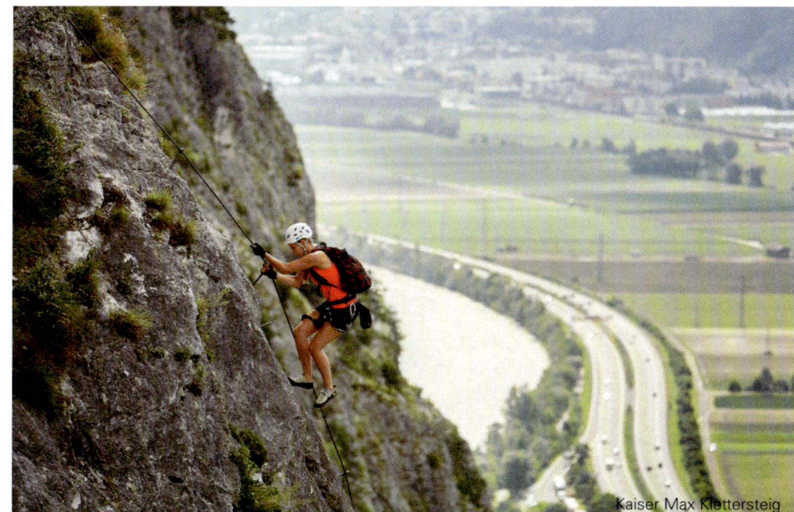
Kaiser Max Klettersteig

CRAZY EDDY KLETTERSTEIG	**D**	**Zustieg**	20 Min. / 100 Hm
Ausrichtung	Süd	**Klettersteig**	1:45 Std. / 250 Hm
Höchster Punkt	900 m	**Abstieg**	15 Min. / 100 Hm

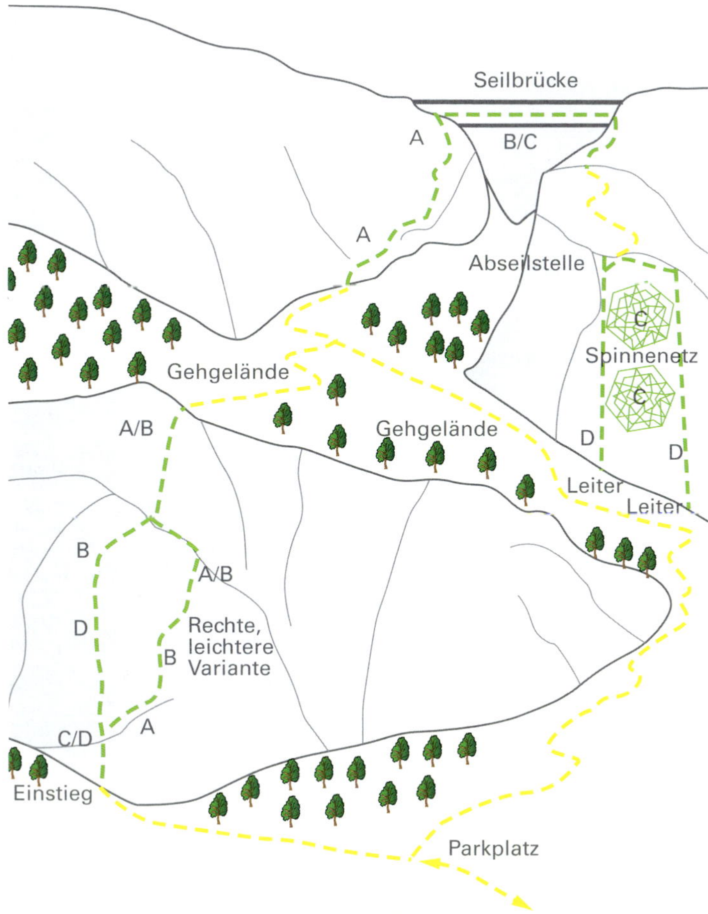

BESCHREIBUNG

Ein Sport- und Spaßklettersteig mit Seilbrücke, Abseilstelle und einem Spinnennetz. Der Crazy Eddy Klettersteig ist eher ein Kletter-Funpark als ein klassischer Klettersteig. Alle Passagen können umgangen werden oder sind über Alternativwege erreichbar. Die „Stationen" können auch in beliebiger Reihenfolge und Richtung begangen werden. Der Zustieg zu dem Klettersteig mit den zwei Varianten ist sehr kurz und einfach. Der linke Klettersteig ist (C/D) und führt zur Seilbrücke (blaue Markierung). Nach der Seilbrücke (B/C) kann man sich zur Spinne abseilen (eigenes Doppelseil 50 m, Abseilgerät usw. erforderlich). Oder nach der Seilbrücke wieder auf dem gleichen Weg zurück und zur Spinne absteigen. Beim Begehen des Spinnennetz oder der Leiter sich am besten durch eine zweite Person mit einem Seil von oben, Standplätze sind vorhanden, sichern lassen.

ZUFAHRT/ZUGANG

Navi: 6424 Silz, Locherbodenweg. Von der Inntalautobahn A12 Kufstein-Landeck fährt man bei der Ausfahrt Mötz ab. Dann auf der B 171 nach Silz in das Zentrum fahren. Bei der Kirche rechts in die Widumgasse abbiegen. Nach der Bahnunterführung geradeaus weiter auf der Simmeringstraße über den Inn. Dann bei der Lagerhalle (Sträucherverkauf) rechts in den Locherbodenweg abbiegen und in Richtung Steinbruch Walser fahren. Nach der Autobahnbrücke parken. Vom Parkplatz (Brücke) nach links (westlich) dem Weg in Richtung Grünberg, Simmering folgen. Bei der Weggabelung links, dann bis zum Klettersteig hoch gehen.

ABSTIEG

Von der Spinne über den Steig zurück zum Parkplatz.

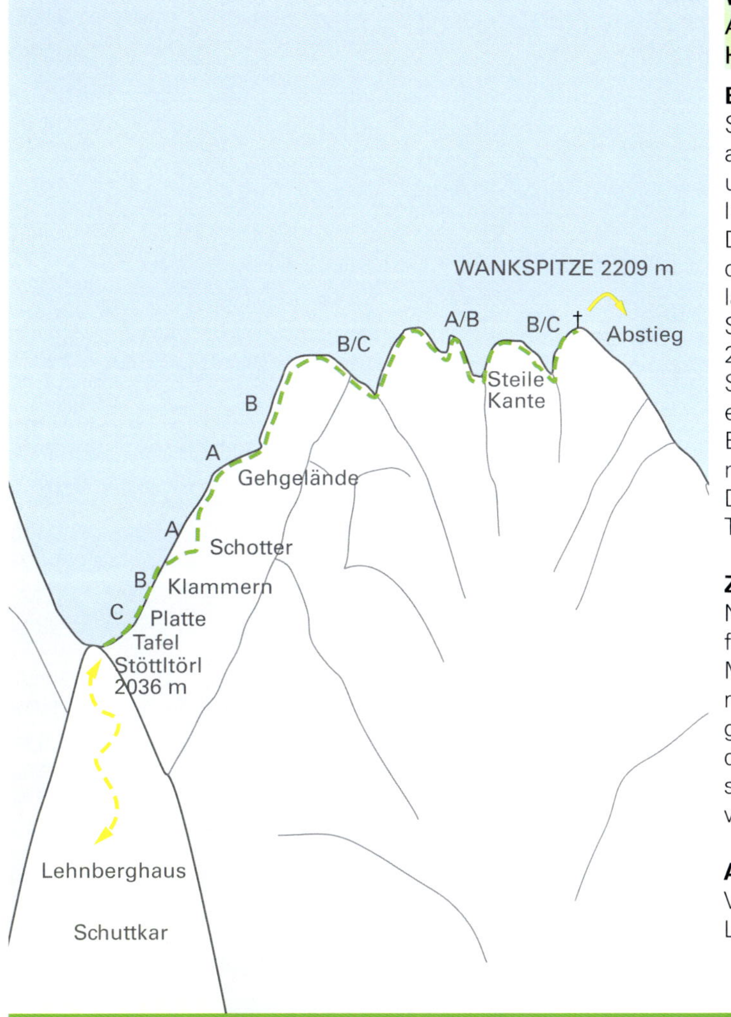

WANK KLETTERSTEIG .... **B/C**	**Zustieg** .... 2:30 Std. / 900 Hm
Ausrichtung .... West	**Klettersteig** .... 1 Std. / 200 Hm
Höchster Punkt Wankspitze 2209 m	**Abstieg** .... 2:30 Std. / 1100 Hm

BESCHREIBUNG

Schöner, aussichtsreicher Klettersteig in den Mieminger Bergen, der überwiegend am Grat verläuft. Die Wankspitze 2209 m hat auf der Südseite grüne, sanfte Hänge und auf der Nordseite steile zerklüftete Felswände. Der Klettersteig führt abwechslungsreich über den Grat vom Stöttltörl 2036 m bis zur Wankspitze 2209 m hinauf. Dabei werden auf dem Grat alle Zacken überklettert. Das ständige Auf und Ab erfordert Kondition und Kraft. Zusammen mit dem Aufstieg zum Lehnberghaus, dem landschaftlich herrlichen, wilden Kessel zwischen Hölltörl, Grünsteinscharte und Stöttltörl, dem aussichtsreichen Gipfel eine lohnenswerte Tour. Der Klettersteig wurde 2007 generalsaniert und wird inzwischen auch im Winter in Kombination mit einer Skitour zum Stöttltörl begangen. Dazu ist aber große alpine Erfahrung und auch die entsprechende Ausrüstung erforderlich.
Einkehr- und Übernachtungsmöglichkeit besteht im privaten Lehnberghaus, geöffnet von Mitte Mai bis Ende Oktober und von Mitte Dezember bis Ende März. Jeden Dienstag und Mittwoch ist Ruhetag. Übernachtung ist nach Voranmeldung möglich Tel. +43(0)676 7905262, www.lehnberghaus.at.

ZUFAHRT/ZUGANG

Navi: 6416 Obsteig, Arzkasten 135. Von der Inntalautobahn A12 Kufstein-Landeck fährt man bei der Ausfahrt Mötz ab. Dann auf der Mötzer Landstraße in Richtung Mieming fahren. Beim Kreisverkehr links Richtung Obsteig. Etwa 500 m nach Obsteig rechts abbiegen und bis nach Arzkasten fahren. Beim Gasthof Arzkasten auf dem gebührenpflichtigen Parkplatz parken. Von Imst bzw. Fernpass kommend kann man den Arzkasten auch über den Holzleiten Sattel (B 189) erreichen. Zu Fuß vom Arzkasten 1151 m auf dem ausgeschilderten Weg bis zum Lehnberghaus 1554 m und weiter bis zum Einstieg des Klettersteigs beim Stöttltörl 2036 m aufsteigen.

ABSTIEG

Von der Wankspitze 2208 m führt ein einfacher Steig über Grasmatten hinunter zum Lehnberghaus. Von hier zurück zum Arzkasten.

P 32 T 643835 5241674 (Arzkasten)
32 T 646460 5244964 (Stöttltörl)
32 T 646475 5244502 (Wankspitze)

TELFS / ADLERKLETTERSTEIG

32 T 654019 5244499 (Strassberghaus)
32 T 653899 5246402 (Klettersteig-Einstieg)
32 T 653113 5246637 (Karkopf)

ADLER KLETTERSTEIG	D	Zustieg	2:30 Std. / 850 Hm
Ausrichtung	Südost	Klettersteig	2:30 Std. / 550 Hm
Höchster Punkt	Karkopf 2469 m	Abstieg	3 Std. / 1270 Hm

BESCHREIBUNG

Der Adlerklettersteig verläuft im Bereich des Karkopf-Ostgrats und teilweise in der Südflanke des Karkopfs und führt hinauf zum Gipfelplateau des Karkopfs 2469 m. Ein schöner, abwechslungsreicher und langer Anstieg, bei dem sich schwere und luftige Kletterstellen in bestem Wettersteinkalk mit leichten Gratpassagen abwechseln. An schwierigen Stellen sind zusätzlich Haken angebracht, um Nachsteiger mittels Seil zu sichern. Einkehr- und Übernachtungsmöglichkeit besteht in der Neuen Alplhütte, geöffnet von Anfang Mai bis Mitte November, im Winter an den Wochenenden. Übernachtung ist nach Voranmeldung möglich Tel. +43(0)676 77209100, www.alplhuette.com. Im Strassberghaus nur Einkehrmöglichkeit, keine Übernachtung.

ZUFAHRT/ZUGANG

Navi: 6410 Telfs, Lehenstr. 3. Von der Inntalautobahn A12 Kufstein-Landeck bei der Ausfahrt Telfs West abfahren. Beim Kreisverkehr in Richtung Mieming (B 189) fahren. Durch den Tunnel bis zum nächsten Kreisverkehr, dort in die Niedere Munde Straße abbiegen und weiter bis zum Abzweig (rechts) Sonnensiedlung. An der Schottergrube vorbei und durch Kehren hinauf bis zur nächsten Abzweigung, hier rechts bis zur Hinterbergstraße. Diese nach links zum Gasthaus Lehen folgen. Rechts am Gasthof vorbei bis zum Ende der Asphaltstraße. Auf der Schotterstraße noch 1 km weiter in Richtung Strassberg bis zur Schranke (Parkplatz). Dem Forstweg bis zum Strassberghaus 1191 m folgen. Von dort dem Weg in Richtung Hohe Munde bis zur letzten Serpentine 1938 m vor der Niederen Munde (Sattel) folgen. Hier links (rote Adler-Markierung) abzweigen und bis zum Einstieg bei einer Tafel 2055 m hochgehen (ca. 2:30 Stunden). Oder von der Neuen Alplhütte über den Hintereggensteig zur Niederen Munde (2 Stunden).

ABSTIEG

Vom Gipfel auf dem Grat zurück bis zum Abzweig des Normalweges und auf diesem hinunter zur Neuen Alplhütte bzw. zum Strassberghaus.

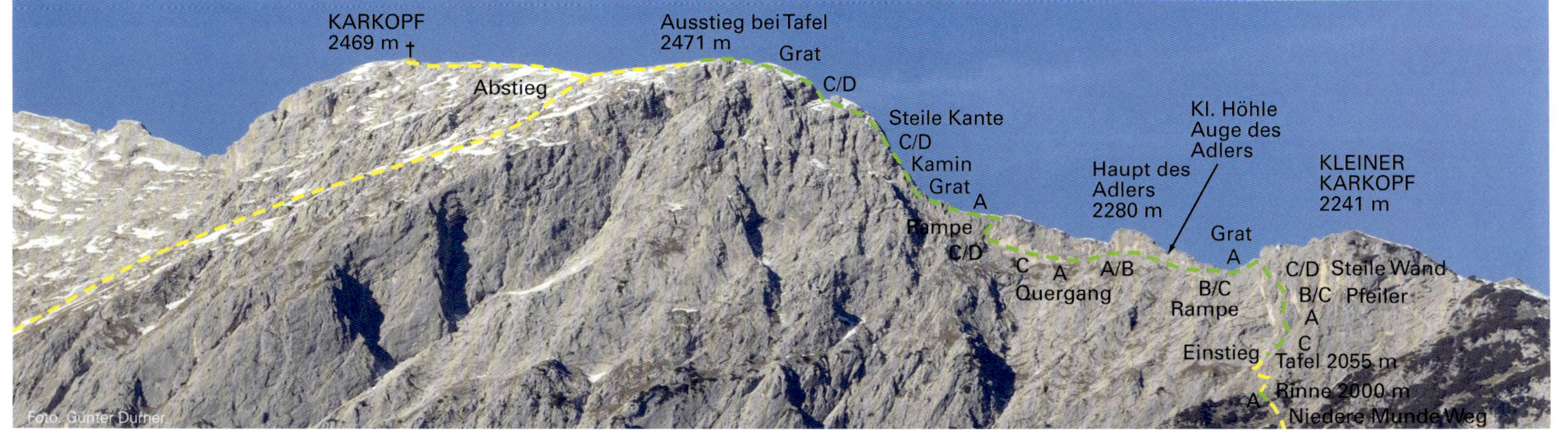

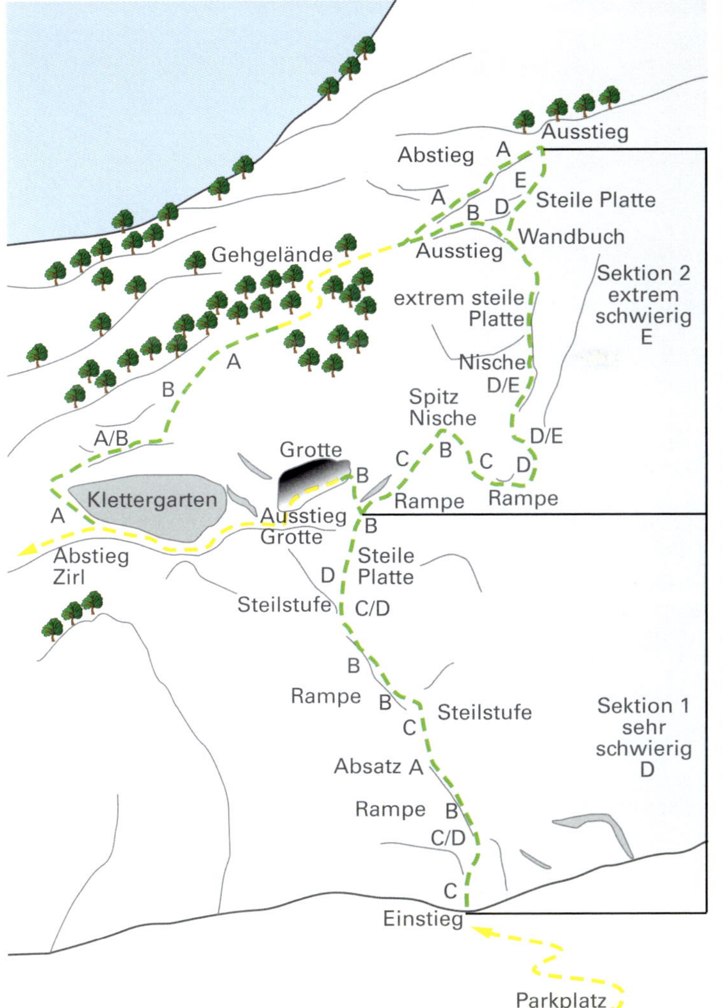

KAISER MAX KLETTERSTEIG	**D/E**	**Zustieg**	10 Min. / 50 Hm
Ausrichtung	Süd	**Klettersteig**	2 - 3 Std. / 350 Hm
Höchster Punkt	910 m	**Abstieg**	1 Std. / 400 Hm

BESCHREIBUNG

Der Kaiser-Max-Klettersteig war einer der ersten „Sport-Klettersteige" in Österreich und kann das ganze Jahr über begangen werden. Der Klettersteig hat zwei Sektionen. Die Sektion 1 führt bis zur Höhe der Kaiser-Max-Grotte von der aus unschwierig abgestiegen werden kann und ist mit D bewertet. Die Sektion 2 (ca. 150 Hm) ist extrem schwierig, ausgesetzt und führt über senkrechte und kaum gestufte Platten hinauf zum Wandbuch. Hier gibt es einen möglichen Ausstieg über Bänder nach links (westlich). Der letzte kurze Aufschwung ist nochmals extrem steil und schwer. Die Sektion 2 ist E bewertet. Der Klettersteig, besonders die Sektion 2, sollte wirklich nur von erfahrenen Klettersteiggehern begangen werden. Bei starkem Wind oder Föhnsturm ist vermehrt mit Steinschlag zu rechnen.

ZUFAHRT/ZUGANG

Von der Inntalautobahn A12 Kufstein-Landeck bei der Ausfahrt Zirl Ost abfahren. Auf der Bundesstraße B 171 Richtung Innsbruck bis zum Parkplatz (P3) fahren und dort parken. Vom Parkplatz (P3) über den ausgeschilderten Steig zum Einstieg des Kaiser-Max-Klettersteigs.

ABSTIEG

Nach dem ersten Teil bis zur Kaiser-Max-Grotte besteht die Möglichkeit über den Wanderweg abzusteigen. Vom Ausstieg des zweiten Teils nach links (westlich) über den markierten Steig (leichter Klettersteig) bis zur Kaiser-Max-Grotte absteigen. Von dort über den Fußweg zurück in Richtung Zirl und dann entlang der Bundesstraße wieder zum Ausgangspunkt.

P 32 T 671663 5237437 (Parkplatz P3)
32 T 671745 5237548 (Einstieg Klettersteig)
32 T 671654 5237617 (Kaiser Maximilian Grotte)

INNSBRUCKER KLETTERSTEIG

P 32 T 681363 5239720 (Parkplatz Seegrubenbahn)
32 T 679894 5242603 (Einstieg Klettersteig)

INNSBRUCKER KLETTERSTEIG.... C/D	
Ausrichtung	Süd
Höchster Punkt	Kemacher 2480 m
Zustieg	10 Min. / 50 Hm
Klettersteig	5 - 6 Std. / 650 Hm
Abstieg	1:30 Std. / 330 Hm

BESCHREIBUNG

Der Innsbrucker Klettersteig führt über sieben Gipfel der Innsbrucker Nordkette, dementsprechend grandios ist der Panoramablick. Der Klettersteig besteht aus 2 Sektionen. Die erste Sektion führt von der Bergstation Hafelekarhaus 2269 über die Seegrubenspitze 2350 m, die drei Kaminspitzen (Östliche Kaminspitze 2435 m, Mittlere Kaminspitze 2435 m, Westliche Kaminspitze 2445 m) und dem Kemacher 2480 m zum Langen Sattel 2258 m. Die zweite Sektion verläuft vom Langen Sattel über die Westliche Sattelspitze 2339 m zur Frau Hitt bzw. zum Frau Hitt Sattel 2235 m. Der erste Teil mit einer originellen Hängebrücke verläuft überwiegend auf dem Grat, der zweite Teil ist etwas anspruchsvoller und führt über viele Felstürmchen, Scharten, und steile Wandpassagen. Der gesamte Klettersteig hat eine Länge von etwa zweieinhalb Kilometern und bietet einen unglaublichen Fernblick auf die vergletscherten Berge des Alpenhauptkammes und auf das Inntal.

ZUFAHRT/ZUGANG

Navi: 6020 Innsbruck, Rennweg 3. In Innsbruck fährt man zur Hungerburgbahn beim Kongresshaus. Parken ist in der City- und Congressgarage möglich. Das Parken in der City- und Congressgarage ist beim Kauf eines Tickets (Innsbruck-Seegrube bzw. Hungerburg-Seegrube) kostenlos. Mit der Hungerburgbahn (Standseilbahn) zunächst zur Talstation der Seegrubenbahn, dann mit der Seegrubenbahn (Gondelbahn) bis zur Bergstation Seegrube hochfahren. Oder mit dem Auto von Innsbruck über Hötting zum Parkplatz der Seegrubenbahn fahren. Kostenloses Parken ist auf dem Parkplatz der Seegrubenbahn beim Kauf eines Bergbahn-Tickets möglich. Die Talstation Seegrubenbahn befindet sich in der Höhenstraße 145, 6020 Innsbruck. Öffnungszeiten und Fahrpreise unter www.nordkette.com. Von der Bergstation Hafelekarbahn den Hinweisschildern Klettersteig folgen.

ABSTIEG

Vom Frau Hitt Sattel 2235 m oder vom Langen Sattel 2258 m über den Schmidhubersteig zurück zur Seegrubenbahn 1905 m.

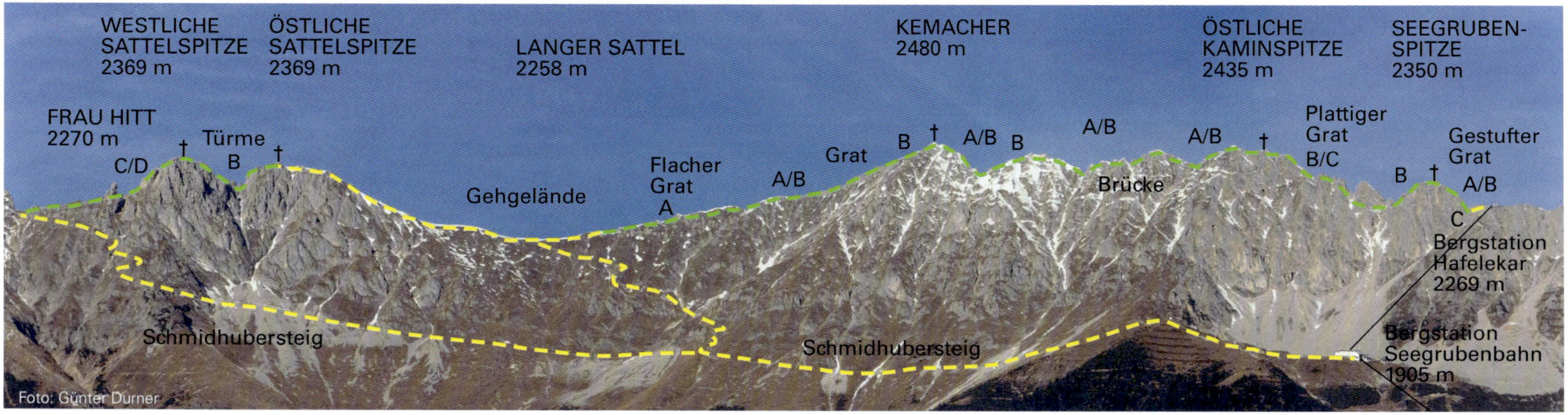

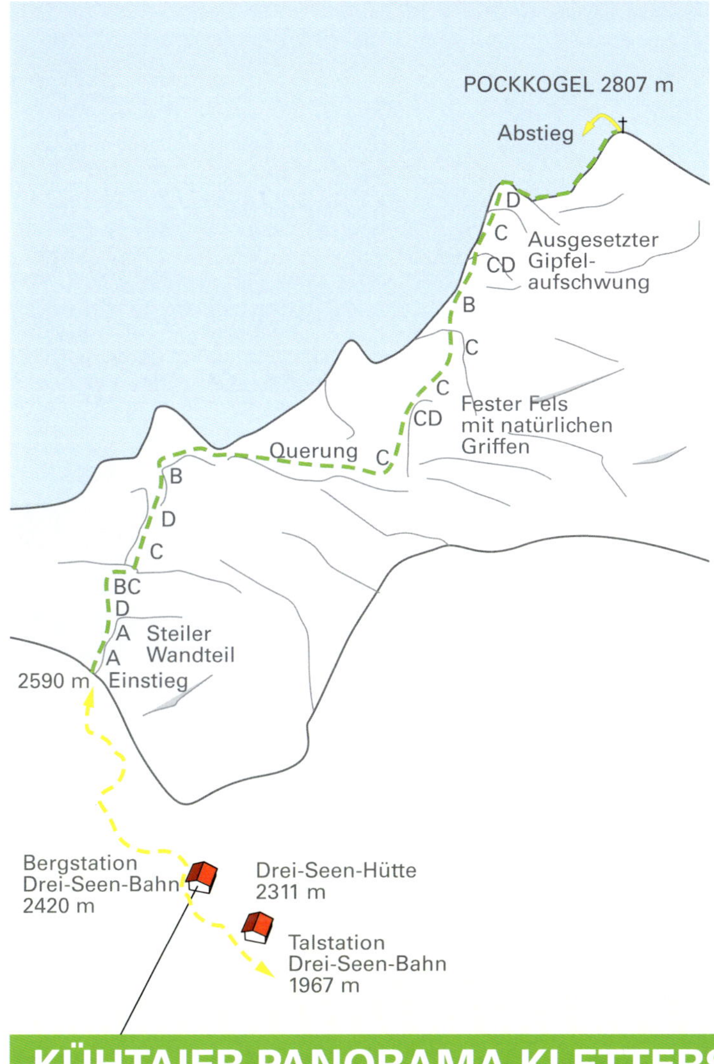

KÜHTAIER KLETTERSTEIG	**D/E**	**Zustieg**	30 Min. / 170 Hm
Ausrichtung	Nord	**Klettersteig**	5 Std. / 260 Hm
Höchster Punkt	Pockkogel 2807 m	**Abstieg**	1:30 Std. / 496 Hm

BESCHREIBUNG

Der aussichtsreiche Sportklettersteig führt durch steile Granitwände auf den 2807 m hohen Pockkogel im Sellraintal. Aufgrund der Höhenlage und der nordseitigen Ausrichtung ist der Klettersteig eher ein Ziel für den Sommer. Der Kühtaier Panorama Klettersteig hat 2 Sektionen. In der Sektion 1 gibt es zwei sehr luftige und kraftraubende Steilstufen, die Gaudiwandl (D) und die Schlüsselstelle (D/E), eine überhängende Stelle mit Trittbügel. Danach führt ein Gehgelände zur 2. Sektion. Hier können im Frühsommer noch Altschneefelder liegen. Die 2. Sektion beginnt mit einer ca. 30 m hohen Stufe (C/D), danach kommt man am Skilehrerbankerl vorbei. Anschließend gelangt man auf die Südseite. Über eine weitere Steilstufe (D) erreicht man den Gipfel. Vom Gipfel hat man eine sensationelle Aussicht auf die Stubaier-, Ötztaler- und Lechtaler Alpen. Für den Klettersteig ist unbedingt Schwindelfreiheit und Trittsicherheit erforderlich, da es einige Gehpassagen gibt, die nicht versichert sind. Der Abstieg ist zwar alpin aber verhältnismäßig einfach.
Informationen zur Drei-Seen-Bahn unter www.kuehtai.info.
Einkehr- und Übernachtungsmöglichkeit besteht in der Dortmunder Hütte, geöffnet von Anfang Juni bis Ende Oktober. Die Dortmunder Hütte liegt direkt in Kühtai an der Bundesstraße. Tel. +43(0)664 3935878, www.dortmunderhuette.at. In der Drei-Seen-Hütte nur Einkehrmöglichkeit, keine Übernachtung.

ZUFAHRT/ZUGANG

Vom Inntal ins Sellraintal über Sellrain und Gries bis nach Kühtai. Auf dem Parkplatz der Drei-Seen-Bahn parken. Zu Fuß oder mit der Drei-Seen-Bahn zur Bergstation. Der Beschilderung Gaiskogl/Klettersteig (rote Markierung) bis zum Einstieg 2590 m folgen (ab Bergstation 30 Minuten, ab Talstation 1:30 Minuten).

ABSTIEG

Vom Pockkogel 2807 m über den markierten Normalweg zuerst südwestlich hinunter zur Steintalscharte 2741 m, dann zum Finstertaler Stausee 2300 m absteigen. Bei der Staumauer rechts zur Drei-Seen-Hütte und von dieser hinunter nach Kühtai. Oder von der Staumauer direkt nach Kühtai absteigen.

KÜHTAIER PANORAMA KLETTERSTEIG

P 32 T 652612 5230668 (Talstation Drei-Seen-Bahn)
32 T 655065 5229737 (Klettersteig Einstieg)

EISKLETTERN IM SELLRAINTAL

Die zahlreichen Eisfälle im Gebiet des Sellraintales sind einfach und schnell erreichbar, da sie nahe der Sellraintalstraße liegen. Mit Wandhöhen zwischen 35 und 150 Metern bieten sie die Möglichkeit je nach Können und Verhältnissen einen geeigneten Eisfall auszuwählen. Die Eisklettermöglichkeiten dort sind besonders für Anfänger und Fortgeschrittene ein ideales Gelände. Sehr beliebt bei Anfängern ist der Bafflfall bei Gries, der Gasthausfall oder der Easy Afternoon, die sich in Lüsens befinden. Selbst erfahrene, starke Eiskletterer finden vor allem an den Fernerbodenwänden südlich vom Gasthaus Lüsens ein breites Betätigungsfeld. Die schmalen, oft frei hängenden Eissäulen der „Hängenden Gärten" gelten als Extremklassiker in Tirol. Informationen über Eisverhältnisse, Zustiege und Lawinensituation erfährt man bei den Bergführern in Gries, wo auch entsprechende Kurse angeboten werden.

DRYTOOLING ÜBER DEN DÄCHERN VON INNSBRUCK

Die härtesten Mixedklettereien in Tirol gibt es im Dryland unterhalb der Höttinger Alm. Das Drytooling Gebiet ist nach Süden bzw. Osten ausgerichtet, die Routen sind aber durch eine Felswand vor der Sonne geschützt. Alle Routen wurden mit Zwischenhaken und Ständen perfekt eingerichtet. Im Bruchtal gibt es Drytooling-Routen in gemäßigten Schwierigkeitsgraden, ebenso in Mühlau und beim Spucher.

INNSBRUCK (DRYTOOLING)
- BRUCHTAL
- DRYLAND
- MÜHLAUER KUCHL (NR. 2/18)
- SPUCHER (NR. 29)

SELLRAIN
- SEIGESBACH EISFALL
- LINKE ZEHENTFÄLLE
- ZEHENTFALL

GRIES
- STUPPEN EISFALL
- SAUTROG EISFALL
- BAFFLFALL

LÜSENS
- GASTHAUSFALL
- EASY AFTERNOON, EASY DAY
- PARACELSUS
- DOMENICUS
- HÄNGENDE GÄRTEN

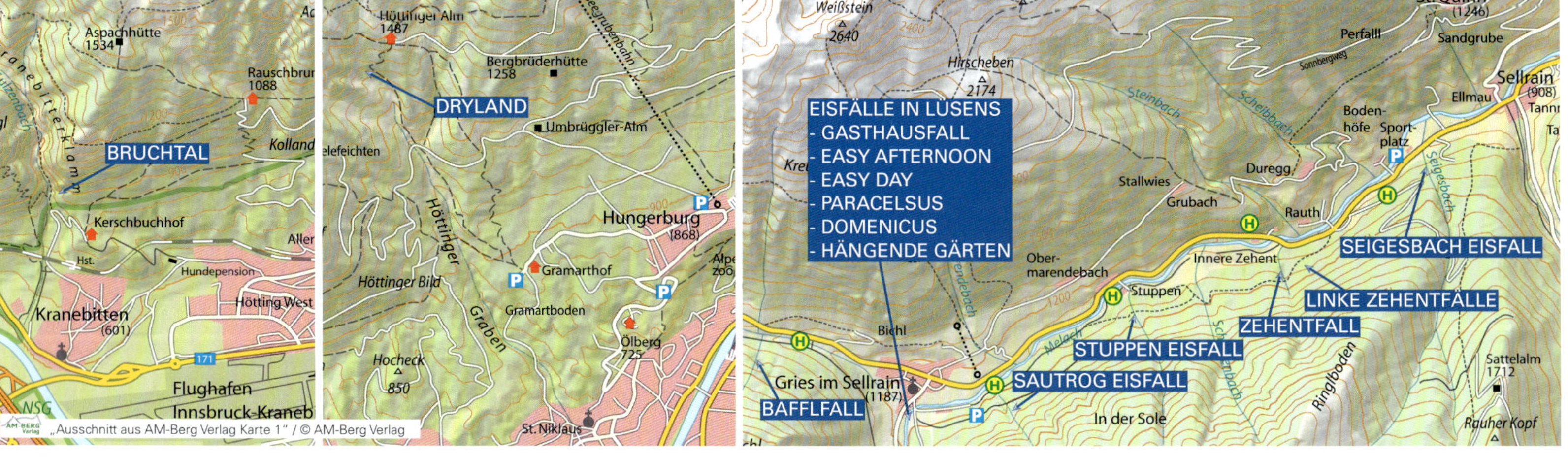

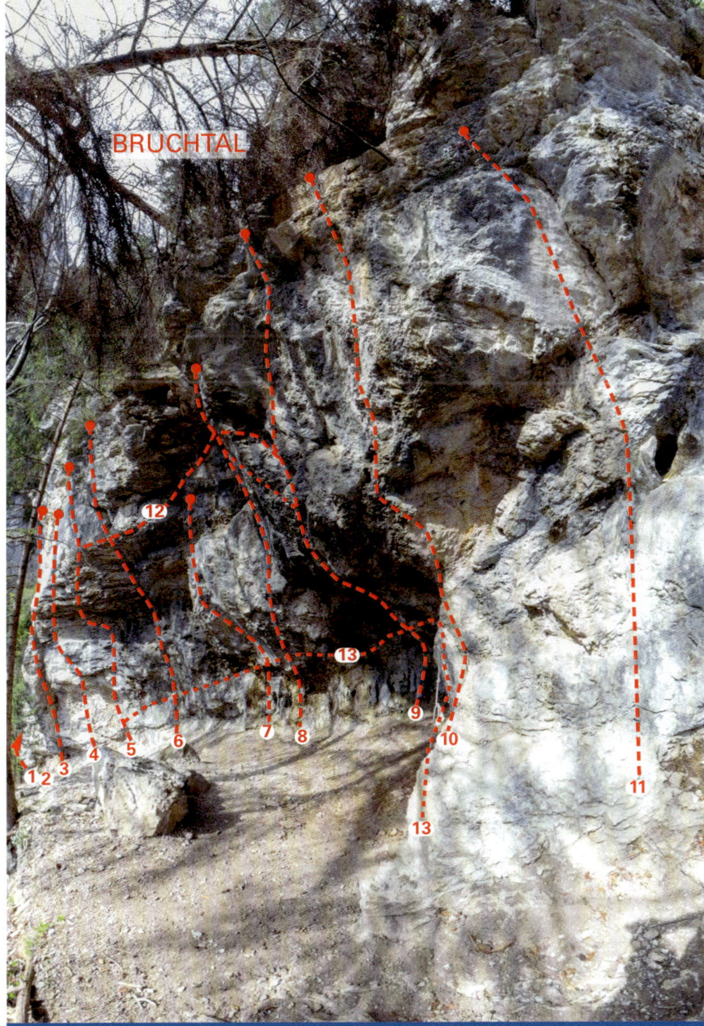

KRANEBITTEN BRUCHTAL

Ausrichtung	Süd	Schwierigkeit	M 4-9
Höhenlage	820 m	Höhe	15-20 m

BESCHREIBUNG

Ein von Benedikt Purner und Christian Piccolruaz eingerichtetes, schnell erreichbares Drytooling Gebiet, geeignet für Einsteiger und Fortgeschrittene.

ZUFAHRT/ZUGANG

Navi: 6020 Innsbruck, Klammstraße. Von Zirl oder Innsbruck auf der B 171 nach Kranebitten. Auf der Klammstraße bis zum Eisenbahnviadukt, hier parken. Zu Fuß auf der Klammstraße weiter in Richtung Kerschbuchhof bis zur ersten Kehre, weiter geradeaus und 50 Meter vor der Klamm rechts steil zu den Felsen aufsteigen (15 Minuten).

ROUTEN

1	Risaikl	M 4-5
2	Movotronic	M 7+
3	Bruchpilot	M 6
4	Kindergeburtstag	M 8
5	Griff ins Licht	M 8
6	Esel streck dich	M 9
7	Shorty	M 7
8	Sintaclaus	M 8-
9	Minoe	M 8
10	Eibenrodeo	M 5+
11	Lieber doch nicht	M 5
12	Quergang oben	M 8
13	Quergang unten	M 6

P 32 T 676066 5237738
32 T 676048 5238215

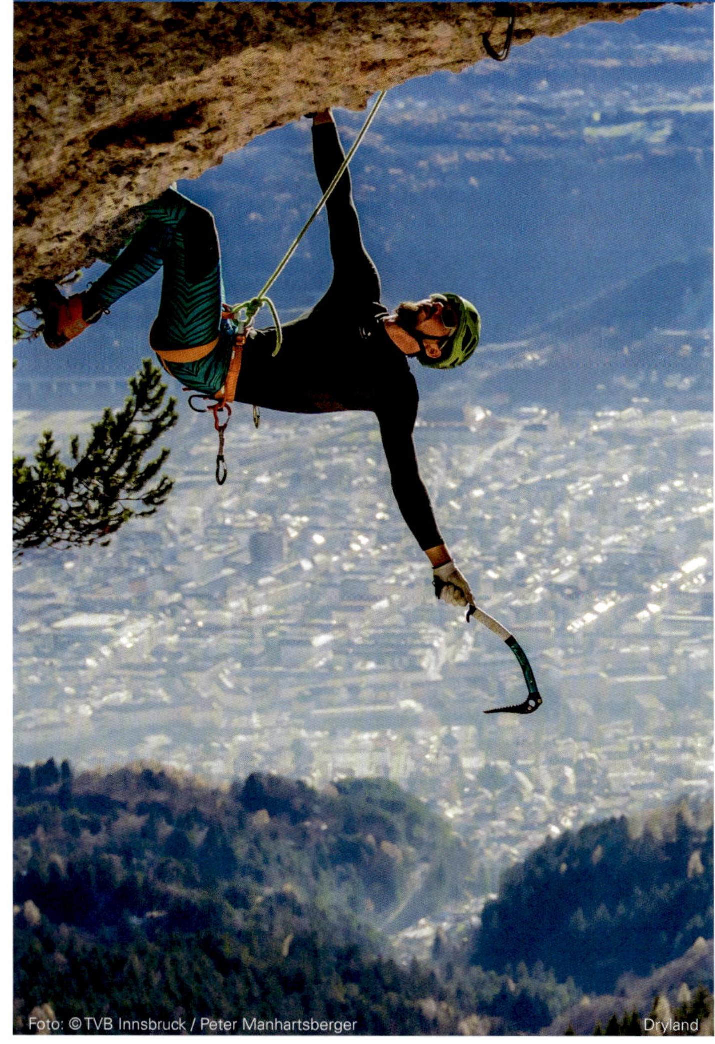

Foto: © TVB Innsbruck / Peter Manhartsberger

Dryland

INNSBRUCK DRYLAND

Ausrichtung	Süd, Südost, Ost	Schwierigkeit	M 9-13
Höhenlage	1400 m	Höhe	25 m

BESCHREIBUNG

Ein von Albert Leichtfried eingerichtetes Drytooling Gebiet. Mit bis zu 25 m Länge und waagrechten Dächern zählen die Routen zu den schwersten in Tirol.

ZUFAHRT/ZUGANG

Navi: 6020 Innsbruck, Gramartstraße 117. In Innsbruck in nördlicher Richtung zum Inn. Über die Innbrücke zum Stadtteil Hötting (Höttinger Gasse) und über die Höhenstraße bis zur Hungerburg fahren. Links in die Gramartstraße abbiegen, nach etwa 1,5 Kilometer gibt es nach dem Gramarthof bei dem Kinderspielplatz einen großen Parkplatz (sonn- und feiertags Fahrverbot ab Hungerburg). Vom Parkplatz dem Weg zum Höttinger Bild folgen. Nach etwa 150 Meter bei der zweiten Weggabelung rechts halten (Hinweisschild Höttinger Alm). Diesem Weg nordwärts folgen. Nach der Forststraße weiter im linken Graben aufwärts bis zum Sportklettergarten, hier links auf einen Pfad, dann rechts ab auf Steigspuren direkt zu den Felsen. Der Zustieg ist bei Lawinengefahr äußerst gefährdet (ca. 1,5 Stunden, 600 Hm).

ROUTEN (von links nach rechts)

1	Seitenwind	A. Leichtfried	M 9
2	Encore	A. Leichtfried	M 12+/13-
3	Tension	A. Leichtfried	M 12+
4	Open end	A. Leichtfried	M 11
5	Häppy	A. Leichtfried	M 9
6	Unleasched	A. Leichtfried	M 11-
7	Fontok	A. Leichtfried	M 10
8	Reise ins Niemandsland	A. Leichtfried	M 7+
9	Kaminkehrer	A. Leichtfried	M 5
10	Check the ripper	A. Leichtfried	M 7
11	Schalldämpfer	A. Leichtfried	M 12
12	Game over	A. Leichtfried	M 13-

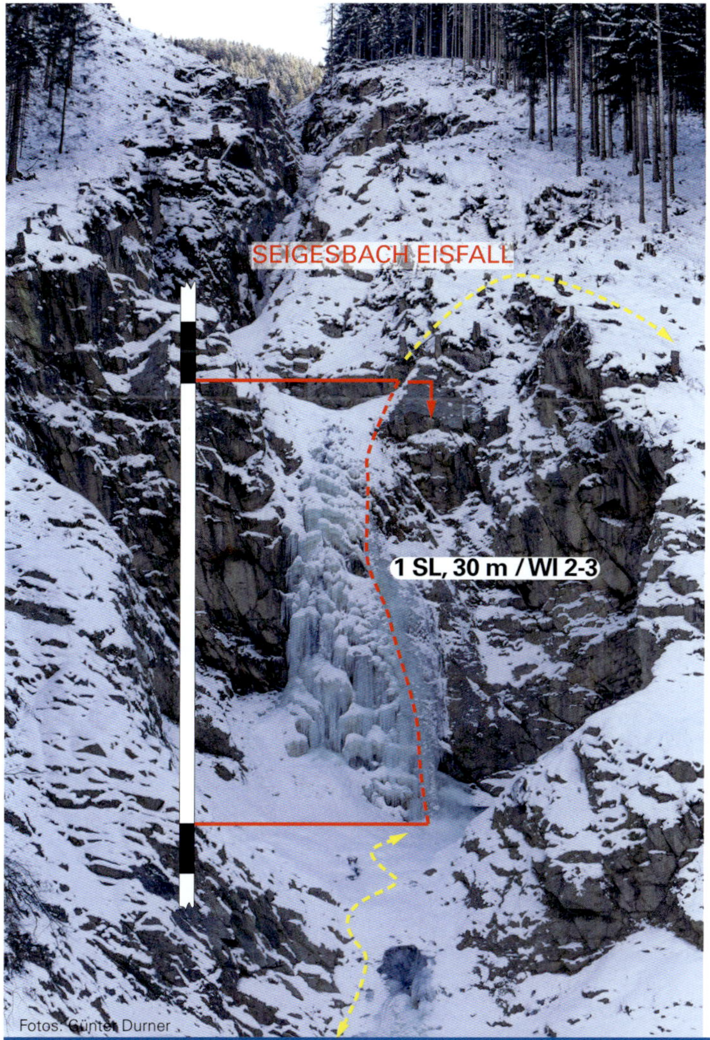

SEIGESBACH EISFALL

1 SL, 30 m / WI 2-3

Fotos: Günter Durner

SEIGESBACH EISFALL

Ausrichtung	Nord	Schwierigkeit	WI 2-3
Höhenlage	1007 m	Eisfallhöhe	30 m, 1 SL

BESCHREIBUNG

Ein schnell und einfach zu erreichender Eisfall, der für Anfänger oder Kurse geeignet ist. Oberhalb des Sportplatzes von Sellrain wurde eine Lawinenverbauung in Form eines Auffangdamms errichtet. Am oberen Ende des Auffangbeckens gibt es eine etwa 30 m hohe Steilstufe. Das Eis ist bei wärmeren Temperaturen manchmal „hinter spült". Über den Eisfall mittels Eisuhren und Bäumen abseilen. Oder nach rechts durch den Wald absteigen.

ZUFAHRT/ZUGANG

Vom Inntal ins Sellraintal bis zum Ort Sellrain. Am Ortsende von Sellrain, nach dem Seigesbach befindet sich auf der rechten Straßenseite (taleinwärts) der Sport- und Fußballplatz von Sellrain. Dort parken. Auf dem Gehweg 500 m zurück (talauswärts) in Richtung Sellrain, die Straße überqueren und in das Auffangbecken der Lawinenverbauung zum Eisfall gehen (10 Minuten).

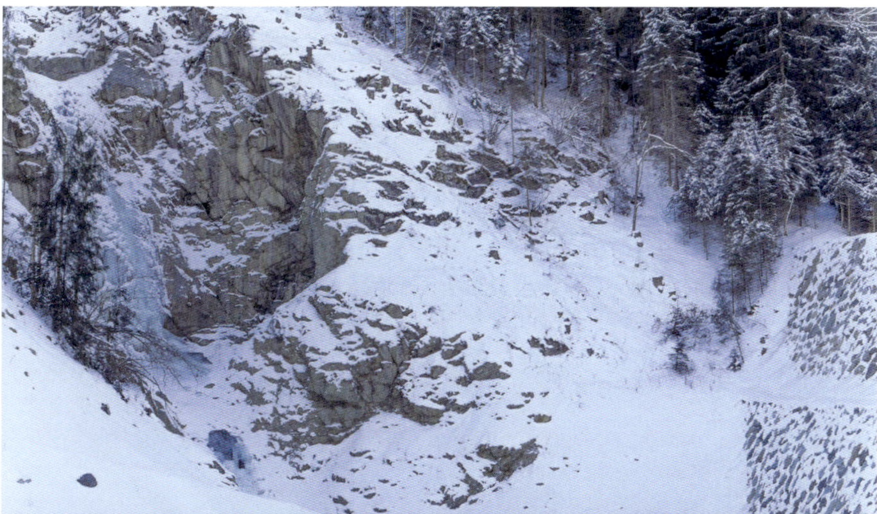

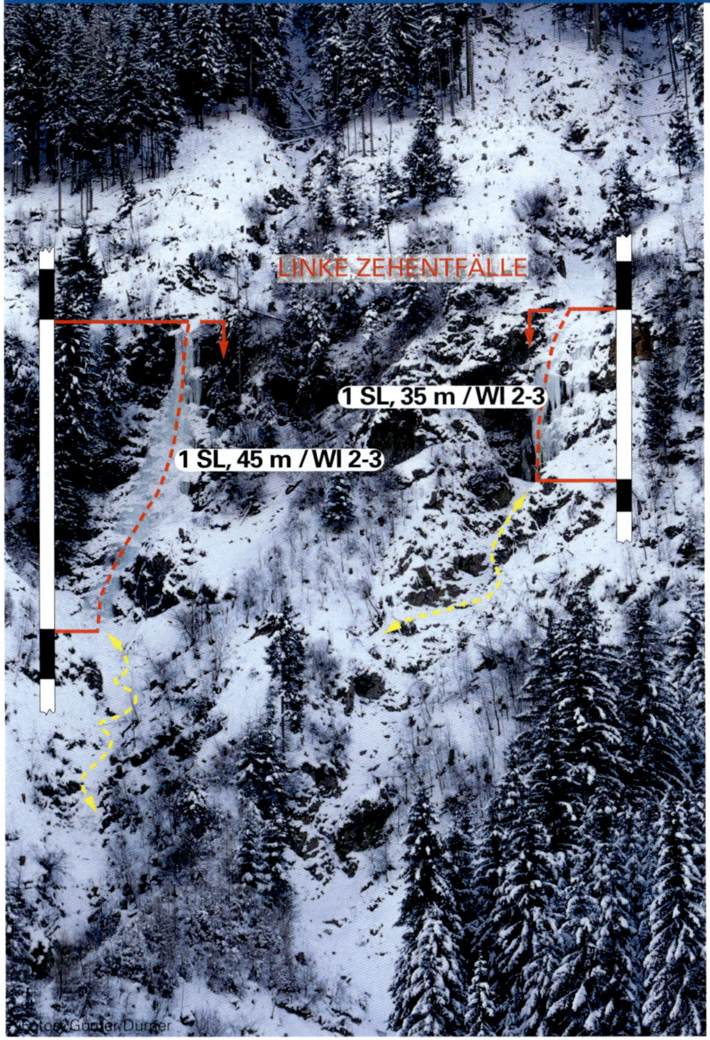

LINKE ZEHENTFÄLLE

Ausrichtung	Nord	Schwierigkeit	WI 2-3
Höhenlage	1140 m	Eisfallhöhe	45 m, 30 m 1 SL

BESCHREIBUNG

Die Linken Zehentfälle sind zwei kleinere Eisfälle, die sich fast nebeneinander direkt oberhalb der Bundesstraße in einem Kahlschlag befinden. Die beiden Eisfälle sind von der Straße (Melachbrücke) aus gut sichtbar. Über den Eisfall mittels Eisuhren und Bäumen abseilen. Oder durch den Wald seitlich der Eisfälle absteigen.

ZUFAHRT/ZUGANG

Vom Inntal ins Sellraintal und weiter bis zum Ort Sellrain. Nach dem Sportplatz von Sellrain noch 1,4 Kilometer weiter bis zur Melachbrücke. Nach der Brücke gibt es wenige Parkmöglichkeiten. Bitte die Anrainer um Parkerlaubnis fragen. Von der Brücke direkt zu den bereits sichtbaren Eisfällen aufsteigen (40 Minuten).

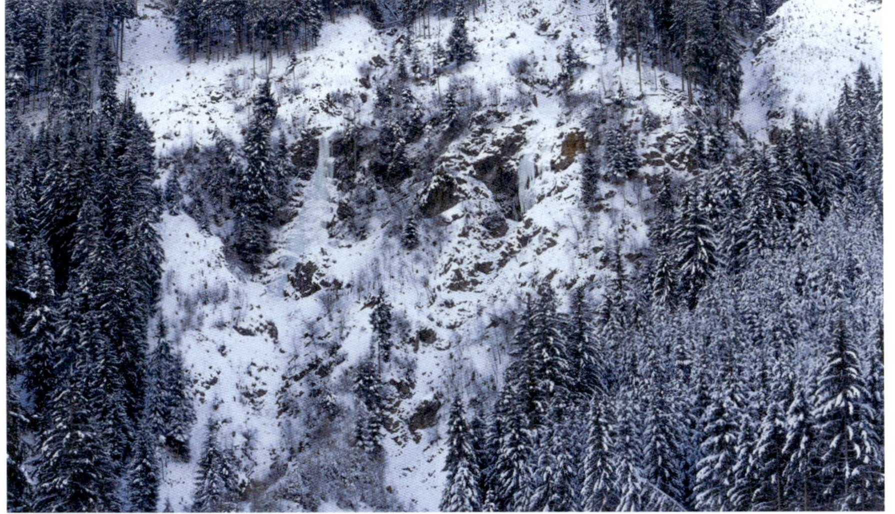

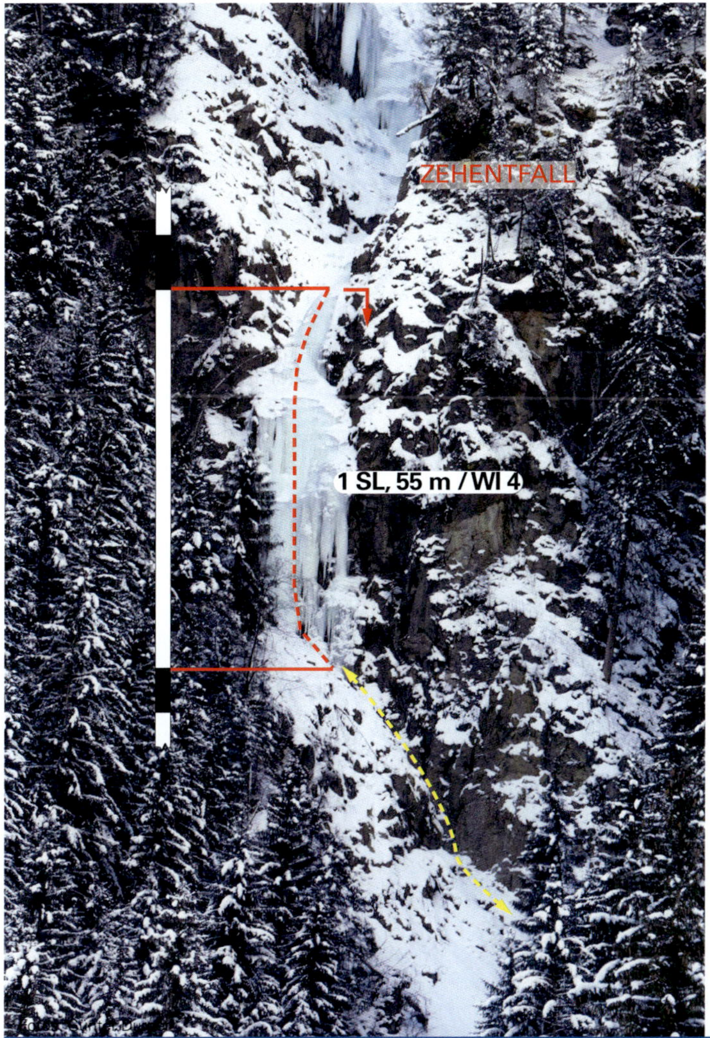

ZEHENTFALL

1 SL, 55 m / WI 4

ZEHENTFALL

Ausrichtung	Nord	Schwierigkeit	WI 4
Höhenlage	1100 m	Eisfallhöhe	55 m, 1 SL

BESCHREIBUNG

Der Zehentfall befindet sich rechts (talaufwärts) von den zwei kleineren Linken Zehentfällen und ist wesentlich anspruchsvoller als die Linken Zehentfälle. Der obere Bereich des Zehentfalls ist von der Straße (Melachbrücke) aus gut sichtbar. Über den Eisfall mittels Eisuhren und Bäumen abseilen.

ZUFAHRT/ZUGANG

Vom Inntal ins Sellraintal und weiter bis zum Ort Sellrain. Nach dem Sportplatz von Sellrain noch 1,4 Kilometer weiter bis zur Melachbrücke. Nach der Brücke gibt es wenige Parkmöglichkeiten. Bitte die Anrainer um Parkerlaubnis fragen. Von der Brücke direkt zu dem bereits sichtbaren Eisfall aufsteigen (30 Minuten).

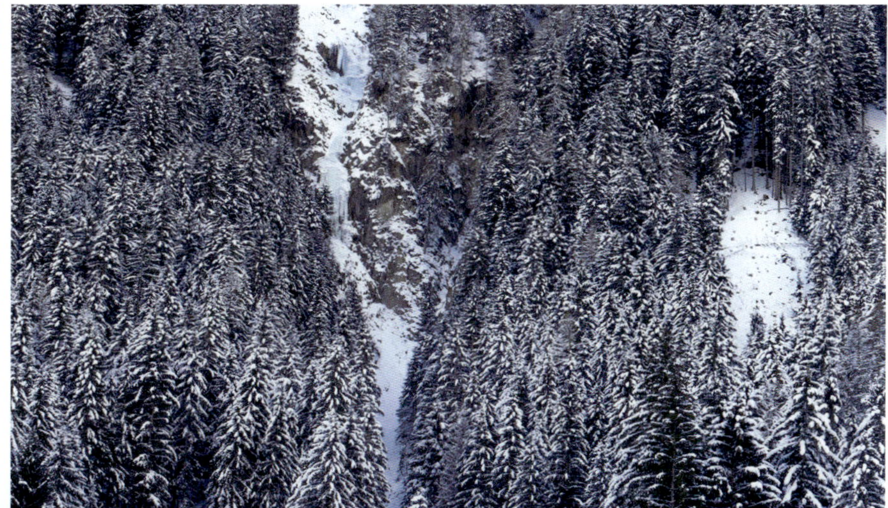

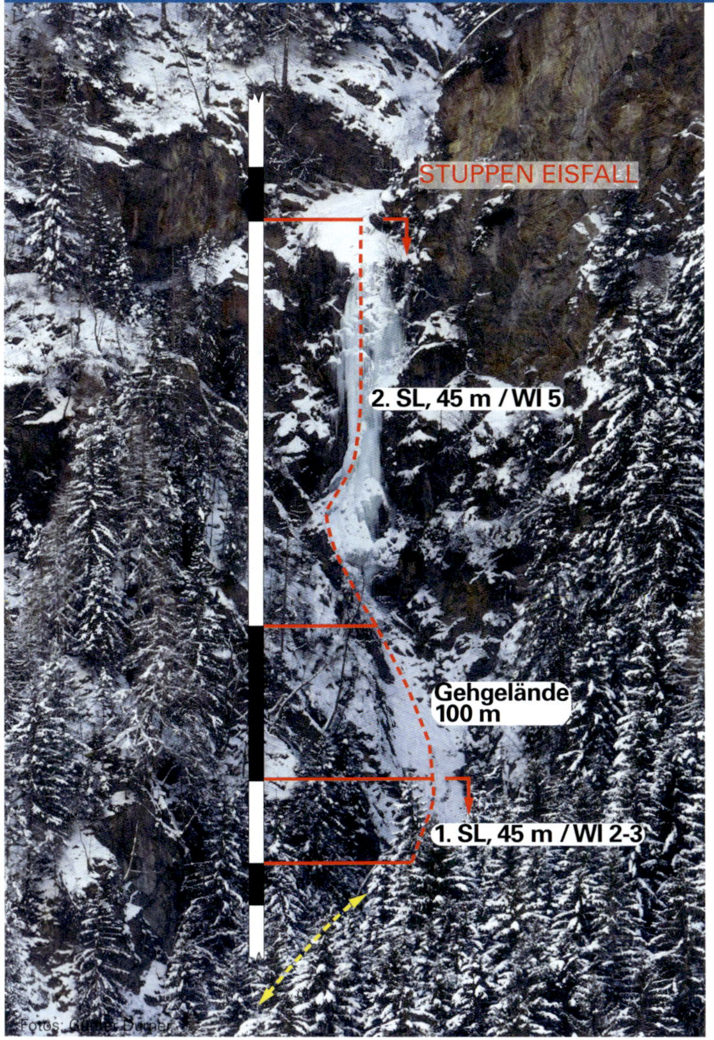

STUPPEN EISFALL

Ausrichtung	Nord	Schwierigkeit	WI 3-5
Höhenlage	1140 m	Eisfallhöhe	90 m, 2 SL

BESCHREIBUNG

Ein schöner Eisfall in einem engen Gully, bei dem es bei guten Eisverhältnissen mehrere Möglichkeiten gibt. Die schwierigste Linie ist ganz links. Bei wenig Eis WI 5+. Der obere Bereich des Eisfalls ist von der Straße aus gut sichtbar. Über den Eisfall mittels Eisuhren und Bäumen abseilen.

ZUFAHRT/ZUGANG

Vom Inntal ins Sellraintal und weiter bis zum Ort Sellrain. Nach dem Sportplatz von Sellrain noch 3 Kilometer weiter bis zum Stuppenhof auf der linken Straßenseite (talaufwärts). Bei der Bushaltestelle über die Brücke. Beim Stuppenhof parken. Leider gibt es nur wenige Parkmöglichkeiten. Bitte die Anrainer um Parkerlaubnis fragen. Nach der Brücke auf dem Forstweg 200 Meter nach rechts (talaufwärts) bis links eine Forststraße abzweigt. Auf dieser hinauf bis zum Bachbett des Eisfalls und weiter bis zur ersten Stufe (20 m WI 2-3) (25 Minuten).

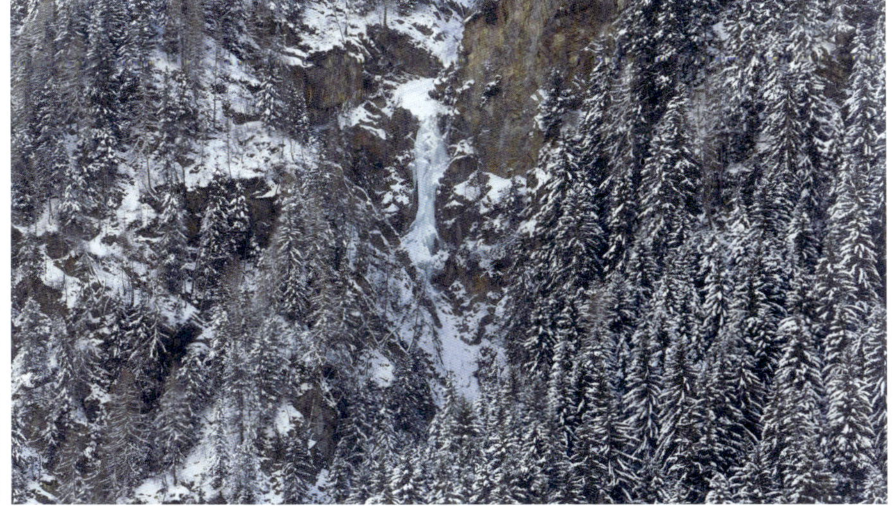

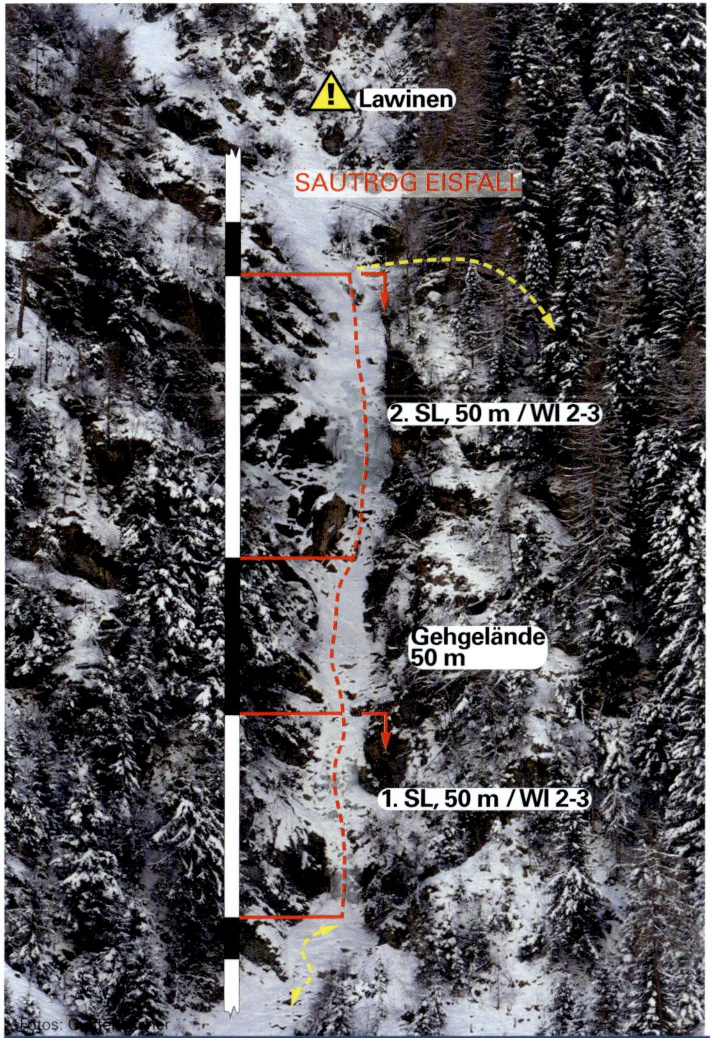

SAUTROG EISFALL

Ausrichtung	Nord	Schwierigkeit	WI 2-3
Höhenlage	1370 m	Eisfallhöhe	150 m, 2 SL

BESCHREIBUNG

Der Sautrog Eisfall ist ein kleiner, relativ flacher Eisfall, der für Anfänger geeignet ist. Allerdings ist das Gelände oberhalb der Rinne ein großes Einzugsgebiet für Lawinen. Kurz vor Gries rechts der Bundesstraße gibt es einen kleinen Skilift. Von dort kann man den Eisfall einsehen. Über den Eisfall mittels Eisuhren und Bäumen abseilen. Oder von unten gesehen rechts (talaufwärts) durch den Wald absteigen.

ZUFAHRT/ZUGANG

Vom Inntal ins Sellraintal und weiter bis zum Ort Gries. In Ortsmitte links Richtung Lüsens/Praxmar abbiegen. Nach 180 m beim Feuerwehrhaus links abbiegen. Dann geradeaus weiter über eine Brücke bis zu den letzten Häusern. Am Ende der Straße bei einer Holzbaracke parken. Den Weg in östlicher Richtung (talauswärts) folgen. Bei der ehemaligen Schottergrube bis zu einem zweiten Weg aufsteigen. Über diesen Weg erreicht man das Bachbett, das zum Eisfall führt (30 Minuten).

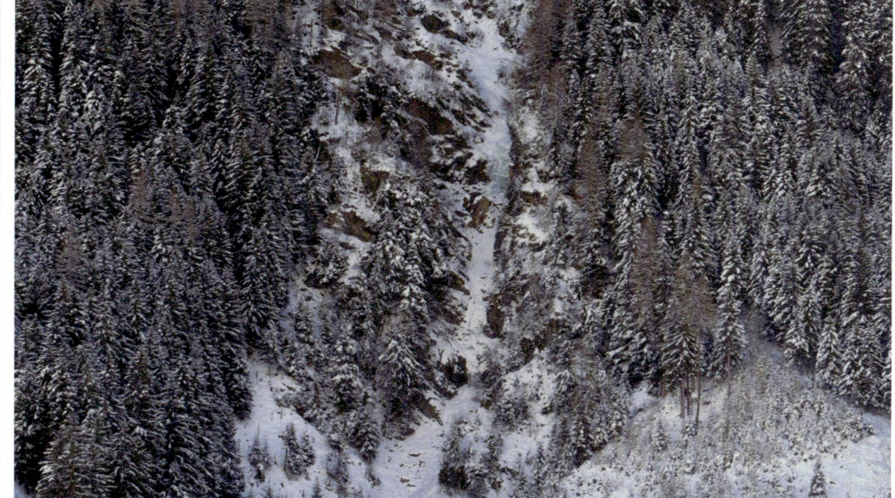

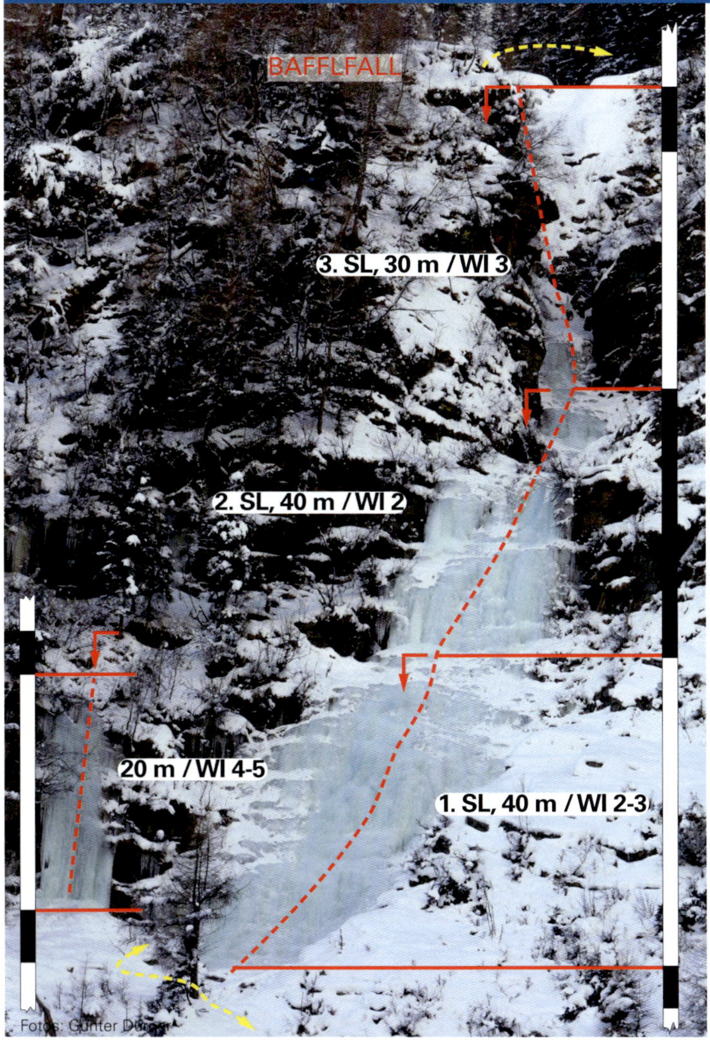

P 32 T 662531 5229406
32 T 662043 5229379

BAFFLFALL
3. SL, 30 m / WI 3
2. SL, 40 m / WI 2
20 m / WI 4-5
1. SL, 40 m / WI 2-3

Fotos: Günter

BAFFLFALL

Ausrichtung	Nord	Schwierigkeit	WI 2-5
Höhenlage	1356 m	Eisfallhöhe	110 m, 3 SL

BESCHREIBUNG

Der Bafflfall ist ein Eisfall mit bis zu drei Seillängen und bietet mehrere Eiskletterrouten, in dem Bereich WI 2-5. Links vom Haupteisfall befinden sich kleinere, steile Eisstufen, die auch Toprope geklettert werden können. Besonders bei Kursen sehr beliebter und stark frequentierter Eisfall. Über den Eisfall mittels Eisuhren und Bäumen abseilen. Oder seitlich vom Eisfall durch den Wald absteigen.

ZUFAHRT/ZUGANG

Vom Inntal ins Sellraintal und weiter bis zum Ort Gries. Von Gries weiter in Richtung Kühtai. Etwa 300 m nach der Ortstafel ist auf der linken Straßenseite eine Bushaltestelle. Bei der Bushaltestelle gibt es wenige Parkmöglichkeiten. Nach der Brücke auf dem Wanderweg St. Sigmund 400 Meter nach rechts (talaufwärts) bis zu einer Lichtung. Hier über das Bachbett, das zum Eisfall führt (20 Minuten).

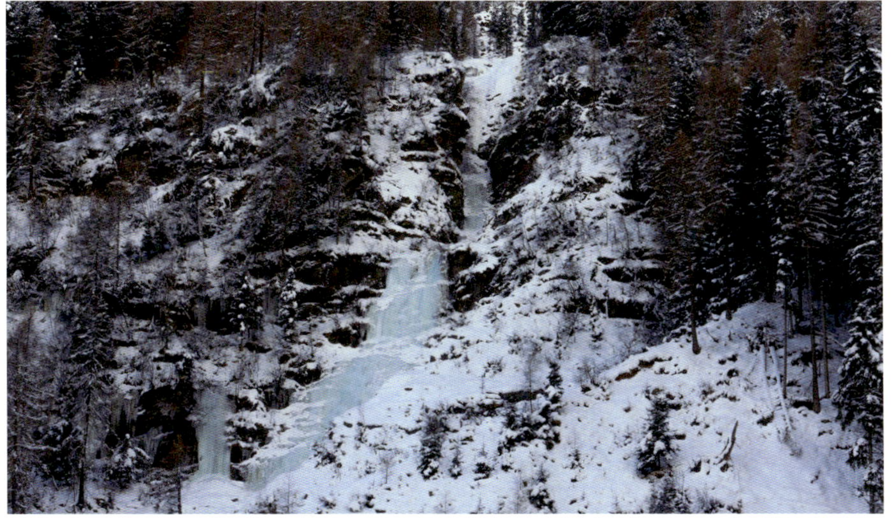

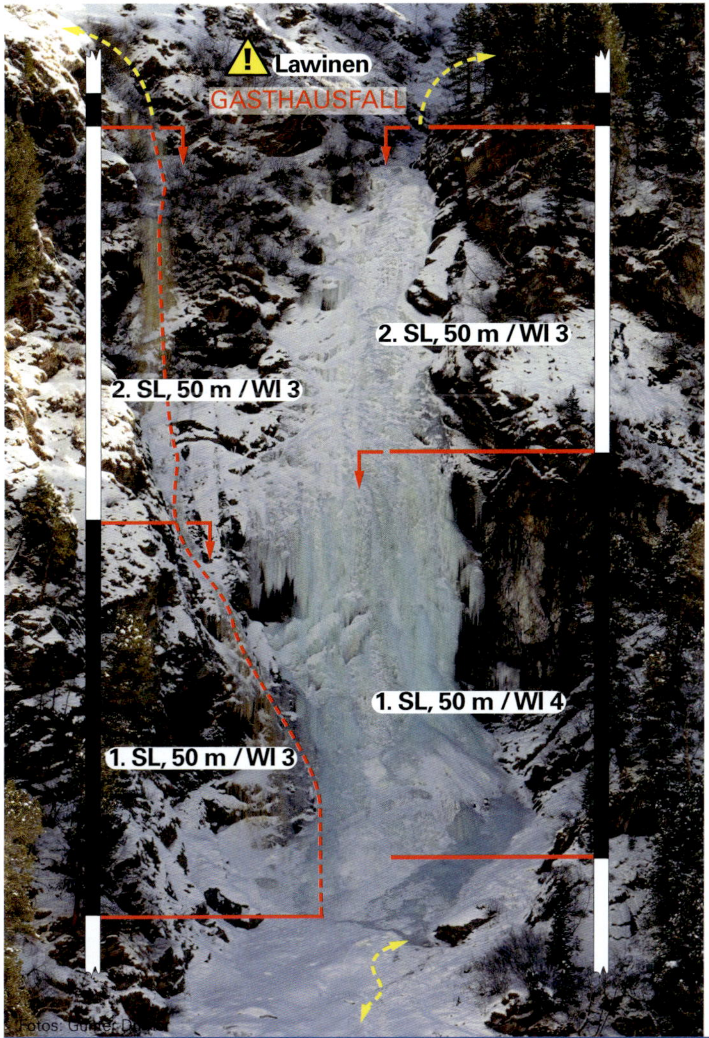

Lawinen

GASTHAUSFALL

2. SL, 50 m / WI 3

2. SL, 50 m / WI 3

1. SL, 50 m / WI 4

1. SL, 50 m / WI 3

GASTHAUSFALL

Ausrichtung	Nordwest	**Schwierigkeit**	WI 4
Höhenlage	1700 m	**Eisfallhöhe**	125 m, 3 SL

BESCHREIBUNG

Der Gasthausfall ist ein Eisfall mit bis zu drei Seillängen und bietet mehrere Eisklettermöglichkeiten (WI 2-4). Aufgrund seiner Breite können mehrere Seilschaften nebeneinander klettern. Besonders bei Kursen sehr beliebter und stark frequentierter Eisfall, der schnell und einfach erreichbar ist. Über den Eisfall mittels Eisuhren und Bäumen abseilen. Oder seitlich vom Eisfall durch den Wald absteigen.

ZUFAHRT/ZUGANG

Navi: 6182 Lüsens, Lüsens 1. Vom Inntal ins Sellraintal und weiter bis zum Ort Gries. In Ortsmitte links Richtung Lüsens/Praxmar abbiegen und etwa 8,5 Kilometer weiter bis zum Gasthaus Lüsens (kostenpflichtiger Parkplatz, Parkscheinautomat) fahren. An manchen Tagen besteht für die Zufahrt aus Gries Schneekettenpflicht. Auf der Straße etwa 500 Meter (talauswärts) gehen, dann rechts über die flache Wiese direkt zum sichtbaren Eisfall aufsteigen (10 Minuten).

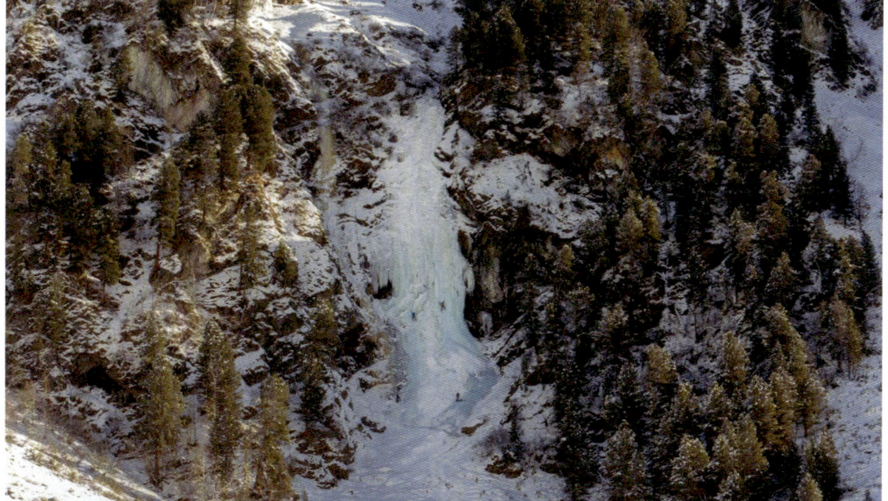

Lawinen
EASY AFTERNOON
3. SL, 30 m / WI 3
oben
1. SL, 45 m / WI 4-5
2. SL, 40 m / WI 4
1. SL, 40 m / WI 3

EASY AFTERNOON

Ausrichtung	Nordwest	Schwierigkeit	WI 4
Höhenlage	1800 m	Eisfallhöhe	150 m, 5 SL

BESCHREIBUNG

Der insgesamt etwa 150 m lange Eisfall befindet sich südlich vom Gasthaus Lüsens im Fernerboden. Meistens werden nur die ersten zwei Seillängen geklettert. Besonders bei Kursen ein sehr beliebter und stark frequentierter Eisfall. Über den Eisfall mittels Eisuhren und Bäumen abseilen. Oder links vom Eisfall absteigen.

ZUFAHRT/ZUGANG

Vom Inntal ins Sellraintal und weiter bis zum Ort Gries. In Ortsmitte links Richtung Lüsens/Praxmar abbiegen und etwa 8,5 Kilometer weiter bis zum Gasthaus Lüsens (kostenpflichtiger Parkplatz, Parkscheinautomat) fahren. An manchen Tagen besteht für die Zufahrt aus Gries Schneekettenpflicht. Vom Parkplatz entlang der Langlaufloipe etwa 1,5 Kilometer (taleinwärts) bis 300 Meter vor die Materialbahn des Westfallenhauses gehen. Entlang eines Grabens, dann über steiles Gelände direkt zum sichtbaren Eisfall aufsteigen (30 Minuten).

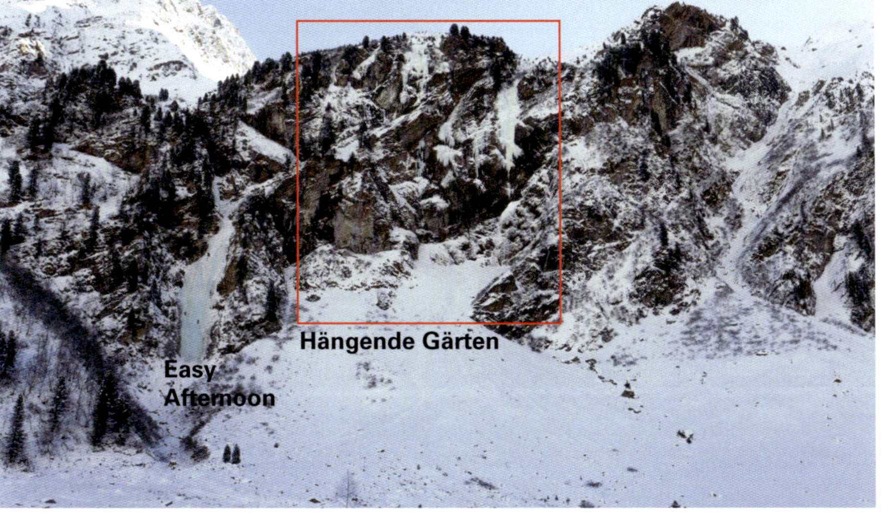

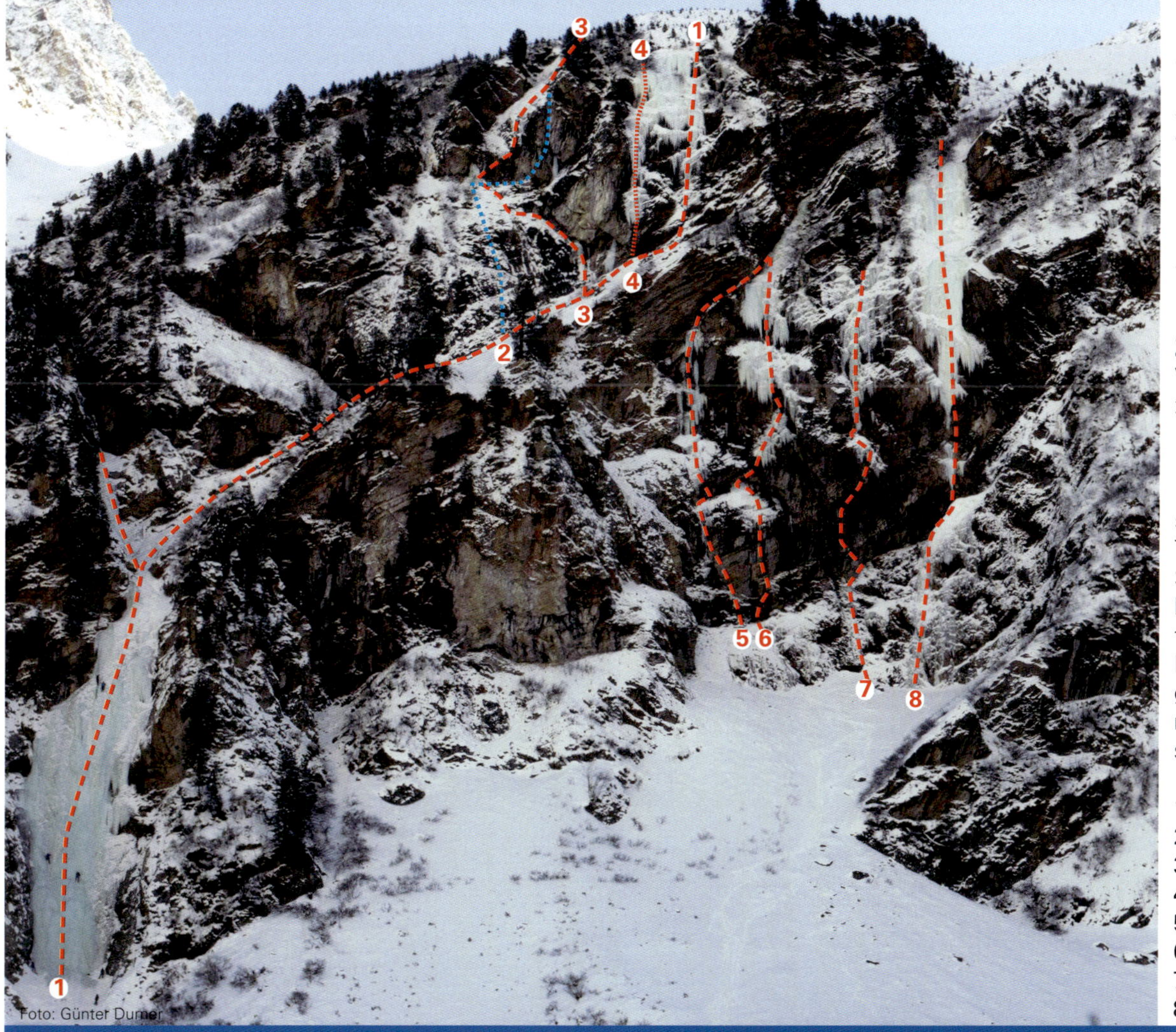

BESCHREIBUNG

In den sogenannten „Hängenden Gärten" gibt es mittlerweile viele schwierige Mixedrouten. Die Route „Hängende Gärten", die von Andreas Orgler und Otti Wiedmann 1988 erstbegangen wurde, ist ein Extrem-Klassiker. Die Routen sind nur für erfahrene Eiskletterer und Mixedkletterer geeignet. Je nach Eisverhältnissen können die Schwierigkeiten sehr unterschiedlich sein.

ZUFAHRT/ZUGANG

Vom Inntal ins Sellraintal und weiter bis zum Ort Gries. In Ortsmitte links Richtung Lüsens/Praxmar abbiegen und etwa 8,5 Kilometer weiter bis zum Gasthaus Lüsens (kostenpflichtiger Parkplatz, Parkscheinautomat) fahren. An manchen Tagen besteht für die Zufahrt aus Gries Schneekettenpflicht. Vom Parkplatz entlang der Langlaufloipe etwa 1,5 Kilometer (taleinwärts) bis 300 Meter vor die Materialbahn des Westfallenhauses gehen. Entlang eines Grabens, dann rechtshaltend über steiles Gelände aufsteigen (40 Minuten).

1 Easy Afternoon
2 Easy Day
3 Paracelsus
4 Domenicus
5 Linke Bazille
6 Ground Launch
7 Klingentango
8 Hängende Gärten (Felsige Gärten)

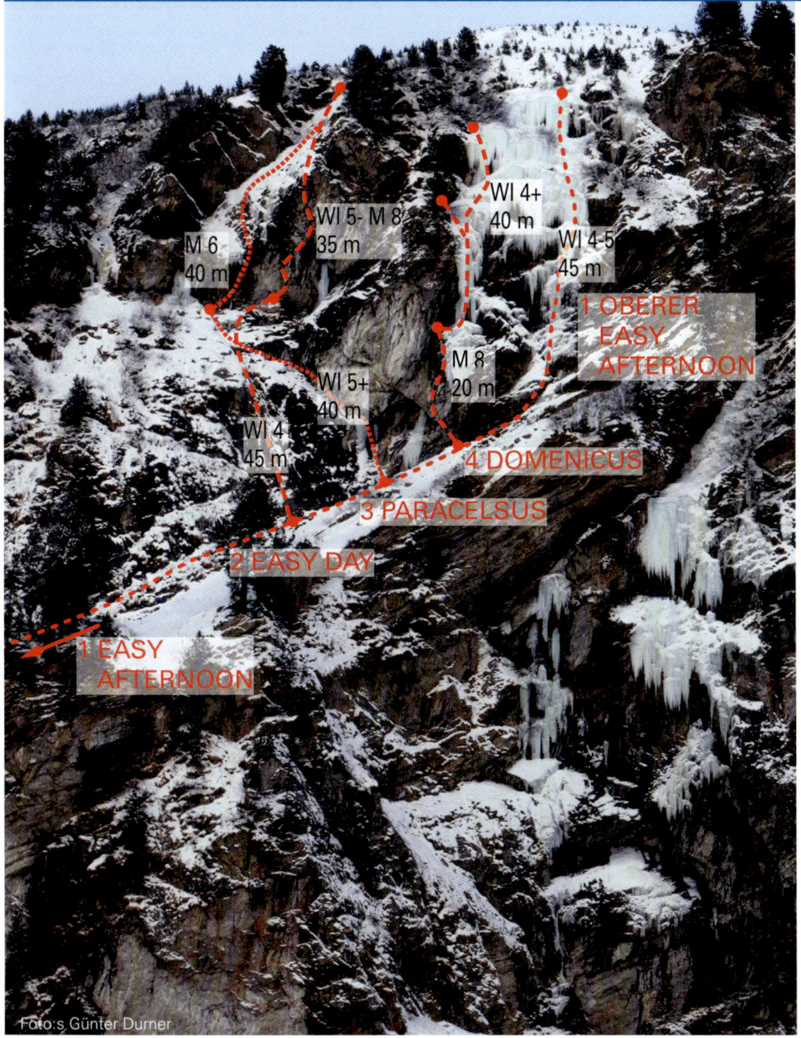

Foto:s Günter Durner

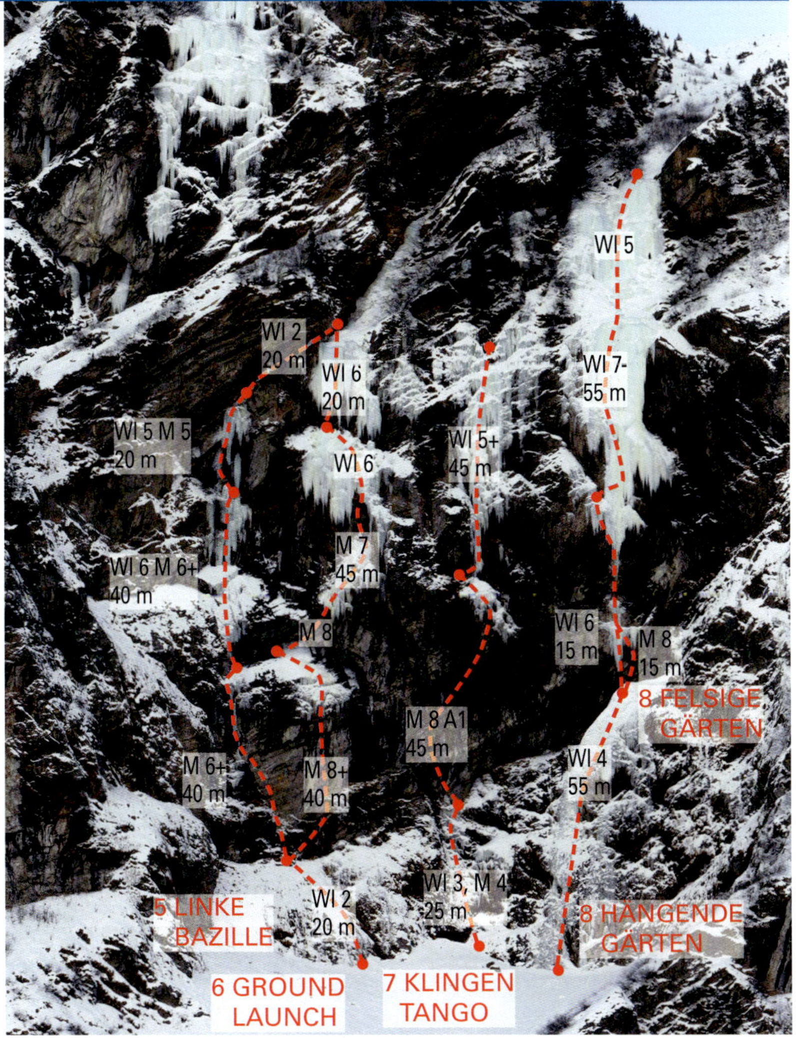

1 EASY AFTERNOON (Beschreibung siehe vorne)

2 EASY DAY
Die Route bietet steile und technische Eis und Mixedkletterei. Thomas Holler, Robert Grasegger, Xari Mayr, März 2016.

Schwierigkeit ...... WI 5-, M 8
Eisfallhöhe .... 80 m, 2 SL

3 PARACELSUS
Die Route bietet Mixedkletterei durch Platten und Risse und ist lediglich mit vier Normalhaken abgesichert, zur weiteren Absicherung sind Friends und kurze Eisschrauben unbedingt notwendig. Simon Messner, Johannes Seiler, März 2015.

Schwierigkeit ...... WI 5+, M 6
Eisfallhöhe .... 80 m, 2 SL

4 DOMENICUS
Technisch anspruchsvolle Kletterei mit weiten Zügen. Es gibt einige lockere Blöcke, darauf achten, dass der Sichernde am besten am ersten Bohrhaken steht und nicht direkt unter dem Vorsteiger. Zusammen mit den Zustiegslängen des Easy Afternoon ergibt sich eine schöne Tour. Peter Manhartsberger, Matthias Olbort, Klaus Grössinger, Februar 2015.

Schwierigkeit ...... WI 4+, M 8
Eisfallhöhe .... 60 m, 2 SL

5 LINKE BAZILLE
Die Linke Bazille ist die äußerst linke Linie in den Hängenden Gärten. Im Winter 2016/2017 bildete sich eine fast durchgängige Eisspur, deren Linie die Linke Bazille folgt. Anspruchsvoll, nur für erfahrene Eiskletterer und Mixedkletterer. Absicherung nur teilweise mit Bohrhaken. Kurze Schrauben, Satz Camalots bis 2, Satz C3, Abseilen über Ground Launch. Christian Piccolruaz, Paul Mair, Januar 2017.

Schwierigkeit ...... WI 6, M 6+
Eisfallhöhe .... 140 m, 5 SL

6 GROUND LAUNCH
Abgefahrene, anspruchsvolle Mixedroute, teils brüchiger Fels und fragiles, dünnes Eis. Schon 1998 auf ähnlicher Linie von Andi Orgler und Gefährten teils technisch geklettert (Rotzklachln). Erste Begehnung durch Christian Piccolruaz, Benedikt Purner, Januar 2011. Erste Rotpunktbegehung von Christian Piccolruaz am 24.02.2011. Gut mit Austrialpin-Bohrhaken abgesichert. Doppelseiltechnik wird empfohlen. Gewidmet ist die Route Michl Uhrmann.

Schwierigkeit ...... WI 6, M 8+
Eisfallhöhe .... 125 m, 4 SL

7 KLINGENTANGO
Die Route Klingentango befindet sich links der Hängenden Gärten und bietet athletische Mixedkletterei an oft schwach ausgeprägten Hooks. Die Route wurde noch nie rotpunkt geklettert, erreicht aber vermutlich den Grad M10. Gut mit Bohrhaken abgesichert, allerdings teilweise brüchig. Nur für erfahrene Mixedkletterer. Eingerichtet von oben und erstbegangen von Christian Piccolruaz und Gerhard Schaar.

Schwierigkeit ...... WI 5+, M 8 A1 (M10)
Eisfallhöhe .... 115 m, 3 SL

8 HÄNGENDE GÄRTEN / FELSIGE GÄRTEN
Der Extrem-Klassiker wurde von Andreas Orgler und Otti Wiedmann 1988 erstbegangen. Alle 5 bis 10 Jahre kommt es vor, dass die Säulen der Hängenden Gärten nicht zusammenwachsen. Über extreme Felsmoves ist es trotzdem möglich, die Linie zu klettern. Erste Rotpunktbegehung von Christian Piccolruaz, Albert Leichtfried flashte die Route am 28.01.2012. Eingerichtet wurde die Route von unten, zusammen mit Erich Gatt. Eine weitere Begehung folgte mit Dominik Pittl. Anspruchsvolle Mixedroute mit anständigen Zügen im Fels (leicht brüchig) und im Eis (fragil). Behutsam klettern, denn Eis ist hier Mangelware. Nur für erfahrene Mixedkletterer.

Schwierigkeit ...... WI 5+, M 8 A1 (M10)
Eisfallhöhe .... 115 m, 3 SL

P 32 T 662181 5221849
32 T 662388 5220088

KLETTERZENTRUM INNSBRUCK www.kletterzentrum-innsbruck.at

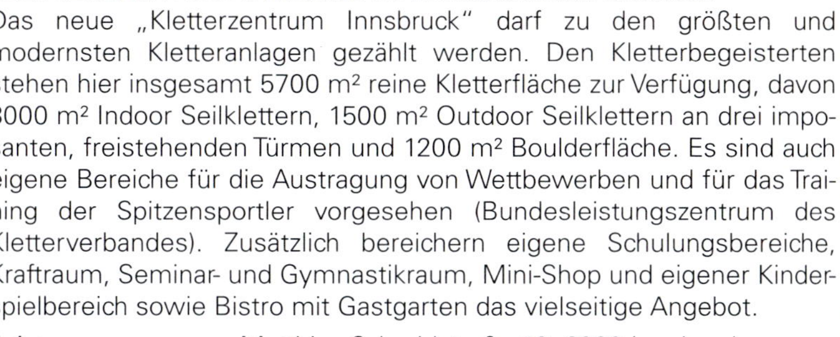

Das neue „Kletterzentrum Innsbruck" darf zu den größten und modernsten Kletteranlagen gezählt werden. Den Kletterbegeisterten stehen hier insgesamt 5700 m² reine Kletterfläche zur Verfügung, davon 3000 m² Indoor Seilklettern, 1500 m² Outdoor Seilklettern an drei imposanten, freistehenden Türmen und 1200 m² Boulderfläche. Es sind auch eigene Bereiche für die Austragung von Wettbewerben und für das Training der Spitzensportler vorgesehen (Bundesleistungszentrum des Kletterverbandes). Zusätzlich bereichern eigene Schulungsbereiche, Kraftraum, Seminar- und Gymnastikraum, Mini-Shop und eigener Kinderspielbereich sowie Bistro mit Gastgarten das vielseitige Angebot.

Adresse ....Matthias Schmidstraße 12, 6020 Innsbruck
Telefon 0512/397340
Öffnungszeiten ....täglich 09:00 - 23:00
Kletterfläche ....5700 m², Boulderfläche 1200m²

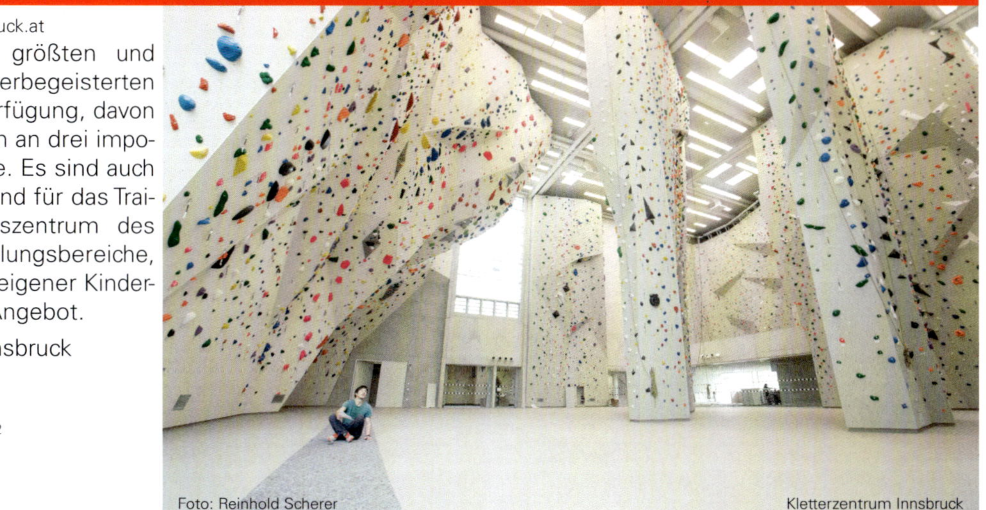

Foto: Reinhold Scherer   Kletterzentrum Innsbruck

KLETTERZENTRUM TELFS www.bergstation.tirol

Die Bergstation bietet eine hochmoderne Kletteranlage mit einem Innen- und Außenangebot, einem Trainingsbereich sowie einem Bistro. Der Schwerpunkt liegt auf Bouldern. Es gibt zahlreiche Boulderprobleme aller Schwierigkeitsgrade, die nach Farben definiert sind. Die Kletterrouten im Vorstiegsbereich werden laufend erneuert und bieten höchsten Klettergenuss.

Adresse ....Franz-Rimml-Straße 4a, 6410 Telfs
Telefon 0664/2848500
Öffnungszeiten ....Wintersaison 1. Nov. - 30. April
Sommersaison 1. Mai - 31. Okt.
Mo. - Fr. 14:00 - 22:00, Sa.,So. und Feiertage
10:00 - 20:00 (im Sommer erst ab 14:00)
Kletterfläche ....600 m², **Boulderfläche**........700 m²

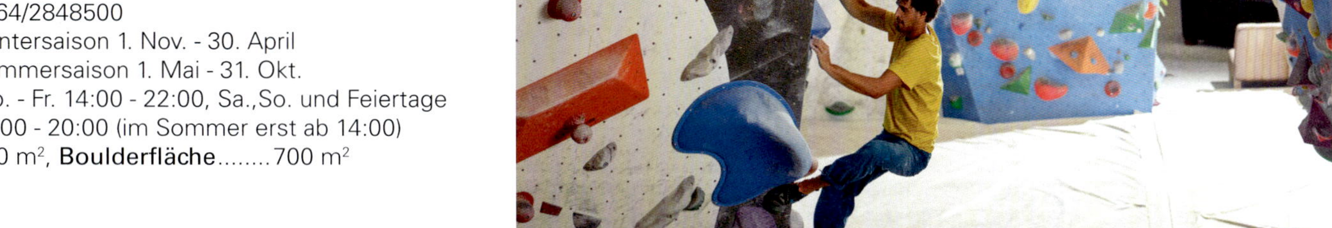

Foto: © TVB Innsbruck / Christian Vorhofer   Kletterhalle Telfs

OEAV - BOULDERHALLE/TELFS www.alpenverein.at/hohe-munde

Benutzung nur für OeAV Sektionsmitglieder bzw. nach Absprache und Vereinbarung.

Adresse .... Moritzenstraße 15a, 6410 Telfs
Telefon 0676/83038607
Öffnungszeiten .... nach Absprache
Kletterfläche .... 40 m², **Boulderfläche** .... 100 m²

KLETTERWAND/SPORTZENTRUM TELFS www.telfs.at/kletterwand.html

In der Dreifachturnhalle des Sportzentrum Telfs befindet sich eine hydraulisch verstellbare Kletterwand.

Adresse .... Franz-Rimml-Straße 4, 6410 Telfs
Telefon 05262/67875
Öffnungszeiten .... Mo. - Do. 08:00 - 12:00, 13:00 - 17:00
Fr. 08:00 - 12:00
Kletterfläche .... 135 m², **Boulderfläche** .... 135 m²

KLETTERHALLE MIEMING www.climbers-paradise.com

Die Kletterhalle befindet sich im Dachgeschoss der Volksschule Untermieming und kann nach Absprache mit dem Verein Kletterhalle Untermieming genutzt werden. Sie bietet Boulder- und 6-10 Vorstiegsmöglichkeiten. Während der Schultage veranstaltet der OeAV Sektion Hohe Munde ein Kletterkursprogramm für Kinder, Jugendliche und Erwachsene. Während der Schulzeit gibt es feste Zeiten für die Bergrettung Mieming, den Alpinen Sport- u. Kletterclub Mieming, den OeAV Hohe Munde und den Mitgliedern des Vereins Kletterhalle Untermieming.

Adresse .... Untermieming 16, 6414 Mieming
Telefon 05264/5672
Öffnungszeiten .... nach Absprache
Kletterfläche .... 40 m², **Boulderfläche** .... 100 m²

FREIZEITZENTRUM AXAMS www.axams.gv.at/

Die Boulderhalle von Axams befindet sich im Ruifach-Stadion. Betreiber der Boulderhalle sind die Naturfreunde Axams, die auch Kletter- und Boulderkurse für Anfänger und Fortgeschrittene anbieten.

Adresse .... Innsbrucker Straße 80, 6094 Axams
Telefon 05234/68322
Öffnungszeiten .... 1. Okt. - 31. Mai (So., Di - Fr.) 17:00 - 21:30
1. Juni - 30. Sept. (Fr.) 17:00 - 21:30
Boulderfläche .... 200 m²

KLETTERTURM KÜHTAI www.follow-me.at

Seit Winter 2009/10 betreibt die Ski- und Bergsportschule follow-me in Kühtai einen Kletterturm mit angrenzender Bergsport Lounge, in der ein kleiner Übungsklettersteig, eine Abseilplattform, ein Boulderraum und eine Vorstiegswand vorhanden ist.

Adresse .... Ski- und Bergsport Kompetenz Center Kühtai
Telefon 05239/21688
Öffnungszeiten .... In der Wintersaison von Mitte Dezember bis
Mitte April, täglich geöffnet von 9:00 - 18:00
Kletterfläche .... 125 m², **Boulderfläche** .... 25 m²

IMPRESSUM

Sportklettern Innsbruck und seine Feriendörfer - Sonnenplateau Mieming - Sellraintal - Kühtai (1. Auflage 2017)
Dieser Kletterführer ist in allen Buchhandlungen in Deutschland, Schweiz, Österreich und Italien erhältlich.

Autoren	Günter Durner, Werner Gürtler
Topos, Anfahrtsskizzen	Günter Durner, AM-BERG Verlag
Fotos	Günter Durner, Innsbruck Tourismus und weitere (siehe Bildunterschriften)
Layout, Grafik, Satz, Cover	Günter Durner, AM-BERG Verlag

Vielen Dank für die Unterstützung
D. Horvath, S. Lessiak, M. Zach, B. Hangl, C. Piccolruaz, L. Sigl, T. Mitter, R. Monz, M. Feistl, C. Schmid, B. Purner, K. Pietersteiner, M. Bader, D. Pitschmann, K. Jöchler, M. Emprechtinger, T. Senfter, F. Huber, C. Waldhart, S. Ribis, M. Stangl, W. Wallner, F. Zangerl, A. Eiter
Fotomodells: V. Ruetz, L. Koller, F. Lenz, C. Danler, B. Kreutz, D. Horvath, T. Schwärzler

Ohne Informationen kein Kletterführer, ohne Kletterführer keine Informationen
Selbstverständlich gibt es auch zu diesem Kletterführer noch Vorschläge zur Verbesserung. Deshalb bitten wir um konstruktive Kritik, Kommentare und Verbesserungsvorschläge. Berichtigungen und Verbesserungshinweise bitte an: durner@am-berg-verlag.de

Günter Durner
Staatlich geprüfter Berg- und Skiführer und Fotograf. Im Rahmen seines Verlages hat er zahlreiche Führer und Lehrbücher veröffentlicht. Als Bergführer war er bereits im gesamten Alpenraum unterwegs und kann darüber hinaus auf eine Reihe von Erstbegehungen bis zum 9. Schwierigkeitsgrad zurückblicken.
www.am-berg-verlag.de

Werner Gürtler
Der Sportkletterlehrer und sportpsychologische Mentalcoach ist Erschließer zahlreicher Klettereien in Innsbruck und im Valsertal. Darüberhinaus hat er hervorragende Gebietskenntnisse von der Kletterregion Innsbruck.
www.klettern-in-innsbruck.at

ISBN 978-3-946613-01-5